Herbert Schneider OFM,
Marianne Schlosser,
Paul Zahner OFM (Hrsg.)
Duns-Scotus-Lesebuch

D1985026

Veröffentlichungen
der Johannes-Duns-Skotus-Akademie
für franziskanische Geistesgeschichte
und Spiritualität

Mönchengladbach

Herausgegeben von
Herbert Schneider OFM
in Verbindung mit
Alexander Gerken OFM, Otho Gimmnich OFM,
Johannes-Baptist Freyer OFM, Peter Schorr OFM

Band 26
Duns-Scotus-Lesebuch

Dank

Das vorliegende Duns-Scotus-Lesebuch mit seinen verschiedenen Beiträgen und ihre Zuordnung war nur möglich durch ein intensives Zusammenwirken der Autoren und der Herausgeber. Dank gilt insbesondere Herrn Bernd Schmies und Herrn Christian Loefke von der neu errichteten „Fachstelle Franziskanische Forschung" in Münster für die mühevolle Kleinarbeit, die unterschiedlichen Artikel in Schriftzug und Formatierung zu bearbeiten.

Für die finanzielle Unterstützung zum Druck dieser Arbeit sei Weihbischof Dr. Franz Lackner OFM (Graz) und der Kölnischen Franziskanerprovinz gedankt, der Trägerin der Johannes-Duns-Skotus-Akademie.

Herbert Schneider OFM

Herbert Schneider OFM,
Marianne Schlosser,
Paul Zahner OFM (Hrsg.)

Duns-Scotus-Lesebuch

B. Kühlen Verlag
Mönchengladbach 2008

Bibliographische Information der Deutschen Bibliothek
Die Deutsche Bibliothek verzeichnet diese Publikation in der Deutschen Nationalbibliographie; detaillierte bibliographische Informationen sind im Internet über http://dnb.ddb.de abrufbar.

ISBN 978-3-87448-298-1

© 2008 B. Kühlen Verlag, 41061 Mönchengladbach
Alle Rechte vorbehalten
Mit Druckgenehmigung der Ordensoberen
Einbandgrafik: Hans Winfried Abele, Düsseldorf
Formatierung: Fachstelle Franziskanische Forschung,
D-48143 Münster, Oberwasserkirchplatz 2
Herstellung: SH-Verlag, D-50739 Köln

Inhaltsverzeichnis

Vorwort

Will man dem Oxford English Dictionary Glauben schenken, dann stammt das Wort „dunce“ von „Duns“ und das ist der Geburtsort von Scotus.[1] Dunce kommt von Duns und hat neben anderen die Bedeutung „Bücherwurm“, der sich zwar mit vielen Büchern umgibt, aber nicht im Geringsten die Fähigkeit besitzt, das Angeeignete auch zu verstehen. Bis auf den heutigen Tag soll es auch in Schottland den Brauch des „dunce's cap“ geben. Das ist eine kegelförmige Papierkappe, die dem „dunce“ als öffentliche Brandmarkung seiner Begriffsstutzigkeit aufgesetzt wird. Scotus gehört gewiss zu den am schwersten verstehbaren Denkern, und weil eben seinen Gedankengängen nicht leicht zu folgen ist, wurde ihm gleichsam als Ersten die „dunce's cap“ aufgesetzt. Tatsächlich ist es so, dass das schwer Verstehbare allzu gerne als Dummheit hingestellt wird. Gegen die sehr oft missverstandene Subtilität von Johannes Duns Scotus kann aber das Wort eines großen Kenners mittelalterlicher Denkgeschichte und Mitglied der Französischen Akademie gestellt werden: Etienne Gilson! Sinngemäß sei eine Bemerkung, die aus der späten Zeit seines Schaffens stammt, wieder gegeben. Nicht zwei – so Gilson – von den vielen, die die scotische Lehre der Lächerlichkeit preisgaben, haben Scotus auch gelesen, und keiner hat ihn verstanden.

Dieses Scotuslesebuch, das die Herausgeber anlässlich des siebenhundertsten Todestages des Doctor subtilis der Öffentlichkeit vorlegen, dient dem Ziel der Verständigung. Die verschiedenartigen Beiträge möchten in sein scharfsinnig konstruiertes Gedankengebäude einführen. Leider liegen uns von diesem Bauwerk nur die Grundlinien einer gewaltigen Denkanstrengung vor. Zusätzlich erschwerend ist es, dass es von all seinen Schriften noch keine kritisch edierte Gesamtausgabe gibt. Scotus selbst hatte nicht die Zeit, wie es sein Ansinnen war, das umfangreiche Werk einer gründlichen Revision zu unterziehen. Er wurde – wie das bei den Franziskanern durchaus üblich ist – mehrmals versetzt. Der letzte übereilte Wechsel führte ihn von Paris nach Köln, wo er plötzlich im noch jungen Alter starb. Das muss mitbedacht werden, zumal in diesem Lesebuch auch die dunklen Kammern des scotischen Lehrgebäudes gezeigt werden sollen. Freilich wäre es unsinnig anzunehmen, dass sich bei Scotus nicht vergessene Wahrheiten und tote Winkeln eingeschlichen haben. Ich meine aber, dass im scotischen Denken jene selbstkritische Einschätzung der eigenen Be-

---

1 *Shorter Oxford English Dictionary*, Oxford ^{5}2003.

grenztheit und Fehleranfälligkeit enthalten ist, welche die intellektuellen Verfehlungen nicht absolut, sondern als zeitliche und persönliche Bedingtheiten erscheinen lassen. Dafür könnten viele Belegstellen angeführt werden. Eine sei besonders genannt: „In processu generationis humanae semper crevit notitiae veritatis.“[2]

Dieser Hinweis erscheint mir wichtig, wenn es darum geht – was die wissenschaftliche Redlichkeit verlangt – aus überwundener Perspektive frühere Denker zu kritisieren.

Seit Jahren setzte ich mich mühevoll mit dem scotischen Gedankengut auseinander, dabei darf ich immer wieder staunen über die Großartigkeit dieser denkerischen Leistung, aber auch stets neu feststellen, wie schwer es ist, Scotus angemessen zu verstehen. Auf dem Weg zu einem rechten Verständnis des Doctor subtilis kann und soll dieses Buch Anleitung und Hilfe sein. Der Weg ist zwar steil und steinig, aber das Ziel ein großes. Gilt es doch die Begegnung mit einem der größten Denker im ausgehenden Mittelalter, dessen Wirkkraft bis in unsere Zeit hineinreicht, zu ermöglichen. So bleibt zu hoffen, dass dieses Lesebuch gut angenommen wird. Ein letzter Wunsch sei noch hinzugefügt: Schreibern wie Lesern möge die „dunce's cap“ erspart bleiben.

Franz Lackner OFM
Weihbischof von Graz-Seckau

---

[2] *Ord.* IV d. 1 q. 3 n. 8 (Viv. XVI, 136).

Einleitung

Für die meisten Deutschsprachigen ist es sehr schwierig, Texte von Johannes Duns Scotus zu lesen und zu studieren. Findet man deutschsprachige Scotus-Texte, dann sind sie meist sehr schwierig zu verstehen und es braucht viel Geduld, sie zu lesen und zu studieren. Meistens sind die Texte dann zu schwierig und zu lange als dass man sich vertiefend auf sie einlassen würde. Viele Studienversuche von Scotus-Texten scheitern dann auch nach einigen Mühen wegen der schwierigen Inhalte, und das Denken von Scotus und seiner späteren Anhänger bleibt den meisten Menschen völlig fremd.

Das vorliegende Buch möchte aus Anlass des siebenhundertsten Todestages des Johannes Duns Scotus im Jahre 1308 eine breite Textsammlung zu seinem Denken vorlegen, damit der Zugang zu Scotus über eine kleine deutsche Textauswahl einfacher sein kann und uns so ein direkter Kontakt mit Scotus-Texten möglich wird. Zweifellos war Scotus in seiner Zeit ein besonderer Spezialist in Theologie und Philosophie und lehrte an den bekanntesten Universitäten. Aus diesem Grunde ist es gleichzeitig schwierig und wichtig, etwas von seinem Denken zu kennen und einordnen zu können. Nur wer Scotus kennt, kann die Tradition der franziskanischen Theologie durch die Jahrhunderte hindurch verstehen. Nur wer seine denkerischen Feinheiten versteht, oder wenigstens etwas von ihnen erahnt, wird die bedeutenden Entwicklungen der Philosophie in seiner Lebenszeit verstehen können. Nur wer sich etwas mit den Schwierigkeiten seiner Denkwelt auseinandergesetzt hat – und dabei vielleicht gelegentlich verständnislos gescheitert ist –, kann um die Tiefe dieses „Doctor subtilis“ wissen und wird seinen Einfluss auf die Denkgeschichte zu verstehen beginnen. Das vorliegende Buch soll eine Hilfe für dieses Verständnis sein. Es dient der persönlichen Lektüre und dem gemeinsamen Studium an Hochschulen und Kursen.

In einem **ersten Teil** werden grundlegende Elemente aus Leben, Werk, Denken und Wirkungsgeschichte des Johannes Duns Scotus entfaltet. Besonders der grundlegende Denkansatz von Scotus ist dabei wichtig und dient dem Verständnis der im Folgenden ausgefalteten Einzelelemente seiner Überlegungen. Für die Wirkungsgeschichte des Scotus sind nur einige Elemente ausgewählt worden, die seinen Einfluss auf verschiedene Schüler, besonders im Franziskanerorden, darstellen.

Im **zweiten Teil** kommt Scotus dann in Texten zu Wort. Das **zweite Kapitel** widmet sich seiner Philosophie, die in den letzten Jahrzehnten im deutschsprachigen Raum ein großes neues Interesse gefunden hat und die immer wieder diskutiert und vertieft wird. Das **dritte Kapitel** versucht in einigen Themenbereichen wichtige Elemente seiner Theologie darzulegen. Das **vierte Kapitel** wirft einen ganz knappen Blick auf ethische Aussagen von Scotus. In zwei Exkursen wird in diesen beiden Artikeln auch jeweils ein sozusagen dunkles Thema aus dem Denken des Scotus aufgenommen, nämlich bezüglich antijüdischen Elementen und der Todesstrafe. Diese beiden Themen sollen aufzeigen, dass Scotus auch mit seiner fundierten Philosophie und Theologie gewisse Themen nicht angemessen zu behandeln vermochte. Auch dieser Realität möchte sich unsere Textsammlung mit diesen beiden Punkten stellen. Ein **kurzes fünftes Kapitel** will Scotus schließlich in den Franziskanerorden seiner Zeit hineinstellen und ihn als betenden Minderbruder darstellen.

Paul Zahner OFM

I.

Einführung in Leben und Denken des Johannes Duns Scotus

1. Das Leben des Johannes Duns Scotus

Thomas Möllenbeck

Ich empfehle Euch unseren geliebten Bruder Johannes Scotus, dessen tadelloses Leben, großes Wissen, sehr subtiler Geist und weitere bemerkenswerte Eigenschaften mir wohlbekannt sind, zum einen durch lange Erfahrung, die ich mit ihm habe, zum anderen aufgrund seines großen Ansehens, das sich überall ausgebreitet hat.[1]

Im Leben des Johannes Duns Scotus spielt dieses schöne Zeugnis des Gonsalvus von Spanien eine entscheidende Rolle.[2] Die große Wertschätzung, die er in seinem Brief vom 18. November 1304 an die Franziskaner in Paris zum Ausdruck bringt, wurde schon früh, wie wir erfahren, von vielen geteilt. Obwohl diese Zeilen schon über 700 Jahre alt sind, wurden die Fragen, die sich im Anschluss an das Empfehlungsschreiben des Gonsalvus stellen, noch vor 70 Jahren ganz anders beantwortet als heute. Wo und wodurch hat Johannes Duns sich dieses „große Ansehen" erworben? War sein „subtiler Geist" noch vor seinen Studien in Paris durch seine Oxforder Vorlesungen, d.h. durch die scharfsinnige Klärung der schwierigsten philosophischen Probleme seiner Zeit über den Kanal hinweg bekannt geworden? Wo und wann hatte Gonsalvus seine „lange Erfahrung" mit Scotus gesammelt, schon vor der Jahrhundertwende oder erst später, womöglich sogar in seiner Disputation mit Meister Eckhardt, in der Johannes Duns an der Seite des spanischen Magisters aufgetreten sein soll? Fest steht, dass Gonsalvus, vormals *magister regens* in Paris, jetzt aber Generalminister der Franziskaner, seinem Bakkalaureus Johannes durch diesen Brief die Stelle eines *magister regens* an der bedeutendsten Universität seiner Zeit gesichert hat. Daher können wir Duns Scotus, nach

---

1 Diese Zeilen aus einem Brief des GONSALVUS von Spanien an den Provinzial der französischen Franziskaner sind zu finden bei: H. DENIFLE / A. CHATELAIN: *Chartularium Universitatis Parisiensis*, Paris 1891, II, 117-118 n° 652. Für den lat. Text s. Anm. 74.

2 Alle Namen werden im Anschluss an die möglichen Schreibweisen wiedergegeben, die das bio-bibliographische Kompendium von Peter SCHULTHESS / Ruedi IMBACH: *Die Philosophie im lateinischen Mittelalter. Ein Handbuch mit einem bio-bibliographischen Repertorium*, Düsseldorf / Zürich 1996, nennt. Nur im Fall des hier gemeinten Gonsalvus Hispanus oder „de Balboa", der aus Galizien stammt, scheint (ebd. 435) eine Verwechselung naheliegend mit jenem Gonsalvus de Valle bona, der im 15. Jahrhundert lebte. Vgl. Carlos HEUSCH: *Index des commentateurs espagnols mediévaux d'Aristote (XIIe-XVe siècles)*, in: Atalya, Revue Française d'Etudes Médiévales Hispaniques 2 (1991) 157-175, hier 164.

seinem Weg von Schottland über Oxford nach Paris, nicht allein einen Denker nennen, der feingeistig tief und schwierig ist, sondern sogar *doctor subtilis*. Nachdem er „sein großes Wissen" in einem 24 Jahre langen Studium in Logik, Philosophie und Theologie erworben hatte, war er mit 38 Jahren am Ziel. Vier Jahre danach, als Datum ist der 8. November 1308 überliefert, im Alter von 42 Jahren, seine Werke unvollendet hinterlassend, stirbt er.

Der historische Kontext, die Wende vom 13. zum 14. Jahrhundert war unruhig gewesen. Die politische Welt wurde überschattet vom englisch-französischen Krieg und von einem Zwist des französischen Königs mit dem Papst. Die Theologen mussten Partei ergreifen und Johannes Duns sah sich 1303 – gerade angekommen an der Seine – zur Aufgabe seiner akademischen Zukunft in Paris und zurück nach England zugehen gezwungen. Es ist spekuliert worden, dass die Brandstifter unter den damaligen (theologisch-politischen) Gegnern auch seine überstürzte Versetzung und Abreise aus Paris verursacht hätten. Nachhaltig erschüttert war damals auch die Welt des Geistes: Die Kontroverse zwischen christlicher Theologie und arabisch-(aristotelischer) Philosophie, wie sie (vorbereitet durch die Kommission um Heinrich von Gent) 1277 ihren Niederschlag in den Pariser Verurteilungen von Bischof Etienne Tempier gefunden hat, zwang die Zeitgenossen, intellektuell Stellung zu beziehen. Auch hier scheute Scotus die Auseinandersetzung nicht. So verdanken wir seinem denkerischen Rigorismus, wie ihm Freunde und Gegner bescheinigen, eine Wendung der Philosophiegeschichte: „Man geht daher nicht zu weit, wenn man Johannes Duns Scotus zu jenen Denkern zählt, die das philosophische Denken so sehr beeinflusst haben, dass man sagen kann, die Philosophie nach ihnen sei eine andere gewesen als zuvor."[3] Doch sind die meisten seiner Lebensdaten (anders als bei gleichfalls bedeutenden Denkern der Hochscholastik wie Thomas von Aquin, Bonaventura und Wilhelm von Ockham) in den Zeitläufen verloren gegangen.[4] Eines der wenigen frühen

---

3 Ludger HONNEFELDER: *Johannes Duns Scotus,* München 2005, 11.

4 Gern zitiert wird das Wort von Ernest RENAN: *Jean Duns Scot, Frère Mineur*, in: *Histoire littéraire de France*, Bd. 25, Paris 1869, 404-467, hier 404: „Il serait difficile de citer un homme célèbre du moyen age dont la vie soit moins connue que celle du personnage auquel cette notice est consacrée." Ein spätes Echo dieser damals berechtigten Feststellung erscheint Anthony KENNY: *Medieval Philosophy*, Oxford 2005, 82: „Of all the great philosophers, John Duns Scotus is the one whose life is least known and whose biography rests almost entirely on conjecture." Zwar hat sich die Forschungslage seit dem 19. Jahrhundert erheblich verbessert, doch war die Zuversicht, die Palémon GLORIEUX: *La littérature quodlibétique de 1260 à 1320,* II, Paris 1935, hier 152, im Anschluss an die Forschungen von CALLEBAUT, LONGPRÉ und BALIC äußerte, auch übertrieben: „jointes à toutes les biographies antérieures permettent d'établir mainte-

Zeugnisse stammt von der Hand eines Schreibers aus dem 14. Jahrhundert, der seinen Lebenslauf notierte, an den Rand eines Skripts: „Dies stammt aus der *Ordinatio* des verehrungswürdigen Bruder Johannes Duns vom Orden der Minderbrüder, der aufblühte in Cambridge, Oxford und Paris, und in Köln verging."[5] Und wie an den Rand seiner Schriften notiert, erscheint uns in der Tat sein ganzes Leben. Denn anders als beim Aquinaten, der in seinem Schüler und Freund Wilhelm von Tocco einen Biographen fand, wurde Scotus nach seinem frühen Tod keine eigene Lebensbeschreibung gewidmet. Gleichwohl muss zu den „weiteren bemerkenswerten Eigenschaften", von denen Gonsalvus gesprochen hatte, auch die Gabe der Freundschaft gezählt haben.[6] Die große Wertschätzung des *doctor subtilis* drängte seine Schüler und Freunde, augenblicklich eine sowohl wichtigere als auch schwierigere Aufgabe in Angriff zu nehmen und die eigenen Arbeiten vorerst ruhen zu lassen.

---

nant, jusque dans tous leurs détails, les étapes de l'activité de Duns Scot". Denn die veröffentlichten Biographien des Johannes Duns Scotus waren bis hin zu Felix ALLUNTIS / Allan B. WOLTER: *John Duns Scotus. God and creatures. The Quodlibetal Questions*, Washington D.C. 1975: *Introduction*, XVIII-XXXIV, Zusammenfassung der neueren Forschungslage ein frustrierendes Beieinander von großartigen Entdeckungen, interessegeleiteter Spekulation, ja sogar grober Fälschung, die der jeweilige Autor aufgrund der ihm zu Verfügung stehenden Quellen kaum voneinander scheiden konnte. Die älteren Darstellungen sind daher mit Vorsicht zu genießen, obwohl sie häufig Einsichten bieten, denen die Forschung noch heute viel verdankt. Beispielhaft wird das deutlich an A. G. LITTLES Forschungsbericht (*Chronological Notes on the Life of Duns Scotus*, in: English Historical Review 47 (1932) 568-582) und seiner Quellensammlung zur Geschichte der Franziskaner (*The Grey Friars in Oxford*, Oxford 1892), welche die Arbeiten von CALLEBAUT, LONGPRÉ, BALIC, EHRLE, PELZER UND PELSTER so hervorragend ausgewertet haben, dass sie den Stand der Forschung markierten bis hin zu WOLTERS Revision, die den Arbeiten von BRAMPTON und DOCHERTY ebenso viel verdankt, wie der vorliegende Aufsatz den Forschungen von Antonie VOS, die auch noch COURTENAYS Arbeiten berücksichtigen konnten und nun zur bisher ausführlichsten Biographie versammelt sind in den ersten drei Kapiteln von *The Philosophy of John Duns Scotus*, Edingburgh 2006, 13-147.

5 So das Colophon des Manuskripts 66 vom Merton College, übersetzt nach: LITTLE: *Chronological Notes* (s. Anm. 4), 571. Allan B. WOLTER: *Reflections on the Life of Scotus*, in: American Catholic Philosophical Quarterly 67 (1993) 1-36; neu abgedruckt unter demselben Titel: *Scotus and Ockham. Selected Essays*, St. Bonaventure, NY 2003, 1-34, hier 5, meint, dies Colophon stamme von einer „early fourteenth-century hand", sei also gleich alt wie das Manuskript; vgl. A.G. LITTLE / F. PELSTER: *Oxford theology and Theologians c. a.D. 1282-1302*, Oxford 1934, 262.

6 Vgl. wie Scotus die Freundesliebe in die Liebe zu Gott und zur Gemeinschaft der Heiligen integriert: III, dist 27-29, hier dist 28, 19-22. Vgl. die deutsche Ausgabe von Herbert SCHNEIDER: *Johannes Duns Scotus zur Frage: Kann ich Gott über alles lieben? Text des Johannes Duns Scotus in vier Sprachen*. Mönchengladbach 1999 (Johannes-Duns-Skotus-Akademie für franziskanische Geistesgeschichte und Spiritualität, 9).

Seine Werke hatte Scotus in Paris, auf dem Höhepunkt seiner Schaffenskraft und ausgestattet mit einem Stab von Mitarbeitern, einer gründlichen Revision unterziehen wollen. Als er plötzlich nach Köln geschickt wurde, zum *lector principalis,* also zum Leiter des ordenseigenen Studienhauses bestellt, kam er am Rhein wohl im Winter 1307, noch vor Beginn des akademischen Jahres an. Die Redaktion seiner Schriften wurde dadurch unterbrochen. Wilhelm von Alnwick, schon 1305 sein *socius*, d.h. sein wissenschaftlicher Mitarbeiter in Paris (später selbst *magister*[7] dort) und andere seiner Freunde und Schüler sorgten dafür, dass Scotus bis auf unsere Tage jenes große Ansehen zukommt, „das sich überall ausgebreitet hat“: Sie versammelten die einzelnen Schriftstücke und stellten aus ihnen jene Fassung seiner Werke zusammen, welche die letzte Stufe der Entwicklung seines Denkens darstellen sollte. Die folgenden Ausführungen stellen, soweit das mit einiger Sicherheit möglich ist, den Lebenslauf des Johannes Duns Scotus dar, der den Kontext der Entstehung seiner Werke bildet. Will man trotz der spärlichen Daten den Lebensgang des *doctor subtilis* nachvollziehen, muss man versuchen, den Kontext seiner Universitätslaufbahn im Orden zu rekonstruieren.

Sieht man einmal von der Erleichterung der unvorstellbaren Mühen der Buchproduktion und der (erst im vergangenen Jahrhundert erreichten) wesentlichen Beschleunigung der Kommunikationsmittel ab, waren die Bedingungen für die Breitenwirkung eines Theologen und Philosophen schon im Hochmittelalter sehr günstig. Während Latein als *lingua franca* die Nationalitäten einer Universität und ein obligatorisches Grundstudium die höheren Fachrichtungen, die Fakultäten, miteinander verbanden, führten die über ganz Europa ausgebreiteten Provinzen der Orden ihre besten Köpfe im Pariser Studienhaus zu einer Lebensgemeinschaft zusammen, aus deren Mitte dann die Dozenten der kleineren Studienhäuser und die Leiter der Provinzen hervorgehen sollten. Die Universalität der hochmittelalterlichen Bildung in den religiösen Gemeinschaften bringt schon Wilhelm von Vorillon in einem Epilog zum Ausdruck, dem wir in der Gliederung des Lebensweges folgen: *Te primitus Scotia genuit, te postmodum Anglia docuit, ubi primo Sententias legisti, rursus suscepit Francia, sed Colonia tenet in tumulo.*[8] Allerdings war bis ins letzte Jahrhundert durchaus umstritten, ob und wie genau es sich damit verhalte, dass Schottland Johannes Duns tatsächlich hervorgebracht habe, inwieweit England

---

7 Vgl. LITTLE: *Chronological Notes* (s. Anm. 4), 574-577.

8 Sent., epilogus. Ed. Venetiis 1496: fol. 316b, zitiert nach HONNEFELDER: *Johannes Duns Scotus* (s. Anm. 3), 14. Zu Wilhelm von Vorillon vgl. Franz PELSTER: *Wilhelm von Vorillon, ein Skotist des 15. Jahrhunderts*, in: Franziskanische Studien 8 (1921) 48-66.

ihn gelehrt und er seinen Sentenzenkommentar dort vorangetrieben (1.), wann genau und wie oft Frankreich ihn aufgenommen (2.) und warum schließlich Köln ihn behalten habe (3.).

1. Von Schottland nach Oxford

Woher stammt Johannes Duns Scotus und wann ist er wie nach Oxford gelangt? Seit dem 17. Jahrhundert bis zum Beginn des 20. Jahrhunderts galt er in Lebensbeschreibungen mitunter als Ire. Denn, so argumentierte z.B. Luke WADDING, selbst irischer Franziskaner und der verdiente Herausgeber seiner Werke (1639), im Mittelalter habe *scotia maior* Irland und davon abgeleitet *scotia minor* Schottland bedeutet[9], wie es beim frühmittelalterlichen Theologen Johannes Scotus Eriugena ganz offensichtlich der Fall sei, bedeutete doch „eriu-gena" von „Irland-hervorgebracht". Begründete Zweifel an dieser Einschätzung und erste Gewissheit, was die Herkunft des Johannes Duns anbelangt, brachten die Untersuchungen von CALLEBAUT[10], der auf den inzwischen erreichten Kenntnisstand der Historiker hinwies, dass im Unterschied zum Frühmittelalter der Beiname „Scotus" im Hochmittelalter nicht mehr eine Herkunft aus Irland bezeichnete. Die politische Entwicklung der beiden Länder in ihrem Kampf gegen die englische Vorherrschaft verlief nicht mehr in „iro-schottischer" Verbindung. Irland war bereits besiegt, Schottland wehrte sich noch und suchte seine Eigenständigkeit noch über viele Jahrhunderte durch eine Bindung an Frankreich zu bewahren. Doch sprechen nicht nur allgemeine Erwägungen dafür, dass Johannes Duns aus Schottland kam. Wir haben dafür durch LONGPRÉS Wiederentdeckung[11] einer Liste des Pariser Ordenshauses vom Juni 1303 Bestätigung erhalten: Unter den 173 aufgelisteten Franziskanern wird ein Bruder aus Irland immer *ybernensis*, einer aus England *anglicus* oder *de Anglia*, einer aus Schottland hingegen *scotus* genannt.

Aber aus welchem der Orte, die um dieses Vorrecht gestritten haben, stammt Johannes Duns nun wirklich? Hügel oder befestigte Anlage, das nämlich

---

9 L. WADDING: *Annales Minorum*, zweite Ausgabe durch Fr. J.M. FONSECA, Rom 1733, VI, 40-45.

10 André CALLEBAUT: *La patrie du B. Jean Duns Scot*, in: AFH 10 (1917) 3-16 und *L'Ecosse, patrie du Bx. Jean Duns Scot*, in: AFH 13 (1920) 78-88.

11 Ephrem LONGPRÉ: *Le B. Jean Duns Scot, OFM, pour le Saint Siège et contre le Gallicanisme*, in: La France franciscaine 11 (1928) 137-162. William J. COURTENAY: *The Parisian Franciscan Community in 1303*, in: FrancSt 53 (1993) 155-173, hier 156, besteht darauf, dass Longpré lediglich auf eine Zusammenstellung von 810 Dokumenten zum Streit zwischen Philipp dem Schönen und Bonifaz VIII., den *Trésor des chartes* von Pierre Dupuy aus dem 17. Jahrhundert zurückgegriffen habe.

heißt „Dun“ im Keltischen, gibt es im Norden der Insel viele; zudem verlief manche Grenze damals sozio-kulturell anders als nach der heutigen politischen Topographie. Dunstane in Northumberland und Duns in Berwickshire kamen in die engere Auswahl unter den (nicht-irischen) Kandidaten, wobei letzteres die älteren Traditionen auf sich vereinigen konnte[12], bis zwischen 1930 und 1960 durch die Entdeckung der sogenannten „Brockie Manuskripte“ Zweifel daran genährt wurden. Diese lieferten nun neben exklusiven Informationen zur Familie des Johannes Duns einen neuen Favoriten: der Landstrich Littledean bei Maxton in Roxburgshire.[13] Freilich hat der Nachweis von Fälschungen zu einer allgemeinen Skepsis an dieser frühen Biographie geführt.

Der Benediktiner Marianus Brockie hatte das von ihm gesammelte *Monasticon Scoticanum*, sein Handbuch zur Geschichte der schottischen Klöster, für dessen 2000 Seiten er zeitlebens keinen Verleger fand, zwar nicht in allem frei erfunden, war aber, wie Henry DOCHERTY[14] nachgewiesen hat, bei der Überlieferung der Fakten auch dort kreativ, wo er behauptete „expressis verbis“ vorzugehen. Callebaut, Longpré und Balic hatten nur die Regensburger Reinschrift des Werkes von Brockie eingesehen, während Docherty auch die Notizbücher mit den Vorarbeiten verwenden konnte, um festzustellen, dass die angeblich aus dem sogenannten „Tweedie-Codex“ stammenden Abschriften in Wirklichkeit Erfindungen waren: Drei verschiedene Versionen derselben Geschichte sind so entstanden, von denen der Forschung nach heftiger, an den Handschriften erkennbarer Überarbeitung (Austausch von Namen, Daten, Fakten) zunächst nur eine, die Regensburger, bekannt wurde. Hätte der schottische Benediktiner seine frühere Behauptung, Scotus habe in Dumfries die Gelübde abgelegt und dort auch die Priesterweihe empfangen, in dieser Abschrift stehen lassen, wäre Longpré, der das echte Weihedatum entdeckt hatte,[15] von den „Brockie-Manuskripten“ nicht begeistert gewesen,[16] sondern trotz ihrer

---

[12] WOLTER: *Scotus and Ockham* (s. Anm. 5), 2-4, geht der Kontroverse um die Ortsfrage bei älteren Autoren nach.

[13] André CALLEBAUT: *A propos du bx. Jean Duns Scot de Littledean*, in: AFH 24 (1931) 305-329.

[14] Henry DOCHERTY: *The Brockie Mss and Duns Scotus*, in: *De doctrina Ioannis Duns Scoti*. Acta Congressus Scotistici Internationalis Oxonii et Edimburgi 11-17 sept. 1966 celebrati, vol. 1: documenta et studia in Duns Scotum introductoria, Rom 1968, 327-360.

[15] Ephrem LONGPRÉ: *L'ordination sacerdotale du Bx. Jean Duns Scot*, in: AFH 22 (1929) 54-62.

[16] Ephrem LONGPRÉ: *Nouveaux documents franciscains d'Ecosse*, in: AFH 22 (1929) 588f.

Herkunft zum Zweifel an ihrer Authentizität bewogen worden.[17] Die Skepsis schottischer Historiker brachte Carl Balic 1956 dazu, Henry Docherty um die Aufklärung der Ungereimtheiten zu bitten. In der Folge liest man heute nur noch selten[18] von einem Großvater Ninian und der Familie Duns, ehemals zwar aus Duns in Berwickshire, nun aber schon lange angesiedelt in Litteldean, deren außerordentlich begabter Sohn nach einer Ausbildung in der Lateinschule von Haddington seinem Onkel Elias, dem Generalvikar der schottischen Franziskaner auffiel und unter seiner Obhut den Habit der Franziskaner annahm, um zunächst im Konvent in Dumfries zu leben und dann in Oxford zu studieren. Wolter[19] gibt zu bedenken, dass Brockie sich wohl kaum die ganzen 2000 Seiten des *monasticon scoticanum* aus den Fingern gesaugt habe, und schließt daraus, dass er zurecht behauptet haben mag, dass John Duns einen nahen Verwandten im Orden gehabt und seine erste Ausbildung in Haddington genossen habe. Für die Teil-Wahrheit der Scotus-Abschnitte in Brockies Werk gibt es aber keinerlei Anhaltspunkte, so dass es schwer fällt, dem Fälscher hier gerecht zu werden.

Seither verlässt man sich lieber auf die Worte von John Maior, der die Pariser Vorlesungen des Scotus herausgegeben hat.[20] 1520 schreibt er,

---

17 LITTLE: *Chronological Notes* (s. Anm. 4), 570, stieß bereits auf Ungereimtheiten, konnte sich aber offensichtlich eine grobe Fälschung nicht vorstellen und ging von „späterer Bearbeitung“ aus: „that the register was not merely transcribed but to some unknown extent revised“.

18 Selbst in den Veröffentlichungen von Balic findet sich z. T. noch Brockie-Material, obwohl er schon vor 1968 von den Fälschungen wusste. Da die Druckfahnen für seinen Aufsatz (Carl BALIC: *The life and works of John Duns Scotus*, in: John K. RYAN / Bernardine BONANSEA (Hg.): *John Duns Scotus 1265-1965*, Washington D.C. 1965, 1-27, hier 27), schon vorlagen, konnte er auf Dochertys Ergebnisse und ihre zu erwartende Überprüfung durch die Historiker Schottlands nur hinweisen. So geht auch noch Niklaus KUSTER: *Zukunft dank Seelsorge und Gelehrsamkeit. Zur Bedeutung der „Fratres sapienties“ im angefochtenen Franziskanerorden zwischen den Konzilien von Lyon und Vienne (1274-1312)*, in: Franz LACKNER (Hg.): *Zwischen Weisheit und Wissenschaft. Johannes Duns Scotus im Gespräch*, Kevelaer 2003 (Franziskanische Forschungen, 45) 24-83, hier 25f., sich auf diesen großen Gelehrten stützend in die Irre, wenn er die Herkunft und die Familienbande des Johannes Duns zum Ausgangspunkt seines Aufsatzes macht.

19 A. B. WOLTER / W. FRANK: *Duns Scotus, Metaphysician*, West Lafayette 1995, 2.

20 André CALLEBAUT: *A propos du bx. Jean Duns Scot* (s. Anm. 13), 315, zitiert aus: John MAJOR: *Historia Maioris Britanniae tam Angliae quam Scotiae*, [Paris], In offic. Ascensiana, 1521, in-4°, 1.IV, c.XVI, fol. 74: Ioannem Duns doctor subtilis Scotus Britannus de vico octo mille passsibus ab Anglia distante, et a me septem aut octo leucis ortus. Hunc puellum in grammaticis initatum ad Oxoniam duo fratres minores Scoti duxerunt, quia tempore illo in Scotia nulla erat universitas, et in Minorum conventu gratia illorum duorum fratrum Oxoniae conservatus beati Francisci religionem professus est. Auguste PELZER: *Le premier Livre des Reportata Parisiensia de Jean*

dass Johannes Duns acht Meilen entfernt von der englischen Grenze in Duns geboren und, als er – wenngleich schon in der Grammatik geschult – noch ein Junge war, von zwei schottischen Franziskanern nach Oxford mitgenommen wurde, weil es in Schottland damals keine Universität gab.[21] Außerdem war das Verhältnis zur näher gelegenen Kustodie in Newcastle nicht gut, weil diese der direkte Gegner gewesen war im Streit um die (für kurze Zeit erreichte) Eigenständigkeit einer schottischen Provinz unter dem Generalminister Elias von Cortona (1232-1239) und ihre Wiedererrichtung, die das Kapitel von Narbonne (1260) unter Bonaventura ablehnte. Callebaut weist darauf hin, dass unter Bonaventura auch das 18. Lebensjahr als untere Grenze für die Aufnahme in den Orden festgelegt wurde, es sei denn gute Gründe sprächen dafür, einen noch fünfzehnjährigen Kandidaten aufzunehmen. Wenn Johannes Duns noch früher in die Obhut des Ordens kam, dann also nur als *puer oblatus*.[22] Scotus selbst weist einmal – vielleicht aufgrund eigener Erfahrung – auf den Unterschied zwischen der späten Hinführung zum priesterlichen Dienst in der Alten Kirche und seiner eigenen Zeit hin, in der „einige schon mit 13

Duns Scot (1924), in: Adrien PATTIN / Emile VAN DE VYVER (Hg.): *Études d'Histoire Littéraire sur la scolastique médiévale, Recueil d'articles mis a jour à l'aide de notes de l'auteur*, Louvain / Paris 1964, 411-467, hier 435-441, evaluiert Maiors Ausgabe der scotischen Reportationen, die 1517/18 erstmals im Druck erschien und s. E. von wenig erfahrenen Editoren erarbeitet wurde.

21 Einen Textauszug aus der englischen Übersetzung bringt WOLTER: *Scotus and Ockham* (s. Anm. 5), 4. Vgl. ebd. 26-27, Anm. 26. WOLTER (ebd. 25, Anm. 14) zitiert auch Robert Bowmaker, der als Pfarrer von Dunse in seinem 1792 veröffentlichten Bericht über die Pfarre auch den „Learned Men" einen Abschnitt widmete, in dem wir erfahren: „Nothing is more certain, than that the family, of which this extraordinary man was a branch, were heritors of the parish of Dunse, and continued to be proprietors of that estate which now belongs to Mr. Christie, till after the beginning of the present century, called from them in all ancient writings Duns's half of Grueldykes. These lands are adjoining to the town of Dunse. The father of John Duns Scotus had been a younger brother of the family of Grueldykes, and resided in the town of Dunse. The site of the house where he was born is still well known, and had been in use, generation after generation, to be pointed out to the younger people by their parents, as the birth place of so great and learned a man."

22 Das Kapitel von Narbonne legte 1260 fest: Ordinamus etiam, ut nullus recipiatur citra 18. annum, nisi per robur corporis vel industriam sensus seu per excellentiam edificationem a 15. anno et supra etas secundum prudentiam iudicium suppleatur. Vgl. H. DENIFLÉ / F. EHRLE: *Die ältesten Redactionen der Generalconstitutionen d. Franz.-Ordens*, in: Archiv für Literatur- u. Kirchengeschichte des Mittelalters (ALKG) VI (Nachdruck Graz 1956) 88.

Jahren für solches Handeln angemessener ausgebildet sind, als es damals gewiss ein einfacher Mensch von 25 Jahren war."[23]

Für einen außergewöhnlich talentierten Ordensmann wie Johannes Duns Scotus war das Studium in Oxford, wie wir weiter unten sehen werden, zwar nur der zweitbeste aller denkbaren Wege, auf jeden Fall aber eine hohe Auszeichnung. Denn mit Paris, Oxford und Cambridge gab es im 13. Jahrhundert insgesamt nur drei Orte, an denen man das Studium der Theologie mit dem akademischen Amt und Grad eines *magister* abschließen konnte, d.h. als *doctor theologiae*, der das *ius ubique docendi*, das Recht, überall zu lehren, besaß. Der Lebenslauf des *doctor subtilis* kann nicht losgelöst von der Entwicklung der Universität und ihrer Methoden verstanden werden. Gerade erst war die Universität als Bildungsinstitut und Lebensform entstanden.[24] Zuvor waren es die Klosterschulen gewesen, allen voran LeBec und Cluny, die im Wettstreit mit den Kathedralschulen ein neues Ideal der Wissenschaft verfolgt hatten, das versprach, dem Christentum in Auseinandersetzung mit der Antike eine rationale Gestalt zu geben.

Der Einspruch der Anti-Dialektiker um Bernhard von Clairvaux konnte den Prozess nicht aufhalten, der durch die scholastische Methode vorangetrieben wurde. Die Universität war nun der institutionelle Rahmen einer neuen Geisteshaltung. Geschult wurde sie durch die (im damaligen Sinne) dialektische Gegenüberstellung von Bejahung und Verneinung einer These, also Affirmation und Negation, *sic et non*, mit aus der theologischen Überlieferung zitierten Gründen für und gegen die These (*pro* und *contra*),

---

[23] *Ord.* IV, 25, 73 (qaestio 2): Ita hic in primitiva Ecclesia pueri non erant statim instructi in his, quae pertinent ad cultum vel officium divinum, et imo bene adulti erant in talibus satis rudes. Nunc autem pueri statim in talibus erudiuntur et exercentur. Et ideo sufficientius instructus est aliquis modo tredecim annorum in talibus actibus quam tunc forte erat rusticus vigintiquinque annorum.

[24] H. RASHDALL: *The Universities of Europe in the Middle Ages*, (Band I, hg. F. M. POWICKE / A. B. EMDEN), Oxford 1936; Gordon LEFF: *Paris and Oxford Universities in the Thirteenth and Fourteenth Centuries. An Institutional and Intellectual History*, New York [2]1975 ([1]1968). Die gesellschaftlichen Aspekte werden besonders beleuchtet durch Alan B. COBBAN: *The Medieval Universities: their development and their organization*, London 1975 und Alan B. COBBAN: *English university life in the Middle Ages*, London 1999; zu den Lehrmethoden und -instrumenten vgl. Pierre GLORIEUX: *L'enseignement au Moyen-Âge. Techniques et methodes en usage à la Faculté de Théologie de Paris, au XIIIe siècle*, in: AHDL 43 (1968) 65-186 sowie *"Oxford University Customs of the Thirteenth Century"* in: A. G. LITTLE / F. PELSTER: *Oxford theology* (s. Anm. 5), 25-63 und neuerdings Olga WEIJERS: *L'enseignement du trivium à la faculté des arts de Paris: la 'Quaestio'*, in: HAMESSE (ed.): *Manuels, programmes de cours et techniques d'enseignement dans les universités médiévales*, Louvain 1994, 57-74.

deren Autorität es vernünftig zu erörtern galt, weil nicht beide Seiten in derselben Hinsicht recht haben konnten. Vielleicht ist diese Methode der Erörterung aus der Kanonistik entlehnt, da die Rechtsgelehrten beider Parteien vor Gericht mit Gesetzestexten aufwarten, und der Richter zunächst erwägen muss, ob die angeführten Gesetze in dem vorliegenden Fall überhaupt greifen, und hernach, welchem Text größeres Gewicht zukommt, etwa aufgrund seiner Autorität als göttliches Gebot gegenüber einer Gesetzgebung menschlichen Ursprungs.

In den Augen der Anti-Dialektiker war das Skandalöse an Abälards *sic et non*, dass er die Frage, die *quaestio*, nach dem, was nun wirklich stimmt, in einen provozierenden Widerspruch, die dialektische Gegenüberstellung von kirchlichen Autoritäten, Kirchenväter und Bibel, gestellt hatte, um theologisch weiterzudenken. Abgemildert wurde dies in der späteren Scholastik, indem in einer schriftlich abgefassten *quaestio* von Anfang an deutlich war, auf welcher Seite des *pro* und *contra* die richtigen Argumente stehen: der Theologe bringt die Argumente seiner Gegner für gewöhnlich an der gleichen Stelle unter, etwa im *pro*, und erklärt, falls zu den gegnerischen Argumenten auch Aussagen aus Bibel und Kirchenvätern gehören, wie diese vom Gegner missverstanden sowie zu unrecht angeführt worden sind. In den Studienhäusern der Orden wurden auch nichtöffentliche Übungen zur *ars obligatoria* abgehalten, in denen sich die Studenten der unterschiedlichen Studienjahre zuerst in die Rolle des *opponens* und später in die des *respondens* finden mussten. Bereits fortgeschrittene Studenten hielten diese Übungen ab. Die *Collationes* des Johannes Duns Scotus geben wohl solche Übungen wieder, die er in England und in Paris abgehalten hat.

Diese Technik des regulierten Dialogs prägte fast alle Ausbildungsstufen. Selbst die Kommentierung der aristotelischen Schriften konnte, wenn es sich nicht nur um Glossen, Randbemerkungen zur fortlaufenden Lektüre handelte, in Form von Quästionen geschehen. So formuliert Scotus z.B. seinen Kommentar zur Metaphysik des Aristoteles als *quaestiones*, in Form von Fragen, an denen sich die in den einzelnen Büchern behandelten Probleme kristallisieren, wie sie dann die Argumente *pro* und *contra*, sowie die Lösung (*solutio*) und die Antwort auf die Eingangsargumente (*responsio*) ausführen. Die Vorlesungen über die Sentenzen des Petrus Lombardus, die auch in der Form einer Quaestio niedergeschrieben wurden, waren zwar öffentlich, wurden jedoch – einmal abgesehen von der feierlichen Eröffnung der Vorlesung (*principium* oder *introitus* genannt) –

nicht mit verteilten Rollen in Szene gesetzt.[25] Hier ging es darum, dass die theologischen Lehrsätze, die Sentenzen, die Petrus Lombardus in eine systematische Ordnung gebracht hatte, von einem *baccalaureus* kommentiert wurden, der mit diesem Unterricht zugleich seine Fähigkeit zur Übernahme des Magisteramtes ausbilden und dokumentieren sollte. Wenn er die Aufgaben eines *baccalaureus biblicus* (Bibelkommentierung) und eines *baccalaureus sententiarius* (Vorlesungen über die Sentenzen des Petrus Lombardus) erfüllt hatte, musste er als *baccalaureus formatus* an den *facta universitatis*, z.B. an öffentlichen Disputationen mitwirken, die einen anderen Charakter hatten. Diese Ereignisse des universitären Lebens wurden dokumentiert und sind eine wichtige Quelle für die Lebensdaten des Johannes Duns. Die *quaestiones ordinariae* behandelten systematisch jene Fragen, die sich ein Magister der Theologie zum Thema gemacht hatte. Sehr beliebt war eine Art von Disputation, in der die anwesenden Lehrer und Studenten dem *magister regens* alle Fragen stellen durften, welche auch immer ihnen beliebten, daher *Quodlibet* genannt.[26] Gelegenheit dazu bot sich in besonderen Zeiten, wie in der zweiten oder dritten Woche des Advent oder um die vierte Woche der Fastenzeit.[27] Ebenso wurde die Einführung, die *inceptio*, eines neuen Magisters mit einer zweiteiligen Disputation gefeiert. Der erste Teil mit zwei *quaestiones* fand gewöhnlich nach der Vesper statt, daher *vesperies* genannt.[28] Der zweite Teil mit weiteren zwei *quaestiones* wurde zu Beginn des nächsten Tages in der bischöflichen Halle, *in aula episcopi*, abgehalten, in welcher der Kanzler der Universität (oder sein Vertreter), der vorherige Magister als *magister aulator*, sein Nachfolger als *magister novus aulandus*, und der *baccalaureus formatus* des jeweiligen Jahres als *baccalaureus responsalis* auftraten. Solange ein Theologe, der alle sonstigen Erfordernisse erfüllt hatte, noch keine Gelegenheit zu dieser *inceptio* als *magister theologiae* bekam, konnte er nicht *doctor* genannt werden, sondern blieb *inceptor*, wie z.B. Wilhelm von Ockham.[29] In den scotischen Schriften wird gewöhnlich

---

25 Normalerweise war die Eröffnung der Vorlesung mit einer feierlichen Einführungspredigt und einer *professio fidei*, einer öffentlichen Einverständniserklärung mit der Orthodoxie, verbunden, manchmal auch mit einer zusätzlichen Disputation; vgl. Bert ROEST: *A History of Franciscan Education (c.1210-1517)*, Leiden 2000, 98-99.

26 Vgl. Palémon GLORIEUX: *La littérature quodlibétique de 1260 à 1320,* I, Paris 1925, and II, Paris 1935.

27 ALLUNTIS / WOLTER: *John Duns Scotus* (s. Anm. 4), XXIV, stützt sich auf die Arbeiten von GLORIEUX, bezüglich der Zeitangaben, besonders auf: Palémon GLORIEUX: Art. *Quodlibeti*, in: Enciclopedia Cattolica X, Città del Vaticano, 1953, Sp. 436-438.

28 Vgl. LITTLE / PELSTER: *Oxford theology* (s. Anm. 5), 42-53.

29 Franz EHRLE: *Der Sentenzenkommentar Peters von Cania, des Pisaners Papstes Alexanders V. Ein Beitrag zur Scheidung der Schulen in der Scholastik des vierzehnten Jahr-*

genau unterschieden: *Magister* wird genannt, wer diesen Titel nur in den *artes* erworben hat, wohingegen ein Theologe *doctor* genannt wird. In einer gewöhnlichen Disputation (*quaestio disputata ordinaria*) gab der *magister* die *determinatio*, d.h. er entschied zwischen *opponens* und *respondens*, wie ein vorsitzender Richter im Gerichtssaal, dass die Frage so und nicht anders, *sic et non aliter*, zu beantworten sei und warum die angeführten Argumente der Gegner nicht standhielten. Die Vernunft sitzt hier also auf dem Richterstuhl, um Argumente und Beweise, die ihr vorgetragen werden, auf deren in Christus offenbartes Gewicht vor Gott zu prüfen.

Im 13. Jahrhundert jedoch kam ein Streit auf, wie die Beweislast angemessen zu bewerten sei. Denn begleitet worden war die Entwicklung der scholastischen Methode von der immer weiter ausgreifenden Aneignung des griechisch-lateinischen Erbes, das mitunter nur aus arabischer Hand und durch arabische Kommentatoren vermittelt zu erhalten war. Aristoteles wird häufig schlicht „der Philosoph" genannt, Averroes (1126-98) hingegen „der Kommentator", weil er, neben Avicenna (980-1037), der bedeutendste arabische Ausleger war, der den „reinen Aristoteles" lehren wollte, befreit vom Einfluss des Neuplatonismus und des Islam. Bereits am Anfang des 13. Jahrhunderts brachten (z.T. schlechte und unvollständige) Übersetzungen aus dem Griechischen und Arabischen nicht nur einige schon lange bekannte logische Schriften des Aristoteles in Umlauf,[30] sondern auch seine wissenschaftstheoretischen (*analytica posteriora*), ethischen und die (natur)philosophischen (*de caelo, physica, metaphysica, de anima*). In diesen Werken kam der kirchlich-theologischen Interpretation der Bibel natürlich gar kein autoritatives Gewicht zu, weil die ursprünglichen Autoren sie noch gar nicht kennen konnten und die

---

hunderts und zur Geschichte des Wegestreites, Münster 1925, hat die Bedeutung des Titels „inceptor" ermittelt, den außer Wilhelm von Ockham auch noch Walter Chaton, Wilhelm von Ware und Robert von Cotton inne hatten.

30 Vgl. Ulrich KÖPF: *Die Anfänge der theologischen Wissenschaftstheorie im 13. Jahrhundert*, Tübingen 1974. Ein Teil der logischen Schriften aus dem *Organon* des Aristoteles wurde erst im 12. Jahrhundert wieder entdeckt, so z.B. Boethius' Übersetzung der *Analytica Priora* (Syllogistik); andere wurden jetzt übersetzt, wie die *Analytica Posteriora* (Wissenschaftstheorie) durch Jakob von Venedig (1128) und *De sophisticis elenchis* (Lehre von den Fehlschlüssen) und die *Topica* (Lehre von den wahrscheinlichen Argumenten). Bernard G. DOD: *Aristoteles latinus*, in: Norman KRETZMANN / Anthony KENNY / Jan PINBORG: *The Cambridge History of Later Medieval Philosophy*, Cambridge 1982, 45-79 und Charles LOHR: *The medieval interpretation of Aristotle*, in: ebd. 81-98.

Kommentatoren[31] – wenn überhaupt gläubig – nicht Christgläubige sein wollten. Während für Abälard noch Platon der *maximus et summus philosophorum* gewesen war, lässt z.B. Averroes keinen Zweifel daran, dass die Vernunft des Aristoteles, weil die Natur ihn „als Paradigma des vollkommenen Menschen" erfunden hatte, die Grenzen des Menschenmöglichen so ausschöpft, dass er ans Göttliche heranreicht: „Aristoteles hat die Wissenschaften (Logik, Metaphysik und Physik) vollendet, denn keiner seiner Nachfolger hat bis heute, das heißt während 15 Jahrhunderten, seinen Schriften etwas hinzufügen oder in ihnen einen bedeutenden Irrtum finden können. [...] Diese Auszeichnung ist würdig eher göttlich als menschlich genannt zu werden."[32]

Wenn nicht gleichzeitig mit der Aristoteles-Rezeption eine großartige und vielgestaltige Erneuerungbewegung die europäische Christenheit erfasst hätte, wäre der Konflikt zwischen Glaube und (arabischer-antiker) Vernunft vielleicht im Schisma zwischen den Intellektuellen und der Kirche geendet.[33] Denn was da als „reine Vernunft" auftrat, widersprach, wie mit der Zeit immer deutlicher wurde, dem christlichen Gottes-, Menschen- und Weltbild. Aristoteles-Verbote, die immer wieder angestrengt wurden, aber nicht wirklich zum Austrag kamen, konnten hier nicht weiterhelfen.[34] Nur die Überzeugungskraft menschlicher Vollkommenheit in der Nachfolge Christi konnte das nötige Gegengewicht auf der Waage des Zeitgeistes bilden.

Glücklicherweise hatten sich die Bettelorden der Erschließung des intellektuellen Neulandes angeschlossen. Der Franziskaner Roger Bacon, der

---

31 Auch die spätantiken Aristoteles-Kommentatoren wurden jetzt übersetzt: Alexander von Aphrodisias, Themistius, Ammonius, Simplicios und Philoponos. Die arabischen Kommentatoren sind in den Sentenzenkommentaren freilich wesentlich mehr präsent, weil, so könnte man vermuten, ihre Aktualität aufgrund der Herausforderung der christlichen Welt durch die muslimische größer war. Gleichzeitig gewärtigten die medizinische und die juristische Fakultät Erneuerungsschübe durch die Aneignung der Schriften Galens bzw. die Wiederentdeckung der Digesten zum Justinianischen Kodex.

32 Prooemium zur Physik zitiert nach SCHULTHESS / IMBACH: *Die Philosophie* (s. Anm. 2), 200.

33 Die Ansätze dazu schildert Jacques LEGOFF: *Die Intellektuellen im Mittelalter*, München 1993.

34 In den Jahren 1210, 1215, 1231, 1245 wollte man durch Vorlesungsverbote der öffentlichen Lehre eines Pantheismus entgegentreten, während die private Lektüre für gewöhnlich nicht reglementiert werden sollte; vgl. SCHULTHESS / IMBACH: *Die Philosophie* (s. Anm. 2), 161. Zu den Aristotelesleseverboten vgl. Ferdinand VAN STEENBERGHEN: *Die Philosophie im 13. Jahrhundert*, München / Paderborn / Wien 1977, 90-100; U. G. LEINSLE: *Einführung in die scholastische Theologie*, Paderborn / München / Wien 1995, 129-131.

den Franziskanern nahe stehende Robert Grosseteste und der Dominikaner Albert der Große übten maßgeblichen Einfluss aus, bis 1255 alle aristotelischen Schriften als verpflichtende Lehrbücher in den *artes*, d.h. in der *artes*-Fakultät eingeführt wurden. Mit ihren örtlichen Lateinschulen an jedem Konvent, ihren Studienhäusern in den einzelnen Kustodien und Provinzen (*studia particularia*) und ihren Ordenshochschulen (*studia generalia*) gliederten sich die Franziskaner der neuen Bildungsform ein, indem sie eigene *studia generalia* an den neuen Universitäten gründeten. Nicht allein die Dominikaner (und daneben die „alten" Bettelorden, die Karmeliter und die Augustiner-Eremiten), sondern auch die Franziskaner, die sehr viel Zulauf hatten, legten großen Wert auf die Ausbildung des Geistes.[35] Denn die Brüder hatten im Predigen ihre vornehmste Aufgabe der Seelsorge wahrzunehmen. So studierten sie 8 Jahre im Grundstudium ihrer Ordenshäuser alles, was man auch an der Artisten-Fakultät damals lernen konnte: die sogenannten *artes liberales*, die der Fakultät auch den Namen gaben, d.h. das sogenannte *quadrivium* mit Arithmetik, Geometrie, Astronomie und Musik sowie das *trivium* mit Grammatik, Rhetorik und Dialektik bzw. Logik. Während das *trivium* bei Bischof Isidor von Sevilla († 636) noch den Anfang seiner überaus erfolgreichen Enzyklopädie des Weltwissens gebildet hatte, war es nun zur Krone weltlicher Wissenschaft geworden: Das Quadrivium durchschritt die Dimensionen über Punkt, Fläche, Raum hin zur Musik der Himmelssphären; das Trivium gelangte vom guten zum schönen Ausdruck und dann zur Sicherung der Wahrheit einer Aussage. Schon im 9. Jahrhundert hatte Alkuin am Kaiserhof Karls des Großen die Wiedererstehung der platonischen Akademie Athens in Aachen geplant und in der Lehre der *artes liberales* alle praktischen

---

[35] Man rechnet mit bis zu 40.000 Franziskanern während des Hochmittelalters; vgl. VOS: *The Philosophy* (s. Anm. 4), 16. Der vermeintlich anti-rationale Zug des ersten franziskanischen Jahrhunderts ist der Legende zuzuweisen. Dadurch dass bereits 1225 vier Magister der Universität in den Orden eintraten, wurde die franziskanische Beteiligung an der Ausbildung des europäischen Bildungssystems früh eingeleitet; vgl. John MOORMAN: *A History of the Franciscan Order from its Origins to the Year* 1517, Oxford 1968, 123-139. ROEST: *A History of Franciscan Education* (s. Anm. 25), 97, weist darauf hin, dass es seit der Zeit von Haymo von Faversham (um 1240) üblich war, die Ordensleitung oberhalb der Provinzialebene aus den Universitätsabsolventen zu wählen. Während 60 der 70 Jahre, die der Amtszeit des Bonaventura (1253-57) folgten, wurden ehemalige Doktoren der Pariser Fakultät zum Minister General des Ordens gewählt. Schon bevor Magister Alexander von Hales, der das Sentenzenbuch des Petrus Lombardus zum Standardtext wissenschaftlicher Kommentare erheben sollte, im Jahr 1236 in den Orden eingetreten war, hatte das Studium in Paris mit Ioannes de Rupella einen theologischen Lehrer besessen (vgl. ROEST: *A History of Franciscan Education* (s. Anm. 25), 14). Jeder Franziskaner, der dazu fähig war, war durch das bereits genannte (s. Anm. 22) Kapitel von Narbonne verpflichtet, täglich zu lesen und zu schreiben.

Anforderungen seiner Zeit integriert. Allerdings waren die sieben Künste, die den „freien", den bürgerlichen Athenern seinerzeit anstanden, nun geadelt durch die Lehre Christi. Wenn viele an dem von Karl geplanten Studium teilnehmen sollten, schreibt Alkuin, dann werde das „neue Athen, dem auch noch die siebenfache Gabe des Heiligen Geists in ihrer ganzen Fülle zuteil geworden ist, [...] alle weltliche Weisheit in den Schatten stellen."[36]

Im Laufe der Jahre gewann das Studium der aristotelischen Schriften immer mehr Raum an der Universität und auch in den Studienhäusern der Bettelorden. Zwar konnten deren Studenten diesen Teil des Studiums in ihrer Ordensschule absolvieren, der arabisch kommentierte Aristoteles hielt aber auch dort Einzug. Da die Theologie gleichzeitig aus den sieben freien Künsten ausgegliedert wurde, verlagerte sich mit ihr auch das existentielle Fragen auf höherem philosophischen Niveau: In der Artistenfakultät erwerben die Studienanfänger das Rüstzeug für das Post-Graduierten-Studium. Die Erörterung der eigentlichen philosophischen Probleme hat daher ihren Platz unter den Theologen, solange es nicht erstrebenswert war, die akademische Laufbahn als *magister regens* der Artistenfakultät zu beenden. In Oxford mussten die Ordensgeistlichen, die in der Theologie mit dem *magister* abschließen wollten, offensichtlich zwei Jahre länger studieren, als ihre weltlichen Kollegen, weil diese sonst einen Nachteil dadurch erfahren hätten, dass sie als *magister artium* ebenso viele Jahre für ihre „Regentschaft" investieren mussten, da sie als neu promovierter, amtierender Magister der Philosophie (*magister regens*), Aufgaben für die Artes-Fakultät wahrzunehmen hatten.[37] In den *studia generalia,* von denen die Franziskaner zu Beginn des 14. Jahrhunderts mehr als zehn besaßen[38], konnten die Brüder auch Theologie mit dem Ziel des Lektorats studieren: in den anderen Studienhäusern des Ordens durften sie dann, gemäß päpstlichem Privileg, Dozenten für Theologie in den

---

36 Zitiert nach Anders PILTZ: *Die gelehrte Welt des Mittelalters*, Köln / Wien 1982, 23.

37 „Students from the religious orders, instead of the favored treatment they received at Paris, were required at Oxford to study two years longer than their secular counterparts – probably to balance the two years of required regency for those who had ‚reigned in arts'"; vgl. William J. COURTENAY: *Programs of Study and Genres of Scholastic Theological Production in the fourteenth Century*, in: HAMESSE: *Manuels* (s. Anm. 24), 331-336, hier 332.

38 *Studia generalia* gab es am Ende des 13. Jahrhunderts u.a. in Bologna, Pisa, Venedig, Mailand, Lissabon, Toulouse, Magdeburg und Köln. ROEST: *A History of Franciscan Education* (s. Anm. 25), 28-42, stellt die Schwierigkeiten dar, denen die Erforschung der Entwicklung dieser *studia* begegnet, da sie mit dem wechselnden Status dieser Häuser rechnen und sich an Statuten, Universitätslisten und Chroniken halten muss, um z.B. die „'real' *studia generalia*" (ebd. 32f.) von den übrigen Ordensschulen zu unterscheiden.

Ordensschulen werden, d.h. sie erwarben eine *licentia docendi*, nicht jedoch die *licentia ubique docendi.*[39] Das Niveau an den übrigen *studia generalia* war nicht unbedingt niedriger als in Paris, Cambrigde oder Oxford, aber nur, wer das *studium generale* der Franziskaner dort besuchen durfte, hatte überhaupt Aussicht, einen Universitätsabschluss anstreben zu dürfen, weil nur dort öffentliche theologische Lehrstühle bestanden und die Statuten einige Studienjahre an der jeweiligen Fakultät vorsahen.[40] Das ist einerseits der Grund, Johannes Duns zu dieser Zeit nicht in einem anderen Ordenshaus zu vermuten, weil er ja in Oxford als *baccalaureus* tätig wird. Andererseits hat diese Residenzregel im Zusammenhang mit der erforderten Studiendauer bei Callebaut und Little auch ohne direkte Beweise zur Annahme geführt, Scotus habe schon in den 90er Jahren des 13. Jahrhunderts seine Studienzeit in Paris absolviert, ohne die er dort gar nicht hätte *baccalaureus* und schließlich *magister* werden können. Wir werden sehen, dass das nicht der Fall war. Scotus erhielt 13 Jahre Ausbildung an einem *studium generale* in England, d.h. möglicherweise ein paar Jahre in Cambridge, hauptsächlich aber in Oxford.

Der Konvent in Oxford hatte sich schon erstaunlich entwickelt, als Scotus dort einzog. Die ersten Franziskaner waren bereits 1224 in Oxford angekommen und hatten sich in der Pfarre S. Ebbe südlich von Carfax niedergelassen. Gegen 1230 zogen sie in ein größeres Haus, dem Agnello di Pisa ein Schulgebäude anfügte. Das schließlich 30.000 m^2 große Gelände lag hinter S. Ebbe, in einem Dreieck zwischen New Road, Castle Street und River Thames und wurde von der alten Mauer begrenzt, bis es über die Stadtmauer hinauswuchs.[41] Die 1245 begonnene große Kirche wurde 1480 vollendet. Von der Anlage ist heute keine Spur mehr zu finden. 63 Brüder lebten dort 1277, im Jahre 1317 waren schon 84, 1377 stieg die

---

39 Dies gewährt die Bulle *Exultante Spiritu* vom 28. März 1257 (*Bullarium Franciscanum* II, 208b, n.317; vgl. ROEST: *A History of Franciscan Education* (s. Anm. 25), 31).

40 ROEST: *A History of Franciscan Education* (s. Anm. 25), 30.

41 Vgl. LITTLE: *The Grey Friars in Oxford* (s. Anm. 4), 12-28; Dokumentation: ebd. 295-300. Fr. Thomas ECCLESTON hat in den Jahren 1258/60 (nach langer Materialsammlung) die Geschichte der Ankunft der Minderbrüder in England (*Liber de Adventu Fratrum Minorum in Angliam*, in: Analecta Franciscana I (1855) 215-256) verfasst. Im Appendix (ebd. 257-275) finden sich u.a. auch die (weitergeführten) Listen der *lectores theologiae fratrum Minorum* in Oxford und Cambridge (neuere Listen bei MOORMAN: *A History* (s. Anm. 35), 589-591). Die letzte Edition stammt von Andrew G. LITTLE: *Thomas Eccleston, De Adventu Fratrum Minorum in Angliam*, Paris 1951. Alte Karten von Oxford im Jahre 1279 und 1313 finden sich bei J. I. CATTO (Hg.): *The History of the University of Oxford*, I: The Early Oxford Schools, Oxford ²1986, XXXIVff. Das Merton College, das einige wertvolle Manuskripte beherbergt und manchmal als Wirkungsstätte des Johannes Duns bezeichnet wird, liegt an anderer Stelle.

Zahl auf 103.[42] Von den vielen Studenten im *studium generale* konnten nur einige den Universitätsabschluss anstreben. Scotus wird zu ihnen gehören.

Im Jahre 1291 erscheint er als Fr. Iohannes Dons in einer Liste derjenigen, die der Bischof von Lincoln, Oliver Sutton, am 17. März im Priorat St. Andrews (Northampton) zu Priestern geweiht hat.[43] In Oxford selbst vollzog er damals keine Weihehandlungen, so dass der Oxforder Konvent seine Kandidaten andernorts weihen lassen musste. Von den 11 Franziskanern, die mit Scotus eine Weihe empfingen (drei Subdiakone, drei Diakone, fünf Priester) gehörten nur wenige zum Konvent in Northampton, der nur 40 Brüder zählte. William of Shireburn, dessen Name in der Liste auf Scotus folgt, war 1300 ebenfalls in Oxford und dort auch ab 1312 *lector*.[44] Beide hatten also das Studium der *artes* abgeschlossen, danach mindestens ein paar Jahre Theologie studiert und mussten schließlich 25 Jahre alt sein, weil dies die Anforderungen des Universitätsstudiums einerseits und die Voraussetzungen für die Priesterweihe andererseits waren. Wir schließen daraus, das Scotus zwischen Dezember 1265 und März 1266 geboren worden ist, weil man die Weihe wohl nicht unnötig hinausgezögert hat und Bischof Sutton bis zum Ende des Winters in Hertford, Stamford, Wycombe (dreimal), Northampton (zweimal), Boston, Grantham, Temple (London), Lincoln und Dorchester, also in erreichbarer Nähe von Oxford, geweiht hatte, ohne dass Johannes Duns zu einem dieser Orte geschickt worden war.[45] Wenn er im Jahr 1291 25 Jahre alt war und schon acht Jahre *artes* und etwa drei Jahre Theologie studiert hatte, dann muss er um das Jahr 1280 herum mit etwa 14 Jahren in einen Konvent mit *studium* gekommen sein. Für das seiner schottischen Heimat näher gelegene englische Newcastle, das als Kustodie für Schottland eingesetzt war, wäre ein anderer Bischof zuständig gewesen, der den Minderbrüdern die Priesterweihe spendete. Auf jeden Fall war der Pater Johannes Duns durch den Provinzial und das Provinzialkapitel[46] für die Universitätslaufbahn in England, nicht in Paris, bestimmt. Denn schon im Jahr 1300 agiert er, wie wiederum Longpré entdeckt hat, am Ende seiner Aus-

---

[42] ROEST: *A History of Franciscan Education* (s. Anm. 25), 23.

[43] LONGPRÉ: *L'ordination* (s. Anm. 15), 54-62: *Elenchus Ordinatorum, 17 martii 1291*, Sutton Ep. Linc. Reg. fol. 370v -371v.

[44] Vgl. LITTLE: *Chronological Notes* (s. Anm. 4), 571.

[45] LITTLE: *Chronological Notes* (s. Anm. 4), 571.

[46] Zuständig für diese Entscheidung war der Provinzial und das Provinzkapitel; vgl. DENIFLE / EHRLE: *Die ältesten Redactionen* (s. Anm. 22), 108.

bildung als *baccalaureus formatus* in einer Disputation des Philipp von Bridlington in Oxford.

Daraus ergibt sich mindestens die folgende Zeiteinteilung: Scotus musste, nachdem er das acht Jahre währende Studium der *artes* absolviert hatte, mindestens sechs Jahre Theologie gehört bzw. in den *collationes* eines fortgeschrittenen Studenten die Lektüre geübt und danach zwei Jahre als *opponens* sowie ein Jahr als *respondens* an Disputationen teilgenommen haben, bevor er als *baccalaureus designatus* seine Vorlesungen über die Sentenzen des Petrus Lombardus vorbereiten konnte.[47] Universitätspredigten und *collationes* gehören fortan zu den durchgehenden Beschäftigungen, sowie der Besuch von universitären Veranstaltungen außerhalb des eigenen Studienhauses.[48] Erst im zehnten Jahr konnte er die Sentenzen vorbereiten, und im Jahr darauf wird er sie dann gehalten haben.[49] Es war

---

47 Die Dispens vom Studium der *artes* an der Universität ging nicht mit einer Verkürzung der Studiendauer einher. Im Jahr 1314 einigte man sich darauf, dass die Mendikanten mindestens 8 Jahre (hörend und lehrend) *artes* und 6 Jahre Theologie studiert haben müssen, bevor sie zur öffentlichen Debatte zugelassen würden; und dass sie vor dem Kanzler der Universität schwören mussten, diese Pflicht erfüllt zu haben: prius coram Cancellario et Procuratoribus Universitatis juramentum praestiterit corporale, quod philosophiam per octo annos, solis philosophicis principaliter intendendo, et postea theologiam per sex annos completos ad minus audierit, seu partim audierit et partim legerit, per spatium temporis supradicti; vgl. LITTLE: *The Grey Friars in Oxford* (s. Anm. 4), 40f., der sich auf H. ANSTEY: *Munimenta Academica, or Documents illustrative of Academical Life and Studies at Oxford*, Rolls Series 1868, 388-396, bezieht, Die zitierten Stellen sind leichter zu finden bei Stilwark GIBSON (*Statuta Antiqua Universitatis Oxoniensis*, Oxford 1931, hier 29), und ROEST: *A History of Franciscan Education* (s. Anm. 25), 101, der sich für die erwartete Dauer und Intensität des *artes*-Studiums auf GIBSON (34-49) beziehen kann. WILLIAM J. COURTENAY: *Scotus at Paris*, in: Leonard SILEO: *Via Scoti. Methodologica ad mentem Joannis Duns Scoti*, I, Roma 1995, 149-163, hier 152, weist gegenüber Brampton darauf hin, dass man während des Vorbereitungsjahres in Oxford noch nicht im strengen Sinne *baccalaureus* war. Gleichzeitig (ebd. 154-155) gibt er zu bedenken, dass Angaben über den Studienverlauf des Johannes Duns um das Jahr 1300 herum nur unter Vorbehalt gemacht werden können, weil die Statuten der Universitäten häufig Jahrzehnte zuvor oder danach formuliert sind und kaum Studenten berücksichtigen, die an mehreren Universitäten studiert haben. Außerdem haben die Mendikanten allenthalben Streit mit den Säkularen über ihre Privilegien ausgefochten. Den Anstoß zu den Statuten gab schon der den Franziskanern nahestehende Robert GROSSETESTE, der 1246 von Innozenz IV. das Dekret erlangte, dass niemand den Titel *magister* erlangen solle, bevor er nicht „secundum morem Parisiensem" geprüft worden sei (vgl. Chartularium I (s. Anm. 1), 189 n° 154).

48 ROEST: *A History of Franciscan Education* (s. Anm. 25), 97-99.

49 Für diese Zusammenfassung vgl. LITTLE: *The Grey Friars in Oxford* (s. Anm. 4), 43-47; C. K. BRAMPTON: *Duns Scotus at Oxford 1288-1301*, in: FrancSt 24 (1964) 5-20, hier 16; ROEST: *A History of Franciscan Education* (s. Anm. 25), 97-115, die sich auf die

vielleicht sogar ein Kurs über zwei Jahre.[50] Danach wird er als *baccalaureus biblicus* die Bibel kommentiert haben. Das wird wohl die Praxis in Oxford gewesen sein, während in Paris die Kommentierung der Sentenzen der Bibelkommentierung nachfolgte.[51] Wenn diese Pflichten erfüllt waren, begann die letzte Aufgabe des zukünftigen Magisters der Theologie: Der

---

Oxforder Statuten berufen; vgl. die Ausgabe von GIBSON: *Statuta Antiqua* (s. Anm. 47), 48-52.

50 Man findet in der Literatur unterschiedliche Angaben. BRAMPTON: *Duns Scotus at Oxford* (s. Anm. 49), 12, verweist auf die „incipit" Regeln der Oxforder Statuten (GIBSON 1931, 195), die ihre Parallelen in anderen Orten haben, und geht davon aus, dass alle vier Bücher in einem Jahr kommentiert worden sind. Da die genannten Statuten aber aus dem Jahre 1407 stammen, und Quellen aus der Zeit des Scotus für Oxford fehlen, hielt LITTLE: *Chronological Notes* (s. Anm. 4), 574, die Angabe für zu kurz und wies auf die Anordnung des Generalkapitels der Karmeliter aus dem Jahre 1336 und einen Brief von Bonifaz IX. vom 16. August 1391 hin, aus denen eine Kursdauer von zwei Jahren hervorgeht. Franziskanische oder dominikanische Regelungen aus der Zeit um 1300 sind ihm nicht bekannt. COURTENAY ist offen ist für die Annahme eines zweijährigen Kurses (*Scotus at Paris* (s. Anm. 47), 150f.), wenngleich er daran festhält, dass es keinen Beweis aus den Statuten oder aus der Länge der später publizierten Kommentare geben kann, sondern höchstens aus den Beispielen von Mendikanten wie Adam Wodeham und Willam Crathorn (COURTENAY: *Programs of Study* (s. Anm. 37), 333-335). Vielleicht ist die Frage am ehesten mit Blick auf die durch zahlreiche Festtage sowie die durch die Sommerferien eingeschränkte Vorlesungszeit und die physische Überforderung zu entscheiden, welche mit einer Kommentierung aller vier Bücher innerhalb eines einzigen Jahres einherginge. ROEST: *A History of Franciscan Education* (s. Anm. 25), 99, geht von „initially two years or more" aus.

51 COURTENAY: *Scotus at Paris* (s. Anm. 47), 158, und BRAMPTON: *Duns Scotus at Oxford* (s. Anm. 49), 16, weisen auf diesen Unterschied hin. Ein Oxforder Statut aus den Jahren vor 1350 (GIBSON 1931, 50) legt diese Reihenfolge fest, welche die Franziskaner bevorzugten: erst die Sentenzen, dann die Bibel. FRANZ PELSTER: *Der älteste Sentenzenkommentar aus der Oxforder Franziskaner-Schule*, in: Scholastik 1 (1926) 50-80, hier 58f., dokumentiert eine zeitgenössische Begründung dafür (aus den Reihen der Universität): „quia illa lectura [sc. Bibliae] excellentior est et per gradus est adscendendum et ordo doctrinae servandus." Die Dominikaner hingegen, deren Beschwerdebrief von 1312 PELSTER (ebd. 58) ebenfalls zitiert, bevorzugten die Pariser Ordnung, weil die Kommentierung der Sentenzen schwieriger sei als die der Bibel, und führten einen Prozess darüber. Köpf vermutet, dass die Franziskaner, die mit dem Sentenzenbuch nicht zufrieden gewesen seien, eine Abwertung desselben dadurch anstrebten, dass es in die Hände „von Anfängern" gelegt wurde. Sechzig Jahre früher hatte Roger Bacon im *Opus Minus* kritisiert, dass ein *baccalaureus sententiarius* sich die besten, also die ersten Stunden des Tages für seine Vorlesung aussuchen konnte, so dass die Bibel das Nachsehen habe. Köpf schließt daraus und aus einer gleichsinnigen Ermahnung von Robert Grosseteste, dass damals in Oxford der *baccalaureus biblicus* weniger fortgeschritten, somit rangniedriger und weniger privilegiert war. Damals hätte man also in Oxford noch die Pariser Reihenfolge (erst Bibel, dann Sentenzen) gehabt. Zitate und Argumentation bei Ulrich KÖPF (1964, 33f. Anm. 91f.).

baccalaureus formatus[52] oder auch *responsalis* hatte an den *facta universitatis*, den universitären Obliegenheiten, mitzuwirken, d.h. er musste z.B. eine Rolle in den Disputationen des *magister regens* übernehmen. Er war damit der fortgeschrittenste von vier *baccalaurei*, die sozusagen als Assistenzprofessoren einem *magister regens* zu Seite standen, der (in manchen Fällen) kurz zuvor noch einer der ihren gewesen war. So treffen wir ihn, „Duns", in einer Disputation des Philipp of Bridlington[53] an, der als 29. Magister der Franziskaner in Oxford auf Adam of Howden folgte. Dadurch ist sein letztes Ausbildungsjahr in Oxford genau datierbar.

Denn auf einer Liste von möglichen Beichtvätern für die Franziskanerkirche in Oxford, die Minister Hugh of Hartlepool dem zuständigen Bischof John Dalderby am 26. Juli 1300 in Dorchester-on-Thames vorstellte, werden neben „Iohannem Douns" weitere 21 Franziskanerpatres mit Namen und Aufgabe genannt; unter ihnen zwei Magister, nämlich Adam of Howden und Philipp of Bridlington, der gehende und der kommende, der 28. und der 29. *magister regens* in Oxford.[54] Allerdings wollte der erstaunte Bischof den Minderbrüdern keineswegs so viele Beichthörer allein für den Konvent in Oxford zugestehen: Er wollte ihnen nur vier Lizenzen gewähren, ließ dann doch die sechs Priester mit der meisten Erfahrung aus der Liste des Provinzials zu und nahm am Ende sogar noch die beiden Magister hinzu, war er doch selbst Magister der Theologie gewesen.[55]

---

52 ROEST: *A History of Franciscan Education* (s. Anm. 25), 99, weist darauf hin, dass den Titel überlicherweise schon erhielt, wer die Kommentierung der ersten drei Bücher abgeschlossen hatte. Von einem künftigen *magister* wurde auch die Kommentierung des vierten Buches verlangt.

53 Entdeckt wurde dies von Ephrem LONGPRÉ: *Philippe de Bridlington, O.F.M. et le Bx. Duns Scot*, in: AFH 22 (1929) 587f.; vgl. LITTLE / PELSTER: *Oxford theology* (s. Anm. 5), 310 und 345. Die Frage lautet in Quaternus fratrum minorum IV, fol. 664va in MS Worcester Cathedral Q 99 (quaestio 20): „An deus intelligat se sub ali[qu]a ratione in se existente secundum quam differt a se absolute sumpto." Vgl. LONGPRÉ (ebd. 587f.), der die Zuordnung zu Bridlington begründet und Scotus, dessen Name zweimal am Rand notiert ist, als *opponens* einordnet. Es handelt sich allerdings nicht um die Vesper-Disputation (*vesperiae*) des Philipp of Bridlington, wie manchmal zu lesen ist (z.B. auch noch bei COURTENAY: *Scotus at Paris* (s. Anm. 47), 153 Anm. 7), da diese in q. 18 aufbewahrt ist; vgl. BRAMPTON: *Duns Scotus at Oxford* (s. Anm. 49), 18 Anm. 57.

54 Vgl. LITTLE: *Chronological Notes* (s. Anm. 4), 572; LITTLE 1943, 230-243, 260: unter den „Documents I. Licence to hear confessions under the Bull *Super cathedram*" auch S. 235: Dalderby Ep. Linc. Liber Memorandorum. Fol.^{r}.

55 Es handelt sich schlicht um kirchenpolitische Klugheit des Bischofs: es gab noch weitere Klöster in Oxford, die sich ebenfalls der Beichtseelsorge an den Pilgern widmeten. Er durfte nicht ein Kloster bevorzugen. Wir haben es hier also nicht mit einer individuellen Diskriminierung des Scotus zu tun, wie es bei KENNY: *Medieval Philosophy* (s.

Zusammengenommen ergeben diese Einzeldaten, d.h. die Priesterweihe, die Beichtväterliste und die Beteiligung an der Disputation ein klares Bild: Nach einem Studium von mehr als 20 Jahren, war Johannes Duns im Sommer 1300 von der Ordensleitung dazu bestimmt, auch noch das letzte erforderliche Jahr in Oxford zu verbringen, um dort als Beichtvater zu wirken und als *baccalaureus formatus* der Magisterwürde entgegenzustreben. Wir wissen, dass es anders kam – aber warum?

2. Von England nach Paris

Johannes Duns wurde niemals *magister regens* in Oxford. Die Ordensoberen entschieden anders, d.h. der Generalminister John Minio de Murrovalle bestimmte über Scotus, nachdem der Provinzial Hugh of Hartlepool und seine *discreti* dies vorgeschlagen hatten.[56] Am 24. Juni 1303 ist Scotus ganz sicher in Paris, wie wir aus der an diesem Tag erstellten Liste aller Franziskaner im *Couvent des Cordeliers* wissen, die Ephrem Longpré wiederentdeckt hat. Auch weist uns eine Notiz des Schreibers von MS Worchester F.69 fol. 158^{v} darauf hin, dass Scotus das erste Buch der Sentenzen in Paris kommentiert hat *anno Domini* 1302 *intrante tertio.*[57] Zwar ist mit dieser Eintragung noch nicht geklärt, wann der Schreiber das Jahr beginnen lässt, ob zum 1. Januar oder zum 25. März,[58] und was genau

---

Anm. 4), 82, erscheint, oder mit einem Reflex der Häresie-Legende des Dominikaners Thomas von Sutton, der Scotus scharf kritisiert hat und zur *quaestio* „Utrum persone divine constituantur in esse personali per reaciones originis" vermerkt, Scotus habe eine häretische Position bezogen und sie später öffentlich zurücknehmen müssen: „In ista questione ponit doctor iste quandam opinionem tanquam probabilem, quam cum ipse eam doceret Oxonie, compulsus est publice revocare. Nec mirum, quia ipsa videtur esse non solum erronea, sed et heretica, utpote vicina heresi ipsius Arii vel Sabellii." (S. F. PELSTER: *Thomas von Sutton*, in: Zeitschrift für katholische Theologie 46 (1922) 393f.). Diese Behauptung ist ebenso unbestätigt wie unergiebig in chronologischer Hinsicht, insofern der Text Suttons erst nach der *inceptio* des Scotus in Paris (1305) geschrieben sein kann, wenn er ihn „doctor" nennt; vgl. COURTENAY: *Scotus at Paris* (s. Anm. 47), 153.

56 LITTLE: *Chronological Notes* (s. Anm. 4), 574. Mit dieser Angabe ist kein Datum verbunden. COURTENAY: *Scotus at Paris* (s. Anm. 47), 154, meint allerdings, dies würde uns für die Abreise des Scotus von Oxford auch nichts Genaues sagen, weil die Bestimmung, die Sentenzen in Paris zu lesen, manchmal ein oder zwei Jahre vor Beginn des Kurses kam; manchmal lebten die „Bestimmten" dann schon im Konvent in Paris.

57 Ich zitiere nach LITTLE: *Chronological Notes* (s. Anm. 4), 575, mit seinem Zusatz: „Expliciunt questiones sentenciarum date a fratre [J Dons Scoto *written over erasure*] ordinis fratrum minorum Parisius anno domini M trecentesimo secundo intrante tercio".

58 Strittig ist, ob der Jahresbeginn des Gallikanischen Kalenders (25. März) gemeint ist, der dritte „term" des Studienjahres (Beginn der Vorlesungen zwischen 15. September und 10. Oktober – Ende 29. Juni; vgl. Chartularium II (s. Anm. 1), 691-697 n° 1188),

er mit *intrante tertio* meint. Doch ist zumindest dies unbestreitbar: Wenn Scotus im Jahr 1300 noch in Oxford beschäftigt war und 1302 bereits in Paris die Sentenzen kommentierte, dann muss er 1301 oder 1302 aus Oxford weggeschickt worden sein, anstatt weiter dort die *inceptio* zum *magister regens* anzustreben. Er wird auch nicht, wie es Anwärtern auf die *inceptio* häufig erging, als Lektor in ein anderes *studium generale* geschickt, um später in Oxford Magister zu werden. Vielmehr soll er in Paris noch einmal von vorn als *baccalaureus sententiarius* den Ausbildungsgang beginnen, der zum *magister regens* führt, diesmal aber unter den Statuten von Paris. Diese Tatsache hat der Forschung Rätsel aufgegeben. Wollte man an eine frühere Pariser Ausbildungsphase anknüpfen, wie Callebaut angenommen hat?

Mit Callebaut[59] nahmen die Forscher zu Beginn des 20. Jahrhunderts aufgrund des Pariser Bakkalaureats an, Johannes Duns müsse zuvor schon zwischen 1291 und 1300 einige Jahre im Pariser Konvent der Franziskaner zugebracht haben. Denn in Callebauts Interpretation der Statuten der Pariser Universität setzte eine *inceptio* als Magister in Paris ein mindestens neun Jahre währendes Studium der Theologie dort selbst voraus, wobei man ein Pariser Jahr durch zwei Jahre an einer anderen Fakultät aufwiegen konnte.[60] Wenn Scotus sein ganzes Studium in Oxford absolviert hätte, argumentierte Callebaut, wären dies 18 Jahre gewesen, welche er im Jahre 1284, im Alter von 18 Jahren begonnen hätte, um 1302 in Paris als *baccalaureus sententiarius* anzufangen. Das wäre zu früh, wenn das Studium der *artes* noch vorher zu kommen hatte. Folglich nahm er an, dass die englischen Ordensoberen schon früh Johannes Duns als den Besten unter den Besten ausgemacht und entsprechend gefördert haben, indem sie ihn an die beste ihrer Ausbildungsstätten schickten. Im Gefolge

---

das dritte Jahr des Johannes Duns in Paris, sein dritter (evtl. neben Oxford auch Cambridge vor Paris) Anlauf zur Kommentierung der Sentenzen oder, wie COURTENAY: *Scotus at Paris* (s. Anm. 47), 160-162, nachdem er die Interpretation von Pelster, Wolter und Brampton durchgegangen ist, schließlich vorschlägt, die Tatsache (vgl. Chartularium, loc. cit.), dass die *baccalaurei* der verschiedenen Orden das *principium* bzw. den *introitus* ihrer Vorlesungen nicht am selben Tag, sondern in einer bestimmten Reihenfolge vorlegen sollten – und Scotus dies als dritter getan habe.

59 André CALLEBAUT: *Le Bx. Jean Duns Scot étudiant à Paris vers 1293-1296*, in: AFH 17 (1924) 3-12; André CALLEBAUT: *Les séjours du Bx. Jean Duns Scot à Paris*, in: La France franciscaine 9 (1929) 353-373.

60 Allan B. WOLTER: *Duns Scotus at Oxford*, in: Leonard SILEO: *Via Scoti. Methodologica ad mentem Joannis Duns Scoti* I, Roma 1995, Nachdruck in: WOLTER: *Scotus and Ockham* (s. Anm. 5), 53-61, hier 57, weist darauf hin, welchen Unterschied in der Berechnung es macht, dass die Residenzregel vier Jahre vor der *inceptio* vorsieht und nicht, wie Callebaut gerechnet hatte, vor der Kommentierung der Sentenzen.

von Callebaut galt daher eine Pariser Studentenzeit des Johannes Duns vor Ende des 13. Jahrhunderts als hinreichend belegt[61], bis Brampton 1964 das Gegenteil bewies: Callebauts Berechnungen der Studienjahre berücksichtigen u.a. nicht die Privilegien der Ordensangehörigen, die in denselben Dokumenten genannt werden, die auch zur Etablierung der Regeln dienten.[62]

Bleibt also die Frage, warum Scotus nach Paris geschickt wurde und dort wieder als Bakkalaureus begann. Hatte er in Oxford aufgrund langer Wartelisten keine Chancen, wie Brampton meinte? Courtenay hat dies als unbegründete Schlussfolgerung bezeichnet.[63] Seiner Meinung nach ist es „die größte Ehre“[64], die Scotus zuteil werden konnte. Antonie Vos meint, der Neubeginn in Paris sei als Reflex auf die Oxforder Leistungen des Johannes Duns zu betrachten: die Entdeckung der synchronen Kontingenz und ihre theologische Anwendung in der *lectura*, der ersten Kommentierung der Sentenzen durch Scotus in Oxford.[65] Diese Einschätzung wird verständlich, wenn man die Schwierigkeiten bedenkt, die mit dem arabischen Nezessitarismus Einzug in die Universitätsdebatten gehalten haben. Allen Zeitgenossen war klar, wie wichtig es war, hier eine angemessene

---

[61] R. P. Jean-François BONNEFOY: *Le Ven. Jean Duns Scot. Docteur de L'Immaculée-Conception. Son milieu – sa doctrine – son influence*, Roma 1960, hier 448, bezieht sich auf die Arbeit von Callebaut, wenn er bemerkt: „Les conclusion de cet article ont été unanimement acceptées.“

[62] BRAMPTON: *Duns Scotus at Oxford* (s. Anm. 49), 5-8, hat den entscheidenden Beweis geführt. Er verweist auf das Chartularium der Universität von Paris (S. 692 n° 1188 und 699 n° 1189). COURTENAY: *Scotus at Paris* (s. Anm. 47), 149-163, hat diesen Beweis noch weiter gestützt, indem er die von Callebaut verwendete Rechenregel für die Residenzpflicht (2 Jahre andernorts ersetzen 1 Jahr Paris) der Mitte des 14. Jahrhunderts zuweist und an die erfolgreiche Verteidigung ihrer Privilegien durch die Bettelorden erinnert (156f.). Er widerspricht BRAMPTON aber, was die Gründe für die Entsendung des Scotus nach Paris und die Reihenfolge seiner Vorlesungen angeht. Um 1950 hatte bereits Ludwig MEIER: *Zur Biographie des Duns Skotus*, in: Wissenschaft und Weisheit 15 (1952) 216-221, einen Pariser Aufenthalt vor 1302 heftig bestritten, desgleichen Ignatius BRADY, dessen Hinweis WOLTER: *Scotus and Ockham* (s. Anm. 5), 59, wieder aufnimmt: Die Beziehungen zwischen England und Frankreich waren in diesen Jahren äußerst gespannt, so dass 1293 z.B. Philipp der Schöne dekretierte „all scholars from across the channel, both Scots and English, are to leave France“, während Edward I. Frankreich 1294 den Krieg erklärte und die Kanalüberfahrt sperrte.

[63] COURTENAY: *Scotus at Paris* (s. Anm. 47), 152: „there is no evidence that there was a long line of Franciscan formed bachelors ahead of Scotus awaiting a chance to incept at Oxford. The English province often sent its most promising candidates to Paris when an opportunity in the rotation presented itself.“

[64] COURTENAY: *Scotus at Paris* (s. Anm. 47), 152: „the highest honor at his stage of career“.

[65] Antonie VOS: *The Philosophy* (s. Anm. 4), 32-46.

Antwort der christlichen Theologie zu formulieren, die sowohl der Freiheit Gottes als auch der menschlichen Freiheit philosophisch gerecht werden konnte. In seinen logischen Schriften hatte Johannes Duns, wie die Utrechter Forschergruppe[66] deutlich macht, noch keine angemessene Lösung des Problems gefunden. Aber die Entdeckung der synchronen Kontingenz lag in der Luft und den Durchbruch gegenüber der „onto-kosmologischen Weltanschauung“[67], der ihn berühmt machte, schaffte Scotus als *baccalaureus sententiarius* in Oxford, nachzulesen in der *lectura* I, 39, wo er die Vereinbarkeit von Vorauswissen Gottes und Freiheit zu denken unternimmt.[68]

Wie dem auch sei, einig sind sich alle Kenner der Materie, dass es eine große Ehre war, nach Paris geschickt zu werden. Dies war nicht mehr der zweitbeste Weg in der akademischen Welt des Mittelalters. Johannes Duns Scotus darf sich jetzt in intellektuellen Wettstreit mit den Besten seines Fachs begeben. Höchstens vier Franziskaner aus jeder der 34 Provinzen konnten dort studieren und *magister regens* konnte nur in jedem dritten Jahr ein Ausländer werden.[69] Angesichts der großen Zahl der Franziskaner in Europa, aus denen die wenigen Studenten für Paris ausgewählt wurden, ist mit echter Exzellenz zu rechnen. Paris war damals die erste unter allen Universitäten. Dort gab es 25 Professoren, so viele wie in Oxford und Cambridge zusammen. Aus aller Herren Länder kamen die Studenten dorthin. Auch die Franziskaner nutzten die Internationalität dieser Universität. Alle 34 Provinzen hatten das Recht, zwei Brüder in der Stellung des *studens de debito* in das Pariser *studium generale* zu entsenden, für deren Unterhalt (abgesehen von den Kosten für die Bücher) der Orden aufzukommen hatte. Wenn eine Provinz sich dies leisten konnte, dann hatte sie darüber hinaus das Recht, zwei Studenten in der Stellung des *studens de gratia* zu entsenden, für deren Kosten sie dann selbst aufkommen musste. Wen man für befähigt hielt, später *baccalaureus* bzw. *doctor* zu werden,

---

66 A. VOS / H. VELDHUIS / A. H. LOOMAN-GRAASKAMP / E. DEKKER / N. W. DEN BOK: *John Duns Scotus. Contingency and Freedom. Lectura* I 39, Dordrecht-Boston 1994.

67 Vgl. den Aufsatz von Joachim R. SÖDER: *Von der Ontokosmologie zur Ontologik*, in: PhJ 108 (2001) 33-40.

68 In Paris hat er an seiner Lösung, die sich in der *reportatio* I A, 38-44 findet, weiter gefeilt, so dass er sie noch nicht in die *ordinatio*, die abschließende Redaktion seines Sentenzenkommentars, einbringen konnte (vgl. Johannes Duns Scotus, *Reportata pariensis examinata I 38-44. Pariser Vorlesungen über Wissen und Kontingenz*, hg., übers. und eingl. von Joachim Roland SÖDER, Freiburg 2005).

69 So die revidierten Constitutiones von 1292; DENIFLE / EHRLE: *Die ältesten Redactionen* (s. Anm. 22), 107.

der blieb mindestens vier Jahre.[70] Von den 173 Bewohnern des *Couvent des Cordeliers* haben die meisten das Lektorat im *studium generale* besucht oder die Lateinschule der Pariser Kustodie, die ebenfalls im Provinzhaus untergebracht war.[71]

Hat Scotus während seiner Zeit im Pariser Konvent wirklich in der Disputation des Gonsalvus mit Meister Eckhardt eine Rolle übernommen, wie Klibansky zu beweisen suchte?[72] Gonsalvus spricht zwar in seinem Empfehlungsschreiben von einer *experientia longa* mit Johannes Duns. Da er jedoch von 1302-1303 *magister regens* war, während Scotus noch die Sentenzen kommentierte und Alanus von Tongeren sein direkter Nachfolger wurde, kommt dieser auch eher als *baccalaureus formatus* in Frage, der die Aufgabe hatte, an den *facta universitatis* teilzunehmen. In der Liste des Konvents vom Juni 1303 wird er als *magister theologiae* geführt, während Giles de Loigny, sein Nachfolger, *baccalaureus theologiae* genannt wird.[73] Scotus war wohl nur Zuschauer. Die Rolle des *opponens* oder *respondens* kam anderen zu. Das gilt selbst dann, wenn er möglicherweise schon im Herbst 1301 nach Paris gekommen ist, um sich auf die Kommentierung der Sentenzen dort vorzubereiten und *collationes* im Lektorat abzuhalten. Das heißt nun nicht, er hätte von der Lehre des Gonsalvus oder Eckhardts nichts mitbekommen und hätte seine Argumente für sich behalten müssen. Ein bilaterale Lehrer-Schüler-Beziehung wie sie im akademischen Raum heute vorkommt, gab es nicht. Die Bettelorden sandten ihre neu ernannten *magistri* – ausgestattet mit dem *ius ubique docendi* –

---

70 COURTENAY: *The Parisian Franciscan Community* (s. Anm. 11), 159, legt dies nahe mit Blick auf die Generalkonstitutionen der Minoriten von 1292 (vgl. Chartularium II (s. Anm. 1), 57 n° 580): „Illi autem qui mittuntur Parisius studeant quatuor annis ad minus, nisi adeo provecti fuerint, quod merito judicentur ydonei ad doctoris officium exequendum." LITTLE: *Chronological Notes* (s. Anm. 4), 572, hat mit Bezugnahme auf diesen Text die Dauer von vier Jahren auch für die Studenten angesetzt, die vor dem Bakkaleaureat standen und sich nur auf das Lektorat vorbereiteten: „those who are sent to Paris schall study four years at least, unless they are so far advanced that they are deservedly judged fit to fill the office of teacher".

71 COURTENAY: *The Parisian Franciscan Community* (s. Anm. 11), 163 u. Anm. 22, hat die drei zur Verfügung stehenden Listen zusammengerechnet und dabei doppelt genannte sowie unterschiedlich benannte und nicht mehr auftauchende Brüder berücksichtigt. Die Hälfte der Brüder kam aus französischen Landen.

72 R. KLIBANSKY: *Commentarium de Eckardi magisterio. Magistri Eckardi Opera Latina* XIII, XXX-XXXIII. WOLTER: *Scotus and Ockham* (s. Anm. 5), 54, schließt sich dem mit einem „undoubtably" an.

73 COURTENAY: *The Parisian Franciscan Community* (s. Anm. 11), 166f., interpretiert dies so: Giles hatte schon vor oder im Jahre 1301 die Sentenzen zu kommentieren begonnen, während Scotus im akademischen Jahr 1302-03 der „beginnende Bakkalaureus" war.

häufig bald in eine ihrer Schulen oder gaben ihnen Leitungsämter im Orden. Wir können uns die akademischen Beziehungen und die Einflüsse der Lehrenden aufeinander gar nicht lebendig genug vorstellen. Scotus selbst war 37 Jahre alt, die anderen *baccalaurei* und die *magistri* waren seines Alters, alle Angehörigen der Orden lebten gemeinsam in ihren Konventen und die *sententiarii* der verschiedenen Gemeinschaften unterstützten einander bei der feierlichen Eröffnung ihrer Vorlesungen.

Unglücklicherweise jedoch wurde die Universität – kaum dass Scotus sein erstes Jahr der Kommentierung abschließen konnte – geschlossen und das Zusammenleben des Konvents aufgelöst, als Philipp der Schöne im Streit mit Bonifaz VIII. zu einem Konzil gegen den Papst aufrief und einen Beamten in die Konvente schickte, der die Zustimmung der Ordensgeistlichen sichern sollte. Die meisten Franzosen schlugen sich auf die Seite des Königs, die meisten anderen nicht. Wer nicht zustimmte, musste das Land verlassen. Der Papst hatte mit der Bulle vom 15. August reagiert, die erst Benedikt XI., sein Nachfolger, im April 1304 aufhob, so dass das universitäre Leben bis dahin unterbrochen war.

Auch aufgrund der Listen der königlichen Beamten wissen wir, dass Scotus am 24./25. Juni 1303 schon in Paris als *baccalaureus* tätig war. Denn, obwohl – anders als bei Giles de Loigny – der Titel hinter seinem Namen fehlt, folgt ihm in der Liste ein Fr. Thomas *eius socius*, also der Name des Assistenten, auf dessen Hilfe ein *baccalaureus* in Paris zurückgreifen konnte. Außerdem haben wir die schon genannte Notiz im Worchester Manuskript seines Pariser Sentenzenkommentars, die belegt, dass Scotus vor der durch den König erzwungenen Abreise aller Unterschriftverweigerer schon dort gelehrt hat. Wo Scotus während des Exils war, kann nicht mit letzter Sicherheit gesagt werden. Doch bieten sich Oxford und Cambridge mit einiger Wahrscheinlichkeit als Orte an. Denn Cambridge wird in einer Handschrift als einer der Orte genannt, an denen Scotus *floruit*, d.h. aufging in der Lehre.[74]

[74] Colophon MS 66 Merton College: „qui floruit Cant' Oxon' et Parisius et obiit Colonia." BRAMPTON: *Duns Scotus at Oxford* (s. Anm. 49), 18, gibt zwar zu bedenken, dass *floruit* generell „lehren" impliziert, hält aber daran fest, dass Cambridge vor Oxford genannt wird, und dass z.B. die Zeit von 1284-1288 eine mögliche Spanne für die philosophischen Studien vor Beginn der Theologie in Oxford war. Ein Austausch zwischen den Studienhäusern ist zwar nicht auszuschließen. Weitere Indizien scheinen aber zu fehlen. Im Zusammenhang mit den anderen Orten scheint *floruit* hier doch eher die Lehre zu meinen und es könnte die Reihenfolge auch ein Reflex auf den Stellenwert sein, den sie allgemein oder im Leben des Scotus einnahmen. Das Argument für einen Aufenthalt in Bologna, den Pelster und Balic für möglich gehalten haben, weil Scotus (im vierten Buch des Sentenzenkommentars) von einer (wahrscheinlich) am 31. Januar

Lange kann Scotus nicht im Exil gewesen sein. Denn das Empfehlungsschreiben des Gonsalvus datiert vom 18. November 1304 und setzt erstens voraus, dass die Promotion des Giles als Nachfolger des Alanus von Tongeren geregelt ist, und zweitens dass Scotus vor Ort verfügbar war.[75] Es wird dort nämlich neben Giles und Johannes Duns noch ein weiterer Franziskaner genannt, der nicht vor Ort ist. Für Albert von Metz wünscht der Generalminister in seinem Schreiben an William, den Zuständigen des Pariser Konventes, und die *magister,* sie sollten auch ihn dem Kanzler präsentieren, wenn sicher sei, dass dieser zwei Minderbrüder zugleich zur *inceptio* als *magister regens* zulassen werde.[76] Da der zweite Franziskaner-

---

1304 an den Bischof von Bologna adressierten Bulle Benedikt XI. sagt, er habe sie gesehen, wird von LITTLE: *Chronological Notes* (s. Anm. 4), 577, für zu schwach befunden: der Fall war außergewöhnlich genug, um bei Kirchenrechtlern aller Universitäten Interesse an Abschriften zu wecken, die Scotus gesehen haben kann. Außerdem könnte es sich um eine spätere Überarbeitung handeln.

75 Die Terminologie des Briefes (Chartularium II (s. Anm. 1), 117-118 n° 652) ist eindeutig, wir geben ihn ganz wieder, da er manchmal als „Bestimmung zum Bakkalaureat in Paris“ missverstanden worden ist: „In Christo sibi carissimis Patribus Guillelmo guardiano Parisius, vel ejus Vicario, et magistris, frater Gondisalvus gaudens in Domino. Ad expeditionem dilecti in Christo patris Egidii de Legnaco, de quo per litteras vestras certificatus existo, cum de alio, ut moris est, eodem calculo presentando providere oporteat. et cum secundum statuta Ordinis et secundum statuta vestri conventus baccalareus hujusmodi presentandus ad presens debeat esse de aliqua provincia, aliarum a provincia Francie, dilectum in Christo patrem Johannem Scotus, de cujus vita laudabili, scientia excellenti, ingnioque subtillisimo aliisque insignibus conditionibus suis, partim experientia longa, partim fama, quae ubique divulgata est, informatus sum ad plenum, dilectioni vestre assigno post dictum patrem Egidium principaliter et ordinarie presentandum. Injungo nichilominus vobis ad meritum salutaris obedientie, quatenus presentationem hujusmodi cum solennitate solita sine multo dispendio facere debeatis. Si tamen constiterit vobis, quod dominus cancellarius velit duos simul licentiare de nostris, volo et placet michi, quod frater Albertus Metensis, si ad conventum redire poterit, cum prefato fratre Iohanne debeat expediri. In quo casu mando et ordino, quod dictus frater Albertus antiquitatis merito prius incipere debeat, dicto fratre Johanne sub eo postmodum incepturo. Valete in Domino et orate pro me. Datum in loco Esculi provincie Marchie Aconitane, xiiij kal. Decembris, anno MCCCIIII (18. Nov. 1304).“

76 Möglicherweise rechnete Gonsalvus mit der Tatsache, dass die Franziskaner durch die Schließung der Universität eine Gelegenheit zur *inceptio* und somit einen *doctor theologiae* verlieren würden. Auf jeden Fall hat er die Regel beachtet, dass gemäß der Ordensstatuten von 1292 nur jede dritte *inceptio* für einen Bruder aus der französischen Provinz reserviert ist. Wenn Albert aus der freien Reichsstadt Metz kam, war sein Bischof Suffragan der Metropolie Trier. Callebaut hat übertrieben, wenn er diese Regel in Zusammenhang mit den 34 Provinzen brachte und vermutete, alle Provinzen hätten nur nacheinander das Recht zur Präsentation eines Kandidaten gehabt, so dass die Engländer zugunsten eines Schotten 44 Jahre lang auf die *inceptio* eines der ihren verzichtet hätten (vgl. CALLEBAUT: *A propos du bx. Jean Duns Scot* (s. Anm. 13), 327). „Gulielmus de Anglia“, den LITTLE mit dem *socius* von Johannes Duns Scotus, Wilhelm von Alnwick, identifiziert, nennen die Quellen bereits für das Jahr 1318 „docto-

bruder älter ist, soll er kurz vor Scotus zur *inceptio* kommen, so dass Johannes Duns danach unter ihm inzipiere, vorausgesetzt Albert könne rechtzeitig zum Konvent zurückkehren. Aus diesen Informationen können wir auch schließen, dass die *inceptio* von Giles gerade erst geregelt war und die *inceptio* von Scotus nicht mehr für 1304 geplant war, weil der Brief eine Zeit unterwegs gewesen sein dürfte, die Ankunft von Albert abgewartet werden musste (für den Fall, dass er noch kommen könne), und schließlich die Großzügigkeit des Kanzlers zu ermitteln war. Wahrscheinlich hatte Johannes Duns Scotus seine feierliche *inceptio* als *magister regens* im Frühjahr 1305. Dann blieben ihm (mit seinen Mitarbeitern im *Couvent de Cordeliers*) für die regulären Vorlesungen, für die Redaktion seiner *ordinatio* und für das großartige Quodlibet, das er (wie üblich) entweder in der Fastenzeit oder im Advent (wahrscheinlich 1306) abgehalten hat, noch knapp zwei Jahre. Denn bald wird er zur letzten Station seines Lebensweges, nach Köln am Rhein geschickt. Das führte zu Spekulationen über die möglichen Gründe.

Denn einerseits blieb der Lehrstuhl der Franziskaner in Paris selten für lange Zeit mit demselben *magister* besetzt: zu wichtig war es für den Orden, neue Doktoren der Theologie zu gewinnen, und zu häufig wurden die Lehrstuhlinhaber auf wichtige Leitungsposten gewählt. Andererseits erzählt Wilhelm von Vorillon (im Jahr 1430), Scotus habe – als aktueller *magister regens* – vom Generalminister plötzlich die Weisung erhalten, sich unverzüglich aus Paris fort zu machen, um nach Köln zu gehen.[77] Callebaut hat darüber spekuliert, sein Eintreten für die Unbefleckte Empfängnis Mariens, das ihm einerseits einen zweiten Ehrentitel, *doctor marianus*[78] verdiente, habe ihm andererseits mächtige theologische Gegner geschaffen, allen voran Jean de Pouilly. Dieser habe sich dergestalt zu Häresievorwürfen und zur Empfehlung von Zwangsmaßnahmen bewegen lassen, dass der General – angesichts der anstehenden politischen und gewalttätigen Verwicklungen im Templerprozess – Scotus habe in Sicherheit

rem licentiatum Parisius et lectorem generalem fratrum minorum" (vgl. LITTLE: *Chronological Notes* (s. Anm. 4), 574f.).

77 „[...] narratur de Doctore Subtili qui in Prato clericorum, visa Generalis Ministri obedientia, dum actu Regens esset in scholis Parisiensibus, aut pauca aut nulla de rebus habita dispositione, Parisiis exivit ut Coloniam iret, secundum Ministri sententiam"; zitiert nach CALLEBAUT (1928, 231).

78 Carl BALIC: *John Duns Scotus*, in: New Catholic Encyclopedia IV, New York 1967, 1102-1106, hier Sp. 1102, nennt neben *doctor subtilis* und *Marianus* auch noch einen dritten Titel: *doctor maximus*.

bringen wollen.[79] Von Vorbereitung seiner Nachfolge und von der üblichen *inceptio* in einer feierlichen Disputation des Kanzlers, des alten und des neuen *magister regens* und des *baccalaureus formatus* kann dann keine Rede gewesen sein. Zwar ist es kein Beweis für Callebauts Vermutung, doch passt damit zusammen, dass zu seinem Nachfolger ein bereits lizensierter *magister theologiae* bestimmt wurde: Alexander von Alexandrien, der aus der Lombardei stammte und während der Schließung der Pariser Universität vom (Dominikaner-)Papst Benedikt XI. promoviert worden war.[80] Schon am 25. und 26. Oktober 1307 nimmt Alexander als *magister Minorum*, als einziger Magister der Minderbrüder, an den Verhandlungen über den Templerorden teil.[81] Wahrscheinlich war er schon früher, spätestens zum Beginn des akademischen Jahres am 14. September, angekommen und Johannes Duns Scotus abgereist. Denn in einem Dokument vom Provinzkapitel in Köln, datiert vom 20. Februar 1307, ist Scotus als „F.

---

79 CALLEBAUT (1928, 230) zitiert Pouillys *Quodlibet* (MS. De la Bibl. Nat. Florenz II, II, 117, fol. 191) aus dem Jahre 1308, wo es nach namentlicher Nennung des „Ionannes Scotus" als dem Vertreter dieser Lehrmeinung heißt: „qui si presumeret, non argumentis sed aliter contra ipsum procedendum esset".

80 Das war am 28/29. November 1303 geschehen (Chartularium II (s. Anm. 1), 105f. n° 639), als Alexander im Exil war, weil auch er – damals wohl schon *baccalaureus formatus*, also kein „Schüler" des Scotus – Philipp dem Schönen die Zustimmung verweigert hatte. Unbeschadet dieser Tatsache war er Ratgeber des Königs im Streit mit den Templern. 1313 wird Alexander der Nachfolger von Gonsalvus als Generalminister der Franziskaner (vgl. LITTLE: *Chronological Notes* (s. Anm. 4), 582).

81 H. FINKE: *Papsttum und Untergang des Templerordens*, Münster 1907, Bd. II, 307-313, gibt die Texte der beiden in Barcelona befindlichen Dokumente vom 15. und 26. Oktober 1307 wieder: 1. Das Geständnis des Templergroßmeisters „Anno nativitavis [...] trecentesimo septimo, indictione sexta, mense octobris, eiusdem mensis die vigesima quinta pontificatus SS. P.D. Clementis [...] pp. V. Anno secundo [...] Parisius in domo Templi praesentantibus [...] Petro abbate mon. S. Germnai de Patris Parisiensibus, [...] Alexandro Lombardo Minorum, Romeo, Herveo Natalis Praedicatorum, Laurentio de Droco Vallis Scolarium, Henrico Theutonico S. Aug., Gerardo de S. Victore et Gerardo Carmelitarum Ordinum, magistris in theologia"; 2. Das Gesamtverhör am folgenden Tag, in dessen Unterschrift wiederum „Alexander, ordinis minorum" erscheint. In einer Erklärung der *magistri in theologia Parisiensis* vom März 1308 ist Magister Alexander der erste von DENIFLE (Chartularium II (s. Anm. 1), 125-128 n° 664) genannte *magister*. COURTENAY: *The Parisian Franciscan Community* (s. Anm. 11), 172, meint – anders als üblicherweise zu lesen ist – es sei unbekannt, ob Alexander damals *actu regens* in Paris gewesen sei. Das ist des Zweifels zuviel, denn das Dokument muss nur deshalb von *tam actu regentes quam non regentes* sprechen, weil von einigen Orden (Dominikaner und Augustiner) zwei Magister unterzeichnet haben. Denifle hat im Kommentar klargestellt, wer von den genannten Magistern aufgrund von Alter oder anderen Aufgaben nicht *actu regens* war (vgl. GLORIEUX 1933, 199-202).

Io'es Lector ibid'" eingetragen.[82] Neben der These, Gonsalvus habe seinen alten Freund schützen wollen, erinnert Allan B. Wolter auch an den Vorschlag, Scotus sei wohlmöglich an den Rhein gesandt worden, um den „fragwürdigen Theorien über die Natur unserer übernatürlichen Vereinigung mit der göttlichen Natur" entgegenzutreten, die Meister Eckhart von Köln aus verbreitete.[83] Selbst wenn Johannes Duns schon zum Sommer 1307 am Rhein anlangte, waren ihm höchstens anderthalb Jahre des Wirkens dort vergönnt. Schon am 8. November 1308 stirbt er in Köln.[84]

Er findet sein Grab in dem ersten Gotteshaus nördlich der Alpen, das der Unbefleckten Empfängnis geweiht ist. Vier Jahre zuvor hatte Gonsalvus

---

82 CALLEBAUT (1928, 216) bezieht sich auf eine Kapitelsverhandlung, an der unter dem Provinzial Gerhard „*de Pomerio*, van den Boomgart", fast alle Oberen und 10 Lektoren teilnahmen. Sie von P. SCHLAGER: *Beiträge zur Geschichte der Kölnischen Franziskaner-Ordensprovinz*, Köln 1904, 50 und 150, mit dem Datum 20. Februar 1307 zitiert. Wie LITTLE: *Chronological Notes* (s. Anm. 4), 582, geht Callebaut davon aus, dass „1308" im „style moderne" zu lesen ist, kann aber nur auf die (auch heute) noch ausstehende Untersuchung des Manuskripts verweisen, das in P. Schlagers Zeiten noch in der Binterimschen Bibliothek zu Düsseldorf-Bilk lag (heute Universitäts- und Landesbibliothek Düsseldorf): Annales Almae Provinciae Coloniae Ordinis Fratrum Minorum Regularis Observantiae, nunc Recollectorum. Ab Ordinis Seraphici exordio usque ad annum 1658, gesammelt von dem Provinzchronologen Jakob Polius (gestorben 1656) ins Reine geschrieben und bis 1658 fortgesetzt von Adam Bürvenich (Folioband). Die Veröffentlichung von Lampen (1931) kann nicht als die angekündigte Untersuchung gelten. Zwar transkribiert er im Anhang zu seinem Artikel die Seiten 50f. der Bürvenichschen Chronik in gut lesbares Latein, doch beruft er sich für die Adption der Zeitangabe („1308"), für dieses einzige dort eingetragene Ereignis des Jahres 1307 schlicht auf den „Keulschen stijl" (301) bzw. den „Keulschen Paaschstijl", der erst 1310, wie bei H. GROTEFEND: *Abriß der Chronologie des deutschen Mittelalters und der Neuzeit*, Leipzig ^{4}1915, 12, zu lesen sei, durch den „Kerststijl" abgelöst worden sei. Dabei wird jedoch übersehen, dass der Nativititätsstil im Erzbistum Köln nur für einige Zeit durch den französischen Osterstil abgelöst und durch Synodalbeschluss 1310 für das Erzbistum wieder eingeführt wurde. Ob die Franziskaner in Köln, vor allem in einem Dokument, das als überregionaler Brief geschrieben ist, sich von jeher an den päpstlichen Stil, der neben dem Pontifikaljahr die Inkarnationsjahre zählte, hielten, ist nicht unwahrscheinlich. Vgl. P.-J. SCHULER: *Datierung von Urkunden*, in: Lexikon des Mittelalters, Bd. III, 575-580.

83 WOLTER: *Scotus and Ockham* (s. Anm. 5), 8f. und 54. Willibrord LAMPEN: *De Fratribus Minorum in Universitate Coloniensi. Tempore medii aevi*, in: AFH 23 (1930) 467-487, erklärt, dass Scotus weder zur Gründung der Universität noch des franziskanischen Lektorats nach Köln gesandt wurde, weil die Universität erst später entstand, das Lektorat aber schon vorher. Die Bedeutung des große Kölner Hauses wird jedoch deutlich wenn man bedenkt, was LAMPEN (1931, 295) mit Berufung auf Eubel feststellt: „Ten tijde van Scotus zou het klooster, de studenten inbegrepen, bijna 300 religieusen geteld hebben."

84 LITTLE: *Chronological Notes* (s. Anm. 4), 582; früheste Zeugnisse bei LAMPEN (1931, 302ff.).

ihm „ein tadelloses Leben" bezeugt. Die Franziskanerbrüder in Köln taten mehr. Sie erwiesen ihm die größte Ehre, die ihnen in ihrer Kirche zu Gebote stand: sie gaben ihm sein Grab vor dem Dreikönigsaltar in der Kirche, später dann vor dem Hochaltar und schließlich in einem eigenen aufwendigen Sarkophag hinter dem Hauptaltar.[85] Die Verehrung als Seliger der Kirche, die ihm „seit unvordenklichen Zeiten"[86] zunächst vor allem in den Diözesen von Nola und Köln zukam, wurde durch päpstliches Dekret am 6. Juli 1991 für die gesamte Kirche anerkannt.

---

85 Giuseppe M. ABATE: *La tomba del Ven. Giovanni Duns Scoto, o.min. nella chiesa di S. Francesco a Colonia. Note e documenti*, in: Miscellanea Franciscana 45 (1945) 29-79; Dietrich ESSER: *Das Grab des seligen Johannes Duns Scotus in Köln*, in: D. ESSER / Gioacchino D'ANDREA (Hg.): *Johannes Duns Scotus. Untersuchungen zu seiner Verehrung*, Mönchengladbach 1986, 165-204; Dietrich ESSER: *Johannes Duns Scotus. Leben, Gestalt und Verehrung*, Mönchengladbach 2000, 39-61. Die im Jahr 1957 angefertigte Grabinschrift weicht von der eingangs zitierten Überlieferung bei Wilhelm von Vorillon ab und gibt den damals aktuellen Forschungsstand wieder: „Scotia me genuit / Anglia me suscepit / Gallia me docuit / Colonia me tenet." Inzwischen ist deutlich geworden, dass der in zeitlicher Nähe schreibende Wilhelm es doch besser wusste.

86 BALIC: *John Duns Scotus* (s. Anm. 78), 1102, zitiert die Erklärung (8. Februar 1906) des Bischofs von Nola und weist auf die schon für das 16. Jahrhundert gut dokumentierten Rekognoszierungs- und Renovierungsarbeiten an seinem Grab hin. Zur Geschichte der Verehrung vgl. ESSER: *Leben, Gestalt und Verehrung* (s. Anm. 85), 63-77.

Datum, Alter, Ort	Ereignis	Argument	Quelle	Schriften
Winter 1265-66 (0) Duns in Berwickshire	Geburt	Regionale Überlieferung / Priesterweihe-Mindestalter	John Maior (1521) / s.u.: 17. März 1291	
1276-1280 (10-14)	Lateinschule	Regionale Überlieferung	Maior	
±1280-1288 (14-22) Oxford	*artes liberales*	Reg. Überl./ Statuten / Ordenskapitel	Maior / Statuta Antiqua Universitatis Oxoniensis / Chart. Univ. Parisiensis	
1288-1295 (22-29) Oxford	Grundstudium Theologie	Priesterweihe d. zuständi-gen Bischof Oliver Sutton	s.u. : 17. März 1291	
17. März 1291 (25) **Northampton**	**Priesterweihe**	**Bischöfliche Namensliste**	**Sutton Ep. Linc.Reg. Fol.** **371^{v}**	
1290-1295 (24-29) Oxford	Grundstudium Theologie	Statuten / Ordenskapitel	Stat. Ant. Univ. Oxon. / Chart. Univ. Parisiensis	Isagoge Prädikabilien
1295-1296 (29) Oxford	(*ars obligatoria* opponens			Perihermeneias Elenchorum
1296-97 (30) Oxford	*respondens)*			De anima Metaphysica I-IX
1297-98 (31) Oxford	*'baccalaureus designatus'*	Statuten / Ordenskapitel	Stat. Ant. Univ. Oxon. / Chart. Univ. Parisiensis	
1298-99 (32) Oxford	*baccalaureus sentenciarum*	Statuten / Ordenskapitel	Stat. Ant. Univ. Oxon. / Chart. Univ. Parisiensis	Lectura Oxoniense I-II
1299-1300 (33) Oxford	*Baccalaureus biblicus*	Statuten / Ordenskapitel	Stat. Ant. Univ. Oxon. / Chart. Univ. Parisiensis	
26. Juli 1300 (34) Dorchester-Thames	**Antrag auf Beichtlizenz**	**Bischöfliche Namensliste**	**Dalderby Ep. Linc. Lib.** **Memorandorum Fol.^{r}**	

Datum, Alter, Ort	Ereignis	Argument	Quelle	Schriften
1300-01 **(34)** Oxford	***baccalaureus formatus***	**Rolle in Disputation des Philip of Bridlingtion**	**Quaternus IV, q.20 MS Worchester Cath. 99**	Ordinatio Prol. u. I,1-10 Collationes Oxonienses
1301-03 **(35-37)** Paris	***baccalaureus sentenciarum***	**Notiz im Manuskript Sentenzenkommentars I**	**MS Worchester F.69 fol. 158^{v}**	Collationes Parisiensis Ordinatio I, 10-II,3 Reportatio Par. I,IV
24./25. Juni 1303 Paris	**Unterschriftsverweigerung**	**Königliche Namensliste**	**Paris, Arch. Nat., J.488, #595**	
Juni 1303-04 (37-38) Oxford/Cambrigde??	Lehrtätigkeit	Hinweis in Ord. I, 4, nn.1-6; Notiz in Manuskript	Colophon MS 66 Merton College	Lectura Oxoniense III Lectura Cantabrigensis I
1304-05/6 Paris	*baccalaureus formatus*	Respondens bei der Inceptio des Gilles de Lessines		Reportatio Par. II,III Ordinatio
18. November 1304 Paris	***magister regens-Kandidat***	**Brief des Gonsalvus**	**Chartularium Universitatis Parisiensis**	Metaphysik (Überarbeitung vor allem V-IX)
Frühjahr 1305/6 (39) Paris	*inceptio*			Quodlibet De primo principio
Früh? 1307-08 Köln	***lector principalis***	**Name unter Urkunde vom 20. Februar 1307 (1308)**	**Annales Almae Prov. Colon. Ord. Frat. Min.**	Ordinatio Theoremata
8. Nov. 1308 **(42)** Köln	**Tod**	**Martyrologium des Minoritenklosters in Köln**	**Glassberger-Chronik** Ferchius Apologie	

In **fetten Lettern** sind die direkt belegten Daten und Ereignisse mit den jeweiligen Quellen gesetzt. Kursiv geschriebene Informationen sind indirekt erschlossen.

Tabelle zur Entstehung der scotischen Schriften nach Antonie Vos

Die obenstehende Tabelle fasst zum einen die im Artikel zum Leben des Johannes Duns Scotus beschriebenen Stationen in einer Übersicht zusammen. Darüber hinaus gibt sie die Reihenfolge der Entstehung der authentischen scotischen Schriften wieder, deren Rekonstruktion Antonie Vos in seinem jüngst erschienenen Buch *The Philosophy of John Duns Scotus* ein eigenes Kapitel von fast fünfzig Seiten gewidmet hat.[87] Die Argumentation, die sich minutiös mit konkurrierenden Modellen und mit der Editionsgeschichte befasst, kann hier nicht wiedergegeben werden. Den Kenntnisstand der 30er Jahre des 20. Jahrhunderts hatte Marianus Müller nach einem Referat von Ephrem Longpré zusammengefasst.[88] Carl Balic stellte die von ihm neu entdeckten Texte der Lectura, die Liste der zweifellos echten Schriften und die revolutionierten Kriterien der kritischen Edition dar, die 1950 unter seiner Leitung als Editio Vaticana zu erscheinen begann und inzwischen 14 Bände (*Ordinatio I-II* und *Lectura I-III*) zur Verfügung stellt.[89] L. Modric hat der Bestreitung dieser Kriterien durch Vladimir Richter eine eigene Widerlegung zukommen lassen.[90] Eine Schilderung der wechselhaften Editionsgeschichte und der in ihr auftauchenden Probleme gibt Wolters, der einerseits viele Texte übersetzt hat, ohne auf die kritische Edition warten zu können, und andererseits auch konstruktive Kritik im Detail anmeldet.[91] Teile der *Reportatio I-A*

---

87 Vgl. *Two critical text revolutions*, in: Antonie VOS: *The Philosophy of John Duns Scotus*, Edingburgh 2006, 103-148.

88 Marianus MÜLLER: *Stand der Skotus-Forschung 1933. Nach Ephrem Longpré OFM* (Referat, gehalten zu Köln am 27. März 1933), in: Wissenschaft und Weisheit 1 (1934) 63-71 und 147-153.

89 C. BALIC: *De Ordinatione I Duns Scoti Disqusitio historico-critica*, in: Vat. Bd. I, 3*-299*; zur Lectura vgl. *Prolegomena*, in: Vat. XVII, 1*-73*. Vgl. DERS., *The Life and Works of John Duns Scotus*, in: John K. RYAN / Bernardine M. BONANSEA (Hg.): *Studies in Philosophy and the History of Philosophy* III, Washington 1965, 1-27 und DERS.: *The Nature and Value of a Critical Edition of the Complete Works of John Duns Scotus*', in: RYAN / BONANSEA 1965, 368-379. Für die noch nicht in kritischen Ausgaben erschienenen Werke des Scotus muss man weiterhin auf Waddings Ausgabe *Opera omnia Ioannis Duns Scoti*, Lyons 1639 (12 Bände reprint Hildesheim 1968). *Opera omnia. Editio nova iuxta editionem Waddingi*, Paris 1891-1895, (26 Bände) zurückgreifen, die von Giovanni LAURIOLA und dem Centro Studi Personalisti „Giovanni Duns Scoto" nochmals herausgegeben worden sind: *Opera omnia. Editio minor*, Alberobello / Castellana Grotte (Bari) 1998ff.

90 Vgl. V. RICHTER: *Studien zum literarischen Werk von Johannes Duns Scotus*, München 1988. L. MODRIC: *I testi di Duns Scoto sulla dimostratione di Dio in una strana edizione*, in: Antonianum 65 (1990) 312-344.

91 WOLTERS 2003 (1996), 35-52.

sind von einzelnen Forschern herausgegeben worden.[92] Die amerikanischen Editoren der *Opera philosophica* haben ebenfalls ihre Ergebnisse innerhalb der textkritischen Ausgabe in englischer Sprache dargestellt.[93]

Wir müssen die Werke, die in den alten Ausgaben fälschlich dem Scotus zugeschrieben worden sind, von den echten unterscheiden. Die nicht echten, aber lange unter dem Namen des Scotus veröffentlichten Werke sind folgende:

1. *Grammatica speculativa* (Thomas von Erfurt)
2. *Dilucidissima expositio et quaestiones in VIII libros Physicorum Aristotelis* (Marisilius von Inghen)
3. *In librum primum et secundum Priorum Analyticorum Aristotelis Quaestiones* (Pseudo-Scotus; John of Cornwall)
4. *In librum primum et secundum Posteriorum Analyticorum Aristotelis Quaestiones* (Pseudo-Scotus; John of Cornwall)
5. *In libros Meteorologicorum Aristotelis Quaestiones*
6. *Der rerum principio = Quaestiones disputatae de rerum principio sive Quaestiones universales in philosophiam* (1-24 Vital du Four; 25-26 Gottfried von Fontaines?)
7. *Expositio in XII libros Metaphysicorum Aristotelis* (Antonius Andreas)

---

92 WOLTER / BYCHKOV: *The examined report of the Paris Lecture. Reportatio I-A*, St. Bonaventure, NY 2004, haben auch den ab 1302 von Scotus in Paris gelesenen Sentenzenkommentar (Buch I) in einer lat.-engl. Ausgabe veröffentlicht, weil die von Wadding unter dem Namen *Reportata Parisiensia I* veröffentlichte Fassung ein Werk von Wilhelm von Alnwick ist, das heute unter dem Namen *Additiones Magnae* abgehandelt wird, und die *Ordinatio I* ein früheres Stadium seiner Lehre darstellt. Wolter gibt aber auch zu bedenken, dass die überlieferten fünf Manuskripte sich derart unterscheiden, dass kaum ein Stemma, ein Stammbaum der Abschriften, zu erstellen ist. Als ausführlichste Arbeit zur Textgeschichte nennt er B. HECHICH: *Il problema delle „Reportationes" nell ‚eredita' dottrinale del B. Giovanni Duns Scoto, OFM*, Rome 1995. Vgl. Klaus RODLER: *Die Prologe der Reportata Parisiensia des Johannes Duns Scotus. Untersuchungen zur Textüberlieferung und kritische Edition*, Innsbruck 2005; Joachim SÖDER: *Kontingenz und Wissen. Die Lehre von den futura contingentia bei Johannes Duns Scotus*, Münster 1999; DERS.: *Johannes Duns Scotus. Reportatio Parisiensis examinata I 38-44. Pariser Vorlesungen über Wissen und Kontingenz. Lateinisch-Deutsch*, Freiburg u.a. 2005; T. B. NOONE: *Scotus on Divine Ideas: Rep. Paris. I-A, d. 36*, in: Medioevo 24 (1998) 359-453.

93 Vgl. die Einführungen in die jeweiligen Bände der *Opera philosophica* I-V, die in St. Bonaventure NY bzw. Washington D.C. von 1997 bis 2007 erschienen sind.

8. *Conclusiones metaphysicae = Conclusiones utilissimae ex XII libris Metaphysicorum Aristotelis collectae* (Gonsalvus von Spanien)

9. *De perfectione statuum =Tractatus de perfectione statuum*

10. In den echten *Quaestiones super libros Metaphysicorum Aristotelis* sind die Kommentare zu Buch X und XII unauthentisch (John Dymsdale)

Das von Scotus geplante Werke *De creditis*, ist wohl nie geschrieben worden. Unter den echten Schriften sind einige unvollendet, wie die Ordinatio und der Metaphysikkommentar; andere, vor allem die Kommentare zur Bibel und die Autographe der meisten Schriften, sind verlorengegangen, als Cromwells Schergen in den englischen Bibliotheken nach den *libri scoti* fahndeten und ihre Vernichtung organisierten. Hier folgt die Liste der erhaltenen echten Schriften:

1. *Quaestiones in librum Porphyrii Isagoge*
2. *Quaestiones super Praedicamenta Aristotelis*
3. *Quaestiones in libros Perihermenias Aristotelis*
4. *Quaestiones super librum Perihermenias. Opus alterum*
5. *Quaestiones super librum Elenchorum Aristotelis*
6. *Quaestiones super secundum et tertium de Anima*
7. *Quaestiones super libros Metaphysicorum Aristotelis I-IX*
8. *Lectura Oxoniensis I-II*
9. *Collationes Oxonienses*
10. *Collationes Parisiensis*
11. *Reportata Parisiensia I-IV (anfechtbare Edition)*
12. *Lectura Oxoniensis III*
13. *Lectura Cantabrigensis I*
14. *Quaestiones Quodlibetales*
15. *De primo principio*
16. *Theoremata*
17. *Ordinatio I-IV (Opus Oxoniense I-IV)*

2. Der Denkansatz des Johannes Duns Scotus

Axel Schmidt

Der große Philosophiehistoriker Etienne Gilson bemerkt in seinem Opus magnum über Johannes Duns Scotus, bei der wiederholten Lektüre sei es ihm immer unmöglicher erschienen, „ihm [Scotus] ein philosophisches oder auch theologisches Lehrsystem zuzuschreiben, in das sich [...] alles nach einheitlichen Gesichtspunkten einordnen ließe; denn damit würde man Scotus nicht gerecht werden.“[1] Obwohl es außer Frage steht, dass der Denkansatz des großen Schotten Epoche gemacht hat – in ähnlicher Weise wie z.B. Immanuel Kant oder Edmund Husserl –, gibt es für ihn keine charakteristische Titulierung, aus der kurz und bündig hervorgeht, was es denn nun eigentlich ist, was dieses Denken ausmacht und über seine Zeit hinaushebt.

Wenn die Suche nach einem System zwar aussichtslos erscheint, so doch nicht die nach Grundstrukturen seines Denkens. Auf zwei Forschungsbeiträge in dieser Richtung sei eingangs kurz hingewiesen. Walter Hoeres stellt in seinem bedeutenden Buch „Der Wille als reine Vollkommenheit“ die besondere Betonung der geistigen Anschauung heraus, die wir bei Scotus finden und die in mancher Hinsicht der phänomenologischen Wesensschau ähnelt.[2] Alle Suche nach Erkenntnis gipfelt bei ihm in der ruhigen Betrachtung des Objekts in seiner leibhaften Gegenwart, in welcher der Verstand nicht mehr vergleichend hin und her gehen muss, sondern in einer einfachen, ungeteilten Hinnahme des jeweils Gegebenen verweilt. Um z.B. zu verstehen, was der Mensch ist, genügt es nicht, ihn mit etwas anderem zu vergleichen; die spezifische Eigenheit des Menschen gegenüber dem Tier wird vielmehr erst dann wirklich eingesehen, wenn das menschliche Wesen in sich selbst erfasst ist, also vor allem seine Geistigkeit. Jeder Vergleich setzt bereits die Einsicht in die Besonderheit des Verglichenen voraus.[3] Mit anderen Worten: Duns Scotus ist in all seinem Denken stets auf der Suche nach Gegebenheiten, bei denen das

---

1 Etienne GILSON: *Johannes Duns Scotus. Einführung in die Grundgedanken seiner Lehre,* Düsseldorf 1959, 8.

2 Walter HOERES: *Der Wille als reine Vollkommenheit nach Duns Scotus*, München 1962, 17-24; vgl. DERS.: *Platonismus und Gegebenheit bei Duns Scotus*, in: *De Doctrina Ioannis Duns Scoti*, Bd. 1, Rom 1968 (Studia Scholastico-Scotistica, I) 139-168, 141-155.

3 Vgl. *Ord. Prol.* p. 3. q. 3 n. 158 (Vat. I 105): „Sed perfectissima notitia de homine non potest esse in respectu ad aliud, quia respectus praesupponit notitiam absoluti“.

Denken betrachtend stehenbleiben kann, also bei letzten und irreduziblen Sachverhalten.

Von einer anderen Seite konstatiert Ludger Honnefelder die „von Scotus neu entwickelte formale Betrachtungsweise“[4], d. h. die Verwendung der logischen Strukturen der Begriffswelt als Leitfaden für die ontologische Analyse der Gegenstandswelt. Die besondere Denkmethode des geistvollen Franziskanertheologen begreift gewisse inhaltliche Auffassungen in sich, die zum besonderen Ansatz des Duns Scotus und der auf ihn zurückgehenden neuen Denkrichtung gehören. Die Anhänger derselben wurden nämlich später „Formalisten“ (*formalistae*) genannt. „Formalist“ ist Scotus insofern, als er stets auf der Suche ist nach letzten Formalgründen, in die sich eine Sache begrifflich zergliedern lässt. Freilich gibt es andererseits kaum eine missverständlichere Bezeichnung für das scotische Denken, haben doch offenbar schon die frühesten Skotisten einen höchst einseitigen Gebrauch von der zugrundeliegenden Lehre gemacht und sich deshalb immer wieder den Vorwurf zugezogen, die Wirklichkeit in eine Vielzahl isolierter Formalitäten zu zerlegen und dabei die ursprüngliche Einheit der Dinge aus dem Blick zu verlieren. Der Fehler, der zu einem solchen „Formalismus“ oder „Essentialismus“ führt, ist immer wieder derselbe: man denkt sich das Wirkliche nach dem Maß des Begrifflichen. Doch so naiv ist Scotus nicht gewesen; vielmehr war er sich immer höchst bewusst, dass die Wirklichkeit im begrifflichen Zugang nur gebrochen und unvollkommen erkannt werden kann.

1. Die abstraktiv-resolutive Denkmethode

Vorblick. Wir haben es mit einem ganzen Kranz von Einzellehren zu tun, die jeweils einen eigenen Aspekt eines in sich geschlossenen, konsequenten Denkansatzes ausbilden. Die Denkform wird häufig als abstraktiv-resolutive Methode bezeichnet (Abschnitt 1); deren Gelingen setzt den sog. noetisch-noematischen Parallelismus voraus, und aus diesem folgen die Lehren von der *distinctio formalis* (Abschnitt 2) und der *univocatio entis* (Abschnitt 3). Unabhängig vom formalen Ansatz, aber um so typischer für den existentiellen Denker Scotus, ist seine radikale Freiheitslehre (Abschnitt 4), die ebenso wie seine Lehre von der Individualität mit einer tiefgründigen Vernunftkritik einhergeht (Abschnitt 5).

---

4 Ludger HONNEFELDER: *Johannes Duns Scotus*, München 2005, 43.

Duns Scotus ist sich mit Aristoteles darin einig, dass alle Erkenntnis mit den Sinnen anfängt;[5] ein Wissen aufgrund einer irgendwie gearteten übersinnlichen Wahrnehmung gibt es nicht.[6] Freilich schränkt Scotus diese Gebundenheit an die Sinneswahrnehmung auf den gegenwärtigen Zustand ein und will somit die menschliche Erkenntnisfähigkeit nicht prinzipiell auf das Sinnenfällige begrenzen.[7] Dass der Mensch sich nicht mit der sinnlichen Erscheinung begnügt, sondern immer schon darüber hinausgeht, liegt auf der Hand, denn die Frage nach dem Wesen der Dinge ist für den Menschen charakteristisch. Die Sinne gewahren nur das Gegenwärtige und geben mithin keine Kenntnis über Andauerndes,[8] und sie gewähren lediglich Erkenntnis des Einzelnen, nicht jedoch vom Allgemeinen.[9] Wenn der Mensch also nach dem Wesen fragt, das unabhängig von subjektiver Wahrnehmung bleibt und das mehreren Einzelnen gemeinsam ist, dann ist er den Dingen nicht nur mit seinen Sinnen, sondern zugleich auch mit seiner geistigen Erkenntniskraft zugewandt.

Abstraktion als erste Tätigkeit des Intellekts. Diese geistige Kraft ermöglicht es ihm, am einzelnen sinnlich Wahrgenommenen etwas Wesentliches und Allgemeines zu erfassen. Wie dieser geheimnisvolle Vorgang auch immer zugehen mag, diese als „Abstraktion" bezeichnete geistige

---

5 Vgl. ARISTOTELES: *De anima* III c. 4; 429 b 3 0 - 430 a 2 0; *Anal. post.* I c. 18. Vgl. auch THOMAS VON AQUIN: *QD de ver.* II,3,19.

6 Vgl. *Met.* I q. 4 n. 14 (OP III 99f.): „Igitur nullo actu intellectus cognoscitur aliquid a nobis nisi praecesserit cognitio sensibilium in sensu." – *Ord.* I d. 3 p. 1 q. 1-2 n. 35 (Vat. III 21): „Nullus conceptus realis causatur in intellectu viatoris naturaliter nisi ab his quae sunt naturaliter motiva intellectus nostri; sed illa sunt phantasma, vel obiectum relucens in phantasmate, et intellectus agens [...]." – *Ord.* III d. 14 q. 3 n. 9 (Viv. XIV 529): „[...] pro statu isto intellectus noster nihil cognoscit, nisi quod potest gignere phantasma, quia non immutatur immediate nisi a phantasmate vel a phantasiabili;" – *Ord.* I d. 3 p. 3 q. 1 n. 392 (Vat. III 239): „[...] nihil intelligimus in universali nisi cuius singulare phantasiamur [...]."

7 *Ord.* I d. 3 p. 1 q. 3 n. 187 (Vat. III 113f.): „[...] intellectus noster non intelligat pro statu isto nisi illa quorum species relucent in phantasmate, et hoc sive propter poenam peccati originalis, sive propter naturalem concordantiam potentiarum animae in operando [...] Et de facto ita est in nobis, quod quodcumque universale intelligimus, eius singulare actu phantasiamur. Ista tamen concordantia, quae est de facto pro statu isto, non est de natura intellectus unde intellectus est [...]." – Vgl. weiter *Ord.* II d. 3 p. 2 q. 1 n. 288-290 (Vat. VII 535-537). – Vgl. hierzu Ludger HONNEFELDER: *Ens in quantum ens. Der Begriff des Seienden als solchen als Gegenstand der Metaphysik nach der Lehre des Johannes Duns Scotus*, Münster ^{2}1989 (BGPhMA, NF 16) 63-74. 78-82; HOERES: *Der Wille* (s. Anm. 2), 184f.

8 Vgl. *Met.* I q. 4 n. 47. 99 (OP III 110f. 125).

9 Vgl. *Met.* II q. 2-3 n. 74 (OP III 222): „[...] licet universale sit propria passio obiecti intellectus, non tamen est obiectum, sicut nec visibile visus, [...] in hoc excedit intellectus sensum."

Tätigkeit ist für den Menschen der Anfang und die Quelle aller weiteren geistigen Erkenntnis, und sie wurde deshalb von Aristoteles zu Recht als die erste Tätigkeit des Verstandes angesehen. Scotus, der ihm hierin gefolgt ist, sagt dazu:

> „Die Tätigkeit des Intellekts ist dreifach; die eine heißt (geistige) Erfassung der unteilbaren Gehalte; ihr gemäß wird vom Intellekt gesagt, dass er einfache Begriffe bildet.“[10]

Den Nachbarshund bald als bellendes, bald als schwanzwedelndes, dann wieder als vierbeiniges Tier und schließlich als Hund zu erfassen, heißt, ihn abstraktiv zu erkennen. Abstraktion bedeutet also, von einer sinnenfälligen Sache einen begrifflichen Gehalt herausfiltern und die Sache so durch diesen Begriff zu bestimmen. Die abstraktive Aufnahme von begrifflichen Gehalten ist für unseren Verstand etwas Ursprüngliches, im Vergleich zu dem alle weiteren Verstandesoperationen sekundär sind, wie z.B. die Bildung des Urteils („Dieses Tier hat vier Beine“) oder die Kombination mehrerer Gehalte zu komplexeren Vorstellungen[11], das Ausdenken von Geschichten und Theorien wie auch das Aufstellen logischer Schlussfolgerungen.

Reale und irreale Begriffe. Kennzeichnend für Scotus ist sein konsequenter Realismus bezüglich der ursprünglichen Bildung von Begriffen. Nur ein Gehalt, der wirklich in der Sache grundgelegt ist, kann zu einem Begriff führen, der mehr ist als eine bloße Fiktion; ein solcher Gehalt muss aber entdeckt und kann nicht spontan erzeugt werden. Scotus macht

---

10 *Quaest. in duos libros Periherm.*, prooemium (OP II, 135): „Sicut dicit Philosophus III *De anima*, triplex est operatio intellectus: una quae dicitur indivisibilium intelligentia secundum quam dicitur intellectus formare conceptus simplices.“ Die Fortsetzung lautet: „[...] alia est operatio intellectus, secundum quam componit, et dividit; et dicitur compositio, vel divisio; istis duabus operationibus additur tertia, quae est discurrere ab uno in aliud, ut a noto ad ignota.“ (Die andere Tätigkeit des Intellekts wird Zusammenstellung bzw. Teilung genannt, denn da stellt er zusammen oder hält auseinander. Zu diesen beiden Tätigkeiten kommt eine dritte hinzu, nämlich das diskursive Denken, z.B. wenn er vom Bekannten zum Unbekannten voranschreitet.) – Vgl. *Met.* I q. 4 n. 12 (OP III, 99). Vgl. ARISTOTELES: *De anima* III c. 5; 430 a 26-30; THOMAS VON AQUIN: *Periherm.* prooem. (ein Text, der Scotus für sein Vorwort als Vorlage gedient hat, wie die Herausgeber der philosophischen Werke annehmen; vgl. OP II, 35).

11 Vgl. *Met.* I q. 4 n. 14 (OP III 100): „Ille [scil intellectus] igitur sic, conceptis simplicibus, potest virtute propria ipsa componere vel dividere.“ – Vgl. auch *Met.* V q. 11 n. 39. 41f. (OP III 579f.): Hier vergleicht Scotus die Fiktion eines goldenen Bergs mit der Auffassung eines einfachen Gehalts, der kein „fictum ex speciebus multorum“ sein kann, sondern irgendwann durch eine Erfahrung von etwas Wirklichem abstrahiert worden sein muss. Vgl. weiter *Met.* II q. 2-3 n. 80. 85. 109; q. 4-6 n. 140 (OP III 224f. 230f. 275).

dies am Beispiel derjenigen Begriffe deutlich, durch die eine Art definiert wird, d.h. durch Gattung und spezifische Differenz. Wenn ich zu einem gegebenen Wesen, etwa einem Hund, den Gattungsbegriff (Raubtier) bilde, dann wird durch diesen entweder etwas erkannt, was wirklich zum Artwesen gehört, oder es wird nichts erkannt. Dasselbe Dilemma gilt für den Begriff der spezifischen Differenz (Hundeartigkeit). Wenn aber die fraglichen Begriffe nichts Reales in der Sache meinten, dann wäre durch sie eine Definition der Sache nicht möglich.[12]

Einfache und zusammengesetzte Begriffe. Natürlich ist nicht jeder Begriff im besagten Sinne real. Manche Begriffe haben nur in der Märchenwelt eine Entsprechung, z.B. Hexen, Zauberer und Feen, andere beziehen sich zwar auf die Wirklichkeit, entstammen aber einer bloßen Konvention, wie z.B. die Maßeinheiten Meter und Sekunde. Was unterscheidet aber die realen von den konventionellen und den irrealen Begriffen? Woran erkenne ich, ob ein Begriff mehr als nur eine Meinung über Wirkliches enthält? Die Antwort auf diese zentrale Frage ist in der scotischen Lehre von der Analyse (*resolutio*) der Begriffe enthalten. Diese originelle Lehre basiert auf folgender Grundlage: Nicht alle Begriffe sind einfach, manche sind ganz offenkundig aus zwei oder mehr Begriffsteilen zusammengesetzt (vgl. Kants Beispiel von der Schiffsuhr[13]), andere enthalten solche Teile virtuell in sich und sind mithin in diese auflösbar. Das gilt z.B. für alle Begriffe natürlicher Arten. Diese werden durch die gewöhnliche Artbezeichnung, wie Scotus sagt, nur „konfus“ erkannt; erst wenn alle Begriffsmomente bewusst wären, wäre die Sache auch in ihren unterschiedlichen Eigenschaften, d. h. distinkt begriffen.[14]

> „Distinkt wird etwas nur erkannt, wenn alles, was zum Wesensgehalt der Sache gehört, (im einzelnen deutlich) erfasst ist.“[15]

Eine solche vollkommene Erkenntnis (*notitia perfecta*) steht aber nicht am Anfang, sondern erst am Ende einer langen (wissenschaftlichen) Erforschung der Wirklichkeit.[16] Die Auflösung der Begriffe in ihre Momente ist

---

[12] *Met.* VII q. 19 n. 24 (OP IV 364): „[...] quia concipiendo genus, aut concipitur aliquid rei in specie aut nihil; similiter de differentia. Si nihil: isti conceptus videntur fictitii, non reales“.

[13] Immanuel KANT: *Kritik der reinen Vernunft* B 755-757.

[14] Vgl. *Lect.* I d. 3 p. 1 q. 1-2 n. 69 (Vat. XVI 250; ed. HOFFMANN, Göttingen 2002, 42).

[15] *Ord.* I d. 3 p. 1 q. 1-2 n. 80 (Vat. III 54): „[...] nihil concipitur distincte nisi quando concipiuntur omnia quae sunt in ratione eius essentiali.“ – Vgl. HONNEFELDER: *Ens in quantum ens* (s. Anm. 7), 147.

[16] Vgl. *Ord.* I d. 27 q. 1-3 n. 74f. (Vat. VI 92): „[...] intellectus noster non statim habet notitiam perfectam obiecti, quia secundum Philosophum I *Physicorum* innata est

also keineswegs eine Frage der logischen Analyse, sondern das Forschungsprogramm empirischer Wissenschaft.

Begriff und Urteil. Für Scotus wird das Wirkliche bereits im Begriff erkannt, nicht erst im Urteil. In diesem Punkt hat er eine nicht unbeträchtliche Tradition gegen sich, zu der auch Thomas von Aquin gehört. Nach dieser konkurrierenden Sichtweise vervollkommnet sich die Erkenntnis erst im Urteil, weil wir uns erst im Urteil auf die Wirklichkeit beziehen, wohingegen uns die begriffliche Abstraktion von den begriffenen Dingen wegführt, und zwar auf zweifache Weise: Die Dinge sind nämlich im Unterschied zu den allgemeinen Begriffen singulär, und was in ihnen eins ist, das wird im Begriff in eine Pluralität von Bestimmungen (A, B, C ...) zerlegt. Um zur wirklichen Sache zurückzukommen, muss diese zweifache Entfremdung von der Wirklichkeit also wieder aufgehoben werden, und das geschehe gerade im Urteil, welches von einem gegebenen X aussagt, dass es die Eigenschaften A, B und C wirklich besitzt („X ist A, B, C").[17] Dieser Argumentation würde Scotus jedoch entgegenhalten: Es ist zuzugeben, dass der Begriff unvermeidlich eine Abstraktion bedeutet und insofern niemals derart adäquat sein kann, dass er die gemeinte Sache genau und in jeder Hinsicht trifft. Aber woher sollte das Urteil die Kraft haben, diese Unvollkommenheit der begrifflichen Erkenntnis wieder aufzuheben? Wenn bereits der Begriff die Sache verfehlt, dann kann das Urteil diese Verfehlung nicht rückgängig machen. Wenn es also wahr wäre, dass der abstrakte Begriff schlechthin von der Wirklichkeit entfernt, dann könnte auch das Urteil nicht zu dieser zurückführen. Doch die Voraussetzung ist schon falsch: Der Begriff entfernt nicht schlechthin von der Wirklichkeit, vielmehr trifft er sie, freilich nur aspekthaft, unter einer ganz bestimmten Hinsicht. Doch dieser im Begriff erfasste Aspekt muss ein solcher in der wirklichen Sache sein, er muss dort ein reales Fundament besitzen, sonst wäre der Begriff leer. Nur die Begriffe, die kein

---

nobis via procedendi a confuso ad distinctum; et ideo primo, ordine originis, imprimitur nobis notitia obiecti confusa, prius quam distincta, et ideo est inquisitio necessaria ad hoc ut intellectus noster veniat ad distinctam notiam. Sic ergo intelligendum est quod cognito aliquo obiecto confuse, sequitur inquisitio – per viam divisionis – differentiarum convenientium illi; et inventis omnibus illis differentiis, cognitio definitiva illius obiecti est actualis notitia perfecta [...]."

17 Vgl. Thomas VON AQUIN: *De Trin.* q. 6 a. 2 in corp. (Leon. L 164): „Dicendum quod in qualibet cognitione duo est considerare, scilicet principium et terminum. Principium quidem ad apprehensionem pertinet, terminus autem ad iudicium; ibi enim cognitio perficitur." – Vgl. weiter *In Peri hermeneias* I lect. 3 (Leon. I* 14-16); *S.th.* I q. 85 a. 1 ad 1. – Vgl. Axel SCHMIDT: *Natur und Geheimnis. Kritik des Naturalismus durch moderne Physik und scotische Metaphysik*, Freiburg / München 2003 (Symposion 119) 136.

solches Fundament haben, verfehlen die Sache schlechthin; ihre Unangemessenheit könnte allenfalls dadurch aufgehoben werden, dass sie von der Sache verneint werden: „Dieses Ding ist nicht A, B, C." Hat der Begriff aber ein *fundamentum in re*, dann ist das Urteil („Dieses Ding ist A, B, C") keine tiefere oder treffendere Erkenntnis, sondern schlicht die sprachliche Entfaltung dessen, was schon in der Abstraktion erkannt wurde.

Unverfälschte Erkenntnis im einfachen Begriff. Wodurch aber ist garantiert, dass ein Begriff etwas Wirkliches zu erkennen gibt? Welchen Begriffen dürfen wir sozusagen vertrauen? Nach dem Dargelegten können wir nun die Antwort geben: zunächst und ganz gewiss solchen Begriffen, die derart einfach sind, dass sie nicht in weitere Momente auflösbar sind. Dann nämlich ist es unmöglich, die angezielte Sache nur teilweise zu erfassen, kann doch der je begriffene Gehalt nur entweder ganz oder gar nicht aufgefasst werden. Der ungeteilte und unteilbare Begriffsinhalt ist dann das untrügliche Zeichen für einen unverfälschten geistigen Besitz des Gegebenen. Da nämlich der endliche Verstand die schlechthin einfachen Denkinhalte nicht selbst erschaffen kann, sondern sie aus der Erfahrung entgegennehmen muss, und da er etwas schlechthin Einfaches nur ganz oder gar nicht besitzen kann, geben die entsprechenden Begriffe eine unverfälschte Erkenntnis des gegebenen Sachgehalts.[18] Wir haben es in diesem Fall also mit einer wesenhaften Korrelation von Erkenntnisakt und erfasstem Gehalt zu tun; sie ist durch die schlicht hinnehmende Einstellung des Subjekts einerseits und die Einfachheit des Objekts andererseits verbürgt.

Die resolutio der einfachen Begriffe. Was aber ist mit denjenigen Begriffsgehalten, die nicht derart einfach sind? Hier sind in erster Linie jene Begriffe zu behandeln, die nach Scotus einfach, wenn auch nicht schlechthin einfach sind. Ihre Einfachheit äußert sich darin, dass sie in einem einzigen Erkenntnisakt aufgefasst werden können, also keine diskursive Denktätigkeit zur Voraussetzung haben. Standardbeispiel ist der Artbegriff. Obwohl eine jede Art eine wesenhafte Einheit besitzt und genau deshalb in einem einfachen Erkenntnisakt erfasst werden kann, enthält sie

---

[18] *Met.* VI q. 3 n. 32 (OP IV 68): „Una quod primae [sc. veritati simplicis apprehensionis] falsitas non opponitur, sed ignorantia tantum. Et sic intelligitur illud, *De anima*, quod intellectus circa 'quod quid est' semper est verus, sicut sensus circa proprium sensibile. Et hoc est intelligendum praecise circa conceptum simpliciter simplicem." – *Ord.* I d. 3 p. 1 q. 3 n. 147 (Vat. III 91f.): „Quod autem est simpliciter simplex, [...] circa ipsum non est deceptio: vel enim totaliter attingitur, vel non attingitur, et tunc omnino ignoratur". – Scotus bezieht sich auf ARISTOTELES: *De anima* III c. 6, 430 b 27-28; *Met.* X c. 10, 1051 b 13-15. 25-28.

doch eine Anzahl von Teilbestimmungen, die begrifflich an ihr unterschieden werden müssen.[19] Die Teilmomente stehen freilich nicht ungeordnet nebeneinander, sondern lassen sich auf verschiedenen Stufen zu Paaren von je einem bestimmbaren Moment (Gattung) und einem bestimmenden (Differenz) einander zuordnen. Genau deshalb können sie sich zur Einheit des Wesens zusammenschließen. Die *resolutio* der Artbegriffe sucht also nach realen Teilbestimmungen anhand des Gattung-Differenz-Schemas.

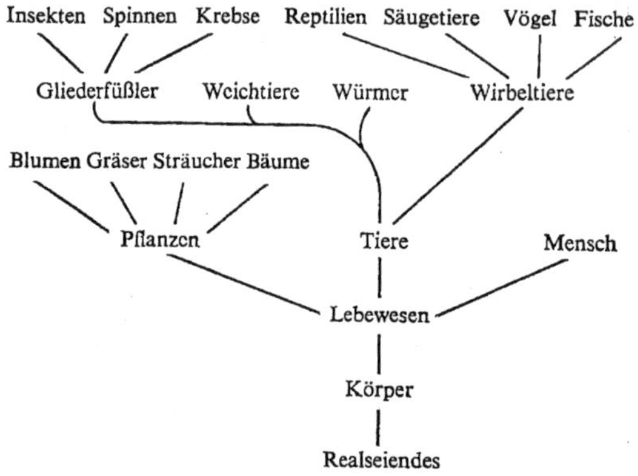

Baum des Porphyrios
nach Albert Menne

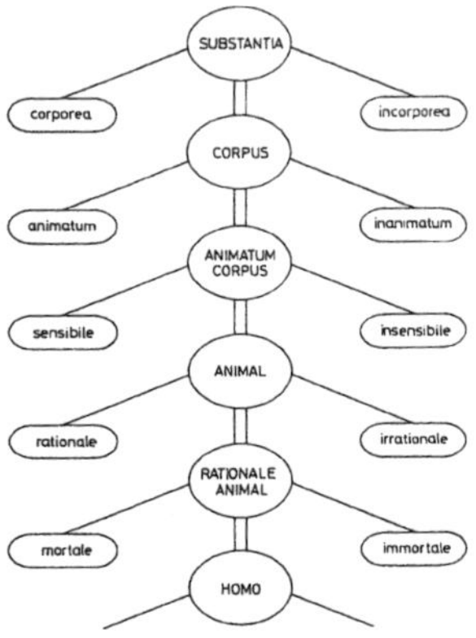

Baum des Porphyrios nach Petrus Hispanus
(auf dem Kopf und mit Differenzen)

Vorbild ist die sog. *arbor Porphyriana*[20], die logische Ordnung von Begriffen verschiedenen Umfangs, nach deren Methode bis heute viele Wissenschaften ihre Gegenstände klassifizieren. Die Gattung bildet dabei auf jeder Stufe das bestimmbare oder potentielle, die Differenz das bestimmende oder aktuierende Moment.[21] Weil die *resolutio* auf jeder Stufe neu

---

19 *Ord.* I d. 3 p.1 q. 1-2 n. 71 (Vat. III 49): „[...] conceptus 'simpliciter simplex' est qui non est resolubilis in plures conceptus, ut conceptus entis vel ultimae differentiae. Conceptum vero simplicem sed 'non-simpliciter simplicem' voco, quicumque potest concipi ab intellectu actu simplicis intelligentiae, licet possit resolvi in plures conceptus, seorsim conceptibiles." Vgl. *Theoremata* p. 3 A n. 8-10 (OP II 610). – Vgl. hierzu HOERES: *Der Wille* (s. Anm. 2), 25f.; DERS.: *Platonismus* (s. Anm. 2), 148-151. Eine gute Übersicht bietet HONNEFELDER: *Johannes Duns Scotus* (s. Anm. 4), 56-59.

20 Vgl. dazu Albert MENNE: *Einführung in die Logik*, Tübingen ^{4}1986, 29; PETRUS HISPANUS: *Tractatus* (*Summule logicales*) II n. 11, hg. von L. M. DE RIJK, Assen 1972, 20. Die unterschiedlichen Skizzen lassen schon gewisse Vorentscheidungen erkennen. Vgl. den Kommentar von Duns Scotus zur *Isagoge* des PORPHYRIUS: *In librum Porphyrii Isagoge* (OP I 3-235) und hierzu wiederum Eberhardt WÖLFEL: *Seinsstruktur und Trinitätsproblem. Untersuchungen zur Grundlegung der natürlichen Theologie bei Johannes Duns Scotus*, Münster 1965 (BGPhMA, XL) 155-159.

21 *Ord.* I d. 3 p. 1 q. 3 n. 160 (Vat. III 99): „[...] semper illud a quo sumitur conceptus generis, secundum se est potentiale ad illam realitatem a qua accipitur conceptus differentiae". – Vgl. *Ord.* I d. 8 p. 1 q. 3 n. 106f (Vat. IV 201f.; s.u. Anm. 49-50).

durchgeführt werden kann und muss, haben wir es mit einer Hierarchie von Vollkommenheiten zu tun; hierbei setzt die jeweils höhere Vollkommenheit die geringere voraus, indem sie ein neues vervollkommnendes Differenzmerkmal hinzufügt. Übereinkunft in einer Differenzbestimmung setzt darum notwendig die Übereinkunft in der Gattung voraus (sonst wäre keine Veranschaulichung mittels eines Baumes möglich).[22] Die derart hierarchisch geordneten partiellen Bestimmungen finden erst in und mit der spezifischen Differenz zur Einheit zusammen. Sie ist die letzte unter den bestimmenden Wesenseigenschaften.[23] Beim Menschen wird diese durch die geistige Seele gegeben, denn dank ihrer ist der Mensch ein „*animal rationale*".[24]

Zwei Arten schlechthin einfacher Begriffe. Die *resolutio* kann nicht ins Unendliche fortgehen, d.h. die Hierarchie ist nach oben und unten begrenzt: nach oben durch die Subsumtion unter eine oberste Gattung, die Substanz, nach unten durch den Abschluss des essentiellen Gehalts in der *differentia specifica.* Haben wir aber mit den Begriffen der obersten Gattung und der untersten Differenz den Artbegriff bereits in schlechthin einfache Momente aufgelöst, nämlich in ein rein bestimmbares und ein rein bestimmendes Moment?[25] Das ist offenbar nicht der Fall, denn der

---

[22] *De pr. pr.* c. 4 n. 75 (ed. KLUXEN 98): „[...] quae conveniunt in ratione formali, a qua accipitur differentia, conveniunt in genere [...]." – Oder umgekehrt: „[...] quae differunt genere, differunt in quolibet posteriore [...]" (*Super praed. Arist.* q. 10 n. 9; OP I 335).

[23] Vgl. *Met.* VII q. 19 n. 21. (OP IV 363.): „In specie autem non sunt nisi duae primae partes essentiales, scilicet actus ultimus quo species est id quod est, et proprium potentiale respectu illius actus ultimi – quotcumque ordinata includat illud potentiale, sive ordinata realiter naturaliter sive aliter, de quo dicetur in quarto articulo. Differentia ultima, quae est specifica, a qua est unitas rei et definitionis, includit praecise de suo per se intellectu actum ultimum in re, qui est causa unitatis completa; et genus proximum praecise per se includit proprium potentiale respectu illius actus."

[24] *Ord.* I d. 3 p. 1 q. 3 n. 159 (Vat. III 97): „[...] aliqua [differentia] potest sumi a parte essentiali ultima, quae est res alia et natura alia ab illo a quo sumitur conceptus generis, sicut si ponatur pluralitas formarum, et genus dicatur sumi a parte essentiali priori et differentia specifica a forma ultima."

[25] Vgl. *Ord.* I d. 3. p. 1 q. 3 n. 133 (Vat. III 82): „[...] sicut ens compositum componitur ex actu et potentia in re, ita conceptus compositus per se unus componitur ex conceptu potentiali et actuali, sive ex conceptu determinabili et determinante. Sicut ergo resolutio entium compositorum stat ultimo ad simpliciter simplicia, scilicet ad actum ultimum et ad potentiam ultimam, quae sunt primo diversa, ita quod nihil unius includit aliquid alterius [...] ita oportet in conceptibus omnem conceptum non-simpliciter simplicem, et tamen per se unum, resolvi in conceptum determinabilem et determinantem, ita quod resolutio stet ad conceptus simpliciter simplices, videlicet ad conceptum determinabilem tan-

Begriff der spezifischen Differenz hat mit dem Gattungsbegriff noch etwas gemeinsam, nämlich das Sein. Erst eine weitere und nun wirklich letzte *resolutio* trennt auch noch dieses gemeinsame Moment vom jeweils Eigentümlichen, indem nun (an der Gattung) das reine Bestimmtwerden und (an der Differenz) das reine Differenzieren festgehalten werden, womit sich zwei schlechthin einfache Begriffe gegenüberstehen, das reine bestimmbare Sein einerseits und die letzte Differenz andererseits:

> „Jener rein bestimmbare Begriff ist der Begriff des Seienden, und der rein bestimmende Begriff ist der Begriff der letzten Differenz."[26]

Bevor wir die Konsequenzen dieser Begriffsresolution für die Frage nach Analogie oder Univokation des Seins erörtern (Abschnitt 3), halten wir für den bisherigen Gedankengang vorerst fest: Die erste geistige Tätigkeit, die Abstraktion, führt zu einfachen Begriffen, deren Gehalt sich jedoch in einer weiteren Analyse in Teilmomente auflösen lässt.

2. Die distinctio formalis

Noetisch-noematischer Parallelismus. Scotus hat jeden Begriff einfach genannt, der in einem einfachen Erkenntnisakt gewonnen werden kann.[27] In dieser Definition steckt eine Voraussetzung, die man den noetisch-noematischen Parallelismus genannt hat, d.h. eine viel später von Edmund Husserl ausgearbeitete Lehre, wonach der Erkenntnisakt die Struktur seines Gegenstands widerspiegelt.[28] Das heißt, wenn der Gegenstand eine geschlossene Einheit besitzt, dann kann er auch mit einem einzigen Erkenntnisblick erfasst werden.[29] Und umgekehrt: Wenn ein Gegenstand durch verschiedene Akte einfachen Begreifens erfasst und zergliedert werden kann, dann müssen auch in ihm selbst entsprechende Aspekte oder Momente unterschieden werden können. Wenn also ein und derselbe Gegenstand z.B. als Lebewesen und als Hund, d.h. mittels des Gattungs-

---

tum, ita quod nihil determinans includat, et ad c o n c e p t u m d e t e r m i n a n t e m tantum, qui non includat aliquem conceptum determinabilem."

26 Vgl. *Ord.* I d. 3. p. 1 q. 3 n. 133 (Vat. III 82f.; Fortsetzung des Zitats von Anm. 25): „Ille conceptus 'tantum determinabilis' est conceptus entis, et 'determinans tantum' est conceptus ultimae differentiae. Ergo isti erunt primo diversi, ita quod unum nihil includet alterius." Vgl. auch *Ord.* I d. 3 p. 1 q. 3 n. 159-161 (Vat. III 97-100).

27 Siehe oben Anm. 19.

28 Vgl. HOERES: *Der Wille* (s. Anm. 2), 18ff.; Axel SCHMIDT: *Staunen und Verstehen. Die Problematik intentionaler Repräsentation. Von Scotus über Husserl zu Levinas*, in: ThGl 89 (1999) 514-537.

29 *Met.* VII q. 19 n. 26 (OP IV 364): „[...] una res nata est formare conceptum unum sibi adaequatum, quia alias non esset cognoscibile unum, quia nec unico actu cognoscibile."

oder mittels des Artbegriffs erkannt werden kann, dann müssen diese Aspekte dem Gegenstand auch objektiv zugehören und an ihm selbst unterschieden werden können.[30]

Der Parallelismus besagt, dass man an der Struktur des Erkenntnisaktes selbst die innere Struktur des erkannten Objekts ablesen kann. So gilt: Wo es unmöglich ist, ein Gegebenes mit einem einzigen Erkenntnisakt zu erfassen, da ist das Gegebene nichts in sich Einiges.[31] Wenn sich aber die subjektive Erkenntnis eines Gegenstands sowohl in einem einzigen Akt als auch durch eine Abfolge zweier Akte vollziehen kann, dann muss das Objekt eine entsprechende innere Gliederung aufweisen, eine Einheit von mehreren Momenten bilden. Scotus erläutert dies am Beispiel der Erkenntnis einer Art und ihrer Teilbestimmungen. Diese sind im Artbegriff, wie er sagt, „virtuell" enthalten. Sie sind nicht das primär Eingesehene (*primum intellectum*), weil sie kein geschlossenes Ganzes bilden. Nur ein Ganzes lässt den Intellekt zur Ruhe kommen (*terminans intellectionem*). Was nur als Teil eines Ganzen begriffen wird, das weist zurück auf einen Erkenntnisakt, der dieses Ganze in einem Blick erfasst. So ist es gerade mit den Begriffen von Gattung und Differenz im Verhältnis zum Artbegriff. Allein letzterer erfüllt die der Erkenntnisintention gemäße Ganzheit und Abgeschlossenheit. Dem entspricht die Struktur des Objekts, dessen Artwesenheit unbeschadet ihrer ganzheitlichen Einheit sich in eine Mehrzahl von Vollkommenheitsaspekten gliedert.[32]

Stufen der Einheit. Offenbar gibt es also Einheit in verschiedenem Maße, neben der Arteinheit sind sowohl höhere als auch geringere Grade von Einheit zu konstatieren:

> „Wir können viele Grade der Einheit feststellen: 1. die geringste ist die Einheit des (bloß) Zusammengehäuften; 2. die Einheit der Ordnung, die et-

---

[30] Ebd. n. 28 (OP IV 365): „Nam species, formando duos conceptus generis et differentiae, non tantum causat duos actus in intellectu distinctos numero, sed causat duas notitias actuales vel habituales, habentes obiecta propria distincta, et hoc ita distincta sicut si illa duo obiecta essent duae res extra." Vgl. auch *Ord.* I d. 2 p.2 q. 1-4 n. 392 (Vat. II 351): „[...] alia distinctio, maior, est in intellectu, concipiendo duobus actibus duo obiecta formalia, et hoc sive illis correpondeant diversae res, ut intelligendo hominem et asinum, sive una res extra, ut intelligendo colorem et disgregativum."

[31] *Lect.* I d. 8 p. 1 q. 3 n. 77 (Vat. XVII 26): „[...] plura ut plura non possunt terminare unum actum intelligendi." – Ebd. n. 78: „Quaecumque duo ut duo terminant actum intelligendi, terminant duos actus."

[32] *Ord.* I d. 3 q. 1-2 n. 93 (Vat. III 60): „'Virtualem' [notitiam] voco quando aliquid intelligitur in aliquo ut pars intellecti primi, non autem ut primum intellectum, sicut cum intelligitur 'homo', intelligitur 'animal' in homine ut pars intellecti, non autem ut primum intellectum sive ut totale, terminans intellectionem."

was über die Zusammenhäufung hinaus hinzufügt; 3. die akzidentelle Einheit, wo zwei nicht nur einander zugeordnet, sondern dadurch eins sind, dass eines das andere informiert, wenn auch nur akzidentell; 4. die substantielle Einheit des Zusammengesetzten aus wesentlichen Prinzipien, und zwar eines aktuellen und eines potentiellen; 5. die Einheit der Einfachheit, welche wahrhaft Identität besagt (was auch immer dort ist, ist mit einem jeden (dort) real identisch, und das so Eine ist nicht nur aufgrund einer Einheit der Vereinigung eines, wie in den zuvor genannten Weisen); darüber hinaus gilt (6.): nicht jede Identität ist eine formale. Ich nenne nämlich dasjenige eine formale Identität, wo jenes, was derart identisch genannt wird, ein anderes mit ihm so Identisches in seinem formalen, washeitlichen Gehalt per se und im streng analytischen Sinn einschließt."[33]

Für unser Thema sind die drei ersten der genannten sechs Einheitsstufen nicht weiter von Interesse, sondern lediglich die zuletzt genannten höheren Einheitsstufen. Ein Beispiel für die Einheit der 4. Stufe ist die Leib-Seele-Einheit des Menschen, eines für die 5. Stufe die einfache Ganzheit der Geistseele selbst. Leib und Seele bilden beim Menschen ein einziges Suppositum, indem die Seele den Leib durchformt, aber gleichwohl real von diesem verschieden ist.[34] Was auf der je niederen Stufe eins ist, das ist, von der nächst höheren Stufe gesehen, durchaus nicht-eins: Leib und Seele bilden auf Stufe 4 eine innige Einheit, je für sich sind je jedoch (Stufe 5) zwei voneinander durchaus verschiedene Einheiten. Anders gesagt: Die Seele ist in sich mehr eins als die Leib-Seele-Einheit des Menschen. Die bei aller Einheit bestehende Differenz ist eine reale, denn die Seele kann gegebenenfalls vom Leib getrennt werden. Eine derartige reale Verschiedenheit ist indessen mit dem wahrhaft Einfachen von Stufe 5 nicht mehr zu vereinen, denn die Seele hat keine trennbaren Teile. Und doch lassen sich auch an ihr verschiedene Sachgehalte unterscheiden, z.B. die Vermögen der Selbstbewegung, der Sinneswahrnehmung sowie der

---

[33] *Ord.* I d. 2 p. 2 q. 1-4 n. 403 (Vat. II 356f.): „Vel, ut propriissime, dicatur: sicut possumus invenire in unitate multos gradus – primo, minima est aggregationis; in secundo gradu est unitas ordinis, quae aliquid addit supra aggregationem; in tertio est unitas per accidens, ubi ultra ordinem est informatio, licet accidentalis, unius ab altero eorum quae sunt sic unum; in quarto est per se unitas compositi ex principiis essentialibus per se actu et per se potentia; in quinto est unitas simplicitatis, quae est vere identitas (quidquid enim est ibi, est realiter idem cuilibet, et non tantum est unum illi unitate unionis, sicut in aliis modis) – ita, adhuc ultra, non omnis identitas est formalis. Voco autem identitatem formalem, ubi illud, quod dicitur sic idem, includit cui sic est idem, in ratione sua formali quiditativa et per se primo modo."

[34] Vgl. *Met* VII q. 19 n. 44 (OP IV 370): „Sed realis differentia ponitur habere gradus. Est enim maxima naturarum et suppositorum; media naturarum in uno supposito; minima diversarum perfectionum sive rationum perfectionalium unitive contentarum in una natura."

geistigen Erkenntnis und des freien Willens.[35] Diese Vermögen sind freilich nur Vollkommenheitsaspekte eines Ganzen, die sich zwar begrifflich differenzieren, aber nicht mehr real trennen lassen. Die Einheit und Identität, die sie in sich besitzen, ist die höchst denkbare, eben die formale Identität der 6. Stufe. Solange etwas noch in Teilmomente analysierbar ist, mag es zwar unteilbares Ganzes im Sinne der 5. Stufe der Einheit sein, aber kein formal Identisches, sind doch die Teilmomente untereinander formal different. Wenn es keine Möglichkeit mehr gibt, ein Einfaches in verschiedene Wesensmomente zu zerlegen, dann liegt formale Identität vor. Genau diese Identität ist dem eindeutigen (univoken) Begriff eigen:

> „Ich nenne einen Begriff univok, der derart eins ist, dass seine Einheit zum Widerspruch hinreicht, wenn er von demselben bejaht und verneint wird; er ist auch hinreichend als Mittelbegriff im Syllogismus, so dass es ohne äquivokationsbedingten Fehlschluss möglich ist, auf die [wahre] Verbindung der Außenglieder, die über den derart identischen Mittelbegriff geeint sind, zu schließen."[36]

Begriff und Wirklichkeit. Stringentes logisches Denken erfordert Begriffe, deren Bedeutung derart festgelegt ist, dass ihnen keinerlei Mehrdeutigkeit anhaftet. Wir wollen freilich nicht mit logischen Formen spielen, sondern die Wirklichkeit begreifen. Warum können wir auf diese die Regeln der Logik anwenden? Die Frage betrifft die Bedingung der Möglichkeit von univoken Begriffen, genauer gesagt, die Möglichkeit, mit univoken Begriffen auf die Dinge der Wirklichkeit Bezug zu nehmen. Offenbar gehört es zu den erfragten Bedingungen, dass die formalen Begriffsgehalte ein Fundament in der Sache (*fundamentum in re*) besitzen. Daraus folgt, dass den in der Begriffsresolution aufgefundenen Teilbestimmungen (den Gattungs- und Differenzbegriffen) etwas Reales in den

---

[35] Vgl. *Met.* VII q. 19 n. 49 (OP IV 371).

[36] *Ord.* I d. 3 p. 1 q. 1-2 n. 26 (Vat. III 18): „[...] univocum conceptum dico, qui ita est unus quod eius unitas sufficit ad contradictionem, affirmando et negando ipsum de eodem; sufficit etiam pro medio syllogistico, ut extrema unita in medio sic uno sine fallacia aequivocationis concludantur inter se uniri." – Dieser Definition liegt die traditionelle Syllogistik zugrunde, der gemäß im Schlusssatz zwei Begriffe (die *extrema*) logisch verbunden werden können, die jeweils im Ober- und im Untersatz mit dem Mittelbegriff verbunden sind. Beispiel: „Jedes Lebewesen ist eine Substanz. – Jeder Mensch ist ein Lebewesen. – Also ist jeder Mensch eine Substanz." – Notwendige Bedingung ist die Identität des Mittelbegriffs. Der Schluss ist ungültig, wenn der Mittelbegriff äquivok ist, so dass wir es dann mit vier statt mit nur drei Begriffen zu tun haben (*quaternio terminorum*); Beispiel: „Nur Männer dienen in der Armee. – Kein Mann ist ein Feigling. – Also gibt es in der Armee keinen Feigling". Hier ist das Wort „Mann" äquivok, weil es im Obersatz deskriptiv, im Untersatz aber präskriptiv verwendet wird.

Dingen entspricht und somit auch die formale Differenz der Begriffsgehalte eine solche *a parte rei* ist (oder jedenfalls sein kann). Denn nur dasjenige, was die soeben definierte formale Identität besitzt, taugt als univoker Begriff. Jede schwächere Einheit führt dagegen eine gewisse Vagheit in der Bedeutung mit sich, eine nur unscharfe Abgrenzung, so dass Raum für den Zweifel bleibt, ob ein bestimmtes Begriffsmoment nun vorliegt oder nicht.

Während aber die der Logik angemessene Eindeutigkeit auf der Begriffsebene immer leicht herstellbar ist, scheint sie dem Bereich des Wirklichen fremd zu sein, wo vielmehr nachgerade alles fließend und uneindeutig ist. Kein Ding ist einem anderen völlig gleich, und alles scheint im fortwährenden Flusse zu sein, so dass es eher willkürlich anmutet, die Dinge begrifflich zu fixieren, auf eindeutige Kategorien festzulegen bzw. sie nach einer unbeweglichen Idee zu benennen. Von daher erscheint die radikale Trennung von Begriff und Wirklichkeit im sog. Nominalismus plausibel. Dieser geht davon aus, dass das Begriffliche nichts mit dem Wirklichen zu tun hat und dass es zwischen beiden nichts Vermittelndes gibt. Hieraus schließt er, dass unsere Begriffe die wirklichen Dinge (bzw. deren vermeintliches Wesen) nicht zu erkennen geben, sondern sie lediglich zu Klassen zusammenstellen, was eine Frage der beliebigen Konvention sei.

Ähnlichkeit als partielle Identität. Ein Denker wie Duns Scotus kann sich indessen mit einer solchen Radikallösung nicht anfreunden, weil ihm sogleich die Frage kommt, woran wir denn am Einzelding erkennen, dass es unter diesen oder jenen Begriff fällt (in diese oder jene Klasse gehört). Wird darauf geantwortet, das sei doch klar, weil die Dinge einander unterschiedlich ähnlich sind, so dass jeder sehen könne, ob etwas ein Hund oder eine Katze ist, dann fragt Scotus zurück: Und worin sind die einen ähnlich, die anderen aber nicht? Die erfragte Hinsicht der Ähnlichkeit zielt auf ein Gemeinsames und Gleiches, während die Unähnlichkeit von etwas Differentem und Ungleichem stammt. Zwei Dinge sind ähnlich, wenn sie etwas gemeinsam haben, und sind in dem Maße ähnlich, in dem sie mehr oder weniger gemeinsam haben. Zwei Arten sind aufgrund ihrer gemeinsamen Gattung ähnlich, sie sind jedoch verschieden durch ihre jeweilige spezifische Differenz. Die Ähnlichkeit zweier Gattungen ist im Vergleich dazu geringer, weil sie nur noch in einer höheren Gattung übereinkommen und entsprechend weniger gemeinsam haben. Müsste man alle Gemeinsamkeit für etwas bloß Fiktives halten, dann gäbe es in der Wirklichkeit nur noch reine Andersheit und schlechthinnige Differenz. Alle Dinge wären in gleicher Weise verschieden, das Phänomen der gestuften Ähnlichkeit bliebe unerklärt.[37]

Wir haben hier ein charakteristisches Beispiel für die Denkweise des Doctor subtilis und zugleich für die Unvermeidlichkeit der *distinctio formalis*[38], sofern man sich auf dieses Denken einlässt und sich nicht damit begnügt, Ähnlichkeit als ein irreduzibles Urphänomen anzusehen. Die *distinctio formalis* kommt ins Spiel, besser gesagt, sie ist schon im Spiel, insofern der Blick auf die Gemeinsamkeit als Fundament der Ähnlichkeit ein Erfordernis des Begrifflichen, nämlich die formale Identität, auf die Sache überträgt bzw. dort aufzufinden trachtet. Denn die erfragte Hinsicht der Ähnlichkeit meint ja ein Gleiches und Identisches, und zwar nicht allein im univoken Begriff, sondern vor allem auch in oder an der Sache. Scotus drückt diese Einsicht durch das Postulat aus, dass die Dinge zwei Identitäts- oder Einheitsstufen besitzen, eine, kraft welcher sie sich von allen anderen Dingen unterscheiden – die Einheit der individuellen oder numerischen Identität –, sowie eine weitere, kraft welcher sie mit anderen Dingen verbunden, d.h. artgleich sind: die Einheit der spezifischen Identität. Letztere Einheit ist „geringer" als die der individuellen Identität, weil sie nach außen weniger stark abgrenzend ist; gegenüber der individuellen Verschiedenheit ist sie indifferent. Sie ist die Einheit der gemeinsamen Natur (*natura communis*), welche das *fundamentum in re* der spezifischen und generischen Begriffe bildet.[39]

Fundierung des Relativen im Absoluten. Die Rückführung der Ähnlichkeit auf ein univokes Fundament, das im angesprochenen Beispiel eine partielle Identität begründet, kann auch durch folgende Überlegung gezeigt werden, die wiederum dem Denkstil des Scotus zutiefst entspricht: Ähnlichkeit ist eine Relation zwischen zwei Gliedern. Nun setzt aber die

---

[37] *Ord.* II d. 3 q. 1 n. 23 (Vat. VII 400f.): „Si omnis unitas realis est numeralis, ergo omnis diversitas realis est numeralis. Sed consequens est falsum, quia omnis diversitas numeralis inquantum numeralis, est aequalis, – et ita omnia essent aeque distincta; et tunc sequitur quod non plus posset intellectus a Socrate et Platone abstrahere aliquid commune, quam a Socrate et linea, et esset quodlibet universale purum figmentum intellectus."

[38] Vgl. Axel SCHMIDT: *Die Unvermeidlichkeit der distinctio formalis. Naturphilosophische Reflexionen zu einem zentralen Lehrstück des Johannes Duns Scotus*, in: Wissenschaft und Weisheit 67 (2004) 96-118.

[39] *Ord.* II d. 3 p. 1 q. 1 n. 30 (Vat. VII 402): „[...] Aliqua est unitas in re realis absque omni operatione intellectus, minor unitate numerali sive unitate propria singularis, quae 'unitas' est naturae secundum se, – et secundum istam 'unitatem propriam' naturae ut natura est, natura est indifferens ad unitatem singularitatis [...]." – Vgl. Ludger HONNEFELDER: „*Natura communis*", in: HWP VI (1984) 494-504. Vgl. auch in diesem Buch meinen Kommentar zur scotischen Individuationslehre.

Erkenntnis einer Relation immer diejenige der absoluten Glieder voraus, denn die *Absoluta* sind ontologisch früher als die durch sie konstituierte Beziehung.[40] So ist auch die vergleichende Denktätigkeit immer schon sekundär gegenüber der einfachen Erfassung eines Gegenstands, und somit auch der denkerische Nachvollzug der Ähnlichkeit von zwei Dingen ein Akt, der die Einsicht in das jeweilige Sosein der Gegenstände notwendigerweise voraussetzt. Um also zwischen zwei Dingen Ähnlichkeit konstatieren zu können, müssen wir bereits bei beiden Dingen eine Eigenschaft entdeckt haben, die sich beim Vergleich als übereinstimmend herausstellt.

> „Obwohl Ähnlichkeit, ontologisch betrachtet, eine Beziehung ist, sagt man von ihr nicht, dass sie schlechthin in der Beziehung besteht, sondern in etwas Absolutem, in dem der Begriffsgehalt der Ähnlichkeit grundgelegt ist."[41]

Zerspaltung der Wirklichkeit? Gegen die scotische Analyse konkreter Dinge nach Maßgabe univoker Begriffe wird oft eingewandt, dass dabei ein Pluralismus disparater Formen an die Stelle der Einheit und Einfachheit der Dinge tritt. Nähme man nämlich mit AVICEBRON an, dass die (Denk)Formen der hierarchisch gegliederten Gattungen im Individuum real vorhanden wären (z.B. beim Menschen Lebewesen, Sinneswesen und Geistwesen), dann würde diese Vielheit die substantielle Einheit des Individuums zerstören; denn wodurch sollte das Viele geeint sein? Als Einheitsgrund käme nun ja nicht mehr die einzige und darum einheitsstiftende Form in Frage, es bliebe also nur das Subjekt, das die vielen Formen (zufälligerweise) trägt. Doch genügt eine solche Einheit nicht, denn sie geht nicht über die akzidentelle Einung von Eigenschaften in einem Subjekt hinaus.[42] Um dieser Konsequenz zu entgehen, scheint es also unabdingbar zu sein, einer einzigen Form die Rolle der Einheitsstiftung zuzuweisen und alle anderen Sachgehalte als bloße Denkformen

---

[40] Vgl. *Lect.* I d. 8 p. 1 q. 3 n. 64. 65 (Vat. XVII 21f.): „Impossibile est concipere relationem nisi prius natura concipitur eius terminus. [...]impossibile est cognoscere relationem nisi prius sit cognitum suum fundamentum: omne enim prius cognoscitur secundum quod est aliquid absolutum quam respectivum, unde prius concipitur necessario aliquid sub ratione absoluti quam sub ratione partis." – Vgl. zu dieser grundlegenden Einsicht Tobias HOFFMANN: *Creatura intellecta. Die Ideen und Possibilien bei Duns Scotus mit Ausblick auf Franz von Mayronis, Poncius und Mastrius*, Münster 2002 (Beiträge zur Geschichte der Philosophie des Mittelalters, NF 60) 85-89.

[41] *Ord.* I d. 3 p. 2 q. un. n. 295 (Vat. III 179): „[...] quemadmodum similitudo realiter est respectus, tamen sicut non dicitur similitudo esse in respectu praecise sed in aliquo absoluto, in quo fundetur ratio similitudinis [...]."

[42] Vgl. THOMAS VON AQUIN: *De subst. sep.* c. 6 sowie *S.th.* I q. 76 a. 1. 3. 4 und dazu SCHMIDT: *Natur und Geheimnis* (s. Anm. 17), 149ff.

anzusehen, d.h. als vom Intellekt erzeugte, aber nicht *a parte rei* vorliegende Realitäten. Wenn also der Mensch als *animal rationale* definiert sei, dann dürfe man daraus nicht schließen, dass im Menschen *animalitas* und *rationalitas* als *a parte rei* unterschiedene Formen vorliegen.[43]

Dieses Argument beweist indessen gar nichts gegen die *distinctio formalis*, sondern nur gegen ein verdinglichendes Missverständnis derselben. Scotus meint nicht, dass der Mensch zwei Seelen besitze, eine sinnliche und eine geistige, oder dass er ein Sinneswesen sei, dem zufälligerweise noch die Rationalität hinzugefügt sei. Was er vielmehr meint, ist, dass es sinnvoll und angemessen ist, zu sagen, der Mensch besitze einige Vollkommenheiten, die er mit dem Tier gemeinsam hat, und andere, die ihm allein eigen sind, und dass diese Vollkommenheiten tatsächlich in einer Stufenordnung verwirklicht sind, die dem Gattung-Art-Schema entspricht, und dass schließlich diese Vollkommenheiten durch univoke Begriffe ausgedrückt werden können, weil das mit ihnen Gemeinte identisch bleibt, ganz gleich ob es in dieser oder jener Art verwirklicht ist. Dieser letzte Punkt vermag zu erklären, warum es verschieden abstrakte Wissenschaften gibt, z.B. Physik, Biologie und Anthropologie, die ein und dieselben Dinge unter verschiedenem Gesichtspunkt untersuchen, ohne dass sie miteinander in Konflikt geraten. Dies ist nämlich nur möglich, weil z.B. die Körpereigenschaften gegenüber dem Unterschied von Belebtsein und Unbelebtsein indifferent sind, unabhängig davon, ob der jeweilige Körper belebt oder unbelebt ist. Ebenso sind auch die biologischen Wesensmerkmale gegenüber dem Unterschied von Mensch und Tier indifferent.

Das Konzept der *distinctio formalis* sichert im Grunde nur ontologisch ab, was der Mensch, wenn er die Dingwelt fortschreitend erforscht, immer schon voraussetzt: Dass er dabei immer wieder, wenn auch keineswegs irrtumslos, Wesenszüge findet, die einer Sache zutiefst innerlich sind, und die im besten Fall sogar alle bis dahin gefundenen Eigenschaften zu einer Wesensganzheit zusammenschließen. Dass wir dabei jedoch stets auf eine Komplexität von Sachgehalten stoßen, die sogar noch weiter wächst, ist für Scotus nicht verwunderlich, weil damit ein Grundzug des Endlichen zum Ausdruck kommt, denn das besagt ja Endlichkeit: Mangel an Seinsfülle und mithin Ergänzbarkeit.[44]

---

43 Vgl. THOMAS VON AQUIN: *S.th.* I q. 50 a. 2: „Non est autem necessarium quod ea quae distinguuntur secundum intellectum, sint distincta in rebus: quia intellectus non apprehendit res secundum modum rerum, sed secundum modum suum." – Vgl. ebd. I q. 76 a. 3 ad 4.

44 *Ord.* I d. 8 p. 1 q. 2 n. 32 (Vat. IV 165): „Concedo ergo quod aliqua creatura est simplex, hoc est non composita ex rebus. Tamen nulla creatura est perfecte simplex, quia

Komplexität des Endlichen. Anschaulich wird die Ergänzbarkeit des Endlichen an der Potentialität der Gattung in Bezug auf eine sie ergänzende Differenz: Der reine formale Gehalt der *animalitas* verlangt eine nähere Bestimmung, für sich allein ist er nicht existenzfähig, und darin zeigt sich seine Endlichkeit. Ähnlich ist es mit der Gattung Farbe: Was farbig ist, kann rot oder gelb sein; eine unbestimmte Farbe kann hingegen nicht für sich bestehen.[45] Die *differentia specifica* muss die fehlende Perfektion hinzubringen und damit die Einheit der Art abschließend konstituieren.[46] Auch wenn sie ein inhaltlich neues Moment hinzufügt, ist sie doch untrennbar eins mit dem, was sie qualifizierend bestimmt. Scotus nennt diesen Einschluss „unitive Kontinenz"[47]: Die spezifische Differenz enthält alle Formbestimmungen der oberen Gattungen in sich, schließt sie zusammen, nimmt ihnen dabei aber nichts von deren je eigener Vollkommenheit und Wirkmöglichkeit.[48]

Höchste Einheit. Aufgrund ihrer Untrennbarkeit nennt Scotus die als *genus* und *differentia specifica* unterschiedenen Gehalte nicht *res* wie die Akzidentien, sondern *realitates* oder *perfectiones reales*.[49] Wenn zwei

---

aliquo modo composita est et componibilis. Quomodo composita, declaro sic, quia habet entitatem cum privatione alicuius gradus entitatis."

45 *Met.* VII q. 19 n. 51. 54 (OP IV 372. 373): „[...] sic potentialis quod, quantum est ex per se ratione eius in re, non repugnaret sibi esse sub opposito actu. Sicut perfectio coloreitatis non tantum est perfectibilis per gradum perfectionis proprium albedini, sed etiam quantum est ex propria ratione coloreitatis illius non repugnaret sibi subesse gradui proprio nigredinis. [...] Haec differentia, et compositio sibi correspondens, quando perfectiones contentae sunt limitatae, generalis est omni creaturae. Et secundum hanc faciliter salvatur quomodo omnis creatura componitur ex potentia et actu. Non enim ibi accipitur potentia pro illa quae est ad esse, quia illa non manet in creatura."

46 *Ord.* I d. 7 q. 1 n. 64 (Vat. IV 134): „Posita enim limitatione creaturarum, non potest esse tota perfectio in creaturis absque distinctione specifica, [...] In creaturis ergo differentia specifica est perfectio supplens imperfectionem [...]." – *Met.* VII q. 13 n. 146 (OP IV 268): „Si dicatur alia opinio [sc. Ioannis Pecham u.a.] de formis, potest dici quod unus gradus perfectionis determinat omnes praecedentes ad ultimam unitatem, sicut una differentia specifica determinat omnes perfectiones praecedentes ad unitatem speciei, quam nec ex se habent nec aliunde quam ab illa differentia."

47 Vgl. dazu *Met.* VII q. 13 n. 131 (OP IV 263f.); *Lect.* II d. 1 q. 4-5 n. 194-197 (Vat. XVIII 64f.); *Ord.* III d. 1 q. 1 n. 4 (Viv. XIV 11f.).

48 Vgl. *Met.* VII q. 19 n. 50 (OP IV 372): „Et per hoc potest forma specifica unitive continens formas generum intermediorum esse principium multarum operationum illis contentis correspondentium, si illa intermedia ex se sint activa. Nihil enim tali perfectioni deficit quando continetur, sed limitatio tollitur a continente, quia non tantum illam continet sed istam continet ac si non illam, et e converso."

49 *Ord.* I d. 8 p. 1 q. 3 n. 106 (Vat. IV 201f.): „Aliquando, quando non sunt ibi res et res (sicut in accidentibus), saltem in una re est aliqua propria realitas a qua sumitur genus

Formalgehalte sich wie Akt und Potenz zueinander verhalten, dann führt ihre Zusammensetzung zu einer höchst möglichen Einheit, die nur noch durch die Einheit des Unendlichen überboten werden kann, die keinerlei Zusammensetzung mehr zulässt.[50] Eine unendliche Realität kann nämlich niemals der Ergänzung durch eine andere bedürftig sein; darum scheidet in Gott eine Differenz von Potenz und Akt völlig aus.[51] Damit ist schon erwiesen, dass Gott nicht unter einer Gattung steht. Das heißt, es kann keine oberste Gattung geben, die etwas beinhaltet, das Gott und den Geschöpfen gemeinsam wäre. Diese Einsicht führt uns direkt zum Problem der *univocatio entis*.

3. Die univocatio entis

Die Gattungsaporie. Wir haben den Denkstil des Scotus an seiner durchgängigen Absicht festgemacht, letzte, irreduzible Gegebenheiten aufzusuchen, in denen die Erkenntnis zur Ruhe kommen kann. Und sie kann deshalb ruhen, weil die solcherart entdeckten Gehalte dem noetisch-noematischen Parallelismus gemäß solche der Sache sein müssen und diese in ihrer inneren Struktur zu erkennen geben. Die *resolutio* der Begriffe führt somit zu univoken und untereinander formal distinkten Teilbegriffen. In eins damit wird die hierarchische Gliederung der Wirklichkeit offenbar.

Wie schon vermerkt, müssen die schlechthin einfachen Begriffe entweder rein bestimmbar oder rein bestimmend sein[52], was erst für den Begriff des reinen Seins einerseits und die es letztlich bestimmenden Differenzen andererseits gilt. Dem Ansatz des Scotus konsequent entsprechend, müs-

---

et alia realitas a qua sumitur differentia; dicatur prima *a* et secunda *b*: *a* secundum se est potentiale ad *b*, ita quod praecise intelligendo *a* et praecise intelligendo *b*, *a* ut intelligitur in primo instanti naturae – in quo praecise est ipsum – ipsum est perfectibile per *b* (sicut si res esset alia), sed quod non perficitur realiter per *b*, hoc est propter identitem *a* et *b* ad aliquod totum, cui realiter primo sunt idem, quod quidem totum primo producitur et in ipso toto ambae istae realitates producuntur [...]." – Vgl. *Met.* IV q. 2 n. 143 (OP III 354f.).

50 *Ord.* I d. 8 p. 1 q. 3 n. 107 (Vat. IV 202): „Ista compositio realitatum – potentialis et actualis – minima est, quae sufficit ad rationem generis et differentiae, et ista non stat cum hoc, quod quaelibet realitas sit infinita: realitas enim si esset de se infinita, quantumcumque praecise sumpta, non esset in potentia ad aliquam realitatem."

51 Vgl. Anm. 50 sowie *Met.* VII q. 19 n. 52 (OP IV 372): „Condicio prima [sc. continentia perfectionis quae potentialis est respectu alterius perfectionis] excludit Deum a genere, si ponatur in ipso talis differentia, sive attributorum sive idearum. Nullum enim perfectibile est per alterum. Specialiter de attributis, quia quodlibet est infinitum."

52 Siehe oben Anm. 25.

sen diese Begriffe aufgrund ihrer unübertreffbaren Einfachheit zuhöchst univok sein. Diese Folgerung scheint indessen mit einer bereits von ARISTOTELES formulierten Einsicht unvereinbar zu sein, dass nämlich der Begriff des Seins kein Gattungsbegriff sein kann, weil andernfalls die das Sein differenzierenden Momente nichtseiend wären. Denn es liegt im Wesen einer Gattung, dass sie von einer spezifischen Differenz bestimmt werden kann, die als ein Anderes zum Gattungsbegriff hinzutritt und ihm ein inhaltlich neues Moment zufügt, welches in diesem noch nicht eingeschlossen ist, weshalb die Gattung nicht von ihrer Differenz ausgesagt werden kann; doch von allen Differenzen kann und muss ausgesagt werden, dass sie „seiend" sind; folglich besitzt der Seinsbegriff nicht die Einheit und Gemeinsamkeit eines Gattungsbegriffs.[53] Anders gewendet: Der Seinsbegriff kann und muss von allem, auch von seinen eigenen Differenzen ausgesagt werden; in dieser Eigenart unterscheidet er sich von den gewöhnlichen Allgemeinbegriffen, die eine bestimmte Gattung von Seienden, z.B. die Substanzen, unter sich fassen. Unter der Voraussetzung, dass jeder Allgemeinbegriff als Gattungsbegriff fungiert, trägt der Seinsbegriff eine Aporie in sich, die nach Aristoteles allein dadurch zu lösen ist, dass man ihn eben nicht als Allgemeinbegriff begreift, der univok von den Seienden aussagbar wäre, sondern als einen bloß analogen Begriff, der unmittelbar in die verschiedenen Bedeutungen der obersten Gattungen, der Kategorien, auseinanderfällt.[54]

Zu dieser sog. Gattungsaporie gesellt sich noch ein zweites Problem: Wenn der Seinsbegriff nämlich etwas ist, das Gott und den Geschöpfen univok gemeinsam zukommt, dann scheint es unmöglich zu sein, die Transzendenz Gottes zu wahren. Wie will man festhalten, dass Gott gänzlich über der geschaffenen Welt steht, wenn der Seinsbegriff als gemeinsames Band fungiert?[55]

---

53 Vgl. ARISTOTELES: *Met.* III c. 3, 998 b 22-27. Dieser Beweis ist aufgenommen u.a. bei THOMAS VON AQUIN: *S.th.* I q.3 a.5; *S.c.G.* I c. 25 und Duns SCOTUS: *Ord.* I d. 3 p.1 q. 3 n. 152 (Vat. III, 94). – Zum genaueren Verständnis dieses Gedankens und zum Vergleich mit modernen mathematisch-logischen Problemen und Lösungsvorschlägen vgl. Rainer CARLS: *Idee und Menge. Der Aufbau einer kategorialen Ontologie als Folge aus den Paradoxien des Begriffsrealismus in der griechischen Philosophie und in der modernen mathematischen Grundlagenforschung*, München 1974 (Pullacher philosophische Forschungen, XI) 144ff., 189ff.; Joseph M. BOCHENSKI: *Formale Logik*, Freiburg / München ^{8}1996, 63f.

54 Vgl. ARISTOTELES: *Met.* IV c. 2, 1003 a 33-35; 1003 b 11-14 mit *Ord.* I d. 3 p.1 q. 3 n. 153 (Vat. III 94). – Vgl. HONNEFELDER: *Ens* (s. Anm. 7), 343ff.

55 *Ord.* I d. 8 p. 1 q. 3 n. 47 (Vat. IV 172): „[...] primo diversa in nullo conveniunt; Deus est primo diversus a quacumque creatura, alioquin haberet quo conveniret et quo

Die Beseitigung der Schwierigkeiten erfordert mehrere Anläufe: Zum einen (1) ist darzulegen, inwiefern Metaphysik und Theologie bezüglich der Gotteserkenntnis auf die univoke Prädikation angewiesen sind. Zum anderen (2) müssen die genannten Einwände entkräftet werden; insbesondere muss gezeigt werden, dass der univoke Seinsbegriff ein „gemeinsamer Begriff ohne Übereinkunft in der Sache bzw. im Sachgehalt"[56] ist. In einem dritten Schritt (3) ist noch eigens zu erörtern, wie sich Analogie und Univokation zueinander verhalten.

(1) Gotteserkenntnis über univoke Begriffe. Wie kann die Metaphysik von Gott reden? Sie braucht dazu Begriffe, die nicht nur auf die geschaffenen Dinge, sondern auch auf das göttliche Sein selbst anwendbar sind. Dasselbe gilt für die theologische Wissenschaft, die ja ihre Begriffe ebenfalls nicht aus der Offenbarung entgegennimmt, sondern nur gewisse Aussagen (d.h. Zusammenstellungen von Begriffen), die jedoch nur verstanden werden können, wenn die dazu verwendeten Begriffe bekannt sind.[57] Gibt man also die Möglichkeit der Gotteserkenntnis zu, dann geht man bereits implizit von univok-gemeinsamen Begriffen aus, auch wenn man dies mit Worten bestreitet.[58] Aus dem gleichen Grunde hängt die Substanzerkenntnis von der Möglichkeit eines univoken Brückenbegriffs ab, denn die sinnliche Wahrnehmung bietet uns keinen Einblick in die Substanz der Dinge an sich, sondern lediglich in deren akzidentelle Erscheinungsweisen; wer also die Univozität des Seinsbegriffs leugnet, der zerstört die Rede von Substanzen und damit die Metaphysik schlechthin.[59]

---

differret, et ita non esset simpliciter simplex; ergo Deus in nullo convenit cum creatura, et ita nec in aliquo conceptu communi."

56 *Ord.* I d. 8 p. 1 q. 3 n. 82 (Vat. IV 190): Deus et creatura „sunt tamen primo diversa in realitate; quia in nulla realitate conveniunt, – et quomodo possit esse conceptus communis sine convenientia in re vel realitate, in sequentibus dicetur." – *Theoremata* p. 3 A n. 30 (OP II 614): „Creato et increato nullus idem conceptus per se communis est."

57 Vgl. *Ord.* Prol. p. 1 q. un. n. 61-62 (Vat. I 37f.).

58 *Lect.* I d. 3 p.1 q. 1-2 n. 29 (Vat. XVI 235): „[...] omnes magistri et theologici videntur uti conceptu communi Deo et creaturae, licet contradicunt verbo quando applicant, nam in hoc conveniunt omnes quod accipiunt conceptus metaphysicales et removendo illud quod est imperfectionis in creaturis, attribuunt Deo quod est perfectionis, ut bonitatem, veritatem et sapientiam."

59 *Lect.* I d. 3 p.1 q. 1-2 n. n. 110 (Vat. XVI 265): „Dico quod non destruo philosophiam, sed ponentes contrarium necessario destruunt philosophiam, quia si ens non importaret conceptum communem, impossibile esset quod haberemus conceptum substantiae, quia substantia non habet propriam speciem in intellectu possibili, sed tantum entis abstrahendo a speciebus accidentium. Si ergo ens non haberet unum conceptum, nullum conceptum – nec in communi nec in particulari – haberemus de substantia." – Vgl. *Ord.* I d. 3 p. 1 q. 3 n. 139 (Vat. III 87).

*(2) **Der Seinsbegriff ist keine Gattung, aber gleichwohl univok.*** Die Weise, in der Scotus nun die genannten Einwände gegen den univoken Seinsbegriff entkräftet hat, ist eine gewaltige Denkleistung, die allein schon genügt, um ihn zu den innovativsten Denkern der Geistesgeschichte zu zählen. Der wesentliche Punkt besteht in einer Wendung des aristotelischen Gattungsarguments derart, dass es nun nachgerade die univoke Gemeinsamkeit des Seinsbegriffs erschließen lässt und eben nicht eine analoge bzw. äquivoke Bedeutungsvielfalt. So gewendet lässt sich sagen: Der Seinsbegriff schließt zwar das Gattung-Differenz-Schema aus, aber er übersteigt die Gemeinsamkeit eines Gattungsbegriffs in der Weise, dass er sogar von seinen (letzten) Differenzen aussagbar ist. Damit erweist er sich als Begriff von „übergroßer Gemeinsamkeit" (*nimia communitas*).[60]

Dass es keine Gattung gibt, die von einem ihrer Artunterschiede aussagbar ist, sieht man leicht an einem Beispiel, etwa der *rationalitas*: Die *rationalitas* ist weder ein Sinneswesen noch eine höhere Seinsgattung. Aber sie ist etwas Seiendes! Das heißt, „seiend" ist ein Prädikat, das von mehr Dingen aussagbar ist als jeder Gattungsbegriff.[61] Die Gemeinsamkeit des Seinsbegriffs übersteigt nämlich noch den Gegensatz, in dem die Realität der Gattung und die des Artunterschiedes stehen und der für die gewöhnlichen Allgemeinbegriffe typisch ist. Diese sind darum notwendigerweise abgrenzend und schließen anderes aus ihrem Inhalt aus.[62]

Prädikation in quid und in quale. Wir haben bereits gesehen, wie die letzte Auflösung der Begriffe in schlechthin einfache Momente zum rein bestimmbaren Sein und zu einer „letzten Differenz" führt.[63] Beide schließen nichts Gemeinsames mehr ein[64], so dass die letzte Differenz nicht mehr unmittelbar „seiend" genannt werden kann. Dieser Umstand stößt aber die ausgeführte Argumentation nicht um, sondern führt sie weiter, sofern nur eingesehen wird, dass eine letzte Differenz anders als jede spezifische (kategoriale) Differenz keine neue (washeitliche) Bestimmung zum Seins-

---

60 *Ord.* I d. 3 p.1 q. 3 n. 158 (Vat. III 96f.): „[...] tamen tenendo quod argumentum valeat (sc. das aristotelische Argument gegen den Gattungscharakter von „Seiendes"), concludit oppositum magis quam propositum: removet enim ab ente rationem generis, non propter aequivocationem [...], sed removet rationem generis ab ente propter nimiam communitatem, quia videlicet praedicatur 'primo modo per se' de differentia, et per hoc posset concludi quod ens non sit genus".

61 *Ord.* I d. 3 p.1 q. 3 n. 160 (Vat. III 98): „[...] ex hoc quod talis differentia [sc. differentia specifica] est ens in 'quid', sequitur quod ens non est genus, propter nimiam communitatem entis. Nullum enim genus dicitur de aliqua differentia inferiore in 'quid' [...]".

62 Vgl. HONNEFELDER: *Ens* (s. Anm. 7), 348; WÖLFEL: *Seinsstruktur* (s. Anm. 20), 129ff.

63 Siehe oben S. 48.

64 *Ord.* I d. 3 p.1 q. 3 n. 131-133 (Vat. III 81-83).

begriff hinzubringt, diesem also nicht äußerlich ist und ihn nicht von außen begrenzt, wie es beim Artunterschied der Fall ist, der eine Gattung spezifiziert. Eine letzte Differenz grenzt darum auch nicht andere Differenzbestimmungen aus.[65] Zum besseren Verständnis dieses schwierigen Punktes bedienen wir uns der Terminologie des Duns Scotus, der eine Prädikation in der Weise eines Was (*'in quid'*) und eine solche in der Weise eines Wie (*'in quale'*) unterscheidet.[66] Die *resolutio* eines Begriffs läuft dann auf die Feststellung hinaus, dass jeder Prädikatbegriff in ein washeitliches und ein qualitatives Moment zerlegt werden kann, bis ein letztes Etwas („Seiendes") übrigbleibt, das durch ein letztes Wie bestimmt ist. Die letzte Differenz besagt demnach einen rein qualifizierenden Begriff, der kein Was mehr enthält, von dem der Seinsbegriff *'in quid'* ausgesagt werden könnte. Da aber jedes Bestimmen ein Bestimmbares voraussetzt – eine Differenzierung von Nichts ist unmöglich –, setzt die letzte Differenz das Sein voraus und kann insofern selbst 'seiend' genannt werden, freilich nicht *'in quid'*. Anders gewendet: Wenn von den reinen Quale-Bestimmungen der Seinsbegriff nicht washeitlich ausgesagt werden kann, dann sind sie deshalb nicht Nicht-Seiende, sondern dann wird der Seinsbegriff von ihnen eben in anderer Weise ausgesagt, nämlich *'in quale'*.[67] Scotus nennt diesen Zusammenhang die Virtualität des Seinsbegriffs: Allen washeitlichen Bestimmungen liegt 'Seiendes' als das Gemeinsame, seinen letzten Differenzen aber in der Funktion virtueller Bestimmbarkeit zugrunde.[68]

Generische Allgemeinheit als Signum der Endlichkeit. Diese subtilen Überlegungen sind erforderlich, um sicherzustellen, dass wir mit dem Begriff des Seienden alle generische Allgemeinheit überstiegen und damit das „Urbild aller Univozität"[69] erreicht haben. Erst so lässt sich verstehen, dass die univoke Einheit des Allgemeinen nicht notwendig als Gattungs-

---

65 Vgl. WÖLFEL: *Seinsstruktur* (s. Anm. 20), 129-134.

66 Vgl. hierzu auch *In librum Porphyrii Isagoge* q. 12 n. 15f.; q. 28 n. 5-7 (OP I 57f. 176f.); *Met.* IV q. 1 n. 51 (OP III 308); *Ord.* I d. 8 p. 1 q. 3 n. 126. 155 (Vat. IV 216. 229).

67 *Lect.* I d. 3 p. 1 q. 1-2 n. 123 (Vat. XVI 272): „[...] illae differentiae non sunt formaliter entitates, nec 'per se primo modo' illa differentia est ens, sed tamen non sequitur 'igitur per se aut formaliter est non-ens'. Iste enim modus arguendi peccat in praedicationibus denominativis, nam 'rationale non est per se animal, igitur est per se non-animal' non sequitur. Unde sicut 'rationale' dicitur animal denominative et non per se, sic illa differentia dicetur ens denominative, non per se primo modo, quia est praedicatio denominativa, et determinans est extra rationem determinabilis."

68 *Ord.* I d. 3 p. 1 q. 3 n. 137. 150f. (Vat. III 85. 92f.). Vgl. HONNEFELDER: *Ens* (s. Anm. 7), 74-77. 94-97. 326ff.; WÖLFEL: *Seinsstruktur* (s. Anm. 20), 116ff.

69 WÖLFEL: *Seinsstruktur* (s. Anm. 20), 131.

einheit gedacht werden muss, dass diese vielmehr bereits eine eingeschränkte Form der Allgemeinheit darstellt und somit wesenhaft von Endlichkeit geprägt ist, insofern hier eine Gattung notwendig der Seinsergänzung durch den Artunterschied bedarf. So sieht man: Das Gattungs-Allgemeine ist bereits eine besondere (und zugleich limitierte) Form des Seins; es leitet sich aus dem Seinsbegriff durch Verendlichung ab, so dass gilt: Endliches Seiendes ist ergänzbar, und das heißt: durch Teilmomente bestimmt, die einander wie Gattung und Differenz ergänzen. „Alles Irdische ist 'endlich' (limitiert), d.h. in allen seinen Stücken nicht mehr die ursprüngliche Einheit des Seins, sondern teilhaft und partiell, und muss zum Ganzen durch gegenseitige Ergänzung erst zusammengestückt werden."[70]

(3) Analogie und Univokation. Wie schon bemerkt, führt die Frage nach dem Grund für die gestufte Ähnlichkeit unter den Dingen zum Postulat einer gemeinsamen Natur, welche die partielle Identität der Dinge begründet. So sind die Dinge als ganze zwar nie gleich, sondern immer nur ähnlich, in Aspekten aber kommen sie überein, welche darum mit univoken Begriffen bezeichnet werden können. So gesehen, macht die Univokation die reale Analogie allererst verständlich.

Gott, das unendliche Seiende. Doch lässt sich das Modell der partiellen Identität auch auf die Rede von Gott anwenden? Dem steht entgegen, dass es zwischen Gott und Geschöpf keine „Übereinkunft in der Sache bzw. im Sachgehalt"[71] gibt. Wenn nun aber nach Scotus Gott das „unendliche Seiende" ist, dann scheint diese Bestimmung nochmals in die Gattungsaporie zu führen, insofern ihre Form suggeriert, Gott sei eine besondere Art der Gattung „Seiendes". Müssen wir zur Vermeidung dieser Folgerung also ausschließen, dass „seiend" hier etwas Gemeinsames meint? Gibt es ohne partielle Identität zwischen Gott und dem Geschaffenen dann auch keinerlei Analogie?

Diese Schwierigkeit lässt sich nur durch eine vertiefte Einsicht in die absolute Einfachheit univoker Begriffe lösen. Dann zeigt sich, dass die Unendlichkeit zwar eine Differenz ist, aber nicht eine *differentia specifica*, der eine begrenzte Entität in der Sache entspräche. Nur dann wäre der Seinsbegriff ein Gattungsbegriff, unter den Gott als eine besondere Art fiele. Unendlichkeit ist nach Scotus etwas viel Innerlicheres als ein Artunterschied, der doch immer von außen ansetzen müsste.[72] Scotus gibt das

---

70 Ebd.

71 Siehe oben Anm. 56.

72 *Ord.* I d. 8 p. 1 q. 3 n. 136 (Vat. IV 221): „[...] iste conceptus dictus de Deo et creatura in 'quid' contrahitur per aliquos conceptus dicentes 'quale' contrahentes, sed nec iste

Beispiel einer Farbqualität, die in verschiedener Intensität verwirklicht sein kann und dabei doch bleibt, was sie ist. Die Intensität ist nichts inhaltlich anderes als die Farbe, sondern der Modus ihrer Existenz. In ähnlicher Weise sind 'Unendlichkeit' und 'Endlichkeit' innerliche Grade oder Modi der Seiendheit. Und wie man sowohl einen Begriff von einer Farbe mit Einschluss ihres Intensitätsgrads als auch einen solchen ohne Intensitätsgrad bilden kann, so kann man auch den Seinsbegriff sowohl zusammen mit als auch ohne seinen innerlichen Modus konzipieren. Den ersten nennt Scotus vollkommen, den zweiten unvollkommen; der erste ist Gott eigentümlich, der zweite Gott und Kreatur gemeinsam.[73] Zwar ist der erste zusammengesetzt (*ens infinitum*), aber dies bedeutet keine Zusammensetzung in der Sache, sondern zeigt nur eine Unvollkommenheit unserer begrifflich-abstraktiven Erkenntnis an.[74] Der modal bestimmte Begriff ist in sich viel einfacher als der Artbegriff.[75] Dass wir das Sein und die Qualitäten ohne ihren inneren Modus erkennen, liegt an unserer Gebundenheit an die begriffliche Erkenntnis, aber diese Unvollkommenheit gewährt uns paradoxerweise den einzigen Begriff, der auf Gott anwendbar ist, weil er noch indifferent ist gegenüber dem Seinsunterschied von Gott und Geschöpf.

Scotus hat damit eine Theorie, die es ermöglicht, die kirchliche Lehre über Ähnlichkeit und Unähnlichkeit von Gott und Geschöpf verständlich zu machen: *Inter creatorem et creaturam non potest tanta similitudo notari, quin inter eos maior sit dissimilitudo notanda.* – „Zwischen dem Schöpfer und dem Geschöpf kann man keine so große Ähnlichkeit feststellen, dass zwischen ihnen nicht eine noch größere Unähnlichkeit festzustellen wäre." (DH 806) Die hier gemeinte Ähnlichkeit lässt sich nicht auf die partielle Identität einer Gattungseinheit zurückführen, sondern betrifft das reine

---

conceptus dictus in 'quid' est conceptus generis, nec illi conceptus dicentes 'quale' sunt conceptus differentiarum, quia iste conceptus 'quiditativus' est communis finitum et infinitum, quae communitas non potest esse in coceptu generis, – isti conceptus contrahentes dicunt m o d u m i n t r i n s e c u m ipsius contracti, et non aliquam realitatem perficientem illum [...]".

[73] Ebd. n. 138f. (Vat. IV 222f.).

[74] *Ord.* I d. 8 p. 1 q. 3 n. 142: „[...] non enim accipitur [sc. unser augenblicklich möglicher Begriff] ab aliqua realitate ut conceptus adaequatus realitati illi, sed deminutus et imperfectus, [...]intelligens intellectione abstractiva, propter imperfectionem illius intellectionis, potest habere illud [sc. den Wesensgehalt] pro obiecto formali licet non habeat alterum [sc. den Modus]."

[75] *Rep.* I A d. 8 p. 2 q. 5 n. 128 (ed. WOLTER 369): „Est ergo conceptus rei cum modo suo et cum gradu suo intrinseco simplicior quam conceptus speciei".

Sein sowie die reinen Vollkommenheiten[76], die in Gottes Wesen in unendlicher Intensität verwirklicht sind, während sie beim Menschen nur im Modus akzidenteller Qualitäten existieren können. Haben wir hier, wo Ähnlichkeit nicht partielle Identität besagt, womöglich einen Fall, der Univokation ausschließt und eine bloß analoge Rede verlangt? Die Frage statuiert einen Gegensatz, der für Scotus gar nicht besteht, weil jede echte Analogie univoke Begriffe voraussetzt, denn ein Vergleich zwischen ähnlichen Dingen ist nur aufgrund ein und desselben Inhalts möglich, der als das *tertium comparationis* fungiert. Zwischen Univokation und Analogizität besteht „genauso wenig ein Gegensatz wie zwischen reiner Vollkommenheit und ihrem Modus. Die Analogizität ist nur die Fortsetzung oder Anwendung der Univokation im realen Bereich."[77] Obwohl wir keinen eigentümlichen Begriff von Gott haben, der sein eigentliches Wesen trifft[78], können wir immerhin soviel über ihn aussagen: d a s s er ist, nämlich das „erste Seiende", und w i e er ist, nämlich im Besitz aller reinen Vollkommenheiten.

4. Das Wesen der Freiheit und ihr Primat vor der Notwendigkeit

Eine Darstellung des Denkansatzes des Doctor subtilis bliebe ohne die Würdigung seiner epochalen Freiheitslehre einseitig. Diese ist mit dem soeben Erörterten über die Überzeugung verbunden, dass der freie Wille eine „reine Vollkommenheit" ist und demzufolge von transzendentalem und nicht bloß kategorialem Rang. Ja, Scotus gelingt es darüber hinaus zu zeigen, dass mit dem freien Willen ein Wirkmodus zu denken ist, der sich radikal von jedem Naturwirken unterscheidet. Das heißt, die Freiheit kann nicht als eine spezifische Weise des Strebens verstanden werden, auch nicht im analogen Sinn. Zielgerichtetes Streben gehört zur Natur: ein Stein fällt zur Erde, eine Pflanze wächst, ein Tier bewegt sich, der Mensch

---

76 Wie wir hier nicht näher ausführen können, gibt es einige in der endlichen Welt vorfindbare Vollkommenheiten, die derart „rein" (d.h. nicht von vornherein gebunden an die Endlichkeit) sind, dass sie auch im Unendlichen möglich sind. Damit nehmen sie an der transzendentalen Indifferenz des Seienden teil, unterstehen keiner höheren Gattung und erfüllen so die Bedingung eines transzendentalen Prädikats. In Gott fungieren sie als reine Quale-Bestimmungen des zuhöchst einfachen göttlichen Wesens. *Ord.* I d. 8 p. 1 q. 3 n. 114f. (Vat. IV 206f). – Vgl. dazu Allan B. WOLTER: *The Transcendentals and their Function in the Metaphysics of Duns Scotus*, New York 1946, 162ff.; HOERES: *Der Wille* (s. Anm. 2), 25ff.; WÖLFEL: *Seinsstruktur* (s. Anm. 20), 81ff.

77 Vgl. HOERES: *Der Wille* (s. Anm. 2), 58.

78 *Ord.* I d. 3 p. 1 q. 1-2 n. 56 (Vat. III 38): „Deus non cognoscitur naturaliter a viatore in particulari et proprie, hoc est sub ratione huius essentiae ut haec et in se." – Vgl. auch unten Anm. 115.

gewinnt Erkenntnis – die Naturen sind verschiedenen Ranges, aber im Strebeverhalten ähnlich. Darum kann es auf den ersten Blick so aussehen, als wäre das Zielstreben gerade das Gemeinsame von Mensch und Tier, der Unterschied läge nur darin, dass sich der Mensch seine Ziele frei setzt, wohingegen das Tier an vorgegebene Ziele gebunden ist. Von daher ist es zu verstehen, dass Aristoteles die Freiheit in das Naturstreben integriert und als eine analoge Weise des Strebens verstanden hat. Doch hier widerspricht Scotus energisch und erklärt Natur und Freiheit zu Gegensätzen: Freiheit zeichnet sich nämlich durch die Möglichkeit der Selbstbestimmung aus, wohingegen Natur das durch anderes Bestimmte ist[79], nachgerade das Fremdbestimmte.[80]

Zweierlei Wirkweisen. Scotus kommt zu dieser Gegensatzbestimmung, indem er erstmals präzise den Wirkmodus ins Auge fasst, d. h. die Weise, wie ein Handlungsprinzip in den Akt übergeht und etwas hervorbringt. Dies kann nämlich nur auf zweierlei Weise geschehen: entweder aus sich selbst (*ex se*) oder nicht aus sich selbst, sondern von außen bestimmt. Die erste Weise ist die der Freiheit, die zweite die der Natur.[81] Wir stehen hier vor einer fundamentalen Differenz: „Auf naturhafte Weise tätig und auf freie Weise tätig sein, sind die ersten Differenzen eines tätigen Prinzips [...]“[82]. Man könnte geradezu von „disjunktiven Transzendentalien – nicht des Seins überhaupt, sondern der Wirkprinzipien“ sprechen.[83] Was aus sich selbst tätig werden kann, ohne dazu schon (von außen oder von Natur aus) bestimmt zu sein, das ist im prägnanten Sinne selbstbestimmend; und die hierzu vorausgesetzte Indetermination ist offenbar kein Mangel, son-

---

[79] *Met.* IX q. 15 n. 22 (s.u. Anm. 81).

[80] So später verdeutlichend Immanuel KANT: *Grundlegung zur Metaphysik der Sitten*, 2. Abschnitt (AA IV 441 u.ö.); *Kritik der praktischen Vernunft* (AA V 33). Vgl. Gerold PRAUSS: *Kant über Freiheit als Autonomie*, Frankfurt a.M. 1983, 56ff.

[81] *Met.* IX q. 15 n. 21f. (OP IV 680f.): „[...] sciendum est quod prima distinctio potentiae activae est secundum diversum modum eliciendi operationem: quod enim circa hoc vel illud agat (etsi aliquo modo distinguat), aut distinctionem ostendat, non tamen ita immediate. Non enim potentia ad obiectum, circa quod operatur, comparatur nisi mediante operatione quam elicit, et hoc sic vel sic. Iste autem modus eliciendi operationem propriam non potest esse in genere nisi duplex. Aut enim potentia e x s e est d e t e r m i n a t a ad agendum, ita quod, quantum est ex se, non potest non agere, quando non impeditur ab extrinseco. Aut n o n e s t e x s e d e t e r m i n a t a, sed potest agere hunc actum vel oppositum actum, agere etiam vel non agere. Prima potentia communiter dicitur 'natura', secunda dicitur 'voluntas'.“ – Vgl. auch *Ord.* I d. 1 p. 2 q. 2 n. 80 (Vat. II 60). – Vgl. dazu HOERES: *Der Wille* (s. Anm. 2), 80ff.

[82] *Quodl.* q. 16 a. 3 n. 15 (Viv. XXVI 199a): „[...] esse naturaliter activum et esse libere activum, sunt primae differentiae principii activi [...]“.

[83] HOERES: *Der Wille* (s. Anm. 2), 81.

dern vielmehr Ausdruck einer nicht per se begrenzten Wirkmächtigkeit.[84] Denn „ein Handlungsprinzip ist um so vollkommener, je weniger abhängig, bestimmt und begrenzt es ist hinsichtlich seines Aktes oder seiner Wirkung".[85] Offenkundig ist gerade der Wille ein solches Handlungsprinzip, denn er kann sich selbst zum Handeln bestimmen.[86]

Scotus beseitigt so das Vorurteil, dass alles, was geschieht, durch eine naturhafte Ursache determiniert ist und demzufolge nicht anders sein kann, als es nun einmal ist. Dieses Vorurteil sitzt freilich sehr tief in unseren Köpfen, denn auch beim freien Willen meinen wir, sinnvoll nach dem Grund fragen zu können, warum er gerade dies und nicht anderes will. Doch Scotus lehnt eine solche Frage als „undiszipliniert" ab, denn wenn ein Prinzip ein erstes und unmittelbares ist, dann ist es eben auf anderes nicht mehr rückführbar, sondern schlicht zu konstatieren. Wer dennoch nach einer Begründung fragt, hat gar nicht verstanden, dass hier ein unableitbarer Handlungsgrund wirksam ist, der aufgrund seines Gegensatzes zu Naturprinzipien einer kausalen Erklärung schlechthin entzogen ist.[87]

Die totale Andersheit des Willens. Der Wille unterscheidet sich folglich von allen anderen Handlungsprinzipien und ist mit diesen nicht vergleichbar. Darum gibt es auch kein Beispiel aus der Natur, das die Willensaktivität adäquat veranschaulichen könnte; das freie Wirken ist schlechterdings „anders als alles andere, was es im Universum gibt".[88] Indem Scotus

---

[84] Vgl. *Met.* IX q. 15 n. 31 (OP IV 683): „[...] est quaedam indeterminatio insufficientiae, sive ex potentialitate et defectu actualitatis, sicut materia non habens formam est indeterminata ad agendum actionem formae; est alia superabundantis sufficientiae, quae est ex illimitatione actualitatis, vel simpliciter vel quodammodo."

[85] Ebd. n. 44 (OP IV 688): „Quis enim negat activum esse perfectius, quanto minus dependens et determinatum et limitatum respectu actus vel effectus?"

[86] Ebd. n. 41 (OP IV 686): Voluntas „modo libero potens se determinare. Et ideo est potentia, quia ipsa aliquid potest, nam potest se determinare."

[87] *Ord.* I d. 8 p. 2 q. un. n. 299 (Vat. IV 324f.): „Et si quaeras quare ergo voluntas divina magis determinabitur ad unum contradictoriorum quam ad alterum, respondeo: 'indisciplinati est quaerere omnium causas et demonstrationem' [...] 'principii enim demonstrationis non est demonstratio'. Immediatum autem est voluntatem velle hoc, ita quod non est aliqua causa media inter ista, [...] et ideo huius 'quare voluntas voluit' nulla est causa nisi quia voluntas est voluntas [...]". – Ebenso argumentiert Scotus für den menschlichen Willen: *Met.* IX q. 15 n. 24 (OP IV 681).

[88] *Lect.* II d. 25 q. un. n. 93 (Vat. XIX 261): „ [...] voluntas est agens alterius rationis a toto quod est in universo [...]". – *Met.* IX q. 15 n. 43 (OP IV 687): „[...] nec, breviter, aliquod potest exemplum conveniens omnino adduci, quia voluntas est principium activum distinctum contra genus principiorum activorum, quae non sunt voluntas, per oppositum modum agendi."

die Freiheit aus der Perspektive der Handlungs- oder Wirkweise bestimmt und sie als einen von zwei grundsätzlich möglichen Wirkmodi erkennt, bestimmt er sie als kontradiktorischen Gegensatz zum naturhaften Wirken. Darum kann die so verstandene Freiheit durch keine analoge Begriffsdehnung unter das allgemeine Naturstreben subsumiert werden.

Naturalismus im Mittelalter. Scotus wurde zu diesen Überlegungen durch die Leugnung der menschlichen und göttlichen Freiheit veranlasst, die sich als Konsequenz eines naturalistischen Denkens ergab, das von einigen arabischen und später auch christlichen Aristotelikern im 13. Jahrhundert vertreten wurde.[89] Hiervon zeugen eine Reihe der 1277 von Bischof Etienne Tempier verurteilten Lehrsätze, z.B. die These 133: „Wille und Intellekt werden in ihrem Vollzug nicht durch sich selbst bewegt, sondern durch eine ewige Ursache, nämlich die Himmelskörper."[90]

Das genuin theologische Anliegen, das Scotus in der augustinisch-franziskanischen Tradition verfolgte, erforderte einen radikalen Umbau oder gar Neubau der Metaphysik. Um dem argumentativ starken Naturalismus wehren zu können, musste er erstens einen scharfen (univoken) Begriff sowohl der Freiheit als auch der Natur entwickeln. Zweitens musste er zeigen, dass dem so entwickelten Freiheitsbegriff auch eine Wirklichkeit entspricht, ein nicht naturkausal abzuleitendes Wirken. In dieser Frage sah Scotus weitaus klarer als seine Zeitgenossen, dass ein freies Wirken in der Welt nur möglich ist, wenn schon die erste Ursache auf freie Weise tätig ist und sich folglich nicht auf naturnotwendige Weise zu den Dingen außerhalb ihrer selbst verhält -- eine Prämisse, die von Aristoteles und seinen arabischen Kommentatoren geradewegs verneint wird.[91] Denn wenn Gottes Wirken mit naturhafter Notwendigkeit erfolgt, dann agieren auch die geschaffenen Zweitursachen naturnotwendig und unvermeid-

89 Vgl. dazu Ludger HONNEFELDER: *Die Kritik des Johannes Duns Scotus am kosmologischen Nezessitarismus der Araber: Ansätze zu einem neuen Freiheitsbegriff*, in: Johannes FRIED (Hg.): *Die abendländische Freiheit vom 10. zum 14. Jahrhundert*, Sigmaringen 1991, 249-264; SCHMIDT: *Natur und Geheimnis* (s. Anm. 17), 308ff.

90 Vgl. Kurt FLASCH: *Aufklärung im Mittelalter? Die Verurteilung von 1277. Das Dokument des Bischofs von Paris übers. u. erklärt*, Mainz 1989, 205. Ferner Luca BIANCHI: *Il vescovo e i filosofi. La condanna parigina del 1277 e l'evoluzione dell' Aristotelismo scolastico*, Bergamo 1990.

91 *Ord.* I d. 8 p. 2 q. un. n. 251 (Vat. IV 294): „Respondeo ergo quod ARISTOTELES posuit, et similiter AVICENNA Deum necessario sese habere ad alia extra se, et ex hoc sequitur quod quodlibet aliud necessario se habet ad ipsum [...]".

lich.[92] Dann bliebe aber für die andere Kausalität, nämlich die Kausalität aus Freiheit kein Platz; freies Wollen wäre unmöglich. Um dem Naturalismus zu entgehen, muss also zuerst und vor allem der Begriff von Gott und seinem Handeln neu bestimmt werden. Darum warnt Scotus: „*Noli mensurare Deum secundum Averroëm!* – Miss Gott nicht mit dem Maße, das Averroës angelegt hat!"[93]

Verschärfung des Kontingenzbegriffs. Von der gleichen Perspektive, aus der Scotus den Freiheitsbegriff gewinnt, bestimmt er auch den Begriff der Kontingenz, d.h. des bloß möglichen, nichtnotwendigen Seins. Entscheidend ist auch hier, auf welche Weise ein Seiendes existent wird: ob es durch naturhafte Kausalität oder durch ein freies Wirken zustande kommt. Im ersten Fall ist es unvermeidlich, im zweiten vermeidlich. Doch nur das Vermeidliche, d.h. dasjenige, dessen Gegenteil zugleich möglich wäre, verdient es, kontingent genannt zu werden.[94] Da der Modus der Ursächlichkeit von der ersten bis zur letzten Ursache durchschlägt, muss zur Erklärung der Kontingenz in der Welt vorausgesetzt werden, dass schon die erste Ursache, Gott, auf freie Weise tätig ist. Damit muss aber alles außergöttlich Seiende als kontingent bestimmt werden; Kontingenz ist dann nicht mehr bloße Folge der Materialität, sondern wird in den Rang eines transkategorialen Seinsmodus erhoben, nämlich als Modus des Seienden in seiner aktuellen Existenz.[95]

Da allein der Wille Prinzip kontingenten Wirkens ist,[96] geht die kontingente Existenz der Welt mithin auf Gottes frei wählenden Willen zurück. Der göttliche Wille wählt dabei aus den vom göttlichen Verstand erkannten Möglichkeiten aus, z.B. ob Menschen erschaffen werden sollen oder nicht, zu welchem Zeitpunkt sie ins Dasein treten sollen usw. Gottes Intellekt legt gewissermaßen seinem Willen unendliche Alternativen vor,

---

92 *De pr. pr.* IV concl. 4 n. 56 (ed. KLUXEN 68): „Quaelibet causa secunda causat inquantum movetur a prima; ergo si prima necessario movet, quaelibet necessario movetur et quidlibet necessario causatur."

93 *Met.* V q. 2 n. 42 (OP III 425).

94 *De pr. pr.* IV conc. 4 n. 56 (ed. KLUXEN 70): „Non dico hic contingens quodcumque non est necessarium, sed cuius oppositum posset fieri quando istud fit."

95 *Met.* IX q. 15 n. 60 (OP IV 694): „Loquimur enim nunc de contingentia, prout est modus entis in actu quando est in actu et pro illo nunc pro quo est in actu." – Vgl. dazu Ludger HONNEFELDER: *Scientia transcendens. Die formale Bestimmung der Seiendheit und Realität in der Metaphysik des Mittelalters und der Neuzeit (Duns Scotus – Suárez – Wolff – Kant – Peirce)*, Hamburg 1990, 56-108.

96 *De pr. pr.* IV concl. 4 n. 56 (ed. KLUXEN 68): „Nullum est principium contingenter operandi nisi voluntas vel concomitans voluntatem, quia quaelibet alia agit ex necessitate naturae, et ita non contingenter."

die als erkannte unentschieden und als frei gewählte entschieden sind. Der Intellekt ist dabei Prinzip des Möglichen, der Wille Prinzip des aktuell Wirklichen.[97]

Ein neuer Begriff des Möglichen. Der Begriff des Möglichen ist hier offensichtlich gegenüber dem der aristotelischen Metaphysik wesentlich erweitert. Für Aristoteles ist das Mögliche dasjenige, das sich prozesshaft auf sein Ziel hin verwirklicht. Aus dem Samen entfaltet sich die Pflanze, aus dem Embryo wird das Tier oder der Mensch. Unrealisierte Möglichkeiten müssen als Abweichungen und Störungen gedeutet werden, sie sind keineswegs mit den realisierten Möglichkeiten gleichwertig.[98] So wird das Kontingente abgewertet als das bloß Zufällige und Normwidrige gegenüber dem naturhaft Intendierten. Scotus wertet dagegen den Seinsstatus des Kontingenten auf; wenn es sich nämlich einer wählenden Freiheit verdankt, muss es nicht mehr als geglückter oder missglückter Ausgang eines Naturstrebens verstanden werden. Nur so können z.B. die zärtlichen Gesten, Worte oder Zuwendungen, die Kinder von ihren Eltern erfahren, angemessen als Ausdruck der Liebe gewertet werden. Und weil und sofern als Ursprung aller geschaffenen Dinge und Ereignisse ebenfalls ein Wille anzunehmen ist, nämlich der göttliche, ist alles, was in kontingenter Weise existiert, als erwählt – und in christlicher Perspektive sogar als geliebt – zu betrachten.

Synthese. Scotus ersetzt keineswegs die Naturauffassung aristotelischer Prägung schlechthin durch reine Freiheitsprinzipien, er treibt den Naturalismus nicht durch einen irrationalen Voluntarismus aus, sondern er bringt Natur- und Freiheitsbestimmung in eine ausgewogene Synthese, indem er beide als komplementäre Bestimmungen einer komplexen Wirklichkeit betrachtet. So wird es möglich, zu denken, dass der Mensch zum einen

---

97 *Rep. I A* d. 38 q. 1-2 n. 37 (ed. SÖDER [Herder 2005] 50): „Dico quod omnis actus intellectus qui in Deo praecedit actum voluntatis, est mere naturalis et non formaliter liber, et per consequens quicquid intelligitur ante omnem actum voluntatis est mere naturale. Ergo intellectus divinus mere naturaliter apprehendens terminos alicuius complexionis futurae contingentis est indifferens sive est de se neuter, quia non concipit veritatem alicuius complexionis nisi cuius veritas includitur in rationibus terminorum vel sequitur necessario ex veritate notitiae complexae. Sed offert terminos complexionis futuri contingentis voluntati ut neuter de ea; [...] Offerente autem intellectu huiusmodi complexiones voluntati, potest voluntas libere eligere unionem istorum terminorum vel non eligere [...]".

98 Vgl. Antonie VOS JACZN et al.: *John Duns Scotus: Contingency and Freedom. Lectura I 39.* Introduction, translation and commentary, Dordrecht 1994; Joachim Roland SÖDER: *Kontingenz und Wissen. Die Lehre von den* futura contingentia *bei Johannes Duns Scotus*, Münster 1999 (BGPhMA, NF 49) 94-100.

naturbestimmt ist und zum anderen frei, sich zu seiner Natur zu verhalten. Seine Natur grenzt ihn zwar ein, aber er kann sie durch seine Handlungen nach und nach ausgestalten. Die Differenz des Ich zu seiner Natur macht möglich, dass es „zwar in seine jeweiligen Zustände ganz eingeht, ohne dennoch in ihnen je aufzugehen".[99]

5. Vernunftkritik und Primatumkehr. Das Allgemeine und das Individuelle

Diese Synthese ist charakteristisch für das Denken des Doctor subtilis. Auch sonst können wir häufig seine Neigung feststellen, verschiedene und nahezu gegensätzliche Gesichtspunkte in eine Gesamtschau zu integrieren, anstatt einfach einseitig auszuwählen. Denn jeder große Denker muss ja etwas gesehen haben, auch wenn einige seiner Auffassungen zu falschen Konsequenzen führen. Zur Verfehlung der Wahrheit kommt es aus der Sicht des Scotus häufig durch eine einseitige Auswahl der Prinzipien oder durch eine Verkehrung ihrer Rangfolge. Darum ist es entscheidend, wirklich alle relevanten Gesichtspunkte zu berücksichtigen und angemessen zu gewichten.

Kritik der begrifflichen Erkenntnis. Diese Aufgabe geht Scotus mit einer Kritik des Vernunftvermögens an. Kritik besagt ja Unterscheidung des Wahren und Erfolgversprechenden vom Abwegigen, besteht also in der Würdigung von Möglichkeiten einerseits und dem Aufweis von Grenzen andererseits. Wahrhaft konstruktive Kritik vermag es, einen Anspruch zu rechtfertigen und ihn damit zugleich auf den Gültigkeitsbereich der Rechtfertigungsgründe zu begrenzen. Hierbei dient ein und derselbe Grundgedanke als Kriterium. Am Freiheitsbegriff können wir diesen Zusammenhang mit einer vernunftkritischen Reflexion unmittelbar sehen; dieser war ja als einer von zwei konträren Handlungsmodi eingeführt worden. Der zweifachen Wirkweise von Handlungsprinzipien entspricht nun ein zweifacher Modus der zeitlichen Werdegestalt: Was ursprünglich auf ein naturhaftes Wirken zurückgeht, das lässt sich auf die Form einer hypothetischen Notwendigkeit bringen und in einem Begriff quasi zeitlos abbilden, denn die Form bzw. die Natur ändert sich bei einem solchen Geschehen nicht.[100] Was indessen ursprünglich auf ein freies Wirken

---

[99] Fernando INCIARTE: *Die Einheit der Aristotelischen Metaphysik*, in: PhJ 101 (1994) 1-21, hier 17.

[100] Vgl. *Ord.* I d. 3 p. 1 q. 4 n. 246 (Vat. III 149-151). Hier argumentiert Scotus gegen Heinrich von Gent, dass die Veränderlichkeit der Dinge keineswegs eine unveränder-

zurückgeht, das entzieht sich der Möglichkeit, auf eine solche Form gebracht zu werden, und ist darum durch einen zeitlosen Begriff auch weder abzubilden noch ableitbar.[101] Die gewonnene Unterscheidung lässt uns demnach sehen, wo wir begriffliches Wissen erwarten können und wo nicht. Vielleicht ist es angemessener, hier von „Begriffskritik" statt von „Vernunftkritik" zu sprechen, denn die Vernunft erschöpft sich ja nicht im Begreifen und im begrifflichen Wissen. Wo sich die Vernunft z.B. ins Praktische erstreckt, da muss sie die Freiheit als Ursprung von Handlungen voraussetzen und die Singularität der handelnden Person wie die der Handlung und ihrer Umstände ernstnehmen. Die zwischenmenschliche Begegnung verbietet eine Einstellung, die das jeweilige Verhalten als bloßen Einzelfall eines allgemeinen Musters betrachtet und auf kausalgesetzliche Gründe zurückzuführen trachtet.

Allgemeines und Individuelles. Damit sind wir schon bei einer zweiten Dimension der scotischen Begriffskritik angelangt: der Einsicht in die Grenze der Allgemeinerkenntnis. Begriffe bilden nämlich nicht nur eine Notwendigkeitsstruktur ab, sondern erfassen immer auch etwas Allgemeines und nur das Allgemeine. Kurz: Begriffe sind durch Allgemeinheit und Notwendigkeit gekennzeichnet. So wie der begriffliche Zugriff hinsichtlich des freien Ursprungs von Ereignissen unangemessen ist, so ist er es auch hinsichtlich des individuellen Einzelnen. Denn wie soll das Individuelle, von dem man sagt, es sei *ineffabile*[102] (unsagbar), durch allgemeine Bestimmungen erkannt werden? Dagegen ließe sich einwenden, dass es wenigstens prinzipiell möglich sein müsste, durch immer schärfer abgrenzende Begriffe die Dinge in ihrer individuellen Eigenart zu erfassen – so dass am Ende kein unbegriffener Rest mehr bliebe; oder dass auf diese Weise zumindest das Wesentliche begriffen werden könnte, dem gegenüber die singulären Züge dann als unwesentlich und wertlos anzusehen wären.

Verkehrter Primat des beweisenden Wissens. In dieser Einwendung spricht sich ein verbreitetes Vorurteil aus, das seit der Zeit der Griechen in den Köpfen der Menschen sitzt und durch die averroistische Aristotelesdeutung wieder verstärkte Plausibilität erhielt: Weil es Wissenschaft nur

---

liche Natur ausschließt. Deshalb kann es auch sichere empirische Erkenntnis geben; ebd., n. 235-237 (Vat. III 141ff.).

101 Vgl. Axel SCHMIDT: *The Concept of Time in Theology and Physics*, in: Olivier BOULNOIS et al.: *Duns Scot à Paris, 1302-2002. Actes du colloque de Paris, 2-4 septembre 2002*, Turnhout 2004, 595-606.

102 Vgl. Ludger OEING-HANHOFF: *„Individuum, Individualität. II. Hoch- und Spätscholastik"*, in: HWP IV (1976) 304-310, 309.

vom Allgemeinen gibt, darum muss das singuläre Einzelne als unbedeutend angesehen werden, als ontologisch niederen Ranges und letztlich als Resultat eines Unvollkommenheitsprinzips. Das Vorurteil speist sich aus der kritiklosen Annahme, die höchste Weise geistiger Betätigung liege im beweisenden Wissen. Den Obersatz („allein das Allgemeine ist Gegenstand der Wissenschaft") kann und will Scotus nicht bestreiten, wohl aber den Untersatz und mit ihm die Schlussfolgerung. Das beweisende Wissen hat nach Scotus zwar durchaus etwas Vollkommenes an sich, dass es nämlich ein zeitlos Notwendiges ergreift und darin evidente Gewissheit besitzt; aber es weist auch einen Mangel auf, denn vom Beweiswissen kann der Subjektbezug nicht abgestreift werden, und weil das wissende Subjekt in der Zeit steht, kann es das Gewusste wieder vergessen; also liegt hier noch nicht die höchste Vollkommenheit des Wissens vor. Diese ist erst dann gegeben, wenn der ewige Gott für das Nichtvergessen sorgt, doch dann kommt es überhaupt nicht darauf an, ob das Gewusste durch Allgemeinheit und Notwendigkeit charakterisiert ist oder nicht.[103]

Uns interessieren im folgenden vor allem zwei Thesen, die Scotus mit aller Klarheit begründet: 1. Die individuelle Eigenart des Einzelnen ist völlig anderer Art als seine begrifflich bestimmbare Natur. 2. Sie ist von vergleichsweise höherem Seinsrang. Wenn also das Individuelle nicht begrifflich erkennbar ist, dann liegt dieser Mangel auf Seiten der begrifflichen Erkenntnis und nicht der Individualitätsbestimmung.

(1) Transzendentales Individuationsprinzip. Die erste These wird durch eine rein metaphysische Überlegung begründet, also gänzlich unabhängig von partikulären Gesichtspunkten, insbesondere unabhängig von der

---

[103] Vgl. *Ord.* Prol. p. 4 q. 1-2 n. n. 211 (Vat. I 144f.): „Hic dico quod in scientia illud perfectionis est, quod sit cognitio certa et evidens; quod autem sit de necessario obiecto, haec est condicio obiecti, non cognitionis, quia quantumcumque scientia sit de necessario obiecto, ipsa in se poterit esse contingens, et per oblivionem deleri. Si igitur aliqua alia cognitio est certa et evidens, et, quantum est de se, perpetua, ipsa videtur in se formaliter perfectior quam scientia quae requirit necessitatem obiecti. Sed contingentia ut pertinent ad theologiam nata sunt habere cognitionem certam et evidentem et, quantum est ex parte evidentiae, perpetuam. Hoc patet, quia omnia contingentia theologica nata sunt videri in primo obiecto theologico, et in eodem nata est videni coniunctio illarum veritatum contingentium. Visio autem extremorum veritatis contingentis et unionis eorum necessario causat evidentem certitudinem de tali veritate evidente. Quantum est etiam ex parte obiecti theologici ostendentis, talia vera nata sunt videri in tali obiecto perpetuo, quantum est ex se. Igitur contingentia ut pertinent ad theologiam nata sunt habere perfectiorem cognitionem quam scientia de necessariis acquisita." – Vgl. hierzu SCHMIDT: *Natur und Geheimnis* (s. Anm. 17), 222f.

Materialität oder Immaterialität der Dinge. Die Einheit des individuellen Seins ist transzendental, und entsprechend ist das Prinzip, das sie konstituiert, transzendental, d.h. alle Kategorien übersteigend. Sofern es Scotus gelingt, dies wirklich nachzuweisen, ist damit eo ipso gezeigt, dass die Materie die Individualität nicht begründen kann. Sie mag Indiz der Individualität sein, aber nicht ihr Prinzip.

Zweierlei Einheit. Den Grundgedanken, der Scotus in dieser Frage leitet, haben wir schon bei der Besprechung der *distinctio formalis* kennengelernt. Die Dinge besitzen zwei unterschiedliche Weisen der Einheit, und für beide bedarf es eines konstitutiven Prinzips. Die Dinge lassen sich nämlich zum einen als einzelne zählen, zum anderen gehören sie zu einer bestimmten Art oder Sorte. Beide Arten von Einheit bedingen einander, denn man kann nur artbestimmte Dinge zählen, weil ohne Angabe eines sog. Sortalbegriffs nicht klar ist, was gezählt werden soll.[104] Wenn ich z.B. aufgefordert werde, die Dinge, die in einem Raum befindlich sind, zu zählen, dann muss ich nachfragen, welche Dinge gemeint sind: Möbelstücke, Bücher, Buchseiten oder vielleicht Atome. Die nummerische (individuelle) Einheit und die sortale (artspezifische) Identität gehören somit trotz ihrer Grundverschiedenheit untrennbar zusammen. Nach Scotus gehen sie auf formal distinkte, gestufte Vollkommenheiten zurück; die weniger stark abgrenzende spezifische Identität ist indifferent gegenüber der numerischen Identität in diesem oder jenem Individuum: Ob die Hundenatur in diesem oder jenem Hund realisiert ist, das steckt noch nicht im Begriff des Hundes, sondern geht auf etwas anderes zurück.

Wozu ein Individuationsprinzip? Die Frage, was denn dieses andere ist, das die Hundenatur auf diesen individuellen Hund eingrenzt, ist die berühmte Frage nach dem Individuationsprinzip. Machen wir uns zunächst bewusst, dass diese Frage notwendigerweise auftritt, wenn beide Einheitsstufen als real angesehen werden, wenn also zum einen den allgemeinen Begriffen ein *fundamentum in re* zugesprochen und wenn zum anderen reflex erkannt wird, dass alle real existierenden Dinge etwas Singuläres sind. Die Frage ist noch vorbewusst, solange die Individualität als unwesentliche Erscheinung im Hintergrund bleibt, und sie verschwindet wieder, wenn die Einheit des Allgemeinen für fiktiv gehalten und als Erzeugnis des begrifflichen Denkens interpretiert wird, so dass allein die individuelle Einheit real zu nennen wäre. Duns Scotus steht hier genau am

---

[104] Vgl. dazu Peter Frederick STRAWSON: *Individuals. An Essay in Descriptive Metaphysics,* London / New York 1959, reprinted 1999, 168ff.; Peter T. GEACH: *Reference and Generality. An Examination of some Medieval and Modern Theories,* Ithaca / London 1968, 38-46; David WIGGINS: *Sameness and Substance*, Cambridge, Mass. 1980, 77-90.

Umschlagspunkt der geistesgeschichtlichen Entwicklung. Einerseits betont er die Realität des Allgemeinen wie kaum jemand zuvor, indem er den Artbegriffen reale Formalitäten der wirklichen Dinge zuordnet (noetisch-noematischer Parallelismus), und andererseits treibt er die Wahrnehmung der Individualität zu einem zuvor niemals erreichten Höhepunkt. Auch hier erweist er sich als Meister des Ausgleichs. Wie schwierig die Balance zu halten ist, zeigt schon eine Generation später sein Ordensbruder Wilhelm von Ockham, der den Primat der Individualität durch Auslagerung des Allgemeinen in den Bereich des bloß Gedachten verschärfte und damit die nominalistische Universalienskepsis begründete.

Scotus jedoch hält die komplementären Aspekte zusammen. Er charakterisiert sie – wiederum ganz ähnlich wie bei der Zuordnung von Natur und Freiheit – durch gegensätzliche Bestimmungen: Die Artnatur, auf die der Allgemeinbegriff zielt, ist an anderes mitteilbar (*communicabilis*), doch das individuelle Ding nicht, es ist schlechthin unmitteilbar (*incommunicabilis*). Unmitteilbarkeit besagt strenge Vereinzelung und die Unmöglichkeit, vervielfacht vorzukommen; so ist selbst ein Klon nicht dasselbe Individuum wie sein Gegenstück, sondern bei aller Ähnlichkeit ein neues, einzigartiges Subjekt. Er hat mit seinem Pendant die spezifische Natur und Eigenart gemeinsam, die eben darum mitteilbar und plurifizierbar ist, doch er selbst als dieser besondere Träger der Natur ist es nicht. Er ist dasselbe (= von derselben Art), aber nicht derselbe. Die gemeinsame Natur setzt der Vervielfachung keinen Widerstand entgegen, sie bleibt indifferent gegenüber der individuellen Verschiedenheit. Dem ausgleichenden Denken des Scotus entsprechend müssen also in einem jeden Ding zwei durchaus konträre Bestimmungen angenommen werden. Sie können deshalb ein Ganzes bilden, weil die eine auf die Ergänzung durch die andere angewiesen ist, denn die mitteilbare Natur ist mit Indifferenz behaftet, die auf eine letzte Differenz außer ihrer selbst ausgerichtet ist. Diese individuelle Differenz schließt alle spezifischen Bestimmungen in sich ein und konstituiert so das Ganze eines individuellen Wesens.

Spezifische und individuelle Differenz. Die individuelle Differenz macht die Dinge, die dank ihrer Artnatur anderen Dingen gleich sind, voneinander verschieden, indem sie ihnen eine Bestimmung beibringt, die nicht noch einmal etwas Gemeinsames enthält, sondern vielmehr eine außerwesentliche Differenz darstellt, die der Grund ihrer individuellen Verschiedenheit und Unmitteilbarkeit ist. Scotus vergleicht die hier postulierte individuelle Differenz mit der aus der *arbor Porphyriana* bekannten spezifischen Differenz: Beide bestimmen oder „kontrahieren" aktuierend ein Zugrundeliegendes, das der Differenz gegenüber potentiell ist: die

Gattung bzw. die Art.[105] Der entscheidende Unterschied von beiden liegt in Folgendem: Die spezifische Differenz verbleibt innerhalb der Ordnung des Wesens und damit dessen, was begrifflich bestimmbar ist. Die individuelle Differenz liegt dagegen außerhalb des washeitlich Begreifbaren, sie konstituiert ein *„esse alterius rationis“* und ist deshalb keine Form, sondern eher die „letzte Wirklichkeit der Form“.[106]

Ersatzbegriff „haecceitas“. Die individuelle Differenz ist etwas Außerwesentliches und Überbegriffliches – diese Einsicht kann nicht genug betont werden. Dasjenige Prinzip, das eine *species* zum Individuum kontrahiert, darf nicht washeitlich gedacht werden. Denn dann würde es wie die *differentia specifica* fungieren und lediglich eine neue Art erzeugen, aber kein unmitteilbares Individuum.[107] Man kann ein Individuum mit Begriffen lediglich umrisshaft beschreiben, auf seine Einzigartigkeit aber kann man nur zeigend hinweisen: ein Dieses-Da. Von daher versteht sich der Kunstbegriff *„haecceitas“*, den Scotus gelegentlich für die individuelle Differenz verwendet.[108] Der Ausdruck „Diesheit“ vertritt die Stelle einer

---

[105] Ebd. n. 179-180 (Vat. VII 479): „Comparando autem naturam specificam ad illud quod est supra se [sc. genus], dico quod illa realitas a qua sumitur differentia specifica, est actualis respectu illius realitatis a qua sumitur genus vel ratio generis, – ita quod haec realitas non est formaliter illa; alioquin in definitione esset nugatio, [...] Quoad hoc ista realitas individui est similis realitati specificae, quia est quasi actus, determinans illam realitatem speciei quasi possibilem et potentialem“. – Vgl. auch in diesem Buch meinen Kommentar zur Stelle.

[106] *Ord.* II d. 3 p. 1 q. 5-6 n. 180-181 (Vat. VII 479): „[...] – sed quoad hoc est dissimilis, quia ista numquam sumitur a forma addita, sed praecise ab ultima realitate formae. Quoad aliud etiam est dissimile, quia illa realitas specifica constituit compositum (cuius est pars) in esse quiditativo, quia ipsa est entitas quaedam quiditativa, – ista autem realitas individui est primo diversa ab omni entitate quiditativa. [...] igitur ista entitas, quae de se est alia entitas a quiditate vel entitate quiditativa, non potest constituere totum (cuius est pars) in esse quiditativo, sed in esse alterius rationis.“ – Vgl. ebd. n. 192 (Vat. VII 486): „[...] illa ‘per se entitas’ quam addit, non est entitas quiditativa.“

[107] Das genannte Missverständnis spricht sich in folgendem Einwand aus: *Met.* VII q. 13 n. 11 (OP IV 217f.): „Item, si natura est haec per additum, aut per substantiam additam aut per accidens additum. Si primo modo, tunc per illud additum cum natura speciei posset definiri; et cum illud faceret per se unum cum specie, species esset genus et praedicaret partem individui et non totam naturam individui, sicut nec genus specierum.“ – Vgl. dazu ebd. n. 89 (OP IV 248): „Sed ista differentia individualis non est nata dici de pluribus. Ideo individuum per illam differentiam non potest definiri, cum definitio sit praedicatum universale, et tota ratio individui non est nata dici de pluribus. Similiter, PHILOSOPHUS in VII *contra Platonem*: omnia nomina in definitione sunt communia; sed illa differentia addita non est nomen commune.“

[108] Der Ausdruck *haecceitas* kommt in der *Ordinatio* nur einmal vor (adnotatio zu I d. 17 p. 2 q. 1 n. 214; Vat. V 245), ansonsten findet er sich nur in der *Reportatio Parisiensis* (sechsmal) und im *Metaphysikkommentar* (zweimal); vgl. *Rep.* II d. 12 q. 5 n.1. 8. 12-14 (Viv. XXIII 25b. 29a. 31b-32a.); *Met.* VII q. 13 n. 61. 176 (OP IV 240. 278; nach

Entität, die jenseits des Begrifflichen liegt. Darum kann es keinen Individualbegriff im Sinne von Leibniz geben. Dieser meinte, für jede individuelle Substanz müsse es grundsätzlich eine (unendliche) Komplexion von Begriffen geben können, die alle dem Wesen scheinbar äußerlichen Bestimmungen innerlich enthalte und so keinen Raum mehr für unbestimmte Möglichkeiten offenlasse.[109] Der scotischen Einsicht gemäß ist dies aber unmöglich, weil Begriffe und Begriffskomplexe nur etwas bestimmen können, das zu beliebig häufiger Verwirklichung indifferent bleibt; sie schöpfen das Individuelle niemals aus, sondern fassen es nur unter einem allgemeinen Gesichtspunkt und insofern nur partiell.

(2) ***Die Vollkommenheit des individuellen Seins.*** Die zweite These, die den Vollkommenheitsstatus des individuellen Seins betrifft, baut auf dieser Einsicht auf. In Umkehrung des griechischen Primats des Allgemeinen ist nach Scotus festzustellen: Nicht das Individuum ist Teil des Allgemeinen, sondern dieses Teil des Individuums. Das Individuum (engl. *particular*) ist nichts Partikuläres, nichts, was an der Fülle der wesentlichen Idee nur gebrochen „teilnimmt" (*participat*) und dabei durch die Materie besondert, gestückt und im Raum zerstreut wird, sondern es ist selbst das Ganze, und seine Wesensnatur ist umgekehrt nur ein (freilich nicht real abtrennbarer) Teil dieses Ganzen. Das Ganze ist aber von größerer Bedeutung als der Teil, und diejenige Realität, die eine andere in sich einschließt, ist vollkommener als die eingeschlossene.[110] Nach griechischer Auffassung geht der Lebenszweck des einzelnen Individuums, z.B. eines Spatzen darin auf, die Art zu repräsentieren und zu ihrer Erhaltung einen partikulären Beitrag zu leisten; und der einzelne Mensch ist lediglich um der menschlichen Gattung und nicht um seiner selbst willen da. Die christliche Sicht geht jedoch von Jesu Wort aus, wonach kein Spatz auf

---

dieser neuen kritischen Ausgabe ist „*haecitas*" zu lesen); vgl. *Ord.* II d. 3 p. 1 q. 5-6 n. 177. 180-188. 201 (Vat. VII 478. 479-484. 490). – Vgl. dazu Stephen DUMONT: *The Question on Individuation in Scotus'* "Quaestiones super Metaphysicam", in: Leonardo SILEO (Hg.): *Via scoti. Methodologia ad mentem Joannis Duns Scoti*, Atti del Congresso Scotistico Internazionale Roma 9-11 marzo 1993, Bd. 1, Rom 1995, 193-227, 217-219.

109 Gottfried Wilhelm LEIBNIZ: *Discours de Métaphysique*, in: DERS.: *Sämtliche Schriften und Briefe*. Hg. von d. Berlin-Brandenburgischen Akad. d. Wiss. in Göttingen. Sechste Reihe: Philosophische Schriften, hg. von der Leibnizforschungsstelle der Universität Münster, 4. Bd. Teil B, Berlin 1999, 1529-1588, hier 1540. – Vgl. dazu Josef ESTERMANN: *Individualität und Kontingenz. Studie zur Individualitätsproblematik bei Gottfried Wilhelm Leibniz*, Bern u. a. 1990, 126-137.

110 *Met.* IV q. 2 n. 143 (OP III 355): „In creatura quaelibet perfectio contenta limitata est, et limitatior essentia continente secundum totalitatem considerata."

die Erde fällt, ohne dass Gott dies weiß und zulässt (Mt 10,29). Scotus kann dies durch seine Neubestimmung des individuellen Seins begründen, das gegenüber dem Gattungsallgemeinen vollkommener und wertvoller ist. Die Unwiederholbarkeit und Unmitteilbarkeit des Individuums, insbesondere natürlich der menschlichen Person ist eine eigene Vollkommenheit, die ungleich größer ist als die der Art. Das „Was" der Natur ist wissenschaftlich erklärbar und damit auch technisch manipulierbar, das „Wer" der Person jedoch nicht; während die Natur mitteilbar und erklärbar ist, ist die Person unmitteilbar und insofern „letzte Einsamkeit", „*ultima solitudo*".[111] Der Mensch ist ein Geheimnis, das auf seinen Schöpfer zurückverweist, seine Individualität ist unauslotbare Fülle und unaustrinkbares Licht.

Ein Schema. Die scotischen Überlegungen zur Individualität sind denen zur Freiheit ganz analog: Den zwei charakteristischen Merkmalen des Begriffs, der Notwendigkeit und der Allgemeinheit, korrespondieren zwei Grenzen, jenseits derer die begriffliche Erkenntnis versagt: die eine Grenze wird durch die kontingenten Ereignisse gesetzt, die auf einen freien Ursprung zurückgehen und der Naturdetermination entgegenstehen; die andere Grenze wird durch jenen Wirklichkeitsaspekt markiert, der die Singularität begründet und Allgemeinheit ausschließt. In beiden Fällen geht es um ein Verhältnis von Möglichkeit und Wirklichkeit oder von Indifferenz und letzter Bestimmung.

Dies sei zunächst in der nachstehenden **Übersicht** schematisch dargestellt:

Problembereich	Begrifflich fassbar	Nicht begrifflich fassbar
(Notwendige) Natur und Freiheit	Naturnotwendige Ereignisse Eindeutig festgelegt aufgrund eines allgemeinen Zusammenhangs	Kontingente Ereignisse Nicht eindeutig festgelegt. Jeweilig wechselnde Determinanten
	Unentschiedene Alternative = Möglichkeit	Entschiedene Alternative = Wirklichkeit
	Indifferente Natur	Letztdifferente individuelle Bestimmung
(Allgemeine) Natur und Individualität	Spezifische Natur, kommunikable, allgemeine Eigenschaften	Individuelle Differenz, inkommunikable, singuläre Bestimmungen

[111] *Ord.* III d. 1 q. 1 n. 17 (Viv. XIV 45): „Ad personalitatem requiritur ultima solitudo, sive negatio dependentiae actualis et aptitudinalis alterius naturae."

Das Schema verdeutlicht die weitreichende Analogie der beiden hier besprochenen Problembereiche und zeigt, inwiefern sie eine Kritik des Begriffsvermögens implizieren. Dieses endet bei einer letzten Indifferenz, über die kein Begriff aufgrund seiner Gebundenheit an das Allgemeine und Wiederholbare hinauskommt; denn ein begrifflich voll Bestimmtes kann immer noch beliebig oft realisiert werden, es ist gegenüber dieser oder jener Verwirklichung indifferent. Diese Indifferenz ist auch für Ereignisalternativen charakteristisch, deren Entscheidung durch keinen naturgesetzlichen Zusammenhang determiniert ist; die kontingente bzw. freie Entscheidung ist darum eine Differenz, die außerhalb des begrifflich Fassbaren fällt. So kann man auch sagen: Der Begriff erreicht dabei jeweils nur das Mögliche, während ihm das Wirkliche als das Letztbestimmte entzogen bleibt.[112]

6. Schluss: Scotus, Schöpfer origineller Synthesen

„Was Scotus mit seinem Werk hinterlassen hat, ist ein Denken epochalen Rangs, das gleichrangig neben das des Thomas von Aquin gestellt werden muss und das zu den denkerischen Entwürfen zu zählen ist, die der Epoche neue Wahrheitsperspektiven erschließen und eine über die eigene Zeit weit hinausreichende Wirkung nach sich ziehen."[113] So urteilt der renommierte Scotusforscher Ludger Honnefelder, und da können wir voll und ganz zustimmen und ergänzen: Das Denken des Scotus ist bis heute von der Forschung trotz zahlreicher und großartiger Beiträge bei weitem noch nicht ausgeschöpft worden.

Dieses Denken ist hochgradig philosophisch, obwohl es ganz aus theologischer Motivation erwachsen ist. Werner Dettloff bemerkt: „Wir haben es also bei Duns Scotus nicht mit einer philosophisch geprägten Theologie, sondern mit einer theologisch bedingten Philosophie zu tun".[114] Die theologische Bedingung seines Denkens wird durch die Offenbarung vorgegeben, sowohl strukturell als auch inhaltlich. Strukturell insofern, als

---

[112] Mehr zu diesem Thema und insbesondere zur Affinität dieses scotischen Kerngedankens zur Quantentheorie bei SCHMIDT: *Natur und Geheimnis* (s. Anm. 17), 363-386; DERS.: *The Concept of Time* (s. Anm. 101).

[113] Ludger HONNEFELDER: *Die zwei Quellen scotischen Denkens. Franziskanische Spiritualität und aristotelische Wissenschaft*, in: Franz LACKNER (Hg.): *Zwischen Weisheit und Wissenschaft. Johannes Duns Scotus im Gespräch*, Kevelaer 2003 (Franziskanische Forschungen, 45) 9-23, 12.

[114] Werner DETTLOFF: *Johannes Duns Scotus. Die Unverfügbarkeit Gottes*, in: Ulrich KÖPF (Hg.): *Theologen des Mittelalters. Eine Einführung*, Darmstadt 2002, 168-181, 171.

Offenbarung möglich sein muss; sie darf weder überflüssig noch unmöglich sein, sondern muss einen Platz ausfüllen, den die philosophische Kritik gleichsam für sie freihält. Und auch inhaltlich setzt die christliche Offenbarung dem Denken Bedingungen, insbesondere die Freiheit von Gott und Mensch als Voraussetzung ihrer personalen Begegnung.

Beide Vorgaben bringt Scotus durch eine Vernunftkritik zur Geltung, freilich nicht durch eine externe Kritik, die der Vernunft von außen Grenzen auferlegen würde, sondern durch eine interne Kritik, die sich aus dem vernünftigen Denken selbst entwickeln lässt. Nur so kann der universale Anspruch der Offenbarung konsistent geltend gemacht und ein blinder Fideismus vermieden werden. Wie wir gesehen haben, bestimmt Scotus die Grenze der begrifflichen Erkenntnis durch eine Reflexion auf ihre Leistung und die Bedingungen ihrer Möglichkeit. Dabei wird deutlich, dass das individuelle Sein und die kontingenten Ereignisse aus dem Horizont der allgemeinen und notwendigen Begriffe herausfallen. Diese Einsicht allein genügt jedoch noch nicht; es muss darüber hinaus gezeigt werden, dass der griechische Primat des Allgemeinen und Notwendigen auf einem Vorurteil beruht und dass der Vorrang vielmehr der Individualität und der Freiheit gebührt. Wenn dies gezeigt ist, dann kann die Offenbarung nicht nur irgendeinen Platz in der Gesamtschau der Wirklichkeit erhalten, sondern den Ehrenplatz, denn ihr allein verdanken wir ein Wissen, das die Vernunft von sich aus nicht liefern kann und das doch unentbehrlich ist für die praktische Zielorientierung im Leben, handelt sie doch von der personalen Begegnung von Gott und Mensch, die frei und darum unableitbar ist. Wenn Gott sich nur frei zu erkennen geben kann, dann gibt es keine notwendige Vernunftwahrheit, die uns über sein innerstes Wesen und seine Entscheidungen unterrichten könnte.[115]

Die scotische Vernunftkritik ist fern von jeder Verachtung des Rationalen und frei von übertriebener Skepsis. Insofern ist es richtig, bei Scotus gera-

---

[115] Gottes Wesen ist nur in ganz allgemeinen Grundzügen erkennbar; um sein innerstes Wesen zu erkennen, müssten wir ihn anschaulich vor uns haben, was er uns jedoch nur frei gewähren kann. Vgl. hierzu *Quodl.* q. 14 n. 10 (Viv. XXVI 39): „[...] anima non potest attingere ad notitiam Dei propriam et immediatam ex perfectione sua naturali, etiam pro quocumque statu naturae; [...] Et ratio est, quia omnis talis intellectio, scilicet per se et propria et immediata requirit ipsum obiectum sub propria ratione obiecti praesens, et hoc vel in propria existentia, puta si est intuitiva vel in aliquo perfecto repraesentante ipsum sub propria et per se ratione cognoscibilis, si fuerit abstractiva; Deus autem sub propria ratione divinitatis non est praesens alicui intellectui creato, nisi mere voluntarie." – Vgl. dazu HONNEFELDER: *Ens* (s. Anm. 7), 89-93.

dezu ein „theologisches Bedürfnis nach Metaphysik"[116] zu konstatieren. In diesem Punkt unterscheidet er sich von seinem großen Ordensbruder und Vorgänger Bonaventura, der zwar auch ein Meister des Ausgleichs und der schöpferischen Synthese gewesen ist, aber an philosophischer Grundlegung weniger interessiert war. Darum hat Scotus insbesondere auch philosophiegeschichtlich gewirkt: „Die Metaphysik [...] erfuhr durch diese theologische Kritik und wissenschaftskritische Neuorientierung einerseits eine Beschränkung, andererseits eine Erweiterung."[117] Damit ist nicht gemeint, dass Scotus die Metaphysik zu einem Mehrwissen führen wollte – das gerade nicht! –, sondern zu einer tieferen Fundierung und zu einer größeren Unabhängigkeit vom sonstigen Wissen, vor allem von zeitbedingten Weltvorstellungen. Um nämlich die Reichweite der begrifflichen Erkenntnis sondieren zu können, muss Scotus seine Untersuchung auf solche Eigenschaften des erkennbaren Seienden beschränken, die sich immer und überall finden lassen, weil sie für das Seiende als solches konstitutiv sind. Metaphysik wird so für Scotus zur Wissenschaft von den allgemeinsten, den transzendentalen Begriffen.[118] Wir haben schon einige dieser Begriffe kennengelernt: Die postulierte individuelle Differenz ist solcherart, ebenso die Disjunktion von notwendigem und kontingentem Sein, nicht zuletzt auch die reine Vollkommenheit des freien Willens.[119]

Die abstraktiv-resolutive Denkmethode dient zur Auffindung der transzendentalen Bestimmungen, die *distinctio formalis* bestimmt ihre ontologische Zuordnung und ermöglicht das Zusammenhalten konträrer Aspekte. So kann es Scotus vermeiden, diejenigen Bestimmungen, die er allererst in einen scharfen Gegensatz gebracht hat, auch in der Sache voneinander zu scheiden; sie kommen dort vielmehr als komplementäre Bestimmungsmomente zusammen: So hat ein jedes Ding eine mitteilbare Natur und eine unmitteilbare Individualität; der Mensch hat Neigungen, die seiner Natur entspringen, und eine Freiheit, die sich dazu verhalten kann. Mit diesem

---

[116] Olivier BOULNOIS: *Johannes Duns Scotus. Transzendentale Metaphysik und normative Ethik*, in: Theo KOBUSCH (Hg.): *Philosophen des Mittelalters. Eine Einführung*, Darmstadt 2000, 219-235, 221.

[117] Manfred GERWING: *Theologie im Mittelalter. Personen und Stationen theologisch-spiritueller Suchbewegungen im mittelalterlichen Deutschland*, Paderborn u. a. 2000, 152.

[118] *Met.* Prol. n. 18 (OP III 9): „Et hanc scientiam vocamus metaphysicam, quae dicitur a 'meta', quod est 'trans', et 'ycos' 'scientia', quasi transcendens scientia, quia est de transcendentibus." – Vgl. dazu HONNEFELDER: *Scientia transcendens* (s. Anm. 95), XIV-XV; DERS.: *Der zweite Anfang der Metaphysik. Voraussetzungen, Ansätze und Folgen der Wiederbegründung der Metaphysik im 13./14. Jahrhundert*, in: Jan P. BECKMANN et al. (Hg.): *Philosophie im Mittelalter. Entwicklungslinien und Paradigmen*, Hamburg ^{2}1996, 165-186.

[119] Vgl. dazu die ausgezeichnete Darstellung von WOLTER (s. Anm. 76).

synthetischen Denken hält Scotus die Mitte zwischen Essentialismus und Existentialismus. Doch weil nur das Begriffliche lehrbar ist, wurde fast ausschließlich seine formale Betrachtungsweise rezipiert und rationalistisch enggeführt, während seine Anerkennung des Unsagbaren immer mehr in den Hintergrund gedrängt wurde. Nicht zuletzt aufgrund dieser einseitigen Rezeption wurde Scotus vor allem von thomistischer Seite ein Essentialismus vorgeworfen, weil er das Endliche nicht vom Seinsakt, sondern vom Wesen her gedacht habe. Dieser Vorwurf trifft Scotus selbst aber nicht, denn auch er lehrt einen Vorrang des Existentiellen vor dem Essentiellen. Er hat diesen Vorrang nur auf andere Weise zur Geltung gebracht und dabei verständlich zu machen versucht, wie beide Aspekte zusammengehören. Es wäre fruchtlos und überdies des Ranges dieses originellen Denkens unwürdig, alte Schulstreitigkeiten aufzufrischen, anstatt die neuen Möglichkeiten anzuerkennen und weiter auszuloten, die Scotus der Philosophie eröffnet hat.

3. Die Schüler des Duns Scotus

Giovanni Lauriola OFM*

Trotz der Kürze seines Lebens und vieler Reisen hat Johannes Duns Scotus der Geschichte ein ziemlich konsistentes wissenschaftliches Werk in Quantität und Qualität hinterlassen. Er schrieb zahlreiche philosophische und theologische Werke. Unter den philosophischen fallen auf die *Quaestiones* über die Metaphysik des Aristoteles und der Traktat *Über das Erste Prinzip* (De Primo Principio), ein wahres Kleinod der Untersuchung und der Kontemplation der absoluten Wahrheit oder Gottes. Die Methodologie des Betens wird beim Studieren und des Studierens beim Beten aus *Über das Erste Prinzip*, übersetzt vom „Zentrum Duns Scotus" in Castellana Grotte in Italien unter dem Titel „Ora et cogita" und „Cogita et ora", angewendet.

Die theologischen Werke kann man in drei wichtige aufteilen: Die *Lectura* gibt den ersten Kern von Lesungen an, die während der Unterweisung entwickelt werden; die *Reportata* betrifft die Schriften, die von den Schülern zusammengestellt wurden und deren Inhalt von den lebendigen Vorlesungen des Meisters stammen und von ihm durchgesehen wurden; die *Ordinatio* enthält den Text, der persönlich von Duns Scotus geschrieben und für die Veröffentlichung vorbereitet wurde. Die Ordinatio ist das Hauptwerk des Duns Scotus.

Die erste vollständige Edition der Werke des Johannes Duns Scotus stammt aus dem Jahre 1639, eine Arbeit des berühmten franziskanischen Historikers Lukas Wadding, gedruckt in Lyon. Der erneute Druck wurde von Ludwig Vivès besorgt und in den Jahren von 1891 bis 1895 in Paris herausgegeben. Eine neuere Wiedergabe stammt vom Herausgeber Olms zu Hildesheim aus dem Jahre 1986. Von 1950 an ist schließlich die kritische Edition der Werke zur Verfügung, herausgegeben vom Vatikanstaat unter Karl Balic OFM. Bis heute sind 14 Bände erschienen (6 der Lectura I, II, III und 12 der Ordinatio I, III). Es fehlen noch die Bände der Ordinatio III und IV. Die philosophischen Werke wurden in vier Bänden vom Franciscan Institute in St. Bonaventure bei New York (USA) herausgebracht.

Aus dem Gesamtwerk des Duns Scotus können nützliche Hinweise und genaue Themen für einen Dialog mit der heutigen Welt genommen werden.

---

* Aus dem Italienischen übersetzt von Herbert Schneider OFM.

Auf der Ebene der Methodologie: Duns Scotus verwendet streng eine historisch-wissenschaftliche Methode, ohne sich von der Versuchung verleiten zu lassen, einer oder einer anderen Meinung zu folgen. Seine Kritik ist immer konstruktiv. Die Hauptgesprächspartner sind Heinrich von Gent, Exponent des Augustinismus, und Gottfried von Fontaines, Exponent des Aristotelismus. Selten und quasi vorübergehend geht seine Kritik auch auf Thomas von Aquin und Bonaventura, die er auch die „ältesten Autoren" (antiquissimi auctores) nennt.

Auf der Ebene der Theologie: Das Herz des ganzen Denkens des Duns Scotus ist der Christozentrismus in der Theologie und das univoke Sein in der Philosophie. Wenn man das Schlüsselkonzept jeder Disziplin kenntlich machen will, muss man es wie folgt sagen: Die Person in der Anthropologie, der Wille in der Ethik, die Liebe in der Spiritualität, die Vorerlösung in der Mariologie, die Demokratie in der Politik, das nicht rigorose Naturgesetz in der Gesellschaftslehre. In der Ekklesiologie können folgende Konzepte hervorgehoben werden: Universelle Jurisdiktion des Papstes, Unfehlbarkeit des Pontifex in Sachen des Glaubens und der Sitten, der sakramentale Charakter der Bischofsweihe, der nicht der der Priesterweihe entspricht, allgemeines Priestertum der Gläubigen, die Eucharistie als Zentrum und Fundament der Kirche, die Kirche als Norm der Wahrheit.

Die Schüler des Scotus, die an seinen Vorlesungen in den Universitäten Cambridge (?), Oxford und Paris teilnahmen, trugen nach ihrer Rückkehr in ihre Provinzen die Originaltexte des Meisters mit sich und auch ihre persönlichen Notizen, die sie sich bei den Vorlesungen machten. Diese Notizen bilden die sogenannten Reportata (Mitschriften), die ihre Verschiedenheit und Vielfalt erklären. Unter diesen Mitschriften sind die Reportata Parisiensia (Pariser Mitschriften) hervorzuheben, die von Scotus selbst persönlich durchgesehen und gebilligt wurden. In Ihren Provinzen gaben diese neuen Magister die Texte des Hauptes der Schule in Form eines Kommentars oder eines Auszugs heraus.

Unter den ersten Zeugnissen, die ich in der zeitlichen Abfolge aufführe, wähle ich einige bedeutende aus wegen ihrer zeitlichen Nähe zu Scotus und ihrer Autorität, um die Wahl des Meisters der Franziskanerschule zu verstehen und die Chance zu zeigen, die der Scotismus in den ersten Jahrhunderten nach dem Tod des Doctor subtilis bis in unsere Zeit hatte, in der sich erneut dieser qualifizierteste Denker für die Menschheit des Dritten Jahrtausends anbietet.

a) Gonsalvus von Spanien

Unter den frühen Zeugnissen, noch zu Lebzeiten von Scotus, ist das des Generalministers des Minderbrüderordens, Gonsalvus von Spanien (1255-1313). Es ist wohl am meisten geeignet, die reiche wissenschaftliche und spirituelle Persönlichkeit des Doctor subtilis zu verstehen. Während des zeitweiligen „Waffenstillstands" zwischen dem König von Frankreich Philipp IV. dem Schönen und Papst Bonifaz VIII. ruft die Generalleitung Duns Scotus von Oxford weg, um ihn dem Magisterium der Kathedrale von Paris vorzustellen. Zu diesem Anlass schreibt Gonsalvus am 18. November 1304 an die Oberen des Generalstudiums von Paris einen Empfehlungsbrief. Es ist ein einfacher, tiefer und beschwörender Brief: „Ich empfehle Ihrem Wohlwollen den in Christus geliebten Pater Johannes Duns Scotus, über dessen lobenswertes Leben, ausgezeichnete Wissenschaft und subtile Geisteskraft wie auch anderer Tugenden ich vollständig informiert bin, sei es durch lange Erfahrung, sei es durch den Ruf, der überall verbreitet ist."[1]

Die Bedeutung eines solchen Zeugnisses kann keinem entgehen. Schon vor seiner Aufgabe als akademischer Magister und vor seiner Universitätslehrtätigkeit sind die besonderen Eigenschaften der kulturellen, geistlichen und wissenschaftlichen Persönlichkeit des Duns Scotus nicht nur im Universitätsbereich und im Orden bekannt, sondern „überall". Es ist eine warme Dokumentation der Persönlichkeit dieses Franziskaners, der nicht nur in sich den ganzen Orden, sondern auch die Kirche selbst um den Primat Christi und um die unbefleckte Jungfrau Maria, Mutter Gottes und der Menschen, eint und bindet.

Interessant ist es zu beobachten, dass diese kurze Darlegung alle wichtigen und charakteristischen Punke berührt: „lobenswertes Leben" im religiös-spirituellen Bereich und damit alle besonderen Tugenden des Ordens- und Priesterlebens krönt; „ausgezeichnete Wissenschaft" auf dem philosophischen und theologischen Feld, geeignet die Sentenzen des Petrus Lombardus, wie es schon Bonaventura und Thomas von Aquin taten, in Vorlesungen zu behandeln und öffentlich die am meisten diskutierten und schwierigen Fragen seiner Zeit zu behandeln in den sogenannten *Quodlibetalen*; „subtile Geisteskraft" in der Erforschung des Wortes Gottes, was er einen spekulativen Geist und ein vor Liebe glühendes Herz bewies. Jede Erforschung ist immer Frucht des Wollens, dem Sitz der Liebe.

---

1 „[...] dilectum in Christo Patrem Joannem Scotum, de cuius vita laudabili, scientia excellenti, ingenioque subtilissimo aliisque insignibus conditionibus suis, partim experimentia lunga, partim fama, quae ubique divulgata est, informatus sum ad plenum [...]".

Es ist ein Zeugnis, das sich von selbst beweist. Historisch ist es das erste Zeugnis, da es zu Lebzeiten des Scotus gegeben wurde. Auch vom Inhalt her ist es ein qualifiziertes Zeugnis, das der Autor nicht nur als Magister der Theologie von Paris, sondern auch als Generalminister des Ordens (1304-1313) abgibt. Die Bestätigung, dass er ihn persönlich kennt „durch lange Erfahrung", da er mit ihm zusammen zwischen 1293 und 1296 arbeitete, macht ihn noch einmal mehr interessant und glaubwürdig. Kennt er doch die große Offenkundigkeit des Gelehrten, des Professors und des Ordensmannes, der sich „überall" als lebendig erweist.

Die ganze und reiche Persönlichkeit des Duns Scotus wird von seinen ersten Schülern geerbt und an die Nachfolgenden überliefert durch die Geschichte hindurch bis auf unsere Zeit. Die Tradition hat nach dem Zeugnis von Renan um die Person des Duns Scotus eine unzählbare Myriade von Schülern aufgebaut, deren Bewunderung für den Meister keines Gleichen in der Geschichte hat. Im vorliegenden Zusammenhang unter dem Thema „Schüler des Duns Scotus" will ich nur auf diese Person des Gonsalvus hinweisen, der Scotus direkt bei den Vorlesungen gesehen und gehört und dann selbst seine Lehre an den Universitäten und sein Denken in Schriften verbreitet hat.

Unter den hauptsächlichen Schülern, die Scotus gehört haben, werden hier dargestellt, die in der Geschichte eine unauslöschbare Spur hinterlassen haben, wie z.B. Landolfus Caracciolo, Pietro di Tornimparte, Franziskus Maironis, Johannes von Bissolis, Antonius Andrea, Petrus Aureoli, Gerhard Odoni, Franziskus von Ascoli, Hugo von Novo Castro, Johannes Canonikus, Johannes von Ripatransone, Johannes von Ascoli, Petrus Thomas, Wilhelm Rubion, Nikolaus von Lira, Nikolaus Bonet, Alexander von Alexandrien, Gottfried von Fontaines, Wilhelm Occam. Nur über einige von ihnen wird hier ein Profil als Zeugnis für Scotus vorgestellt.

b) Landolf Caracciolo

Wegen der historischen Folgerichtigkeit bezüglich des Prozesses der Kanonisation des Scotus, freuen wir uns, zuerst an Landolf Caracciolo zu erinnern. Er stammt aus Neapel. Nach dem Tod des Meisters lehrte er für viele Jahre an der Sorbonne zu Paris und erwarb sich den Titel des Doctor collectivus.

Nach Italien zurückgekehrt, leitete er die Franziskanerprovinz von Neapel und führte ehrenhafte Missionen für Robert, König von Neapel, aus. Er wurde zum Bischof von Castellamare di Stabia bei Neapel von Papst

Johannes XII. ernannt, und dann 1331 zum Erzbischof von Amalfi. Am Hof von Avignon übte er im Namen des Königs von Neapel wichtige Aufgaben als Botschafter am Hof des Papstes Clemens VI. aus.

In seinem Traktat über die Unbefleckte Selige Maria vom Jahre 1340 bekräftigt er: „Unser Herr Jesus Christus hat Scotus, den ausgezeichneten Lehrer des Ordens, nach Paris bestimmt, wo im Auftrag des Apostolischen Stuhles eine öffentliche Disputation über die Unbefleckte Empfängnis der Jungfrau gehalten wurde. Nachdem er die Gründe und Argumente der Gegner widerlegt hatte, verteidigte Scotus ebenso gut die Unbefleckte Empfängnis der Jungfrau, so dass alle Gegner verstummten und zu disputieren aufhörten. Daher wurde Scotos mit dem Namen des Doctor subtilis belegt.“

Hier also sei seiner als des großen Verehrers des Duns Scotus und des fruchtbaren Verbreiters seines Denkens, besonders über die Unbefleckte Empfängnis der Jungfrau, erinnert, aber auch des Kultes zu Ehren des Meisters. Die Spuren des Kultes sind überwiegend in einer reichen Sammlung religiöser Kunst auf dem Territorium, auf dem Nola bei Neapel, Taurano und Sepino hervorstechen. Außer den Zeugnissen des Petrus von Candia, des Marianus von Florenz, des Antonius Cucaro ist es sehr nützlich, dieselbe Erklärung von Caracciolo zu hören, der sich ausdrücklich als Schüler des Duns Scotus bezeichnet.

In der Frage, ob das Wort (Gottes) die menschliche Natur in einem bestimmten Status angenommen hat, schreibt er gegen Ende: „Die Evidenz, dass das Wort die menschliche Natur angenommen hat, leitet sich vom Denken des Philosophen und Doctor subtilis ab, dem wir am meisten folgen und dessen Erinnerung nicht durch die Zeit begrenzt wird.“ Caracciolo erklärt sich hier nicht nur zum Schüler, sondern auch zum Nachfolger im Denken des Duns Scotus.

Außer mit der These über die Inkarnation, dass nämlich Christus Mensch geworden wäre, auch wenn Adam nicht gesündigt hätte, offenbart Caracciolo seine Abhängigkeit vom Meister bezüglich der Lehre über die Unbefleckte Empfängnis der Jungfrau Maria. In seinem Traktat befindet sich das erste und mit Autorität vorgetragene Zeugnis über den berühmten Disput des Scotus an der Sorbonne zu Paris über das marianische Privileg. Er schreibt: „Jesus Christus bestimmte Duns Scotus, ausgezeichneter Lehrer des Minderbrüderordens, nach Paris, wo durch päpstliche Anordnung ein öffentlicher Disput über die Empfängnis der Jungfrau festgesetzt war. Scotus widerlegte die Gründe und Argumente der Gegner und verteidigte derart die Heiligkeit der Empfängnis der Jungfrau, dass die Gegner erstaunten und die Einwände abnahmen. Aus diesem Grunde wurde Scotus Doctor subtilis genannt."

Wichtig ist auch die Notiz über den Eid, den die Universitätsprofessoren zu Paris ablegen mussten. Caracciolo berichtet über seine Eidablegung: „Ich, Landolfus, will die Normen des Papstes und der Akademie befolgen. Nachdem ich in der Universität der Sorbonne geschworen habe und ihre Statuten zu befolgen bestrebt bin, liebe ich es, fromm das Fest der heiligen Empfängnis zu feiern und möchte ich, dass es von allen gefeiert wird."

Caraccilo starb im Jahre 1351 in seinem Erzbistum Amalfi. Er hatte das franziskanische Motto „lucet et ardet" (erleuchtet und brennt aus Liebe) verwirklicht.

c) Petrus von Tornimparte

Petrus von Tornimparte wurde mit dem Beinamen „Scotellus" belegt, um seine sichere kulturelle und spirituelle Abhängigkeit von Duns Scotus anzuzeigen. Poetisch heißt es im Distichon: „Wenn du dich der Genauigkeit des genauen Scotus erfreuen willst / musst du das wunderbare Werk des Petrus von Aquila interpretieren"[2].

Das monumentale Werk des Petrus, der Kommentar zu den vier Büchern der Sentenzen, in welchem er in wunderbarer Weise das Denken des Duns Scotus mit dessen Worten zusammenfasst, wurde im Jahre 1334 vollendet. Nach dem Schema der Sentenzen besteht auch der Kommentar aus vier Teilen. Im ersten und zweiten Teil handelt er über Gott in seinem Handeln nach innen und nach außen; er verteidigt dabei Petrus Lombardus vor den Anklagen der Häresie von seiten Joachims von Fiore. Im dritten Teil spricht er von der Inkarnation und der Erlösung, wobei er sehr offen das Privileg der Unbefleckten Empfängnis unterstützt. Bezüglich des Primates Christi, Zentrum des Universums, distanziert er sich etwas, indem er die Inkarnation in sich, die erfolgt wäre, auch wenn Adam nicht gesündigt hätte, und das Ziel der Inkarnation, um das Menschengeschlecht zu erlösen und an seine Liebe zu ziehen, unterscheidet. Der vierte Teil behandelt die Sakramente.

Literarische Eigentümlichkeiten des Kommentars sind der klare und genaue Stil, die knappe und folgerichtige Ausführung, wofür er von verschiedenen Historikern Anerkennung erhielt. Zu nennen ist Marianus von Florenz, der sagt: „Er schrieb ausgezeichnet". Bartolomäus von Pisa beobachtet, dass

---

2 „Si vis Subtilis apices decerpere Scoti / Hoc aquilas Petri solvito dives opus".

„der Kommentar sehr schön dargelegt“ ist, d.h. in einer perfekten und schönen Eleganz des Stiles nach der Art des Horaz. Allein im 16. Jahrhundert hatte der Kommentar sechs Auflagen, ein Zeichen seines inhaltlichen und formalen Wertes. Er wurde bewundert wegen seiner kurzen und klaren Einteilung. Daher war er sehr wirksam.

Mit höchster Wahrscheinlichkeit hatte Petrus von Tornimparte persönlich Landolf Caracciolo gekannt, wie eine Begebenheit aus dem Jahre 1347 zeigt. Petrus erhielt als Kaplan des Hofes der Königin Johanna von Sizilien das Offizium des Bischofs von Sankt Angelo di Lombardi, das später in die Kirche von Trivento übertragen wurde, wo er im Jahre 1361 starb. In dieser Zeit hatte Caracciolo im Königreiche Neapel das Amt des Statthalters und Protonotars inne. Es ist leicht möglich, dass sie sich trafen.

Angesichts dieser wenigstens zeitlich kurzen Gleichzeitigkeit dieser beiden Schüler im Königreiche Neapel kann man, wie wir im nächsten Kapitel sehen werden, den Beginn der Verbreitung der Lehre des Duns Scotus in Süditalien ansetzen, von wo aus er sich dann über ganz Italien ausbreitete. Dabei rief er eine lange Reihe von Denkern und Schriftstellern hervor, die einen wichtigen Platz in der Geschichte des Scotismus in der franziskanischen Welt einnehmen.

d) Franziskus Maironis

Geboren in der Provence, aber man kennt sein Geburtsdatum nicht, nennt er sich mit Enthusiasmus „Schüler“ des Duns Scotus, dessen Denken er treu folgt. Er lehrte in Paris und wurde wegen seines Stiles Doctor illuminatus et acutus (erleuchteter und genauer Lehrer) genannt. Unter seinen zahlreichen Schriften philosophischen und theologischen Charakters ragt ein Traktat über die Unbefleckte Empfängnis hervor, in welchem er die Lehre seines Meisters in fruchtbarer und kräftiger Weise darlegt und verteidigt. In vielerlei Hinsicht war er mit einem strengen Urteil ein Kritiker des Aristoteles: groß in Physik und schlecht in Metaphysik. Aus der Geschichte der Wissenschaft kennt man seine Intuition, welche der kopernikanischen Wende, dass die Erde in Bewegung ist und der Himmel fest, vorangeht und sie vorbereitet. Dies würde besser die natürlichen Phänomene der Sterne erklären. Er starb vermutlich gegen 1327 zu Piacenza.

e) Johannes von Bissolis

Er war einer der von Duns Scotus meist geliebten und geschätzten Schüler. Man pflegte zu sagen, dass seine Anwesenheit mehr wog als ein ganzes Auditorium und dies wegen seiner Sorgfalt und Ordnung, mit der er das Studium ernst nahm. Vermutlich ist er in Reims geboren, wo er auch lehrend tätig war. Er schrieb einen wertvollen Kommentar zu den Sentenzen. Wegen seines klaren und einfachen Stiles, zudem wegen seiner geordneten Art, Argumentationen vorzubringen, erhielt er den Titel des Doctor ordinatissimus (des geordnetsten Lehrers). Er starb gegen 1347.

f) Antonius Andrea

Das Zeugnis des Schülers Antonius Andrea ist historisch bedeutsam, denn er schrieb vor dem Jahre seines Todes 1320 und lässt uns wissen, dass die Person seines Lehrers Duns Scotus sich eines großen Ruhmes erfreut und dass er in der Erinnerung und im Segen aller lebt. Er, Antonius Andrea, rühmt sich, der scotischen Lehre zu folgen. In einer Bemerkung in seinem Werk schreibt er: „Ich möchte, dass alle diesen Brief lesen, da ich lehrend und prüfend der Lehre dieses genauesten und hervorragendsten Lehrers, dessen Ruhm und Erinnerung ein Segen ist, gefolgt bin. Wer ist imstande, das ganze Universum mit der heiligen und tiefen Lehre des Magisters Johannes Duns, von schottischer Nationalität und aus dem Orden der Minderbrüder, auszufüllen!" Weiter schreibt er: „Wenn sich etwas Gutes in diesem Werk geschrieben findet, wisse er (der Leser), dass es aus der Quelle und aus der Tiefe seiner Lehre und seiner Wissenschaft hervorströmt. Wenn aber dagegen etwas weniger Gutes oder in bestimmter Weise Widersprüchliches zu seiner Lehre vorkommt, ist es meiner Unerfahrenheit zuzuschreiben."

Von den Schülern des Duns Scotus war er einer der treuesten. Für seinen sanften und umgänglichen Charakter erhielt er den Titel des Doctor dulcissimus (des sehr sanften Lehrers). Ihm werden viele Kommentarwerke zugeschrieben, sei es zu den Sentenzen, sei es zu anderen klassischen Autoren wie Aristoteles und Boetius. Er starb gegen 1320.

g) Petrus Aureoli

Geboren gegen 1280 in Toulouse (Tolosa) war er ein so fleißiger und aufmerksamer Hörer des Duns Scotus, dass er den Titel des Doctors in sehr jungen Jahren erwarb. Mit viel Gewinn lehrte er an der Sorbonne. Für sein wunderbares Reden erhielt er den Titel des Doctor elegans (des eleganten Lehrers). Mit Schriften und Predigten verteidigte und verbreitete er die These von der Unbefleckten Empfängnis Marias nach der Lehre seines Meisters Duns Scotus. Er schrieb viele Kommentare zu den Sentenzen, ihren klassischen Autoren des philosophischen Denkens und auch über die Geistigkeit. Im Januar 1345 starb er. Sein Bild ist dargestellt unter den Lehrern des ersten Sarkophags des Duns Scotus.

h) Gerhard Odoni

Einer der wenigen direkten Schüler des Duns Scotus ist Odini. Er hatte das Amt des Generalministers viele Jahre (1329-1342) inne. Viele Aufgaben nahm er im Dienst des Apostolischen Stuhles wahr, der ihn später zum Patriarchen von Antiochien und zum Administrator der Diözese von Catania erwählte, wo er 1350 starb.

Unter seinen Werken sind die Kommentare zu den vier Sentenzenbüchern hervorzuheben, verschiedene Kommentare zu den Werken des Aristoteles sowie geistliche Abhandlungen wie über die biblischen Gestalten und das Offizium zu den Wundmalen zu Ehren des heiligen Franziskus. Für diese seine charakteristische Art als Schriftsteller erhielt er den Titel des Doctor moralis (des geistig-moralischen Lehrers).

i) Hugo von Nuovo Castro

Für diesen Schüler ist seine Treue zum Denken seines Meisters charakteristisch, dessen Lehre und Person er bis zu seinem Tod verteidigte. Gegenstand seiner apostolischen Tätigkeit war es immer, durch seine Erklärung des Primates Christi und der Unbeflecken Empfängnis Marias die Ehre Gottes zu schützen und das Heil der Seelen. Er nahm 1322 am Generalkapitel zu Perugia teil, wo die Entscheidung über die „Armut Christi und der Apostel“ gefällt wurde hinsichtlich der franziskanischen Armut. In diesem Jahr starb er auch. Namen und Bild befanden sich auf dem ersten Grabstein des Duns Scotus.

j) Johannes Canonicus

Er war ein treuer Schüler des Denkens des Duns Scotus in Oxford und in Paris, wo er auch lehrte. Außer als Theologe zeichnete er sich auch in Philosophie und Recht aus. Man kennt von ihm die Kommentare zu den vier Büchern der Sentenzen, die Quaestionen über die Physik des Aristoteles und einige Quaestionen über die Logik. Das Jahr seines Todes kennt man nicht genau. Doch weiß man aus anderen Quellen, dass er noch im Jahre 1329 am Leben war.

k) Johannes von Ripatransone

Auch dieser Franziskaner aus den Marken hat unter seinen Zeitgenossen ein tiefes Zeichen hinterlassen durch die Tiefe seines Geistes und die Weite seiner Kenntnis. Er lehrte zu Paris, wo man ihm den Titel des Doctor difficilis (des schwierigen Lehrers) gab, besonders in Anbetracht der Tatsache, dass er als Päpstlicher Legat darin Erfolg hatte, die Griechisch-Orthodoxen Rom anzunähern.

l) Wilhelm Rubion

Von Geburt Spanier hat er viel zur Definition der sogenannten Scotistischen Schule beigetragen. Während seiner Zeit als Minister der Franziskanerprovinz Aragon brachte er den kostbaren Kommentar zu den vier Büchern der Sentenzen zum Abschluss, und zwar mit einem Reichtum an Gedanken des Scotus und seiner ersten Schüler.

Außer diesen beschriebenen Schülern können noch erwähnt werden: Nikolaus Bonet, Johannes von Ascoli, Nikolaus von Lira, Petrus Thomas, Alexander von Alexandrien und in besonderer Weise Wilhelm Occam, welcher jedoch eine besondere Entwicklung einschlug. Zum Zeugnis der reichen Blüte des Denkens des Scotus hat er in seinem Leben und sogleich nach seinem Tod viel zum Beginn der Bewegung beigetragen, die man später Scotismus nannte und besonders in Italien einen großen und fruchtbaren Erfolg hatte.

Am Ende dieser kurzen Übersicht des Scotismus durch Erinnerung an die Persönlichkeit des Duns Scotus und seiner ersten Schüler, ist es angebracht allgemeine Lehrelemente zusammenzufassen, die am meisten der Abnutzung durch die Zeit widerstanden haben zum Zeugnis für die Wirksamkeit und Güte seines Denkens.

In der Methode präsentiert sich Duns Scotus der Geschichte als einen der wenigen Entdecker der Wirklichkeit. Er zeigte einen nicht zu messenden Wert und ein vibrierendes Interesse für alles, was aktuell konkret und individuell ist, immer im Lichte einer Grund-Orthodoxie. In seinen Studien verwendete er alle Formen der Nachforschung der Wahrheit mit Hilfe seiner dialektischen und kritischen Methode, und dies stets mit höchstem Respekt für die Meinung anderer. Seine Methodologie kann sehr nützlich sein in den komplexen ökumenischen Beziehungen und im Dialog mit der heutigen Welt.

In der Lehre sind die am meisten hervorspringenden Elemente in die christo-zentrische Sicht einbezogen, der wahre hermeneutische Schlüssel seines Systems, das offen ist und im konstanten Dialog mit der Wahrheit und ihrer historischen Erforschung auch auf dem im strengen Sinne philosophischen Gebiet, wie es sich in seinem Konzept der Person erweist. Es leitet sich ab von der Intuition des Franziskus von Assisi. Er überträgt das schöne franziskanische Ideal der Vollkommenheit und der Glut der seraphischen Seele in die metaphysische Sprache. Er bringt auch interessante Anwendungen sozio-politischer Natur ans Tageslicht wie z.B. der Ursprung der politischen Autorität aus dem Konsens der Individuen und die klare Position gegen totalitäre Systeme.

Die Zentralität Christi, in unbedingter Weise vom Vater gewollt und geliebt, tritt auf dem Heilsplan in seiner unvermischbaren Personalität hervor als Prinzip aller Dinge, Quelle der Rechtfertigung jeder Existenz, Endursache jeder Schöpfung und Herr des ganzen Universums, wie Paulus es lehrte: „Alle Dinge sind euer, und ihr seid Christi und Christus ist Gottes" (1 Kor 3,22-23).

Der Christozentrismus des Duns Scotus, der seine Wurzeln in der Offenbarung und in der Tradition hat, durchdringt alle Dokumente des Zweiten Vatikanischen Konzils und bildet das Ziel der menschlichen Geschichte, den Konvergenzpunkt der Inspiration der Geschichte und der Gesellschaft, das Zentrum der menschlichen Familie, die Freude aller Herzen, die Erfüllung ihrer Sehnsüchte. Aus diesem Kern entstehen die systematische Behandlung der mariologischen Fragen und die Darlegungen über das Ministerium der Kirche. Die Lehre von der Unbefleckten Empfängnis trägt einen sicheren scotischen Stempel. Abhängig von Christus bildet er auch einen gültigen Beitrag zum ökumenischen Dialog. Die Mariologie hat so ihre Quelle und ihre Höhe in Christus.

Auch die Kirche, als Fortsetzung der Inkarnation, findet in Duns Scotus einen Pionier auf dem Gebiet, auf dem das Zweite Vatikanische Konzil über Natur, Funktion und Autorität der Bischöfe in der Kirche gesprochen hat. Der Doctor Subtilis ist der einzige Autor der Scholastik, der den sakramentalen Charakter des Bischofsamtes im Unterschied zum Priestertum lehrte. Seine Lehre hat auch zur Lösung der delikaten Frage nach der

Relation zwischen der Gesamtheit der Bischöfe und dem römischen Pontifex beigetragen. Allein der Papst, sagt Scotus, erfreut sich des vollen Beistandes des Heiligen Geistes in den Fragen des Glaubens und der Sitten. Es ist die reine und einfache Befestigung der Lehre der Unfehlbarkeit des höchsten Pontifex, der das Charisma des authentischen Interpreten der Schrift und der Tradition ist.

Kein antiker Theologe hat mit solcher Klarheit vom absoluten Primat Christi und von den damit verbundenen Folgerungen gesprochen wie der Doctor Subtilis. Seine Lehre ist weit davon entfernt, überholt zu sein. Sie ist von pulsierender Aktualität sowohl als Mensch aller Zeiten und als Denker des Dritten Jahrtausends.

4. Historischer Abriss des Scotismus

Giovanni Lauriola OFM*

Unter „Scotismus“ oder „Scotistische Schule“ kann man die Fortsetzung der Tradition der ersten Schüler des Scotus bezeichnen. Die Bedeutung des Scotismus geht mit der franziskanischen Bewegung einher, so dass man sagen kann, soweit der Scotismus im Orden lebendig war, ging auch die franziskanische Bewegung voran, ja steht in einem direkten Verhältnis zum Scotismus. Der Orden ging Schritt für Schritt mit der Lehrentwicklung des Duns Scotus einher, z.B. die Lehre vom Primat Christi, von der Unbefleckten Empfängnis, von der Treue zum römischen Pontifex und zur kirchlichen Orthodoxie.

Der Begriff Scotismus kann in zweifacher Weise betrachtet werden: als lehrhafte Synthese des Denkens des Duns Scotus und als Bewegung, die sich von seiner Lehre inspirieren lässt und gemeinhin als „Scotistische Schule“ bezeichnet wird. Der erste Begriff hat einen doktrinalen Charakter, der zweite dagegen einen historischen. Für das Gesamtverständnis müssen beide berücksichtigt werden, die doktrinale und die historische Komponente. Hier in diesem Beitrag geht es jedoch nur um den historischen Aufriss des Scotismus.

Die Interpretation des Scotismus korrespondiert mit den Reformen im Inneren des Ordens, die zu inneren Spaltungen führten, wie etwa die Konstitutionen der Minderbrüder-Konventualen von 1517 und der Minderbrüder-Kapuziner von 1528 zeigen. Die heutigen drei Zweige des Minderbrüderordens hatten nie eine identische Ratio Studiorum, da jeder Zweig in autonomer Weise voranging, mit Ausnahmen der Kooperation mit den anderen Zweigen, wenn es darum ging, Scotus gegen Verläumdungen zu verteidigen. Es waren gerade die Minderbrüder-Konventualen, die an erster Stelle waren, Scotus zu verteidigen, wobei sie zugleich eine sehr gute Ratio Studiorum erarbeiteten. Die Analyse des Scotismus spiegelt sich auch wider in den oft engen Auseinandersetzungen über die Armut, die dem franziskanischen Leben und seiner Entwicklung nicht wenige Probleme verursachte.

Um die Darstellung zu vereinfachen, teile ich die Untersuchung über den Scotismus in drei große Perioden auf, einfach um die Lektüre zu erleich-

---

* Aus dem Italienischen übersetzt von Herbert Schneider OFM.

tern und so eine Idee von der bewundernswerten Lehrkraft des qualifizierten Repräsentanten der Franziskanerschule anzubieten:

Die erste Periode oder die Anfänge: von Scotus bis circa 1620.

Die zweite Periode oder die Periode des Gipfels und Abstiegs: von 1620 über die Französische Revolution 1789 bis hin zur napoleonischen Unterdrückungskampagne und zum Apostolischen Schreiben „Aeterni Patris" von Papst Leo XIII. aus dem Jahre 1879.

Die dritte Periode oder der Wiederaufstieg: von 1879 bis in unsere Tage.

Unsere Darstellung kann nicht die innere Entwicklung des Scotismus in den verschiedenen Ländern Europas aufzeigen, sondern bezieht sich vor allem auf Italien und einige andere Länder, wo sich die „Scotistische Schule" gut entwickeln konnte, wie in Spanien, in Belgien und in Deutschland.

Die erste Periode von Scotus bis 1620

Der Anfang des beginnenden Scotismus sind die Jahre der Lehrtätigkeit des Scotus zu Oxford, Paris und Köln (1300 bis 1308), als Ende kann das Jahr 1620 genommen werden. Es ist das Jahr der Reform der Studien – die Reformatio studiorum – eingeleitet von Francesco Giovanni Montanari von Bagnacavallo, Generalminister der Minderbrüder-Konventualen, nach der dritten Rekognition und Überführung der Gebeine des Duns Scotus in Gegenwart des Apostolischen Nuntius Antonio Albergani, welche eine Art Magna Charta für den ganzen Orden bildete.

Die erste Periode fällt in die gemeinsame Zeit der drei Zweige. Seit 1517 war die juristische Teilung der Orden schon vollzogen, aber ohne besondere Differenzen bezüglich der Studien, wobei jedoch die Minderbrüder-Konventualen einen bestimmten Vorrang ausübten bezüglich der intellektuellen Ausbildung zum Dienst am Orden und an der Kirche. Daraus erklärt es sich wohl auch, dass sie leichter Aufgaben im kirchlichen Bereich erhielten.

Der Beginn der „Scotistischen Schule" oder des Scotismus hat ihre Wurzeln direkt und spontan in der Lehre des Scotus, die von seinen Schülern wie auch von anderen, die ihn bewunderten, bewahrt und verbreitet wurde. So entstand eine Schule, wie wir aus dem Zeugnis von Antonio Andrea erfahren: „Ich wünsche, dass alle mit diesem Brief erkennen, dass ich in der Darlegung und in der Kommentierung der Lehre des Meisters Johannes Duns Scotus, des genauen und hervorragenden Lehrers, gefolgt bin.

Sein Ruf und die Erinnerung an ihn ist im Segen Gottes, soweit sich seine heilige und tiefe Lehre über die ganze Welt verbreitete. Seiner Lehre bin ich getreu gefolgt."

Auch die Autorität des Ordens hat von Anfang an den Franziskanern volle Freiheit gelassen, diesem Lehrer „secundum Deum et veritatem" zu folgen, wie man in den Akten des Generalkapitels von 1337 lesen kann. In der Tat ist für die Franziskanerschule mit ihrem Initiator Alexander von Hales und ihrem Gründer Bonaventura von Bagnoregio dann Johannes Duns Scotus mit seiner umwälzenden christozentrischen Interpretation der Geschichte des Heils, mit seiner profunden Lehre und Genauigkeit seiner scharfsinnigen Begabung als der Vollender und höchste Vertreter, ja geradezu als Haupt der Schule angesehen worden. Diesen Titel als Haupt der Schule wurde ihm von Papst Paul VI. gegeben, als er ihn als den „höchst qualifizierten Vertreter" der Franziskanerschule nannte.

Wegen seiner Genauigkeit und Gründlichkeit der Lehre haben viele Schüler vom 13. Jahrhundert an begonnen, die Positionen des Doctor subtilis zu kommentieren, zu illustrieren und zu verteidigen, aber auch den Menschen als Franziskaner zu erheben, wie die Inschriften an seinem Grab zeigen: „Fons Ecclesiae", „Doctor iustitiae", „Arca sophiae", „Dux cleri", „Claustri lux", „Tuba veri" ... Dieser Enthusiasmus schwächt sich in der Phase des allgemeinen Niedergangs der Scholastik ab, wobei dennoch die wesentliche Gültigkeit seiner Werke von bedeutenden Scotisten in der Kontinuität der Tradition der ersten Schüler bewahrt wurde.

Die Gründe für diese hohe Anerkennung des Scotus haben die Historiker auszumachen versucht. So denkt z.B. Marianus von Florenz einen Grund darin gefunden zu haben, dass Duns Scotus „im Unterschied zu anderen Theologen Werke von höchstem Wert geschrieben hat"; oder wie es der Chronist Nicolaus Glassberger berichtet, der ihn einen „Stern erster Größe der Kirche und des Ordens" nennt.

Auch die großen Reformatoren unseres Ordens haben die Lehre des Doctor subtilis hervorgehoben und befolgt, wie zum Beispiel Johannes von Kapistran, der Scotus „Doctor Fratrum Minorum" (Lehrer der Minderbrüder) nennt und Angelus von Chivasso „Fürst der Theologen". Bernardin von Siena bereicherte seine Predigten mit den geistlichen Gedanken der scotischen Lehre. Aus derselben Zeit stammt die Billigung des Offiziums zu Ehren des Doctor Marianus von Papst Sixtus IV. Er sagt, dass „die göttliche Vorsehung den Franziskaner und ausgezeichneten Lehrer Johannes Duns Scotus dazu bestimmt hat, die Schwierigkeiten, die an der Universität Paris gegen das Privileg Marias, nämlich ihrer Unbefleckten Empfängnis, vorgebracht wurde, beseitigt hat."

Die goldene Periode des Scotismus ist gewiss für die Zeit des 16. bis zum 18. Jahrhundert anzusetzen, als die Studien und die Lehrstellen zu Ehren des Denkens von Duns Scotus in verschiedenen europäischen Ländern, wie in Italien, Frankreich, Österreich, Belgien, Deutschland und besonders in Spanien, aufblühten. Besonders sei auch hingewiesen auf Hauptzentren in Italien, so in Bologna, Padua und Neapel.

Es gibt viele Gründe für die Entwicklung des Scotismus, wie die Erfindung der Buchdruckkunst 1439 in Mainz durch Johannes Gutenberg, die Reform nach dem Trienter Konzil (1545-1563) und das Drängen der Päpste zugunsten der Scholastik, besonders durch Pius V. und Sixtus V., die der „Zweiten Scholastik" Raum gaben. Als besondere Umstände sind zu erwähnen: die erste Herausgabe der Gesamten Werke (Opera Omnia) des Duns Scotus durch Lukas Wadding im Jahr 1639 in Lyon; die Kämpfe zur Verteidigung der Immaculata bis zum Martyrium, in welchen man Scotus als den Hauptverteidiger des marianischen Privilegs angesehen hatte; die Vorschriften innerhalb des Ordens auf Betreiben von Francesco Lycheto, dass den Franziskanern bindend vorgeschrieben wird, in den Schulen „nur noch" das Denken des Duns Scotus (litteram Scoti solum) und nicht andere Autoren zu erklären.

Unter den Faktoren der Entwicklung des Scotismus ist in dieser Periode das Aufblühen der „Zweiten Scholastik" zu nennen, durch das starke Bemühen der Dominikaner um die Reform der Studien, besonders von Thomas de Vico (mehr bekannt als Kardinal Cajetano), der die Theologische Summe des Thomas von Aquin als Grundlagentext der Theologie anstelle der bisherigen Sentenzen des Petrus Lombardus verbreitete. Diese didaktische und doktrinale Wahl wurde auch vom neuen Orden der Jesuiten übernommen, welche im Jahre 1539 von Papst Paul III. gebilligt wurde. Auf diese Weise wurde die Ratio Studiorum immer strenger und organischer; sie begünstigte eine Entwicklung in der kirchlichen Kultur und in Europa.

An der Seite der Summa Theologica des Thomas von Aquin wurde zumindest von 1520 an auch das Opus Oxoniense, mit anderen Worten die Ordinatio, des Duns Scotus eingeführt als Text, der in den Schulen zu erklären ist gemäß der Verordnung des Generalministers Francesco Lycheto, der bei der Ordnung des großen Studiums von Paris das Studium „nach der Lehre des berühmten Doctor Magisters" vorgeschrieben hatte. In der Mitte des 16. Jahrhunderts zeichnen sich so die Unterschiede ab: Auf der einen Seite wählen die Dominikaner und Jesuiten Thomas von Aquin als

Autor und Meister der Philosophie und Theologie; auf der anderen Seite folgen die Franziskaner mit Vorzug Duns Scotus, aber nicht in absoluter Weise, da auch Bonaventura und andere Gelehrte weiten Raum in ihren Schulen finden.

Trotz der Vorschriften des Ordens von 1520, die auf dem Generalkapitel von Valladolid im Jahre 1593 wiederholt wurden, „nur" die Philosophie und Theologie nach dem Denken des Duns Scotus zu erklären, übten viele ihr Recht der freien Wahl aus. Die Kapuziner bevorzugten im Allgemeinen Bonaventura, mit der Ausnahme des Laurentius von Brindisi, der ein treuer Schüler des Doctor subtilis war. Andere betonten: Um ein guter Scotist zu sein, ist es nicht notwendig, blind dem Meister zu folgen. Der Orden ließ es offen, ob seine Brüder diesem oder jenem Meister folgten. Wie auch immer, es blieb die Wahl zugunsten des Scotus als des qualifiziertesten Repräsentanten der Franziskanerschule aufrechterhalten, besonders im Blick auf den Ausbildungswert bezüglich neuen Generationen von Theologen in einer kulturellen Pluralität, in welcher auch der theologische Dialog bereichert wurde.

Jenseits der verschiedenen Positionen der Scotisten muss man ihr großes historisches Verdienst in der Kirche wie auch im Orden anerkennen. Man denke an die verschiedenen Aktivitäten und Kontroversen der Epoche und an ihre Mitarbeit am Konzil von Trient, was der berühmte Andreas Vega zusammenfasst: „Die Wertschätzung, die dem Doctor subtilis entgegengebracht wird, ist so groß wie für die fromme Auffassung (der Immaculata) dieses nobelsten Geistes, der in besonderer Weise die katholische Lehre mit ausgezeichneten Argumenten erklärte."

In den traurigen Ereignissen gegen die „Reformatoren" unterschieden sich die Scotisten durch ihre Treue zum Papst und zur Kirche so sehr, dass der Name „Scotist" gebraucht wurde, um die ganze Bewegung der „Scholastiker" und „Papisten" damit zu nennen. In der Tat wurden unter der Herrschaft König Eduards VI. in England alle Werke des Scotus, die im Territorium vorhanden waren, verbrannt mit dem Schrei: „Zum Tod des Scotus und der Scotisten", um alle anzuzeigen, die zugunsten von Rom und dem Papst eintraten.

Zum größeren Verständnis der goldenen Periode des Scotismus ist es hilfreich, auf die Entwicklung in Italien einzugehen. Man kann drei Zonen unterscheiden: der Süden mit dem Zentrum Neapel, das Zentrum mit Bologna und der Norden mit Padua. Die Entwicklung verlief bis zum Dogma von der Unbefleckten Empfängnis im Jahre 1854. Danach gab es aus politisch-historischen Gründen einen fast gewollten Niedergang: Auf der einen Seite haben die Befürworter des Privilegs Marias die Studien zu

Ehren des Scotus nicht mehr ernsthaftig vorangetrieben. Auf der anderen Seite standen diejenigen, die gegen das Dogma waren und die mit allen Mitteln in Thomas von Aquin Motive und günstige Gründe gegen das Dogma suchten, quasi um den Druck des Einflusses des Scotus nicht nur bezüglich des Dogmas, sondern auch im kulturellen Dialog zu schwächen.

Die zweite Periode des Gipfels und des Niedergangs von 1620 bis 1879

Der erste Teil der zweiten Periode der Entwicklung des Scotismus ist nichts Anderes als die logische und natürliche Fortsetzung der voraufgegangenen Periode, reich an konstruktiver Einheit der Absichten unter den verschiedenen franziskanischen Familien, geschart um ihr Schulhaupt Duns Scotus, um ihn vor den unbegründeten Anklagen der Gegner zu schützen. Die Früchte dieser Erfahrung sind sehr positiv und spürbar bis 1789, dem Jahr der französischen Revolution. Diese Revolution bedeutet auch eine Krise der katholischen Kultur und markiert den Abstieg des Scotismus. Während Anfang und Gipfel die Veröffentlichung der Reformatio Studiorum der Minderbrüder-Konventualen im Jahre 1620 ist, kann als Ende und Abstieg die französische Revolution bezeichnet werden.

Was das Feld der Studien betrifft, kann man beobachten, dass nach dem Trienter Konzil eher eine Einheitspolitik herrschte wegen des vorherrschenden und neuen Einflusses vielfältiger religiöser Wirklichkeiten, die den kirchlichen und gesellschaftlichen Bereich bereicherten, besonders durch die Jesuiten, die eine Ratio Studiorum mit viel Strenge und Deutlichkeit besaßen. Was die Gesetzgebung bezüglich der Studien betrifft, suchten alle religiösen Bewegungen sich anhand der Gesetzgebung der Kirche zu einigen, gemäß der langen und fruchtbaren Tradition der alten und neuen Orden mit ihren reichen historischen Erfahrungen.

Es ist hilfreich, kurz auf die franziskanische Gesetzgebung bezüglich der Studien zu sprechen zu kommen, die die Entwicklung des Scotismus in Europa begünstigt hat. Die Ratio Studiorum von 1620 wurde von allen franziskanischen Familien angenommen, an besondere Erfordernisse der einzelnen Provinzen angepasst und blieb bis zur französischen Revolution in Geltung. Die Studien wurden in ansteigender Folge unterschieden in Seminare, Gymnasien und in Kollegien. Die Seminare nahmen Jungen bis zum Ablauf des 17. Lebensjahres auf, die das Priestertum anstrebten. Im kanonischen Alter konnten sie die Profess mit 18 Jahren ablegen und die Studien bis zum 21. Lebensjahr fortsetzen. Die am besten vorbereiteten wurden für Fortsetzung der Studien für 9 Jahre am Gymnasium bestimmt, wobei jede Klasse drei Jahre dauerte. Die Studien waren verteilt auf viele verschiedene Städte. Am Ende des Gymnasiums wurden die Kandidaten nach spezieller Prüfung und in beschränkter Zahl als Bakkalauren zum Kolleg zugelassen. Um 1630 gab es in der franziskanischen Welt im ganzen neun Kollegien: Paris, Rom, Assisi, Bologna, Neapel, Prag, Köln, Malta und Krakau; das berühmteste war das Sixtus-Kolleg in Rom, ein wahres Zentrum bonaventurianischer und scotistischer Studien. Es wurde von Papst Sixtus V. im Jahre 1590 errichtet. Im Jahre 1682 gab es um die fünfzig Studien. Der philosophische und theologische Kurs dauerte mindestens 12 Jahre. Am Ende des Kurses mit einem strengen Examen erhielt man die Doktorwürde, etwa im Alter von 34 Jahren, wenn alles gut ging.

Das Studium von Paris hatte stets sein altes Prestige behalten, besonders als es im Jahre 1502 von den Konventualen zu den Observanten überging und ab 1529 das Zentralstudium aller Provinzen des Ordens unter der direkten Leitung des Generalministers wurde. Jede Provinz des Ordens hatte das Recht, zwei Studenten mit erprobter Fähigkeit dorthin zu schicken, während die konföderierten Provinzen Frankreichs acht schicken konnten. Nach einer königlichen Verordnung von 1547 wurde die Zahl der Studenten auf 150 begrenzt, von denen nur 25 Ausländer sein konnten. In der Folge wurden die Restriktionen immer strenger, so dass sich nur das Studium in Tolosa weiter entwickeln konnte. Auch das Studium von Löwen, das nicht nur von belgischen, sondern auch von deutschen Provinzen besucht wurde, war sehr renommiert. So blieben die Studien in Spanien berühmt, nämlich die von Alcalá, von Salamanca und von Valenzia. In Portugal war das Studium von Coimbra bekannt. Außer diesen Generalstudien entwickelten sich viele Studien auf der Ebene der Provinzen, auch mit missionarischem und biblischem Charakter, von denen das erste, wie es scheint, in Antwerpen im Jahr 1767 entstand, und zwar unter direkter Abhängigkeit vom Generalminister; es wurde durch die französische Revolution unterdrückt.

Im Blick auf diese Menge von Studien jeden kulturellen Grades, entstand auch ein sehr ernstes Problem, nämlich der Rekrutierung und der Ausbildung der Lektoren bzw. Professoren. Es gab sehr wenig Lektoren aus dem Orden, die das Doktorat an der Universität erworben hatten. Der Grund lag in der Grundeinstellung der Provinzialleitungen und in der starken Opposition einiger franziskanischer Zweige, wie z.B. der Reformaten. Wegen des Mangels an universitärer Bildung suchte man nach 1621 eine Abhilfe zu schaffen durch das System des Ausscheidungsexamens: War es bestanden, erhielt man den Titel des Lektors der Philosophie und nach drei Jahren mit Vorlesungen unter der Verantwortung eines Doktors die Erlaubnis, auch Theologie zu lehren.

Dieser kurze Blick auf die reiche Entwicklung der Studien im Orden will einfach eine Dokumentation sein über den Eifer, mit dem man die Studien betrieb. Man hatte ihren Wert für die Mission und Evangelisation begriffen, gemäß den wiederholten Empfehlungen von Seiten der Päpste. Auf die Frage, ob diesem Eifer für das Studium auch ein positives Zeichen kulturellen Fortschritts korrespondierte, muss die Antwort wohl negativ sein. Die kulturelle katholische Welt blieb eher an der Tradition als an der Neuheit des Wissens orientiert. Dies hatte zur Folge, dass die organisatorisch-didaktische Erneuerung nicht von einer größeren Aufmerksamkeit für die „Zeichen der Zeit" im wissenschaftlichen Bereich und für das Vertrauen in die Vernunft, die dann bald in die vorherrschende Aufklärung mit all ihren historischen Nachwirkungen mündete, begleitet wurde.

In diese kritische Situation war auch der Scotismus verwickelt, der in sich das logische und spekulative Rüstzeug besaß für die Aufnahme des Wissens des 18. Jahrhunderts, sei es in der Art der Beziehung zwischen Tradition und Autorität, zwischen Glauben und Vernunft und bezüglich der Entwicklung der Wahrheit. Zumindest waren die Positionen des Scotus über das Verhältnis gegenseitiger Autonomie von Glauben und Wissen bekannt oder sollten es gewesen sein; auch über den Wert eines Argumentes, das nicht auf der Autorität gründet, sondern auf der inneren Rationalität.

Auch in diesem nicht immer klaren und bestimmten kulturellen Klima ist es nötig, den Wert und den Fortschritt des Scotismus zu kennen, der sich besonders in den Studienzentren des Ordens erhielt und der leider durch Einfluss politischer Mächte einiger Staaten begrenzt und mitunter unterdrückt wurde. So wurden die Lehrstühle der Theologie an den Universitäten abgeschafft. In Italien erfolgte die definitive Unterdrückung 1879, womit auch die Scholastik niederging. Der Scotismus hatte sich ganz und positiv erhalten, mindestens bis zum Dogma von der Unbeflecken Empfängnis Marias im Jahre 1854 durch Papst Pius IX. In der Tat war ein wahrer Pol der Einheit unter den Franziskanern die Verteidigung der Unbefleckten Empfängnis, die dank der Bemühungen der Könige von Spanien und der konstanten Aufmerksamkeit der Päpste (von Klemens V.) an das Reifen bis zur definitiven Entscheidung der Kirche gestattete.

Dritte Periode der Wiederaufnahme des Aufstiegs von 1889 an bis in unsere Tage

Der Aufstieg des Scotismus in dieser dritten Periode fällt in ein Klima, in welchem es Neuerungen im Bereich des Denkens und der Entwicklung der Technologie gibt, darunter auch in der neoscholastischen Bildung, die lange ein Meilenstein in der katholischen Kultur war. Um die delikaten Phasen des Scotismus zu verstehen, muss man sich auf der einen Seite die Entscheidungen der Kirche und auf der anderen Seite die tiefen Schwierigkeiten im Ordensleben und insbesondere im franziskanischen Leben vor Augen halten.

Gegen den Laizismus und Säkularismus im Gefolge der Aufklärung erhob sich die katholische Reaktion, die mit dem Begriff der Neuscholastik belegt wurde. Die neue Wertschätzung des Mittelalters, die politische Unabhängigkeit des Papsttums, die Verteidigung des Heiligen und die neuen Bemühungen um einen Ausgleich von Glauben und Wissen führten dazu, dass für viele die Neoscholastik eine Antwort und ein Impuls zur Verlebendigung war. Der Neothomismus setzte sich mit dem zeitgenössischen Denken auseinander, indem er aufwies, dass der Weg des Wissens die logische und natürliche Weise der Vollendung des Glaubens ist; das Wissen gelangt natürlicherweise in den Bereich des Glaubens. Andererseits sah man im „Modernismus“ auch die Gefahren der Moderne bezüglich des Glaubens. Im 2. Vatikanischen Konzil (1962-1965) wurde das reiche philosophische Patrimonium der Kirche bestätigt, wenn auch nicht immer, was den Scotismus betrifft, gewürdigt.

Gegenüber dem Scotismus war der – unbegründete – Vorwurf erhoben worden, für alle Irrwege des Modernismus schuld zu sein. Dennoch begann ein stetiger Aufstieg der Anerkennung der Lehre des Duns Scotus, vor allem in der franziskanischen Familie selbst. Das Dogma von 1854 und auch die Vereinigung franziskanischer Richtungen durch Papst Leo XIII. im Jahr 1895 waren Impulse zur inneren Stärkung unter dem einen Namen des Ordens der Minderen Brüder. Ein Beginn war die Ausbildung von Professoren in verschiedenen Disziplinen. Die Minderbrüder-Konventualen gründeten im Jahre 1885 das Internationale Seraphische Kolleg, das 1905 Theologische Fakultät und 1935 päpstlich wurde.

Die Franziskaner gründeten ihr Internationales Kolleg Sant'Antonio im Jahre 1890 als Studium generale, es wurde 1933 Athenäum, 1938 päpstlich und Universität im Jahre 2005. Die Kapuziner gründeten 1908 ihr Internationales Kolleg San Lorenzo da Brindisi. Es soll hier besonders der große Erneuerer der Wissenschaft des Minderbrüderordens, Bernardin von Portogruaro, genannt sein. Er organisierte die Studien nach neuen Kriterien und bildete das Kolleg von Quaracchi im Jahre 1878 zur kritischen Edition der Werke des Bonaventura. Das bewirkte eine franziskanische Neuscholastik. Die Zeitschrift Archivum Franciscanum Historicum, gegründet im Jahre 1908, trug auch zu diesem Aufschwung bei, ebenso das Wirken von Agostino Gemelli und anderer mitwirkenden Franziskaner.

Der Wiederaufstieg des Scotismus ist an die kirchliche und franziskanische Entwicklung gebunden, aber auch in eigener Weise an den Prozess der Kanonisation des Scotus. Es war ein komplexer Vorgang bis zur Bestätigung des Kultes im Jahre 1993.

Nach dem Dekret von Urban VIII. von 1625 und 1634 über die Selig- und Heiligsprechung gibt es eine mögliche Ausnahmeregelung: die Anerkennung des bestehenden Kultes, wenn er schon seit „unvordenklicher Zeit" (ab immemorabili tempore), d.h. mehr als 100 Jahre besteht. Der Prozess des Scotus wurde in dieser außerordentlichen Weise geführt.

Schon Bernardin von Siena erbat die Kanonisation, aber das Verhältnis zwischen Orden und Kirche war damals nicht günstig. Innozenz XI. führte im Jahre 1678 das Amt des Postulators für eine Causa zur Selig- und Heiligsprechung ein. Der erste, der ein solches Amt erhielt, war der Franziskaner Giuseppe von Novara. Offiziell erbat er vom Erzbischof von Köln die Eröffnung des Seligsprechungsprozesses, der dann von 1706 bis 1707 stattfand und mit einem negativen Ergebnis endete, wodurch später der Kult gegenüber Scotus verboten wurde.

Novara ließ nicht locker und suchte an anderen Orten nach dem Kult des Scotus, so in Nola bei Neapel mit einem dort geführten Prozess von 1709-1710, bei dem der Bischof Francesco Maria Carafa positiv und definitiv erklärte: „Es steht fest, dass dem genannten Ehrwürdigen Diener Gottes, Bruder Johannes Duns Scotus, über 100 Jahre vor den genannten Dekreten Papst Urbans VIII. seligen Angedenkens bereits Kult erwiesen wurde und in der Gegenwart noch erwiesen wird und das mit Wissen und Duldung der jeweiligen Ordinarien."

Nach dem positiven Ausgang wurde der Prozess von Nola abgeschlossen und die Akten verschwanden. Sie wurden erst nach zwei Jahrhunderten im Jahre 1892 im Vatikan wiedergefunden. Im Jahre 1900 eröffnete der Generalpostulator Ciro Ortolani von Pesaro aus Anlass der Feier des 50-jährigen Dogmas von der Unbefleckten Empfängnis einen Ergänzungsprozess zu Nola. Seltsamerweise jedoch kam ein regulärer Prozess von 1904-1905 in Genua mit negativem Ergebnis dazwischen. Schließlich konnte der geplante Prozess von Nola doch von 1905-1906 stattfinden, erneut mit positivem Ergebnis. Der Generalpostulator Paolini übergab am 7. Januar 1907 die Akten der Ritenkongregation des Vatikans. Am 11. Januar 1907 erhielt Paolini die Erlaubnis zur Eröffnung des Prozesses für die Bestätigung des Kultes des Dieners Gottes Johannes Duns Scotus. Papst Pius X. war sehr gewogen und ernannte Kardinal Dominikus Ferrata zum „Ponens“ der Causa. Er erhielt sogleich die Zustimmung und Mitarbeit von Kardinal Fischer in Köln.

Es gab jedoch öffentliche und geheime Angriffe auf diesen Prozess, so dass der Glaubenspromotor sich gezwungen sah, die Causa des Scotus zu suspendieren gegen die Proteste des Generalpostulators und von Kardinal Fischer. Die Kongregation für den Kultus erließ im Jahre 1912 ein Dekret, dass auch für Prozesse „seit unvordenklicher Zeit“ die Schriften geprüft werden müssten. Nach vielen Vorbereitungen und Studien fand die Prüfung der Schriften des Scotus am 27. Juli 1920 statt. Jetzt folgte eine Überraschung. Neu in die Kongregation für den Kult war Kardinal Andreas Frühwirth, ein Dominikaner und Gegner der Causa des Scotus gekommen. Er drängte auf eine kritische Edition der Schriften des Scotus. Man entschied sich für eine Verzögerung des Prozesses. Erst im Jahre 1925 wurden auf Grund der Anmerkungen von Kardinal Frühwirth der Kongregation die neuen Akten des Prozesses überreicht.

Im Jahre 1927 wurde dann die Scotistische Kommission mit Sitz in Quaracchi zur kritischen Herausgabe der Werke des Scotus gegründet, wo sie bis 1938 arbeitete und dann ins Antonianum in Rom verlegt wurde. Erster Präfekt der Kommission, die ausgezeichnet arbeitete, war Efrem Longpré aus Kanada. Bald jedoch teilte sich die Kommission wegen der Diskussion über den chronologisch-genetischen Weg einerseits und den systematisch-doktrinalen Weg andererseits. Der erste Weg wurde von Longpré favorisiert, der andere einfachere Weg von Karl Balic. Er ging vom als sicher geltenden Werk der Ordinatio des Scotus aus, um dann über diesen die anderen Werke zu rekonstruieren. Nach Prüfung der Angelegenheit entschied sich 1938 das Generaldefinitorium des Franziskanerordens für den Weg von Balic und ernannte ihn zum Präfekten der Kommission. Im Jahre 1950 wurden die ersten beiden Bände der Öffentlichkeit vorgestellt und fanden hohen Anklang. Ein Zeugnis von Etienne Gilson: „Eine Ausgabe so perfekt wie praktisch ein menschliches Werk sein kann.“ Man begann nun, die Anmerkung von 1925 zu beantworten.

Die Arbeit der Scotus-Kommission wurde nach ca. 20 Jahren am 25. April 1972 der Kongregation für die Selig- und Heiligsprechung unterbreitet und erhielt die positive Antwort, die Causa des Scotus fortzuführen, wie Papst Paul VI. erklärte: „Nihil obstat ut ad ulteriora procedatur.“ Generalminister Konstantin Koser war hocherfreut und schrieb in einem Brief vom 28. Mai 1972 an den Orden, alle Infomationen und Bilder von Scotus an den Generalpostulator in Rom zu senden.

Der Aufruf von Generalminister Koser wurde aus Anlass der Übertragung einer Armreliquie des Johannes Duns Scotus von Köln in die franziskanische Wallfahrtskirche Neviges von der Kölnischen Franziskanerprovinz unter Provinzial Herbert Schneider mit einem Schreiben vom 25. September 1980 an den Generalpostulator Antonio Cairoli aufgegriffen und wurde mit der Anfrage, wie der Seligsprechungsprozess des Scotus neu aufgerollt werden sollte, verbunden. Auch ermutigt durch den Besuch von Papst Johannes Paul II. am 15. November 1980 in der Minoritenkirche zu Köln und gefördert vom Erzbischof von Köln Joseph Kardinal Höffner gingen viele mutig an die Weiterführung des Prozesses. Während einer Sitzung der Ordensleitung mit Professoren des Antonianums und delegierten Provinziälen über die Zukunft des Antonianums im Jahre 1984 antwortete Roberto Zavalloni auf die Anfrage von Provinzial Herbert Schneider, was von seiten des Antonianums getan werden kann. Roberto Zavalloni schlug eine internationale Kommission vor zur Erarbeitung einer Positio, die Generalminister John Vaughn umgehend am 27. Juli 1984 ins Leben rief. Zuvor hatte sich John Vaughn bei einem Besuch in Köln im Jahre 1983 von der Verehrung des Scotus überzeugen können.

Die Interfranziskanische Kommisssion unter Leitung von Roberto Zavalloni unter Mitarbeit des Generalpostulator Juan Folguera und des Vizepostulators Dietrich Esser ging zügig und fleißig ans Werk. Die Arbeiten der Kommission wurden am 6. Juni 1988 beendet und der Kongregation für die Selig- und Heiligsprechung vorgelegt. Auf der Sitzung der Historischen Kommission der Kongregation für Selig- und Heiligsprechung am 11. April 1989 ergab sich ein positives Ergebnis. Am 23. April 1990 hielt die Theologische Kommission unter Promotor Monsignore Antonio Petti und unter Anwesenheit des Generalrelators Ambrosius Esser OP ihre Sitzung mit einem positiven Ergebnis ab. Am 25. Jahrestag des schönen Schreibens „Alma parens" von Papst Paul VI. vom 14. Juli 1966 und im 700. Jahr der Priesterweihe (17. März 1291) des Johannes Duns Scotus erhält der franziskanische Orden „quasi in silenzio" von Papst Johannes Paul II. am 6. Juli 1991 die Erklärung: „Der Ruf der Heiligkeit und die heroischen Tugenden des Dieners Gottes Johannes Duns Scotus erweisen sich mit Sicherheit als wahr, ebenso auch der Kult, den man ihm seit unvordenklichen Zeiten gewidmet hat." Die feierliche Anerkennung als Seligen erfolgte durch Papst Johannes Paul II. in einer feierlichen Vesper im Petersdom zu Rom am 20. März 1993.

Das lange Bemühen um die Verehrung des Johannes Duns Scotus haben ihn nun klar und sicher ins Licht der Sonne, Jesus Christus, geführt.

5. Zur Wirkungsgeschichte der Philosophie des Scotus

Ludger Honnefelder

Die Wirkung, die das Werk des Johannes Duns Scotus in Philosophie und Theologie bis heute ausgeübt hat, ist ebenso intensiv wie verzweigt, sie ist teils unmittelbar, teils mittelbar zu greifen, in manchen Teilbereichen kennen wir wichtige Stationen, nicht aber auch die Einzelheiten der Vermittlung, in manchen Bereichen ist sie noch nicht hinlänglich erforscht. Dabei erstreckt sich die Wirkungsgeschichte auf Prozesse der Schulbildung (im engeren wie im weiteren Sinne), aber auch – und mehr noch – auf die Rezeption bestimmter Methoden und die Fortwirkung systematischer Ansätze.

Die frühe Rezeption der scotischen Philosophie im 14. Jahrhundert

Eine Rezeption im Sinn einer Schulbildung hat die Lehre des Scotus zunächst im 14./15. Jahrhundert erfahren und dann wieder im 16.-18. Jahrhundert, wobei man das 17. Jahrhundert gern als das „goldene Zeitalter" des Scotismus bezeichnet. Unter der scotistischen Schulbildung ist dabei ein Prozess zu verstehen, der weit weniger abgegrenzt und einheitlich verläuft als etwa die Schulbildung im Bereich des (an die Lehre des Thomas von Aquin anschließenden) Thomismus.[1] Anders als im Fall der thomanischen Lehre, die schon früh vom Dominikanerorden als Ordensdoktrin vorgeschrieben, verbreitet und später im Rahmen der Neuscholastik des 19./20. Jahrhunderets sogar durch Papst Leo XIII. der gesamten Kirche empfohlen wurde, fand die scotische Lehre zwar im Franziskanerorden eine intensive Aufnahme und Fortführung, jedoch keine explizite Auszeichnung als verpflichtende Ordensdoktrin und erst spät eine Erwähnung in den Ordensstatuten in Bezug auf den Studiengang. Dies dürfte einer der Gründe gewesen sein, dass die Rezeption der scotischen Lehre auf der einen Seite weit weniger streng und einheitlich verlief, auf der anderen Seite aber über den Einfluss innerhalb des Franziskanerordens weit hinausging.

---

[1] Vgl. dazu ausführlicher M.J.M.E. HOENEN: *Scotus and the Scolastic School. The Tradition of Scotist Thought in the Medieval and Early Modern Period,* in: E.P. BOS (Hg.): *John Duns Scotus. Renewal of Philosophy.* Acts of the Third Symposium Organized by the Dutch Society for Medieval Philosophy Medium Aevum (May 23 and 24, 1996), Amsterdam 1998, 197-210; vgl. insgesamt L. HONNEFELDER: *Johannes Duns Scotus*, München 2005.

Zu den von Scotus stark beeinflussten Zeitgenossen gehören Heinrich von Harclay und Robert Cowton. Zu seinen unmittelbaren Schülern sind aus dem 14./15. Jahrhundert besonders zu zählen Antonius Andreas, Aufredus Conteri, Franciscus de Mayronis, Johannes de Bassolis, Hugo de Novocastro, Wilhelm von Alnwick und Petrus de Aquila.[2] Zur Scotus-Schule im weiteren Sinn gehören Franciscus de Marchia, Jacobus de Aesculo, Johannes de Reading, Johannes de Roddington, Landulfus Caracciolo, Nicolaus Bonetus, Petrus Thomae, Johannes de Ripa und Thomas Bradwardine. Dabei sind bei den genannten Autoren im einzelnen sehr unterschiedliche Deutungen der scotischen Lehre festzustellen. Zum Teil sind sie für die Verzeichnungen verantwortlich, die das aus der frühen Rezeption resultierende Bild der Lehre des Scotus – vor allem im Lager gegnerischer Schulen – stark beeinträchtigt hat.

Im Vordergrund der Debatten unter den frühen Scotisten steht naturgemäß die Deutung der innovativen Positionen des Doctor subtilis: des ontologischen Status der göttlichen Ideen und damit der Formaldistinktion und des Status der formalen Gehalte bestimmter Begriffe, der These von der *univocatio entis* und der Lehre vom Primat des Willens samt der damit verbundenen Unterscheidung zwischen Ordnungen *de potentia absoluta* und *de potentia ordinata.*

Als Gründe für die Unterschiede in der Deutung der scotischen Lehren sind nicht nur – wie in der Kontroverse über die Deutung der Formalitäten und der Formaldistinktion zwischen Franciscus de Mayronis und Petrus de Aquila auf der einen und Wilhelm von Alnwick und Landulfus Caracciolo auf der anderen Seite[3] – die Unterschiedlichkeit der Positionen zu betrachten, die sich in den überlieferten scotischen Texten finden, sondern auch die Neuartigkeit der von Scotus entwickelten und im einzelnen nur skizzenhaft ausgeführten und deshalb nicht einfach zu interpretierenden Ansätze.

Gewichtigen Einwänden ist die Lehre des Scotus und der ihm folgenden Scotisten bei nicht wenigen nicht-scotistischen Autoren ausgesetzt. So werden die Scotisten bezüglich der Lehren von der *non-identitas formalis* und des *esse obiective* der Ideen bzw. bestimmter Begriffe als „formalizantes“ kritisiert und – samt ihrem Meister – im Blick auf die *univocatio*

---

[2] Vgl. auch C. BÉRUBÉ: *La première école scotiste*, in: Z. KALUZA / P. VIGNAUX (Hg.): *Preuve et raison à l'Université de Paris. Logique, ontology et théologie au XIVe siècle.* Actes de la Table Ronde Internationale organisée par le Laboratoire associé au C.N.R.S. No. 152 du 5 au 7 novembre 1981, Paris 1984, 9-34.

[3] Vgl. dazu HOENEN: *Scotus and the Scolastic School* (wie Anm. 1), 205.

entis dem Verdacht ausgesetzt, die Differenz zwischen Gott und Geschöpf einzuebnen, so beispielsweise von Thomas von Sutton und dem Autor des anonym überlieferten *Liber propugnatorius*.[4] Franciscus de Mayronis, der den scotischen Ansatz der Metaphysik und die damit verbundene Transzendentalienlehre selbständig weiterführt,[5] streitet mit Petrus Rogerii heftig über die neue Weise, in der Scotus jene formalen Gehalte interpretiert, die als Gegenstand unserer Begriffe erfasst werden.[6]

Eine eigene Position im Rahmen der frühen Scotus-Rezeption nimmt Wilhelm von Ockham (1258-1347) ein, der zwar Scotus hinsichtlich verschiedener Lehren, darunter der Doktrin von der Formaldistinktion und der damit verbundenen Erkenntnistheorie, scharf kritisiert, jedoch Grundkonzepte wie die Gegenstandsbestimmung der Metaphysik und die Explikation des Begriffs „Seiendes" übernimmt und unter restringierten erkenntnistheoretischen Bedingungen fortführt[7] oder gar – wie im Fall des neuen Willensbegriffs – radikalisiert.

Die Rezeption der scotischen Philosophie im 16.-18. Jahrhundert

Ein einheitliches Bild bietet der Scotismus des 15./16. Jahrhunderts. Er wendet sich gründlicher und explizit dem Werk des Scotus zu. Es entstehen Kompilationen, ausführliche Kommentare zu einzelnen Werken und systematisierende Deutungen der scotischen Lehre. Zu nennen sind hier Antonius Trombetta, Franciscus Lychetus, Petrus Tartaretus und Mauritius de Portu Hibernico. Die Kommentare von Lychetus und die Scholien und Kommentare des Mauritius de Portu werden – zusammen mit Scholien und Kommentaren der im 17. Jahrhundert wirkenden Scotisten

---

4 Vgl. M. SCHMAUS: *Der Liber propugnatorius des Thomas Anglicus und die Lehrunterschiede zwischen Thomas von Aquin und Duns Scotus*, 2 Bde., Münster 1930; S. DUMONT: *Theology as a Science and Duns Scotus' Distinction between Intuitive and Abstractive Cognition*, in: Speculum 64 (1989) 579-599.

5 Vgl. H. MÖHLE: *Der Tractatus de transcendentibus des Franciscus de Mayronis*, Leuven [u.a.] 2004 (Recherches de theologie et philosophie medievales. Bibliotheca, 7) 5-69.

6 Vgl. L. HONNEFELDER: *Scotus und der Scotismus. Ein Beitrag zur Bedeutung der Schulbildung in der mittelalterlichen Philosophie*, in: M.J.F.M. HOENEN / J.H.J. SCHNEIDER / G. WIELAND (Hg.): *Philosophy and Learning. Universities in the Middle Ages*, Leiden 1995, 249-262.

7 Vgl. L. HONNEFELDER: *Wilhelm von Ockham: Die Möglichkeit der Metaphysik*, in: Theo KOBUSCH (Hg.): *Philosophen des Mittelalters. Eine Einführung*, Darmstadt 2000, 250-268. – Zu Ockhams Scotus-Rezeption vgl. kritisch R. WOOD: *Ockham on Essentially Ordered Causes: Logic Misapplied*, in: W. VOSSENKUHL / R. SCHÖNBERGER (Hg.): *Die Gegenwart Ockhams*, München 1990, 25-50.

Hugo Cavellus, Antonius Hiquaeus und Johannes Poncius – von L. Wadding der von ihm 1639 veranstalteten Ausgabe der Scotuswerke beigegeben und sind auch in deren Nachdruck durch L. Vivès (Paris 1891-1895) enthalten. In den in dieser Zeit neu entstehenden Handbüchern, die sich nicht auf eine bestimmte Schuldoktrin beschränken und über alle wichtigen Lehren der Vergangenheit Auskunft geben, wird Scotus breit exzerpiert und kompiliert.

Nachdem der Franziskanerorden in den im Jahr 1500 redigierten Statuten das Studium der Lehre des Scotus vorgeschrieben hat,[8] kommt es im 17. Jahrhundert nicht zuletzt auf der Basis der von L. Wadding 1639 veranstalteten ersten gedruckten Gesamtausgabe der Werke des Scotus zu einer quantitativ wie qualitativ beachtlichen Blüte des Scotismus.[9] Die scotistische Schule wird, wie Zeitzeugnisse zum Ausdruck bringen,[10] zur stärksten unter den auf die Hochscholastik zurückgehenden Schulen. Aus der Feder von Johannes Poncius erscheint 1643 in Rom unter dem Titel *Philosophiae ad Mentem Scotus Cursus Integer* der erste umfangreiche scotistische *Cursus Philosophicus*. Er folgt der von Bartholomäus Mastrius de Meldola und Bonaventura Bellutus verfasste fünfbändige ebenfalls den scotischen Ansatz fortführende *Cursus Philosophicus*, dessen *Disputatio metaphysica* (aus der Feder des Mastrius) bereits 1646 erscheint. Noch im 17. Jahrhundert folgt unter dem Titel *Scotus academicus* (1672-1677) das Kompendium des Claudius Frassen sowie 1728-1739 die (dem Aufbau der Summa theologica des Thomas von Aquin folgende) Gesamtdarstellung der scotischen Lehren durch Hieronymus de Montefortino.

Auf welchem Niveau sich der Scotismus des 17. Jahrhunderts bewegt, zeigt nicht zuletzt die Auseinandersetzung zwischen Poncius und Mastrius über den Status der Possibilien und den darin zum Ausdruck kommenen *Sinn* von „Seiendem".[11] Beide teilen die Auffassung (die Scotus einerseits

---

[8] Vgl. BÉRUBÉ: *La première école* (wie Anm. 2), 14.

[9] Vgl. B. JANSEN: *Zur Philosophie der Scotisten des 17. Jahrhunderts*, in: Franziskanische Studien 23 (1936) 28-58, 150-175.

[10] Johannes CARAMUEL DE LOBKOWICZ: *Theologia intentionalis* II c.3 d.10 § 1264, Lyon 1657, 273: Scoti Schola numerosior sit omnibus aliis simul sumptis. – Vgl. dazu F. BAK: *Scoti Schola numersior et omnibus aliis simul sumptis*, in: Franciscan Studies 16 (1956) 144-165. Auch bei Poncius heißt es im Vorwort „est ipsa Scoti opinio longe communior" (J. PONCIUS: *Theologiae Cursus integer ad mentem Scoti*, Lyon 1671).

[11] Vgl. näher S. SOUSEDÍK: *Der Streit um den wahren Sinn der scotischen Possibilien*, in: L. HONNEFELDER / R. WOOD / M. DREYER (Hg.): *John Duns Scotus. Metaphysics and Ethics*, Leiden / New York / Köln 1996, 191-204; T. HOFFMANN: *Creatura intellecta. Die Ideen und Possibilien bei Duns Scotus mit Ausblick auf Franz von Mayronis, Poncius und Mastrius*, Münster 2002, 217-304. – Zu der Kontroverse unter den modernen

bereits von Heinrich von Gent übernommen hat), dass die von Gott erkannten Gehalte in ihrer Möglichkeit – also die *possibilia* – der Erkenntnisrelation als etwas Absolutes voraufgehen müssen, ohne doch bereits als solche etwas Reales zu sein. Ihre Schwierigkeit besteht darin, die Lösung zu interpretieren, die Scotus in Ablehnung von Heinrichs Annahme eines der göttlichen Erkenntnis vorgängigen (und damit der *creatio ex nihilo* widersprechenden) *esse essentiae* entwickelt, nämlich die *possibilia* als etwas zu betrachten, das erst durch das göttliche Erkennen hervorgebracht wird, gleichwohl aber in seinem (die Möglichkeit begründenden) Gehalt „formal aus sich" besteht. Während Poncius das Problem dadurch löst, dass er – ähnlich wie schon Franciscus von Mayronis – den Gehalten ein vorweg bestehendes eigenes Sein zuordnet, das *jenseits* von Gedacht- und Realsinn liegt (und sich damit wieder Heinrich von Gent annähert), lehnt Mastrius mit Scotus eine solche dritte Seinsweise ab, differenziert aber das reale Sein, um den Gehalten der *possibilia* ein reales Sein in einem weiteren Sinn, nämlich im Modus der Nichtrepugnanz zur aktuellen Existenz zuzuordnen. Den Possibilien eine dritte Seinsweise einzuräumen, wie dies Poncius tut, hieße nach Mastrius, auf jene allgemeinste Bedeutung von „Seiendem" zurückzugehen, die jedwedes Begreifbare umfasst, eine Bedeutung, der Scotus die univoke Prädizierbarkeit abspricht. Andererseits muss einem *mundus possibilis*, einer „möglichen Welt", die anders ist als unsere, aber aufgrund ihrer Gehalte möglich ist, reales Sein im genannten weiteren Sinn zukommen. Dass G. W. Leibniz später über J. Thomasius auf diesen scotischen Streit Bezug nimmt,[12] zeigt, wie sehr die Kontroverse die spätere Metaphysik der möglichen Welt präformiert.[13]

Die Scotus-Rezeption des 16./17. Jahrhunderts beschränkt sich aber keineswegs auf die Scotus-Schule. Ihre Ansätze spielen auch im Rahmen der sogenannten *spanischen Spätscholastik* bzw. *Barockscholastik* eine besondere Rolle. Gemeint ist jene, vor allem durch den Jesuitenorden beförderte Renaissance von Theologie und Philosophie besonders an den spanischen Hochschulen, in der die antiken und mittelalterlichen Positionen eine neue Aneignung und Fortführung erfahren und durch die sie maßgeblich an die beginnende neuzeitliche Philosophie weitergegeben werden.

Scotus-Interpreten zum gleichen Streitpunkt vgl. G. G. NORMORE: *Duns Scotus's Modal Theory*, in: Th. WILLIAMS (Hg.): *The Cambridge Companion to Duns Scotus*, Cambridge 2003, 129-160.

12 Vgl. G. W. LEIBNIZ: *Essais de Théodicée*, § 184.

13 Zur Scotus- und Scotismus-Rezeption im Werk Zwinglis vgl. neuerlich D. BOLLIGER: *Infiniti contemplatio. Grundzüge der Scotus- und Scotismusrezeption im Werk Huldrych Zwinglis*, Keiden / Boston (2002).

Innerhalb der spanischen Spätscholastik wird die scotische Philosophie am ausgeprägtesten durch den Autor rezipiert, der seinerseits den stärksten Einfluss auf die frühneuzeitliche Weiterentwicklung der Metaphysik ausübt, nämlich den Jesuiten Francisco Suárez (1548-1617).[14] In seinen 1597 erschienenen und höchst einflussreichen *Disputationes metaphysicae*, in denen er die gesamten Ansätze der antiken und mittelalterlichen Metaphysik aufnimmt und als Elemente eines eigenen Entwurfs verarbeitet, nennt er zwar – der jesuitischen Ordenspolitik folgend – Thomas von Aquin als seinen eigentlichen Gewährsmann. De facto aber folgt er in den Grundlinien dem scotischen Konzept der Metaphysik und dies unter Berücksichtigung der Erkenntniskritik Wilhelms von Ockham.

Das (insbesondere durch Suárez' viel verbreitete Disputationes metaphysicae) an die Deutsche Schulmetaphysik des 17. Jahrhunderts vermittelte scotische Konzept der Metaphysik im Sinn einer als Transzendentalwissenschaft durchgeführten Ersten Philosophie wird in der nachfolgenden Aufklärungsphilosophie in besonderer Weise durch Christian Wolff (1679-1754) aufgenommen und weiterentwickelt.[15]

Auch Immanuel Kant (1724-1804) knüpft mit seinem epochemachenden Versuch einer kritischen „Wiedergeburt" (KrV B 21f.) der Metaphysik mittelbar an das scotische Konzept an, wenn er von einer Kritik des Vernunftvermögens ausgeht und über die Gegenstände hinaus nach unseren *Begriffen* fragt, über die wir a priori verfügen und unter denen wir die Gegenstände erfassen.[16] „Ich nenne alle Erkenntnis transzendental, die sich nicht sowohl mit Gegenständen, sondern mit unseren Begriffen a priori von Gegenständen beschäftigt. Ein System solcher Begriffe würde Transzendental-Philosophie heißen" (ebd.). Kant ist sich bewusst, dass er damit an die „Transzendentalphilosophie der Alten" (KrV B 113) anknüpft, nämlich an die Konzeption der Metaphysik als *scientia trans-*

---

14 Vgl. dazu und zum Folgenden ausführlicher L. HONNEFELDER: *Scientia transcendens. Die formale Bestimmung der Seiendheit und Realität in der Metaphysik des Mittelalters und der Neuzeit (Duns Scotus – Suárez – Wolff – Kant – Peirce)*, Hamburg 1990, 200-294; ferner J.-F. COURTINE: *Suárez et le système de la métaphysique*, Paris 1990; R. DARGE: *Suárez' transzendentale Seinsauslegung und die Metaphysiktradition*, Leiden / Boston 2004.

15 Vgl. dazu und zum Folgenden ausführlicher HONNEFELDER: *Scientia* (wie Anm. 14), 295-381.

16 Vgl. dazu und zum Folgenden ausführlicher HONNEFELDER: *Scientia* (wie Anm. 14), 403-486; ferner DERS.: *Reconsidering the Tradition of Metaphysics: The Medieval Example (Aquinas, Duns Scotus, Ockham)*, in: T. ROCKMORE (Hg.): *The Proceedings of the Twentieth Congress of Philosophy (10.-16. August 1998)*. Bd. 2, Bowling Green 1999, 1-13.

cendens, wie sie von Scotus grundgelegt und von Suárez und der Schulmetaphysik des 17./18. Jahrhunderts fortentwickelt worden ist.

Die Rezeption der scotischen Philosophie im 19./ 20. Jahrhundert

Auch die Wirkungsgeschichte der scotischen Philosophie in der Moderne vollzieht sich auf verschiedenen, nur teilweise zusammenhängenden Ebenen, nämlich der unmittelbar auf das scotische Werk bezogenen Aneignung, der Bezugnahme auf bestimmte Ansätze und Theoreme außerhalb eines genuin scotischen Konzeptes und der Fortführung von systematischen Ansätzen und Problemkonstellationen, die zwar ohne Bezug auf Scotus erfolgen, sachlich aber maßgeblich auf Scotus zurückgehen.

Zur **ersten Ebene** gehört die Wiederaneignung der scotischen Lehre im Rahmen der im 19. Jahrhundert einsetzenden Neuscholastik. Zwar steht Scotus im Rahmen dieser Renaissance im Schatten von Thomas von Aquin, doch führt das neu erwachte Interesse an der mittelalterlichen Philosophie auch zu einer intensiven Zuwendung zu der scotischen Lehre. Dabei leben Schulstreitigkeiten wie die um Analogie oder Univokation des Begriffs des Seienden oder um das Verhältnis von Vernunft und Wille wieder auf und führen in der Interpretation zu apologetischen Tendenzen. Doch beginnt sich zugleich die historische Perspektive auf die authentischen Werke des Scotus durchzusetzen. Sie führt um das Jahr 1925, also vergleichsweise spät, zu einer einigermaßen vollständigen Auflistung der authentischen Werke und damit zu einer Basis, die es erlaubt, die auf nicht-authentische Werke zurückgehenden Verzerrungen zu korrigieren und ein genaueres Bild der Lehre zu gewinnen. Zu einer intensiven Forschung kommt es auf breiter Front erst nach dem Vorliegen der um 1950 einsetzenden kritischen Werkausgabe. Sie zeigt nicht nur, dass in dem scotischen Werk eine Philosophie enthalten ist, die hinter der des Thomas von Aquin nicht zurücksteht und die zu den großen Entwürfen der Philosophiegeschichte gezählt werden muss; sie macht zugleich die ungemeine (und über die des Thomas weit hinausgehende) Einwirkung dieser Philosophie auf den Gang der neuzeitlich-modernen Philosophie deutlich.[17]

In die **zweite Ebene** fällt die Rezeption der scotischen Lehre vom ontologischen Status der formalen Gehalte, auf die der amerikanische Philosoph Ch. S. Peirce (1839-1914) im Rahmen seiner semiotisch gewen-

---

[17] Vgl. Ausführlicher dazu HONNEFELDER / WOOD / DREYER: *Metaphysics and Ethics* (wie Anm. 11).

deten Philosophie zurückgreift.[18] Zur Erklärung der Realität der Referenz der *general terms*, wie sie in den Naturwissenschaften in Form von Gesetzesaussagen begegnen, entwickelt sich eine „theory of reality" (CP 5.331; 8.13), für die er sich ausdrücklich auf Scotus beruft (vgl. CP 4.28; 5.430; 6.495; 8.319).[19] Die Realität des in den *general terms* zum Ausdruck kommenden Allgemeinen erscheint nur im Denken, so die These, doch erscheint sie dort als eine solche, die – wie er unter ausdrücklicher Bezugnahme auf die entsprechenden scotischen Texte feststellt – dem je meinigen Denken vorgängig und deshalb „real" ist (vgl. CP 5.503; 6.349; 7.336). Diese Realität des begrifflich erfassten Allgemeinen weist sich dadurch aus, dass „auf lange Sicht" alle Mitglieder der unbegrenzt gedachten Forschergemeinschaft in ihrer Annahme übereinstimmen (vgl. CP 8.12f.; 5.311; 5.384; 5.408), was – wie Peirce später (wiederum in Übereinstimmung mit Scotus) feststellt – seinerseits die Annahme von „realen Möglichkeiten" (CP 5.453ff.) voraussetzt, die den Realitätsstatus des Allgemeinen begründen.

Zur zweiten Ebene ist auch die Scotus-Rezeption von M. Heidegger (1889-1976) zu rechnen.[20] In seiner 1916 erschienenen Habilitationsschrift[21] schickt er seiner Interpretation der in der Edition von Waddings-Vivès enthaltenen, wenig später jedoch als Schrift des Thomas von Erfurt identifizierten *Grammatica speculativa* eine Grundlegung vorauf, in der er im weitgehenden Rückgriff auf die authentischen Werke des Scotus nach den von Scotus zugrundegelegten „Kategorien" fragt. Als „Kategorie der Kategorien" bezeichnet er die Bestimmung des „Seienden" und versteht sie als den „Gesamtsinn der Gegenstandsphäre überhaupt, das sich durchhaltende Moment im Gegenständlichen", also „die Gegenständlichkeit überhaupt" (GA I / 1,214ff.). Denn wenn nach Scotus jedes Seiende als *Seiendes*, d.h. als ein „Gegenstand überhaupt" erkannt wird, dann bedeutet „Seiendes" nach Heidegger „nichts anderes als die Bedingung der Mög-

---

[18] Vgl. dazu und zum Folgenden ausführlicher HONNEFELDER: *Scientia* (wie Anm. 14), 382-402.

[19] Vgl. ausführlicher J. F. BOLER: *Charles Peirce and Scholastic Realism. A Study of Peirce's Relations to John Duns Scotus*, Seattle 1963; sowie HONNEFELDER: *Scientia* (wie Anm. 14), 382-396; ferner DERS.: *Die Lehre von der doppelten* ratitudo entis *und ihre Bedeutung für die Metaphysik des Johannes Duns Scotus*, in: Commissio Scotistica (Hg.): *Deus et Homo ad mentem I. Duns Scoti*, Rom 1972, 661-671.

[20] Vgl. dazu L. HONNEFELDER: Art. *Duns Scotus / Scotismus II. Die Rezeption des scotischen Denkens im 20. Jh.*, in: Theologische Realenzyklopädie, Bd. 9, Berlin / New York 1982, 232-240; sowie neuerlich J. GRONDIN: *Introduction à la métaphysique*, Montréal 2004, 333ff.

[21] M. HEIDEGGER: *Die Kategorien- und Bedeutungslehre des Duns Scotus* (GA I/1).

lichkeit von Gegenstandserkenntnis überhaupt“ (ebd.). Wenn aber der Begriff „Seiendes“ einen schlechthin einfachen Gehalt hat und durch nichts Früheres erläutert werden kann, also nicht noch einmal *als etwas* begriffen werden kann, besitzt es nach Heidegger „Letztheitscharakter“. „Als bei einem Letzten hört bei ihm alles auf“ (ebd. 217). Es liegt nahe, in der hier von Heidegger identifizierten prinzipiellen Differenz zwischen dem „Seienden als solchen“ und dem je bestimmten Seienden und der von ihm in seinem Werk *Sein und Zeit* (1927) herausgearbeiteten „ontologischen Differenz“ einen Zusammenhang zu vermuten. Zur weiteren Aufklärung des *Sinns* von „Seiendem“ verweist Heidegger auf eine „Kreisbewegung des Denkens“ (ebd.), die er bei Scotus in einer Explikation der transzendentalen Attribute der Einheit und Wahrheit sieht.

Die These von der ontologischen Kontingenz der Welt, die Scotus innerhalb seiner modalen Explikation von „Seiendem“ entwickelt, wird von H. Blumenberg (1920-1996) an zentraler Stelle seines viel diskutierten Werkes *„Die Legitimität der Neuzeit“* (1966) aufgegriffen.[22] Die europäische Neuzeit, so die These Blumenbergs, ist angemessen nur zu begreifen als „Selbstbehauptung“ gegen den „theologischen Absolutismus“ (LN 134, 172), der durch die Betonung der absoluten Freiheit und der unendlichen Macht Gottes die Ordnung zerstört habe, die menschliche Vernunft in der Wirklichkeit anzutreffen beansprucht. Über Wilhelm von Ockham hinaus verweist er auf die scotische Erklärung der Kontingenz aus der Freiheit des göttlichen Willens (LN 201) und erneuert damit den Vorwurf eines zum Nominalismus führenden Voluntarismus. Die genaue Interpretation der scotischen Lehre zeigt freilich, dass Scotus zwar den griechisch-arabischen Nezessitarismus kritisiert und den Ursprung der Kontingenz in der Entscheidung der Freiheit Gottes erblickt, deren Gründe uns aufgrund jener Transzendenz der Freiheit entzogen sieht, die Gott als *obiectum voluntarium* auszeichnet. Doch da nach Scotus Gott das kontingent Gewollte in seiner inneren Möglichkeit notwendig erkennt, ist Erkenntnis der Welt durch Forschung zugleich notwendig und möglich: Während die aktuelle Wirklichkeit des Faktischen nur intuitiv konstatiert werden kann, ist seine Faktizität aus der ihr inhärenten Möglichkeit rational aufklärbar.

Zur **dritten Ebene** sind diejenigen philosophischen Ansätze zu zählen, in denen Problemstellungen und Theoreme fortwirken, die ihre primäre oder zumindest maßgebliche Formulierung durch Scotus gefunden haben.

---

[22] Vgl. H. BLUMENBERG: *Die Legitimität der Neuzeit*, Frankfurt a.M. 1966; vgl. dazu und zum Folgenden ausführlicher HONNEFELDER: *Scientia* (wie Anm. 14), 403-486.

Dazu gehört – um ein erstes Beispiel zu nennen – die Frage nach dem ontologischen Status der intentionalen Gehalte bzw. Objekte. Mit der formalen Bestimmung der Seiendheit als *non repugnantia ad esse* hatte Scotus die Möglichkeit geschaffen, einerseits an der strengen Dichotomie von **ens reale** und **ens rationis** festzuhalten, andererseits zugleich aber die Gehalte der *conceptus proprii* als intentional vergegenwärtigte *realitates* oder *formalitates* zu verstehen. Mit dieser Lösung waren freilich zugleich neue Fragen gestellt. Sollte man den intentionalen Gegenständen eine eigene Seiendheit zuordnen – wie schon Jacobus de Aesculo und Franciscus de Mayronis annahmen –, oder genügt es – wie schon Wilhelm von Alnwick meinte –, sie als die gegenständlichen Gehalte der mental existierenden *species intelligibilis* zu verstehen. Oder lässt sich auf eine übergreifende Bestimmung der Realität als bloße widerspruchsfreie Konzeptibilität zurückgreifen – eine Meinung, die Scotus selbst mit dem Hinweis auf die Äquivokation eines solchen weiten Verständnisses von „Seiendes" abgelehnt hatte, die aber innerhalb des Scotismus und der spanischen Spätscholastik unter dem Stichwort eines „Supertranscendentale"[23] Anhänger fand.

Das skizzierte scotische ebenso wie das scotistische Realitätsverständnis wirkt nicht nur bei Descartes und Leibniz, der deutschen Schulphilosophie, Wolff und Kant fort.[24] Es geht über die Rezeption der mittelalterlichen Intentionalitätstheorien durch F. Brentano[25] auch in die modernen Gegenstandstheorien ein, wie sie bei K. Twardowski, A. Meinong, E. Mally und E. Husserl begegnen.[26]

Als zweites Beispiel lässt sich das Fortwirken der Modaltheorie nennen, deren Ansätze von Scotus im Gefolge des neu formulierten Willensbegriffs entwickelt werden. Durch die Zurückführung der Kontingenz auf den Willen kommt Scotus zu einem modalen Verständnis der Kontingenten, das Kontingenz nicht mehr „statisch" versteht, sondern als synchron

---

[23] Vgl. etwa J. P. DOYLE: *Between Transcendental and Transcendental: The Missing Link*, in: Review of Metaphysics 50 (1997) 783-813; ferner T. KOBUSCH: *Sein und Sprache. Historische Grundlegungen einer Ontologie der Sprache*, Leiden 1987.

[24] Vgl. den Überblick bei J.-F. COURTINE: Art. *Realitas*, in: Historisches Wörterbuch der Philosophie, Bd. 8, Darmstadt 1992, 178-185.

[25] Vgl. D. PERLER: *Theorien der Intentionalität im Mittelalter*, Frankfurt a.M. 2002, bes. 1-30, 399-411.

[26] Vgl. den Überblick bei J.-F. COURTINE: *Présentation*, in: A. MEINONG: *Théorie de l'objet (1904): Présentation personelle (1921)*. Übers. von J.-F. COURTINE und M. de LAUNAY, Paris 1999, 7-59; F. NEF: *L'objet quelconque. Recherches sur l'ontologie de l'objet*, Paris 1998; DERS.: *Qu'est-ce que la métaphysique?* Paris 2004, bes. 451ff. u.ö.

bestehende Möglichkeit zu sein oder nicht zu sein.[27] Mit diesem Ansatz wird *avant la lettre* der Raum frei für den Gedanken „möglicher Welten". Von G. W. Leibniz aufgegriffen und fortgeführt, geht er als konstitutives Moment in die neueren Entwicklungen nicht nur einer Modallogik,[28] sondern auch einer Modalmetaphysik ein.[29]

Schlussbemerkung

Wie Interpretation, Kontext und Wirkungsgeschichte zu zeigen vermögen, stehen die philosophischen Überlegungen, die Johannes Duns Scotus im Rahmen seines vorwiegend theologisch orientierten Werks entwickelt hat, in einem inneren Zusammenhang, der einen eigenständigen Entwurf der Philosphie erkennen lässt. Fragt man nach dem Grundgedanken dieses Entwurfs, so könnte man auf den Zusammenhang verweisen, der die drei zentralen Stichworte *Intentionalität, Transzendentalität* und *Moralität* verbindet. Alle drei Stichworte stehen für Fragen, zu denen Scotus der theologische Anlass zwingt, auf die sich die Antwort aber nur auf philosophische Weise geben lässt, und dies auch nur dann, wenn der Rahmen der philosophischen Tradition gesprengt und neue Wege gesucht werden.

Es ist die Herausarbeitung der *Intentionalität* unserer begrifflichen Erkenntnis, die Scotus in die Lage versetzt, den Gehalten der definitorisch bestimmten Begriffe einen eidetischen Sinn zuzuordnen, der ihre welterschließende Leistung zu erklären vermag, ohne sie dem Verdacht subjektiver Willkür oder der Missdeutung als bloßer Abbilder der gegenständlichen Wirklichkeit auszusetzen. Es gibt eine Realität, so die These, die nur im Denken kraft der ihm eigenen Intentionalität erscheint, die aber dem je meinigen Denken vorgängig ist und ihren Geltungsgrund in sich

---

27 Zur Entwicklung vgl. S. KNUUTTILA: *Time and Modality in Scholasticism*, in: DERS. (Hg.): *Reforging the Great Chain of Being. Studies oft the History of Modal Theories*, Dordrecht / Boston / London 1981, 163-257; DERS.: *Duns Scotus' Criticism of the „Statistical" Interpretation of Modality*, in: W. KLUXEN et al. (Hg.): *Sprache und Erkennen im Mittelalter. Akten des VI. Internatioalen Kongresses für mittelalterliche Philosophie. Bonn 29. Aug.-13. Sept. 1977.* 2 Bde., Berlin / New York 1981, 441-450; DERS.: *Modal Logic*, in: N. Kretzman / A. KENNY / J. PINBORG (Hg.): *The Cambridge History of Late Medieval Philosophy*, Cambridge 1982, 342-357; DERS.: *Being qua Being in Thomas Aquinas and John Duns Scot*, in: DERS. / J. HINTIKKA (Hg.): *The Logic of Being. Historical Studies*, Dordrecht 1986, 201-222.

28 Vgl. K. JACOBI: Art. *Möglichkeit*, in: Handbuch philosophischer Grundbegriffe, Bd. 4, München 1973, 930-947.

29 Vgl. etwa M. J. LOUX (Hg.): *The Possible and the Actual: Readings in the Metaphysics of Modality*, Ithaca [2]1988.

trägt. Wie die Weiterführung der scotischen Deutung der Intentionalität unserer Begriffe durch Ockham, Suárez und Peirce deutlich macht, kann an dem von Scotus als Leitfaden benutzten Gedanken eines eidetischen Eigensinns der intentionalen Gehalte auch unter den Bedingungen verschärfter Erkenntniskritik festgehalten werden.

Mit dem Gedanken der *Transzendentalität* kann Scotus dem Projekt einer *Ersten Philosophie* eine Gestalt geben, die weder eine Erkenntnis vom „Gottesgesichtspunkt" aus in Anspruch nimmt, noch den Ausgriff der Vernunft auf die Erkenntnis der Gegenstände unserer sinnlich erfahrbaren Welt beschränkt. Metaphysik ist *Erste Philosophie* weder als Erleuchtungswissen noch als Physik, sondern nur indem sie jenen Ausgriff der Vernunft expliziert, ohne den Wissen von Welt überhaupt nicht zu gewinnen ist. Eine solche Explikation aber ist möglich als formale Analyse unseres Sprechens und Begreifens, die jenes „Ersterkannte" freilegt, in dessen Horizont wir alles andere zu erkennen vermögen, sowie als Entfaltung der Modi, in denen wir die Weisen des Wirklichen und ihre inneren Verweisungszusammenhänge erfahren, die ihrerseits ein „Erstes" als die abschließende Bedingung alles anderen erkennen lässt. Wie die Möglichkeit einer Rezeption des von Scotus entwickelten Konzepts von *Transzendentalphilosophie* durch Kant und ihre Fortsetzbarkeit in Form einer Modalmetaphysik deutlich machen, hat Scotus durch die Verbindung von formaler Analyse und modaler Explikation ein Konzept entwickelt, das zu den bleibenden Formen der Einlösung des Projekts einer *Ersten Philosophie* gerechnet werden muss.

Durch die Herausarbeitung der Rolle des Willens schließlich kann Scotus die Frage nach dem entfalten, was das Handeln des Menschen im eigentlichen Sinn *gut* und damit zur Erfüllung des Menschen macht. Denn wenn die Gutheit des Handelns in der dem Handeln zugrundeliegenden Willensbestimmung liegt und der Wille seine Freiheit gewinnt, indem er sich selbst dazu bestimmt, den von der Vernunft aufgezeigten Gründen zu folgen, dann kann die *Moralität* des moralischen Handelns in einer Weise bestimmt werden, die der Rolle des Subjekts als dem eigentlichen Urheber des Handelns entspricht, ohne die Entscheidung des Willens von der Bindung an die Gründe zu lösen, die die Vernunft dem Willen aufzeigt. Auch hier zeigt die Rolle, die im Verlauf der weiteren Philosophiegeschichte in Fortsetzung der Frage nach der Moralität des moralischen Handeln dem Willen und seiner Freiheit in der Debatte um Kompatibilismus und Inkompatibilismus zugewiesen wird, welche Bedeutung der Zuordnung von Vernunft und Willensvermögen zukommt, wie sie Scotus jenseits von Voluntarismus und Naturalismus seiner ethischen Theorie zugrunde legt.

Es wäre Gegenstand weiterer Darlegungen näherhin zu zeigen, in welcher Weise die durch die drei Stichworte gekennzeichneten Überlegungen sich nicht nur darin ähneln, jeweils den Schritt in die bis dato nicht hinreichend reflektierten Voraussetzungen der jeweils zu erklärenden Phänomene zu tun, sondern auch wie sie ihrerseits aufeinander verweisen. Doch lässt bereits die Darstellung der scotischen Lehre mit der wechselseitigen Verwiesenheit der drei genannten Problemzusammenhänge die strukturelle Einheit erkennen, die der von Scotus entwickelten Philosophie eigen ist.

6. Die Anerkennung des Johannes Duns Scotus als Seliger

Herbert Schneider OFM

Das Interesse an der Anerkennung des Johannes Duns Scotus als Seliger ist lebendig seit seinem Tode. Dies ist bereits in der Literatur dokumentiert.[1]

Hier soll nur der jüngste Abschnitt der erfolgreichen Bemühungen berichtet werden.

1. Ein neues Interesse an der Verehrung des Johannes Duns Scotus

Als Johannes Duns Scotus im Jahre 1954 mit einem neuen Sarkophag ein neues Grab in der Minoritenkirche zu Köln erhielt, wurde der Kölnischen Franziskanerprovinz eine Armreliquie des Scotus vom damaligen Erzbischof Josepf Kardinal Frings übergeben. Sie befand sich im Kölner Franziskanerkloster. Als das Kloster im Jahre 1980 aufgegeben wurde, übertrug Weihbischof Klaus Dick von Köln auf Vorschlag der Franziskaner die Armreliquie in ein neues von Toni Zenz, Köln, angefertigtes Reliquiar in der Wallfahrtskirche der Franziskaner in Neviges, weil dort seit 1680 die Immaculata verehrt wird, deren ausgezeichneter Verteidiger Johannes Duns Scotus war.

Unter Berufung auf die Übertragung der Armreliquie richtete ich als damaliger Provinzialminister in Absprache mit dem Leitungsgremium der Kölnischen Franziskanerprovinz am 25. September 1980 ein Schreiben an den Generalpostulator Antonio Cairoli OFM in Rom mit der Anfrage, wie der Seligsprechungsprozess neu aufgerollt werden könnte. Die Antwort von Antonio Cairoli am 8.10.1980 war hilfreich. Es zeigte sich aber, wie viel zu tun war. Vor allem musste nachgewiesen werden, dass der Kult des seligen Johannes Duns Scotus schon mindestens 100 Jahre vor dem Dekret Papst Urbans VIII. von 1634 bestand, also vor 1534, d.h. „seit unvordenklichen Zeiten“ (ab immemorabili tempo).

---

[1] Herbert SCHNEIDER OFM: *Johannes Duns Scotus – Seliger der ganzen Kirche*, Mönchengladbach 1995 (Rhenania Franciscana, Beiheft 12); Dietrich ESSER OFM / Gioacchino D'ANDREA OFM: *Johannes Duns Scotus – Untersuchungen zu seiner Verehrung*, Mönchengladbach 1986.

Während die ersten Kontakte mit der Generalpostulatur des Franziskanerordens noch im Gange waren, wurde bekannt, dass Papst Johannes Paul II. bei seiner Deutschlandreise auch Köln besuchen werde. Im persönlichen Kontakt mit dem Erzbischof von Köln Joseph Kardinal Höffner vereinbarte ich auch den Besuch des Papstes am Grab des Johannes Duns Scotus. Nach einer Messfeier am 15. November 1980 kam der Papst dann in die Minoritenkirche zum Grab des Adolph Kolping und anschließend zum Gebet am Grab von Johannes Duns Scotus. Der Papst nennt Scotus hier in der Minoritenkirche einen „Turm des Glaubens", der wie ein „Zeuge des Glaubens zum Himmel ragt".

Der Besuch von Papst Johannes Paul II. am Grab des seligen Johannes Duns Scotus war ein Markstein im Verlauf aller Bemühungen um die öffentliche Anerkennung des Johannes Duns Scotus als Seliger, wenngleich er nach seinem Tode auch von vielen als Heiliger verehrt wurde. Ermutigt durch den Papstbesuch richtete ich in Abstimmung mit dem Leitungsgremium meiner Ordensprovinz am 12. Dezember 1980 an die Generalleitung des Franziskanerordens in Rom die Bitte, konkrete Maßnahmen für die Verehrung des Johannes Duns Scotus und seine Anerkennung als Seliger einzuleiten. Die Antwort kam durch Vermittlung von Generaldefinitor Konstanz Faschian OFM am 5. August 1981 mit dem Vorschlag der Ernennung von zwei Vizepostulatoren für Neapel und für Köln. Für die Kölnische Franziskanerprovinz wurde Dietrich Esser OFM am 15.11.1981 als Vizepostulator vom Generalpostulator Antonio Cairoli in Rom ernannt. Als Juan Folguera OFM 1985 das Amt des Generalpostulators übernahm, erneuerte er die Ernennungen. Das Erzbistum Köln ernannte seinerseits am 13. März 1984 in Domkapitular Prälat Jakob Schlafke einen Vizepostulator. Im übrigen arbeitete die Kölnische Franziskanerprovinz eng mit der Deutschen Minoritenprovinz zusammen.

Vizepostulator Dietrich Esser brachte für seine neue Aufgabe durch sein Studium und seine Sprachkenntnisse die besten Voraussetzungen mit, sich der Arbeit zu widmen, und dies tat er gründlich und mit Hingabe. Er war zunächst Professor an der Johannes-Duns-Skotus-Akademie in Mönchengladbach und dort auch Studienpräfekt. Im Studienkolleg unseres Ordens in Grottaferrata bei Rom nahm er später Wohnung. Gleichzeitig war er Professor für Philosophie am Antonianum, der Ordensuniversität der Franziskaner in Rom. So in der Nähe zum Vatikan betrieb er gründliche Studien über die Verehrung des Johannes Duns Scotus. Am Ende konnte er feststellen, dass die bisherigen Seligsprechungsprozesse positiv zugunsten des Johannes Duns Scotus zu bewerten waren.[2]

Vor allem konnte Dietrich Esser nachweisen, dass der erste Prozess von Köln 1706-1707, der negativ verlief, unhaltbar war, da nach der Feststellung, es gäbe in Köln keinen Kult des Scotus, der Kult des Scotus verboten wurde! Hier waren damals offenbar andere Tendenzen im Spiel, die sich gegen seine Theologie und seine Lehre von der Immaculata, die damals noch kein Dogma war, richteten. Eine umfassende Darstellung seiner Untersuchungen findet sich in dem zusammen mit dem Scotusfachmann der Franziskaner von Neapel, Gioacchino D'Andrea OFM im Jahre 1986 herausgegebenen Buch: Johannes Duns Scotus – Untersuchungen zu seiner Verehrung.[3]

2. Die Verehrung an seinem Grab

Infolge des fünften Prozesses zur Seligsprechung von Johannes Duns Scotus wurde schon 1927 beschlossen, die Werke des Johannes Duns Scotus kritisch zu edieren, vor allem auch als Erwiderung zu damaligen Anfragen. Die dazu berufene Scotus-Kommission des Ordens am Antonianum in Rom legte ihre Erwiderung am 20. Januar 1970 der Kongregation für Selig- und Heiligsprechung vor. Am 25. April 1972 behandelte diese Kongregation die Eingabe der Kommission und erließ am 4. Mai 1972 ihr Dekret über die Anerkennung der Schriften.[4] Papst Paul VI. anerkannte am 4. Mai 1972 diese Entscheidung der zuständigen Kardinäle, die dazu zu einer Sitzung zusammengekommen waren. Der Generalminister Konstantin Koser erklärte daraufhin in einem Rundschreiben vom 28. Mai 1972 an den ganzen Orden: „Der Weg steht jetzt offen, bis zum Ende fortzuschreiten und Johannes Duns Scotus die Ehren zuzubilligen, die ihm nach unserer Überzeugung zustehen."[5]

Auf dieser Linie liegt auch die Verehrung, die Scotus an seinem Grab in der Minoritenkirche zu Köln, die seit der Säkularisation von 1804 Annexkirche des Domes von Köln ist, gegeben wird. Am Grab des Scotus

---

2 Dietrich ESSER OFM: *Die Causa des seligen Johannes Duns Scotus: Der heutige Stand*, in: Wissenschaft und Weisheit 49 (1986) 44-70.

3 ESSER / D'ANDREA: *Johannes Duns Scotus – Untersuchungen zu seiner Verehrung* (wie Anm. 1).

4 Roberto ZAVALLONI OFM: *Giovanni Duns Scoto. Maestro di vita e pensiero*, Bologna 1992, 30ff.

5 Acta Ordinis Fratrum Minorum, Rom 91 (1972) 163.

wurden immer wieder in der Vergangenheit Feiern gehalten. Nun ab 1981 beschlossen die beiden Provinzen, die Kölnische Franziskanerprovinz und die Deutsche Minoritenprovinz, gemeinsame Feiern abzuhalten, im Wechsel von Köln, Würzburg und Neviges.

Begleitet wurde die Verehrung durch Schriften über das Denken und Beten des Johannes Duns Scotus, sowie Gebetszettel zu seiner Verehrung. Das Erzbistum Edinburgh in Schottland, der Heimat des Johannes Duns Scotus, erwies sich als aktiv Beteiligter.

3. Der weitere Verlauf

Wichtig waren mehrere Gespräche mit Kardinal Höffner, so am 15. August 1982. Aus den Gesprächen ergab sich zum einen, die ununterbrochene Verehrung zu belegen, so dass ein Anerkennungsprozess als Seliger – eine Anregung von Vizepostulator Jakob Schlafke – geführt werden konnte. Die strenge Ordnung von Papst Urban VIII. von 1634 ließ diese Ausnahme zu, wenn jemand „seit unvordenklichen Zeiten“ schon als Seliger bzw. Heiliger verehrt wurde. Dies war für Scotus zu belegen, was auch geschah. Zum anderen ging es darum, die Ausdehnung des Kultes von Nola bei Neapel, wo Scotus öffentlich sehr verehrt wird, für das Erzbistum Köln und den gesamten Orden zu erwirken, um so einen ersten Schritt zu universellen Anerkennung zu tun.

Im Jahre 1983 besuchte Generalminister John Vaughn OFM die Kölnische Franziskanerprovinz. Es war möglich, mit ihm zum Marienwallfahrtsort Neviges zu fahren, als der Erzbischof von Köln, Joseph Kardinal Höffner, dort am 15. August 1983 einen Festgottesdienst zu Ehren der Immaculata hielt, für die Johannes Duns Scotus der große Vorkämpfer geworden war.

Nach einem Besuch an der Armreliquie in der Wallfahrtskirche fand ein gemeinsames Mittagessen des Kardinals, des Generalministers John Vaughn, des Generaldefinitors Konstanz Faschian und des Provinzials Herbert Schneider von der Kölnischen Franziskanerprovinz zusammen mit dem Nevigeser Konvent der Franziskaner statt. Nach dem Mittagessen konnte der Generalminister zu einem Gespräch mit dem Erzbischof über die Anerkennung des Johannes Duns Scotus als Seliger geführt werden. Als Ergebnis des Gespräches wurde vereinbart, dass der Generalminister ein längeres Schreiben an Kardinal Höffner richtete, das Anliegen der Verehrung des Johannes Duns Scotus der Deutschen Bischofskonferenz vorzutragen und sich beim Heiligen Vater in Rom dafür zu verwenden.

Das Schreiben richtete Generalminister John Vaughn dann am 10. Oktober 1983 an den Kardinal von Köln.[6]

Die Deutsche Bischofskonferenz reagierte wohlwollend und übertrug Kardinal Höffner die Fortführung des Anliegens, was er am 7. November gegenüber dem Provinzial der Kölnischen Franziskanerprovinz bestätigte, worauf dieser mit seinem Schreiben vom 23. November 1983 ausführlich antwortete. Nach einem Briefaustausch am 23. Dezember 1983 fand ein Treffen mit Kardinal Höffner am 10. Januar 1984 statt. Teilnehmer waren Domkapitular Jakob Schlafke, Viezpostulator Dietrich Esser und Provinzial Herbert Schneider. Als Ergebnis des Gespräches schrieb dann Kardinal Höffner am 25. Januar 1984 sein wichtiges Postulationsschreiben an Papst Johannes Paul II. Dieses Schreiben galt fortan als eines der wichtigen Dokumente im Prozess.[7] Auf dieses Schreiben folgte später noch das Postulationsschreiben des Kölnischen Provinzials Herbert Schneider am 22. Mai 1984, das zu den Akten der Kongregation zur Begutachtung gegeben wurde.

Das Treffen von Neviges wirkte sich auch günstig auf die Konferenz der drei Generalminister des Minderbrüderordens, d.h. der Franziskaner, Franziskaner-Minoriten und Kapuziner, aus. Sie richteten am 4. Oktober 1983 ein Bittschreiben an den Heiligen Vater. Seinerseits richtete am 25. Oktober 1984 Generalminister John Vaughn zusammen mit seinem Leitungsgremium ein Schreiben an die Franziskanische Familie, an einer Ikonographie über Scotus mitzuwirken, worauf 25 Provinzen antworteten.[8]

Das Jahr 1984 wurde zu einem wichtigen Jahr im Verlauf der Bemühungen. Viele andere Bittgesuche wurden eingereicht, so von den Franziskaner-Kardinälen Evaristo Arns (Sao Paolo), Aloisio Lorscheider (Forteleza), Landazuri-Ricketts (Lima), Franziskanerbischöfen und franziskanischen Ordensoberen und Ordensoberinnen.

Am 17. Dezember 1984 schien das Ziel schon erreicht zu sein. Kardinal Augustin Meyer OSB, Pro-Präfekt der Kongregation für den Kultus, hatte der Ausdehnung des Kultes von Nola auf das Erzbistum Köln und den Minderbrüderorden zugestimmt. Aber es erfolgte keine schriftliche Ausführungsbestimmung, da die Kongregation für Selig- und Heiligspre-

---

6 Acta Ordinis Fratrum Minorum, Rom 102 (1983) 10: *Itinera Ministri Generalis in Germania Provincia Coloniensis SS. Trium Regum*: 14.-17. Aug. 1983, 250.

7 Acta Ordinis Fratrum Minorum, Rom 103 (1984) 9: *Pro Beatificatione Joannis Duns Scoti: Litterae postulatoriae ab Em. D. Josepho Card. Höffner*, 240-243.

8 Acta Ordinis Fratrum Minorium, Rom 105 (1986) 9: *De iconographia Joannis Duns Scoti*, 203-204.

chungsprozesse eine umfassende Dokumentation verlangte, obwohl eine solche aus früheren Prozessen schon vorlag. Dies hatte vermutlich auch mit dem neuen Codex des kirchlichen Rechts von 1983 zu tun.

Glück hatte ich am 27. Juli 1984 in Rom anlässlich eines internationalen Kongresses unseres Ordens über unsere dortige Ordenshochschule Antonianum, auf das Problem der Causa des Johannes Duns Scotus hinweisen zu können und um Mithilfe von Seiten der Professoren gebeten. Dieses Anliegen wurde vom damaligen Dekan der Philosophischen Fakultät, Roberto Zavalloni OFM, aufgegriffen mit dem Vorschlag der Bildung einer Interfranziskanischen Kommission zur Erstellung einer umfassenden Dokumentation. Sie wurde sogleich vom Generalminister John Vaughn ins Leben gerufen. Unter Leitung von Roberto Zavalloni arbeitete sie zügig und hervorragend. Mitglied der Kommission war auch Vizepostulator Dietrich Esser OFM. Von seiten der Generalkurie unseres Ordens erhielt die Kommission in Generalpostulator Juan Folguera OFM und seinem Vertreter Luca de Rosa OFM stets hilfreiche Unterstützung. Die Kommission konnte im Jahre 1988 ein 1400 Seiten umfassendes Werk vorlegen.

Das Generalkapitel der Franziskaner im Jahre 1985 in Assisi wurde von mir und Dietrich Esser, die wir beide Teilnehmer waren, bewegt, ein Bittschreiben an den Papst zu richten. Dieses Kapitel hatte sich das Anliegen der Verehrung seines großen Mitbruders zu eigen gemacht. Dann hatte Kardinal Höffner am 1. Mai 1987 im Müngersdorfer Stadion in Köln Papst Johannes Paul II. bei seinem erneuten Besuch anlässlich der Seligsprechung von Edith Stein öffentlich den Wunsch vorgetragen, dass auch Johannes Duns Scotus zur Ehre der Altäre erhoben werde. Edith Stein selbst hatte sich in ihren Werken auch an Johannes Duns Scotus ausgerichtet.

Nachdem in Rom von Seiten der Interfranziskanischen Kommission alle Arbeiten abgeschlossen waren, ernannte die Kongregation für Selig- und Heiligsprechungen am 29. Januar 1988 Mons. Giovanni Papa zum Generalrelator der Causa des Johannes Duns Scotus. Monsignore Papa verfasste eine ausgezeichnete „Informatio", die der Positio der Interfranziskanischen Kommission für die Behandlung in der Kongregation für Selig- und Heiligsprechung vorangestellt wurde. Diese Informatio ist zusammen mit einem „Summarium" über Leben, Tugend und Kult des Scotus, verfasst von Roberto Zavalloni OFM, als Band 2 der Veröffentlichungen der Johannes-Duns-Skotus-Akademie Mönchengladbach im

Jahre 1992 erschienen, ins Deutsche übersetzt von Dietrich Esser OFM.[9] Die Positio lag am 11. April 1989 dem Historischen Offizium der genannten Kongregation vor. Das Offizium entschied positiv. Nun gelangten die Unterlagen am 23. September 1990 an das Theologische Offizium derselben Kongregation, das am 23. November 1990 ebenfalls positiv entschied. Der General-Glaubensanwalt Antonio Petti konnte dann noch am 23. November 1990 die „Relatio et Votum" dieses Offiziums veröffentlichen.

Jetzt gelangte der Prozess vor die Versammlung der Kardinäle, die am 21. Mai 1991 unter Kardinal Eduard Gagnon ebenfalls ein positives Votum abgab. Am 6. Juli 1991 wurde im Beisein von Papst Johannes Paul II. das Dekret „Qui docti fuerint" (Männer, die die Weisheit liebten) über die Anerkennung des Johannes Duns Scotus als Seliger erlassen. Im Dekret heißt es: „Der Ruf der Heiligkeit und die heroischen Tugenden des Dieners Gottes Johannes Duns Scotus erweisen sich mit Sicherheit als wahr, ebenso auch der Kult, den man ihm seit unvordenklichen Zeiten gewidmet hat." Am 12. Juli 1991 erschien im „L'Osservatore Romano" der Bericht über diese Sitzung. Ein besonderer Akt der Anerkennung als Seliger war demnach nicht vorzunehmen. Das Dekret hätte schon gereicht; doch alle ersehnten eine öffentliche Verehrung durch den Papst.

Das ersehnte Schreiben kam dann am 23. November 1992 beim Orden an. Das Staatssekretariat hatte dem Generalpostulator als Termin den 20. März 1993 für diese Feier des Papstes mitgeteilt. Am 28. November 1992 bestätigte dann die Kongregation für Selig- und Heiligsprechungen, dass im Rahmen einer Vesper um 17.30 Uhr am 20. März 1993 der Papst die liturgischen Ehren dem seligen Johannes Duns Scotus erweisen werde.

Um diesen Termin hatte sich Generalminister Hermann Schalück OFM zusammen mit den anderen Generalministern des Minderbrüderordens am 27. Dezember 1992 in einem Schreiben an den Papst bemüht. So bleibt uns am Schluss der Dank an alle bekannten und unbekannten Mitwirkenden. Hoffen wir auf eine Heiligsprechung und im Gefolge davon auf die Erklärung als Kirchenlehrer.

Papst Johannes Paul II. sagte in seiner Predigt während der Vesper am 20. März 1993 zum Abschluss: „'Jetzt ist die Zeit der Gnade, jetzt ist er da, der Tag der Rettung'. Jetzt ist die Zeit der Umkehr. Johannes Duns Scotus erinnert uns daran, dass die tätige Liebe zu den Brüdern und

---

[9] Giovanni PAPA / Roberto ZAVALLONI OFM: *Dokumente zur Seligsprechung des Johannes Duns Scotus – Informatio und Summarium*, Kevelaer 1992 (Veröffentlichungen der Johannes-Duns-Skotus-Akademie Mönchengladbach, 2).

Schwestern aus der Suche nach der Wahrheit und ihrer Betrachtung in der Stille des Gebetes und im klaren Zeugnis der vollen Bejahung des Willens des Herrn erwächst. Liebe Brüder und Schwestern, wie in seinem Leben die Gnade Gottes nicht vergebens gewesen ist, so soll es auch für uns sein. Das erbitten wir auf seine Fürsprache mit Vertrauen auf den Herrn. Seliger Johannes Duns Scotus, bitte für uns!"[10]

---

[10] Herbert SCHNEIDER OFM: *Gott loben und ehren mit dem Seligen Johannes Duns Scotus*, Mönchengladbach 2004, 12; Herbert SCHNEIDER OFM: *Johannes Duns Scotus – Seliger der ganzen Kirche* (wie Anm. 1) 94.

7. Scotus, ein Heiliger?

Herbert Schneider OFM

Im Dekret „Qui docti fuerint“ des Apostolischen Stuhles vom 6. Juli 1991 zur Anerkennung des Johannes Duns Scotus als Seligen heißt es: „Die Heiligkeit und die heroischen Tugenden des Dieners Gottes Johannes Duns Scotus stehen außer Zweifel und werden hiermit feierlich festgestellt, ferner auch seine kultische Verehrung, die ihm seit unvordenklichen Zeiten gezollt wurde.“[1] Papst Johannes Paul II. hat dann am 30. März 1993 in einer feierlichen Vesper Duns Scotus als Seligen geehrt und ihn damit gemäß dem Verfahren des Apostolischen Stuhles anerkannt.

Zwei Dinge fallen auf: Die Worte „Heiliger“ und „Seliger“ werden gleichzeitig gebraucht und es fand kein förmlicher Seligsprechungsprozess statt, sondern nur ein Anerkennungsverfahren als Seliger. Der Grund besteht darin, dass nach der strengen Verordnung von Papst Urban VIII. vom Jahr 1534 alle vor dieser Verordnung „seit unvordenklichen Zeiten“[2] Seliggesprochenen nicht dem strengen Prozessverfahren unterliegen, sondern lediglich die Verehrung als Heiliger und Seliger bezeugt sein muss. Dies ist bei Johannes Duns Scotus geschehen. Daher wurde er als Seliger vom Papst anerkannt, was einer Seligsprechung gleichkommt.

Nun wurde aber Scotus von Anfang an gemäß den Zeugnissen als Heiliger und dann wieder als Seliger verehrt. Diese Begriffe wurden früher nicht so genau unterschieden, und auch heute ist es noch so, wenn man nicht kirchenrechtlich spricht, sondern heilsgeschichtlich. Dies sehen wir am eingangs genannten Text, der von der Heiligkeit der Tugenden spricht, gleichzeitig Scotus aber nur als Seligen der Kirche im rechtlichen Sinne vorstellt. Schon früher wurde das so gesehen, aber vor allem das neue Kirchenrecht (Codex Iuris Canonici) der katholischen Kirche vom 25. Januar 1983 unterscheidet: Ein Heiliger wird der universellen Kirche vorgestellt, ein Seliger nur in einigen Teilbereichen der Kirche empfohlen.[3]

Obwohl Duns Scotus seit seinem Tod entweder als Heiliger oder Seliger verehrt wurde, gilt er kirchenrechtlich bisher nur als Seliger. Der Weg zur Heiligsprechung ist durch die römischen Normen des Codex von 1983,

---

[1] Herbert SCHNEIDER OFM: *Johannes Duns Skotus – Seliger der ganzen Kirche*, Mönchengladbach 1995 (Beiheft der Rhenania Franciscana, 12), 93.

[2] Fabijan VERAJA: *Le cause di canonizzazione di santi*, Vatikanstadt 1992, 31.

[3] VERAJA: *Le cause* (wie Anm. 2), 89.

Kanon 1403 und 1186-1187 vorgeschrieben.[4] Wenn die Verehrung (der Kult) der ganzen Kirche vorgeschrieben werden soll, findet eine Kanonisation, d.h. Heiligsprechung statt. Gemäß vatikanischer Vorstellung ist die Heiligsprechung das Ziel, das noch über die Seligsprechung hinausgeht. Dazu ist aber ein Wunder auf die Fürsprache des Seligen nachzuweisen.[5] Allerdings könnte der Papst auch im Ausnahmefall eine Seligsprechung zu einer Heiligsprechung ausweiten.[6]

Damit ist die Sachlage klar: Duns Scotus kann als Heiliger verehrt werden, wenn ein Wunder bewiesen werden kann. Nun gab es schon bezeugte Wunder,[7] aber sie erfolgten vor dem neuen Kirchenrecht von 1983 und gelten daher nicht; es sei denn, der Sonderfall träte ein, dass der Papst eine Ausnahme macht und Scotus doch als Heiligen erklärt. Dazu müssten jedoch erneut Dokumente und Bittschriften vorgelegt werden.

Gehen wir vom üblichen Vorgang, nämlich dem eines Wunders, aus, dann muss die römische Selig- und Heiligsprechungskongregation wissenschaftlich und theologisch den Wunderbericht prüfen. Zuvor müssen zum behaupteten Wunder Dokumente und Zeugnisse dazu vorliegen, die vom Ortsbischof vorgelegt werden, in dessen Bistum das Wunder geschah.

Dann erfolgt in Rom eine Prüfung durch die Medizinische Abteilung. Liegt deren Bericht vor, prüft die Theologische Kommission den Vorgang. Darauf behandelt die Kommission der Kardinäle und Bischöfe den Vorgang. Wenn das Urteil dieser letzten Kommission günstig ist, erkennt der Papst einem außergewöhnlichen Ereignis die Qualität eines Wunders zu und betrachtet es als gültig, um die Heiligsprechung zu vollziehen.[8]

Der selige Johannes Duns Scotus muss also, um als Heiliger verehrt zu werden, in der ganzen Kirche offiziell vorgeschrieben und vom Papst in das Verzeichnis der Heiligen der universellen Kirche aufgenommen sein. Ist der selige Johannes Duns Scotus als Heiliger anerkannt, kann er auch zum Kirchenlehrer erklärt werden, was viele wünschen.

Im Summarium des Leiters der offiziellen Kommission für die Seligsprechung wird ausdrücklich von der *fama sanctitatis, dem Ruf der Heiligkeit*

---

4 *Codex des Kanonischen Rechtes*, Kevelaer 1984, 617 und 521.

5 VERAJA: *Le cause* (wie Anm. 2), 93.

6 VERAJA: *Le cause* (wie Anm. 2), 94.

7 Herbert SCHNEIDER OFM: *Gott loben und ehren mit dem seligen Johannes Duns Scotus*, Mönchengladbach 2004, 93ff.

8 Brief von Generalpostulator Luca de Rosa OFM vom 9.7.2004 an den Verfasser.

des Johannes Duns Scotus gesprochen.[9] Dieser Ruf stammt bereits aus seinen Lebzeiten und er dauert bis in unsere Zeit an. Seine ehrenvolle Bestattung in Köln zeigt es schon an. Er starb am 8. November 1308 und wurde bereits am 9. November 1308 bestattet, unter großer Beteiligung von Klerus und Volk, die den in der ganzen Welt berühmten Lehrer der Erde anvertrauen wollten.

So wurde er sogleich im Chor der Minoritenkirche am Eingang zur Sakristei beigesetzt. Er wurde „in die bloße Erde unter den Boden der Kirche" gelegt, also ohne Sarg im Ordenskleid und mit einem Tuch bedeckt, gemäß dem damaligen Brauch der Minderbrüder. Scotus erfuhr die besondere Ehre, sogleich in der Kirche beigesetzt zu werden, was als Hinweis auf seine Verehrung gedeutet werden kann.[10]

Die Grabesinschrift aus dieser Zeit heißt: „Hier versiegt der Strom wie der Born, der die Kirche getränket, Lehrend uns Sitte und Recht, voller Wissen, ja Lade der Weisheit. Steigend hinaus in die Höh', erschließt er verborgene Schriften. Jung noch an Jahren verblüht: So gedenkt denn dieses Johannes. Herr, lass ihn droben erglänzen und gib ihm der Seligen Krone. Wir aber singen erfreut, da der Vater zum Himmel erhoben. Leuchte der Kirche und Licht auch im Orden, ein Herold der Wahrheit."[11]

Von Anfang an gingen die Menschen davon aus, dass Scotus „zum Himmel erhoben" ist.

Vom Eingang der Sakristei weg wurde Scotus nach einigen Jahren in der Mitte des Chores unter der von der Decke herabhängenden Glocke beigesetzt, und dies wegen zunehmender Verehrung. Dieser Ort des Grabes „unter der Glocke" ist häufig bezeugt. Sein Grab blieb dort bis zum Jahr 1642/43.[12] Dann wurde Scotus einen Fuß vom Hauptaltar entfernt begraben, auch infolge einer Umgestaltung der Kirche. Immerhin zeigt die Verlegung des Grabes die zunehmende Verehrung des Duns Scotus. Bei einer Übertragung im Jahre 1870 hinter den Hauptaltar hieß es in der Inschrift: „Johannes Scotus. Der heiligen Theologie scharfsinniger Lehrer. Aus dem Orden der Minderbrüder. Starb im Jahre 1308." An den vier

9 Giovanni PAPA / Roberto ZAVALLONI OFM: *Dokumente zur Seligsprechung des Johannes Duns Scotus – Informatio und Summarium*, Mönchengladbach 1992 (Veröffentlichungen der Johannes-Duns-Skotus-Akademie, 2), 81.

10 Dietrich ESSER OFM / Gioacchino D'ANDREA OFM: *Johannes Duns Scotus – Untersuchungen zu seiner Verehrung*, Mönchengladbach 1986, 167.

11 ESSER / D'ANDREA: *Johannes Duns Scotus* (wie Anm. 10), 169.

12 ESSER / D'ANDREA: *Johannes Duns Scotus* (wie Anm. 10), 171.

Enden waren die bekannten Worte geschrieben, die das Leben des Duns Scotus zusammenfassen:

Schottland hat mich geboren, England hat mich aufgenommen, Gallien hat mich gelehrt, Köln besitzt mich.[13]

Seit dem Jahre 1958 befinden sich die Gebeine des Scotus (nach einer Rekogniszierung am 14. Mai 1954) in dem neuen Sarkophag links in der Minorienkirche, hergestellt vom bekannten Bildhauer Joseph Höntgesberg aus Köln.[14] Dies ist der erste Sarkophag überhaupt, in dem Duns Scotus ruht; wiederum ein Zeichen seiner besonderen Verehrung. Am 15. November 1980 besuchte Papst Johannes Paul II. den Sarkophag in der Minoritenkirche zu Köln und betete vor ihm.

Gehen wir die Geschichte entlang und fragen uns, was sie nicht nur über die Seligkeit, sondern auch über die Heiligkeit des Johannes Duns Scotus berichtet. Dabei wissen wir wohl, dass der Unterschied zwischen „heilig" und „selig" nicht so genau war, sondern erst in neuester Zeit festgelegt wurde und im Grunde nicht die Heiligkeit selbst, sondern eher die Verbreitung der Verehrung und die offizielle Bestätigung der Kirche betrifft.

Neben Köln ist der Ruf der Heiligkeit des Johannes Duns Scotus vor allem in Kampanien in Italien bekannt. Sein Schüler Landolfo machte ihn in Italien, vor allem in der Gegend von Neapel bekannt. Das älteste Zeugnis für den Ruf der Heiligkeit und den Kult des Johannes Duns Scotus geht auf 1482 zurück. In diesem Jahre nämlich konnte man in Neapel ein Bild des Scotus sehen, auf dem er einen Heiligenschein trägt. Danach gab es auch andere Bilder des Duns Scotus mit Heiligenschein. Mitunter wird Scotus als Heiliger direkt neben dem heiligen Bonaventura dargestellt, besonders wenn diese Person mit Engeln dargestellt ist.[15] Häufig trägt in der Kunst Scotus einen Heiligenschein, wie auf dem Altarbild von Nola, oder wird in Texten einfach heilig genannt.[16]

Unübersehbar ist die Kette der Zeugnisse für die hervorragende Stellung des Johannes Duns Scotus in der Kirche und für seine Verehrung im Volk. Wie schon erwähnt, wurde er unmittelbar nach seinem Tod im Jahre 1308 in der Minoritenkirche zu Köln, zuerst in der Dreikönigenkapelle und dann beim Hochaltar begraben. Nach dem 2. Weltkrieg erhielt er einen neuen Sarkophag der nun im nördlichen Seitenschiff der Minoritenkirche

---

[13] ESSER / D'ANDREA: *Johannes Duns Scotus* (wie Anm. 10), 183.

[14] ESSER / D'ANDREA: *Johannes Duns Scotus* (wie Anm. 10), 197.

[15] ESSER / D'ANDREA: *Johannes Duns Scotus* (wie Anm. 10), 206.

[16] ESSER / D'ANDREA: *Johannes Duns Scotus* (wie Anm. 10), 208.

steht. Diese Bestattung weist auf den Ruf seiner Heiligkeit hin und auf die besondere Verehrung, die man ihm erwies. An seinem Grab wurde die Inschrift angebracht: „Niemandem an Tugend nachstehend".

Die Zeugnisse über die Verehrung als Seligen oder Heiligen sind zahlreich. Einige seien genannt. Im Chor der Kathedrale von Salamaca in Spanien (1350) hängt ein Bild, dessen Inschrift ihn „selig" nennt. Der heilige Bernardin von Siena (1380-1444) arbeitet darauf hin, dass er in den Katalog der Seligen und Heiligen eingetragen wird. Der selige Amadeus Menez de Silva († 1482), der Bruder der heiligen Beatrix von Silva, Gründerin des Ordens der franziskanischen Konzeptionistinnen, sieht in einer Vision Duns Scotus mit dem Diadem der Seligen.

In der Kunst ist er häufig als Heiliger dargestellt. So im Chor der Oberkirche von San Francesco in Assisi (1492) und bei Raffael im Vatikan (1508-1511) als Kirchenlehrer.

Auf dem Trienter Konzil war die Lehre des Duns Scotus vorherrschend und anerkannt. Die sich auf ihn beziehende Lehrrichtung, der Scotismus, hat in allen Jahrhunderten bis heute viele Gelehrte hervorgebracht. Auch heute noch ist die Lehre des Scotus Gegenstand wissenschaftlicher Beschäftigung an den Universitäten Europas und der Welt.

Einen wichtigen Schritt stellten die Prozesse zur offiziellen Selig- bzw. Heiligsprechung dar, so der Kölner Prozess von 1705/07 und der Prozess von Nola im Jahre 1710. Ein letzter Prozess fand im Jahre 1918 in Rom statt.

Als Hindernis der offiziellen Anerkennung als Seligen oder Heiligen stellte sich das Vorherrschen der Lehrmeinung des Thomismus dar. Heute hat demgegenüber die Lehrmeinung des Duns Scotus ihren eigenen Stellenwert in der Kirche.

Eine andere Schwierigkeit konnte behoben werden: das Fehlen einer kritischen Edition seiner Werke. Manche Werke liefen fälschlicherweise unter dem Namen des Johannes Duns Scotus. Im Jahre 1972 konnte der erste Abschluss der kritischen Edition Papst Paul VI. vorgelegt werden. Papst Paul VI. bestätigte daraufhin Lehre und Leben des Johannes Duns Scotus und ermunterte, dass weitere Schritte zur Anerkennung des Johannes Duns Scotus in der Kirche erfolgten.

Bereits im Jahr 1854 wurde eine jahrhundertelange Schwierigkeit behoben durch das Dogma der Unbefleckten Empfängnis Marias. Johannes Duns Scotus war der Wegbereiter und Verteidiger dieser Lehre, lieferte er doch die theologische Begründung für dieses Dogma. Scotus wurde ein später Sieg zuteil. Er wird oft der Märtyrer der Immaculata genannt.

Papst Johannes Paul II. hat dann zusammen mit Kardinal Joseph Höffner von Köln durch sein Gebet am Grab des Johannes Duns Scotus am 15. November 1980 deutlich bekundet, welch hohe Bedeutung Duns Scotus für die gesamte Kirche zukommt.

Unter den vielen Zeugnissen sei P. Hyacinthe Marie Cormier OP (1832-1916), Generalmagister der Dominikaner, genannt, der den Ruf der Heiligkeit des Scotus schon bei seinem Tode unterstreicht.[17]

Gleichzeitig hat man Scotus von Anfang an als einen Lehrer der Kirche angesehen, der mit der Kirche denkt und lehrt.[18] Hier wird besonders deutlich der Primat Christi und die daraus folgende Lehre von der Mitliebe und der ohne Makel der Erbsünde empfangenen Jungfrau und Gottesmutter Maria.[19]

Die Zeugnisse über die Heiligkeit des Johannes Duns Scotus sind dargelegt vom Generalrelator Msgr. Giovanni Papa für die Anerkennung als Seligen[20] und im Buch von Esser / D'Andrea[21] und anderen, so dass hier dies nicht weiter ausgeführt werden muss. Hingewiesen sei auf die Predigt von Papst Johannes Paul II. bei der Anerkennung des Duns Scotus als Seligen am 20. März 1993 in der Peterskirche zu Rom, indem er auf Scotus bezogen spricht: „Wir alle sind zur Heiligkeit berufen; alle sollen wir in unserem Leben jenen Dialog der Liebe und der Vereinigung mit Gott aufbauen, die zum wahren Glück und zur vollen Erfüllung der innigsten Wünsche des menschlichen Herzens führt."[22]

Es gab in der Vergangenheit Wunderberichte. Da sie aber vor dem neuen Kirchrecht von 1983 erfolgten, können sie nicht für die Heiligsprechung herangezogen werden. Aber eines sei aus dem Jahre 1900 vermerkt:

Die wunderbare Heilung, die der behandelnde Arzt berichtet, der in Verwunderung über seinen Klienten, einen zwölfjährigen Jungen, einen übernatürlichen Eingriff nicht anerkennen konnte. Es handelte sich um eine diffuse Form eines Tumors am Munde mit allen spasmischen Folgen.

---

[17] ESSER / D'ANDREA: *Johannes Duns Scotus* (wie Anm. 10), 245.

[18] ESSER / D'ANDREA: *Johannes Duns Scotus* (wie Anm. 10), 248.

[19] Herbert SCHNEIDER OFM: *Mitzulieben bin ich da*, Trier 1996, 69ff.

[20] PAPA / ZAVALLONI: *Dokumente zur Seligsprechung* (wie Anm. 9), 15-45.

[21] ESSER / D'ANDREA: *Johannes Duns Scotus* (wie Anm. 10), 165ff.

[22] SCHNEIDER: *Johannes Duns Scotus – Seliger der ganzen Kirche* (wie Anm. 1), 136.

P. Efrem riet zu einer Novene zu Johannes Duns Scotus. Nach einigen Tagen gewann der Junge seine Kräfte wieder und erlangte seine volle Gesundheit. Dieses wirklich wunderbare und außergewöhnliche Faktum ereignete sich ihn der Stadt Glasgow in Schottland. Das Faktum wurde vom kanonischen Notar Raida in den Acta Ordinis Fratrum Minorum vom Juni 1900 bestätigt.[23]

[23] SCHNEIDER: *Gott loben und ehren* (wie Anm. 7), 93.

II

Scotus – Der Philosoph

8. Die Ontologie des Duns Scotus

Axel Schmidt

I

Duns Scotus: Ord. II d. 3 p. 1: *Vom Individuationsprinzip*

Frage 1[1]

n. 1: Ich frage erstens, ob die materielle Substanz aus sich bzw. ihrer Natur nach individuell und singulär ist.

n. 29: Zur Frage sage ich also, dass die materielle Substanz ihrer Natur nach nicht aus sich diese ist. Denn sonst [...] könnte der Intellekt sie nicht unter ihrer gegensätzlichen Bestimmung [sc. der Universalität] erkennen, außer [unter der unmöglichen Annahme], dass er sein Objekt unter einer Erkenntnisbestimmung erkennen würde, die der Bestimmtheit eines solchen Objekts widerstreitet.

n. 30: Es gibt im Ding eine reale Einheit ohne jede Tätigkeit des Verstandes, die geringer ist als die numerische Einheit bzw. die dem Singulären eigene Einheit, und diese „Einheit" gehört zur Natur als solcher, und gemäß dieser „eigenen Einheit" der Natur als solcher ist die Natur indifferent gegenüber der Einheit der Singularität. Sie ist folglich nicht aus sich durch jene [Einheit] e i n e , d.h. durch die Einheit der Singularität.

n. 31: Wie dies aber zu verstehen ist, kann in gewisser Weise durch eine Stelle in AVICENNAs *Metaphysik* (Buch V) veranschaulicht werden, wo er fordert, dass die „Pferdheit nichts als die Pferdheit sei – sie sei aus sich weder eine noch viele, weder allgemein noch partikulär". Ich verstehe das so: Sie ist nicht „aus sich e i n e" in numerischer Einheit noch „viele" in einer Vielheit, die jener Einheit entgegensteht; sie ist weder aktuell „allgemein" (in dem Sinne nämlich, in dem etwas allgemein ist, sofern es Gegenstand des Intellekts ist), noch von sich aus „partikulär".

n. 32: Auch wenn sie niemals ohne eine dieser [Bestimmungen] wirklich ist, so ist sie doch von sich aus keine von diesen, sondern ist non Natur aus früher als alle diese, – und entsprechend dieser naturgemäßen Priorität ist

[1] Dt. Übersetzungen haben besorgt: Hans-Ulrich WÖHLER: *Texte zum Universalienstreit. Bd. 2. Hoch- und spätmittelalterliche Scholastik*, Berlin 1994, 80-95; Maria BURGER: Skript für die FernUniversität Hagen. – Eine französische Übersetzung stammt von Gérard SONDAG: *Duns Scot. Le principe d'individuation*, Paris 1992.

das Wesen (das „Was-etwas-ist") durch sich Gegenstand des Intellekts, und als solches wird es durch sich vom Metaphysiker untersucht und durch eine Definition ausgedrückt.

n. 34: In der Sache außerhalb [des Denkens], wo die Natur zusammen mit der Singularitätsbestimmung gegeben ist, ist jene Natur nicht von sich aus zur Singularität bestimmt, sondern ist von Natur aus früher als jenes Moment, das sie zur Singularität bestimmt; und insofern sie naturgemäß früher ist als jenes Bestimmungsmoment, widerspricht es ihr nicht, ohne jene Bestimmung zu sein. Und wie der Gegenstand im Verstand seiner Erstheit und Allgemeinheit entsprechend wahres geistiges Sein hatte, so hat auch die Natur im Ding jener Seinsbestimmung entsprechend wahres reales Sein außerhalb der Seele, – und jener Seinsbestimmung gemäß hat sie eine ihr entsprechende Einheit, die indifferent ist gegenüber der Singularität, so dass es jener Natur von sich aus nicht widerspricht, mit jeder beliebigen Einheit der Singularität verwirklicht zu werden. (So verstehe ich die These, „dass die Natur eine reale Einheit besitzt, die geringer ist als die numerische Einheit".)

Frage 2

n. 43: Ich frage zweitens, ob die materielle Substanz durch ein inneres positives [Prinzip] von sich aus individuell ist.

n. 48: Da in den Dingen etwas ist, das nicht in subjekthafte Teile teilbar ist, d.h. etwas, „dem es formal widerstreitet, in mehrere Dinge geteilt zu werden, von denen ein jedes es selbst ist", wird hier nicht gefragt, wodurch ihm [die Teilbarkeit] formal widerstreitet (denn es widerstreitet formal durch einen Widerstreit), sondern durch welches nächste und innerliche Fundament dieser Widerstreit einem Dinge innewohnt.

n. 57: Es ist notwendig [anzunehmen], dass es diesem Stein durch ein positives innerliches Prinzip im Sinne eines eigenen Grundes widerstreitet, in subjekthafte Teile geteilt zu werden; und jenes positive Prinzip wird dasjenige sein, das durch sich die Ursache der Individuation genannt wird, denn unter Individuation verstehe ich jene Unteilbarkeit oder den Widerstreit gegen Teilbarkeit.

Frage 6

n. 142: Sechstens frage ich, ob die materielle Substanz individuell ist durch eine positive Entität, welche die Natur durch sich zur Singularität bestimmt.

n. 168: Auf die Frage antworte ich also mit „Ja".

n. 169: Hierzu führe ich folgenden Grund an: So wie die Einheit im Gemeinsamen durch sich auf eine Entität im Gemeinsamen folgt, so folgt jedwede Einheit durch sich einer Entität; also folgt die Einheit schlechthin (solcherart ist die „Einheit des Individuums“ [...], nämlich diejenige, der die Teilung in mehrere subjekthafte Teile widerstreitet [...]), wenn sie in den Seienden ist (wie jede Meinung annimmt), durch sich auf eine durch sich [bestehende] Entität. Sie folgt aber nicht durch sich auf die Entität der Natur, denn zu dieser gehört eine eigene und durch sich reale Einheit, wie bewiesen wurde in der Lösung der ersten Frage (n. 30); also folgt sie auf eine andere Entität, welche die Entität der Natur bestimmt.

n. 170: Ebenso: Jede Differenz von sich unterscheidenden [Dingen] wird letztlich auf ursprünglich verschiedene [Anteile] zurückgeführt (sonst gäbe es bei den sich Unterscheidenden keinen Halt). Individuen unterscheiden sich aber im eigentlichen Sinn, denn sie sind „verschiedene Selbig-Seiende“; folglich wird ihre Differenz auf solche [Anteile] zurückgeführt, die ursprünglich verschieden sind. Jene „ursprünglich verschiedenen [Anteile]“ sind aber nicht die Natur im einen und die Natur im andern [Individuum], denn dasjenige, worin zwei formal übereinkommen und worin sie sich real unterscheiden, ist nicht dasselbe. [...] Folglich gibt es, abgesehen von der Natur im einen und im anderen, ursprünglich verschiedene [Anteile], durch welche sich das eine und das andere [Individuum] unterscheiden: und diese Anteile können keine Negationen sein, wie sich aus der zweiten Frage ergibt, auch keine Akzidentien, gemäß der vierten Frage. Daher müssen es positive Entitäten sein, welche durch sich die Natur bestimmen.

n. 176: Schließlich kann zur Verdeutlichung der Lösung näher erklärt werden, was diese Entität ist, von welcher jene vollkommene Einheit [des Individuellen] stammt, und zwar anhand eines Vergleichs mit der Entität, von welcher die spezifische Differenz genommen wird. Die spezifische Differenz bzw. die Entität, von welcher die spezifische Differenz genommen wird, kann nämlich verglichen werden (1) mit dem, was unter ihr, (2) mit dem, was über ihr, und (3) mit dem, was neben ihr ist.

n. 177: (1) Auf die erste Weise widerstreitet es der spezifischen Differenz und jener spezifischen Entität durch sich, in wesentlich [verschiedene] Mehrere der Art oder Natur nach unterteilt zu werden, und aufgrund dessen widerstreitet es dem Ganzen [sc. der Art,], wovon jene Entität ein wesentlicher Teil ist, [geteilt zu werden]; ebenso widerstreitet es im vorliegenden Fall dieser individuellen Entität ursprünglich, in weitere subjekthafte Teile geteilt zu werden, und durch diese widerstreitet eine solche Teilung durch sich auch dem Ganzen, von dem jene Entität ein Teil ist. Und lediglich darin besteht ein Unterschied, dass jene Einheit der Artnatur geringer ist als diese [individuelle] Einheit, und deshalb schließt sie [die Einheit der Art] nicht jede Teilung aus, die quantitativen Teilen gemäß ist, sondern nur eine Teilung, die wesenhaften Teilen zukommt; die hier in Frage stehende Einheit [des Individuellen] schließt indessen jede Teilung aus.

n. 179: (2) Vergleicht man die spezifische Natur mit dem, was ihr übergeordnet ist [mit der Gattung], so sage ich, dass jene Realität, von der die spezifische Differenz genommen wird, aktuierend ist gegenüber derjenigen Realität, von der die Gattung oder die Gattungsbestimmung genommen wird, – so dass diese Realität formal nicht jene ist; andernfalls wäre in der Definition eine Redundanz, und die Gattung (oder auch jene Differenz) würde zur Definition ausreichen, weil sie die ganze Entität des Definierten bezeichnen würde. [...]

n. 180: Ähnlich ist die Realität des Individuums der Realität der Art insofern, als sie gleichsam der Akt ist, der die mögliche und bestimmbare Realität der Art bestimmt; – doch unähnlich ist sie insofern, als sie niemals von einer hinzugefügten Form genommen ist, sondern schlechtweg von der letzten Realität der Form.

n. 181: Noch hinsichtlich eines weiteren Aspekts gibt es eine Unähnlichkeit, denn die spezifische Realität begründet das Kompositum (dessen Teil sie ist) in seinem washeitlichen Sein, ist sie doch selbst eine washeitliche Entität. Die Realität des Individuums ist hingegen ursprünglich verschieden von jeder washeitlichen Entität. [...] Folglich kann diese Entität, die aus sich anders ist als eine Washeit oder washeitliche Entität, das Ganze (dessen Teil sie ist) nicht im washeitlichen Sein begründen, sondern nur in einem Sein einer anderen Ordnung.

n. 183: (3) Vergleicht man drittens die spezifische Differenz mit dem, was ihr nebengeordnet ist, d. h. mit einer anderen spezifischen Differenz, [...] [zeigt sich], dass die letzte Differenz von der anderen ursprünglich verschieden ist, von derjenigen zumindest, die einen schlechthin einfachen Begriff besitzt. Und hierzu sage ich, dass die individuelle Differenz der spezifischen Differenz ähnlich ist, denn jede individuelle Differenz ist ursprünglich verschieden von jeder anderen.

n. 191: Ich gebe zu, dass das Singuläre durch sich erkennbar ist, zumindest was es selbst angeht (wenn es aber einem Verstand, z.B. unserem, nicht durch sich erkennbar ist, so soll später davon gehandelt werden)[2].

---

2 Vgl. *Met.* VII q. 14 und 15 (OP IV 281-309).

n. 192: Zu dem Einwand, der die Definition betrifft, sage ich: Wenn eine Begriffsbestimmung alles zum Ausdruck bringen könnte, was zur Entität eines Individuums gehört, dann wäre sie dennoch keine vollkommene Definition, denn sie drückt dann ja nicht das Wesen aus. [...] Deshalb gebe ich zu, dass das Singuläre durch keine andere Definition definierbar ist als durch die Definition der Art, und dennoch ist es ein durch sich Seiendes, und es fügt der spezifischen Entität eine weitere Entität hinzu; aber jene „durch sich bestehende Entität", die das Singuläre [der Artnatur] hinzufügt, ist keine washeitliche Entität.

n. 193: Hieraus erhellt die Antwort auf die weiteren Einwände zur Wissenschaft und zum Beweis: die Definition des Subjektbegriffs ist das Mittelglied im stärksten Beweis; das Singuläre aber hat keine eigene Definition, sondern nur die Definition der Art, und folglich gibt es von ihm auch keinen eigenen Beweis.

II

Einleitende Vorbemerkung

Die Lehre vom Individuum hat Scotus berühmt gemacht. Um den ausgewählten Text zu verstehen, muss zunächst die Fragestellung in ihrem Zusammenhang erklärt werden. „Ist die materielle Substanz von sich aus bzw. ihrer Natur nach individuell und singulär?" So, wie das Problem formuliert ist, kann seine Brisanz aus heutiger Sicht schwerlich erahnt werden. Natürlich geht es nicht um irgendwelche materiellen Dinge, sondern vor allem um den Menschen. Doch weil hier eine allgemeine metaphysische Struktur zu erörtern ist, die nicht auf die Natur des Menschen beschränkt ist, ist es angemessen, das Problem auch im allgemeinen anzugehen.

Von der griechischen Philosophie aus gesehen, erscheint die Vielheit verwunderlich und erklärungsbedürftig. Warum gibt es so viele Menschen, so viele Hunde und Katzen, so viele Rosen? Die Idee ist doch jeweils nur eine! Warum gibt es so viele Vertreter von einer einzigen Idee? Warum gibt es nicht genau einen Hund, eine Katze, einen Menschen? Die Frage, die uns so fremd ist, hat genauer besehen zwei Dimensionen: 1. Worin liegt der Sinn des Vielen? Und 2. Was ist die Ursache der Vervielfältigung, was macht sie möglich?

1. Der Sinn der Vielheit. Die Griechen empfanden die Vielheit als bloße und unnötige Wiederholung einer an sich schon sinntragenden Idee und die Vermehrung der Exemplare einer Art somit als nichts in sich Sinnvolles, sondern als etwas, das seinen Sinn allenfalls daraus bezieht, dass sich eine Art nur so vor dem Aussterben bewahren lässt. Für sie war, anders gesagt, allein die Art, die Idee oder die Form vollkommen, das jeweilige Exemplar der Art, die einzelne Realisierung einer Idee, der Träger einer Form dagegen ohne eigene Vollkommenheit, im Grunde wertlos. Wir würden das heute freilich ganz anders einschätzen, wir empfinden die Vielheit als Bereicherung und im Grunde der Frage nicht bedürftig.

Vermutlich würden wir aber ins Zögern geraten, wenn wir uns eine Armee von geklonten Menschen vorstellen sollten, allesamt gleich aussehend, jeder eine exakte Kopie des anderen. Die bloße Wiederholung desselben käme uns nicht nur langweilig und wertlos vor, sondern erschiene uns menschenunwürdig und darum auch als ein Übel, ja, ein Horror. Und damit wären wir in etwa an den Ausgangspunkt der griechischen Sichtweise gelangt. Der Unterschied liegt lediglich darin, dass den Griechen bereits die bloße Vermehrung des Artidentischen als einfallslose Wiederholung erschien, während wir zu einer solchen Abwertung erst kommen, wenn nicht nur das spezifische Wesen vervielfacht wird, sondern mit diesem auch die individuellen Eigenschaften. Was wir als individuelle Eigenschaft hochschätzen, das war für die Griechen lediglich Akzidens, bloß beiläufige Zutat zum Eigentlichen. So sagt Aristoteles ausdrücklich, dass sich der Mensch vom anderen nur durch seine Materie, d.h. sein Fleisch und seine Knochen unterscheidet.[3]

Dem widerspricht unser modernes Empfinden zutiefst. Wir würden das einzelne Individuum und Subjekt nicht als bloßes Exemplar einer Art, sondern als Träger unveräußerlicher Würde ansehen, als einmaliges und unverwechselbares Wesen, das in seiner Einzigartigkeit unwiederholbar und darum unendlich wichtig ist. Diese moderne Sicht verdankt sich dem Einfluss des Christentums. Hier hat das Individuum Vorrang vor dem Allgemeinen der Art. Es ist nicht als ein bloßer Teil eines großen Ganzen einem kollektiven Zweck untergeordnet, so wie in einem Ameisenhaufen alle gleichgeschaltet sind, sondern es hat Wert und Würde in sich selbst und ist um seiner selbst willen da. Eine Klonarmee von Menschen jagt uns einen Horror ein, weil sie die Individualität der Einzelnen durch Gleichschaltung zum Verschwinden bringt.

Form und Materie, Geist und Leib. Die negative Bewertung der Vervielfachung entspricht in etwa der griechischen Verwunderung angesichts der Vielzahl der Exemplare einer Art. Mit anderen Worten: Solange wir die Individualität vom Gegensatz zur (Form-)Gleichheit verstehen, haben wir

---

[3] ARISTOTELES: *Met.* VII c. 6 (1034 a 5-8).

gegenüber der griechischen Sicht noch keine radikal neue Bewertung des individuellen Seins vorgenommen, denn auch so wäre nach wie vor das Einzelne als bloß vermehrtes Gleiches wertlos. Im Hintergrund dieser Vorstellung steht die Auffassung, dass alle relevanten Unterschiede im Sein von der Form stammen, während die bloß numerische Vielfalt des Formgleichen eine andere Ursache haben muss: die Materie. Diese hintergründige Einschätzung hat dafür gesorgt, dass es im Mittelalter trotz der christlichen Wertschätzung des Individuellen zu einer Neuauflage des Primats des Allgemeinen kommen konnte, und zwar in Gestalt der These, dass alle Menschen ein und denselben Geist hätten und sich also nur hinsichtlich leibseelischer Aspekte unterschieden, die im Vergleich zum geistigen Leben freilich unbedeutend seien.[4] Diese Auffassung ergibt sich als zwingende Folge zweier Thesen: 1. dass die Formen durch die Materie individuiert und plurifiziert werden, und 2. dass der menschliche Geist nicht als Formprinzip eines materiellen Organismus fungieren könne. Dann bliebe er nämlich von der Vermehrung der Menschen unberührt, er wäre ein und derselbe in allen Menschen.

2. Die Ursache der Vielheit. Da diese wenig plausible Theorie der Identität des Geistes von den zwei genannten Thesen abhängt, kann sie durch Widerlegung einer von beiden zu Fall gebracht werden. Thomas von Aquin hat die erste These beibehalten und die zweite bestritten, indem er nachwies, dass der menschliche Geist keine eigenständige Entität ist, sondern Teil der Seele, welche wiederum das (durchaus plurifizierbare) Formprinzip des Leibes[5] ist. So konnte er die averroistische Theorie als einseitige und nicht zwingende Interpretation aristotelischer Auffassungen zurückweisen. Die erste These erschien Thomas nicht kritikwürdig, denn

---

4 So zunächst bei AVERROÈS: *L'intelligence et la pensée.* Grand commentaire du De *anima* Livre III (429 a 10 – 435 b 25). Traduction, introduction et notes par Alain LIBERA, Paris 1998. Vgl. dazu Herbert A. DAVIDSON: *Alfarabi, Avicenna, and Averroes, on Intellect. Their Cosmologies, Theories of the Active Intellect, and Theories of Human Intellect,* New York / Oxford 1992, 298-314. – Später dann bei einigen christlichen Philosophen, z.B. Siger von Brabant; vgl. dazu Peter SCHULTHESS / Ruedi IMBACH: *Die Philosophie im lateinischen Mittelalter. Ein Handbuch mit einem bio-bibliographischen Repertorium,* Zürich 1996, 207-213; Axel SCHMIDT: *Natur und Geheimnis. Kritik des Naturalismus durch moderne Physik und scotische Metaphysik,* Freiburg / München 2003 (Symposion 119), 247ff.

5 Vgl. THOMAS VON AQUIN: *De unitate intellectus contra Averroistas*; *ScG* II c. 56-57. 59. 68-78. Dazu Helmut HOPING: *Weisheit als Wissen des Ursprungs. Philosophie und Theologie in der „Summa contra gentiles" des Thomas von Aquin,* Freiburg i. Br. 1997, 261-302.

es ist in der Tat sehr plausibel, die Materie als Prinzip der Vielheit anzusehen, weil sie es ja ist, in der sich die Formen realisieren; solange nur genug formbare Materie zur Verfügung steht, kann eine Form offenbar beliebig oft verwirklicht werden.

Individualität nicht durch die Materie. Johannes Duns Scotus indessen hat auch die Theorie über die Materie als Ursache der Vielheit auf den Prüfstand gestellt, indem er die zugrundeliegende Voraussetzung in Zweifel zog, dass nämlich die Form das Allgemeine sei, das durch die *per se* individuelle Materie vervielfältigt (und *per accidens* dann auch individuiert) wird. Im Falle des Menschen ist es nämlich nicht überzeugend, eine allgemeine Form, die Seele, anzunehmen, die erst durch die Verbindung mit der Materie individuelle Züge gewinnt. Was im Falle des Menschen auszuschließen ist, das kann auch allgemein ontologisch keine Geltung beanspruchen. Wenn Sokrates dieser individuelle Mensch nicht aufgrund seines Körpers ist, sondern aufgrund seiner einmaligen geistigen Seele, die als diese besondere von Gott seit Ewigkeit erdacht und irgendwann aus dem Nichts geschaffen wurde, dann muss auch ganz allgemein gelten, dass schon die Form als solche etwas Individuelles sein kann, dass also das Verhältnis von Allgemeinheit und Individualität keineswegs mit dem von Form und Materie übereinstimmt, sondern vielmehr sowohl den Bereich der Form als auch den der Materie durchzieht. Die Individualität der Dinge kann somit nicht von ihrer Materialität abhängig sein, sondern stellt eine eigene Weise der Einheit dar. Diese Weise der Einheit ist nicht auf einen bestimmten Seinsbereich beschränkt und somit transzendental.

Teil und Ganzes. Scotus geht aber noch einen Schritt weiter: Die Statuierung eines transzendentalen Prinzips der individuellen Einheit kehrt zugleich den bestehenden Primat des Allgemeinen um, der sich darin äußert, dass die Art das Ganze sei, das Individuum dagegen das Partikuläre, d.h. ein bloßer Teil (der Art). Von dieser Überzeugung ist auch die einschlägige (von Scotus beibehaltene) Terminologie geprägt: die Rede, dass die Art „geteilt" wird, wenn sich die Exemplare vermehren, wohingegen die Individuen eben „unteilbar" sind. Genau diese Vorstellung wird von Scotus umgekehrt, indem er feststellt: Das Individuum ist das Ganze, seine Wesensnatur nur ein (freilich nicht real abtrennbarer) Teil.

Wenn das so ist, was ist dann, ein wenig salopp gesprochen, der andere Teil, der mit der Artnatur zusammen das Individuum konstituiert? Um die Antwort gleich vorwegzunehmen: es ist das sog. Individuationsprinzip, nach dem in unserem Text gefragt wird. Dieses Prinzip wird von Scotus nicht als ein Zerteilungsfaktor verstanden, der ein Ganzes auseinandersprengt, sondern als ein Co-Prinzip, das ein Gegebenes, quasi Halbfertiges, nämlich die Artnatur, erst zu einem Ganzen macht. Dieses Ganze ist natürlich das Individuum, dessen Einheit und Ganzheit solcherart ist, dass es in keiner Weise kopierbar oder sonstwie wiederholbar ist. Das Individuum wird nicht deswegen unteilbar genannt, weil es wie ein Atom fungiert – als kleinster Bestandteil in einem höheren Ganzen –, sondern weil es selbst ein Ganzes ist, das keine selbständigen Teile hat.

Mitteilbarkeit und Unmitteilbarkeit. Während es aus griechischer Sicht erstaunlich und erklärungsbedürftig ist, dass es mehrere, (nur) individuell verschiedene Vertreter ein und derselben Art gibt, ermöglicht die revolutionäre Umkehrung der ontologischen Strukturen durch Scotus auch eine völlig entgegengesetzte Fragerichtung: Woher stammt das Allgemeine? Wie kann neben den Individuen auch noch von Arten die Rede sein? Die Griechen gaben ihrer Verwunderung Ausdruck, indem sie metaphorisch von der Zerteilung eines Ganzen in seine Teile sprachen, Scotus dagegen sieht das Individuum als das Ganze an, und man könnte nun analog daran Anstoß nehmen, dass er in diesem Ganzen eine Fülle von Allgemeinwesen (Art und Gattung) als Teilmomente enthalten sah. Doch Scotus leugnet nicht einfach wie später sein Ordensbruder Wilhelm von Ockham die Universalien, sondern sucht nach einer Erklärung sowohl für die Individualität als auch für die Allgemeinheit. Er spielt beide nicht gegeneinander aus, sondern will sie komplementär zusammenhalten: die Artnatur, auf die sich der Allgemeinbegriff bezieht, als die mitteilbare (*communicabilis*) Entität und die Individualität als dasjenige, was das Ganze unmitteilbar (*incommunicabilis*) macht. Unter „Mitteilbarkeit" versteht Scotus nicht nur die Eignung der Form, einen materiellen Träger zu informieren – das ist das aristotelisch-thomistische Modell, nach dem die Einheit von Form und Materie und ineins damit auch die Individuierung vorgestellt wird –, sondern die Eigenschaft jedweder Wesenheit, in jedem beliebigen Träger (*suppositum*) verwirklicht werden zu können.[6] Das Artwesen setzt darum aus sich einer Vervielfachung keinen Widerstand entgegen, es bleibt indifferent gegenüber der individuellen Verschiedenheit. Unmitteilbarkeit besagt demzufolge die Unmöglichkeit, vervielfacht vorzukommen. Jedes individuelle Ding hat nach Scotus sowohl eine mitteilbare Artnatur als auch eine weitere Entität, die der Grund für seine Unmitteilbarkeit und Einmaligkeit ist.

Haecceitas. Was aber ist das für eine Entität? Das hier postulierte Einmaligkeitsprinzip kann nicht auf den Begriff gebracht werden, denn dieser

---

6 *Ord.* II d. 3 p. 1 q.7 n. 227 (Vat. VII 500): „[...] omnis quiditas – quantum est ex se – est communicabilis [...]".

würde ja wieder nur ein Artbestimmtes meinen, das voraussetzungsgemäß etwas Mitteilbares wäre und von Mehreren ausgesagt werden könnte. Scotus nennt das gesuchte Prinzip gelegentlich *„haecceitas"* oder *„haecitas"*, d.h. „Diesheit", um das, was unsagbar ist, wenigstens behelfsweise zu sagen. Wir wissen nur, dass die Dinge eine solche Individualbestimmung besitzen müssen, begrifflich durchdringen können wir sie aber nicht. Die folgenden Ausführungen sind darum vorwiegend negativer Art: Sie weisen falsche Ansichten zurück und korrigieren Missverständnisse.

Zum Text

1 Wenn Scotus hier allgemein von „materieller Substanz" spricht, dann meint er nicht die formlose Materie, die als Baustein oder gleichsam als „Knetmasse" für alle körperlichen Dinge fungiert, sondern er meint jedes individuelle Kompositum aus Form und Materie, also z.B. einen Stein, einen Baum, einen Hund oder einen Menschen. „Substanz" ist hier im Sinne der Kategorie der Substanz gemeint im Unterschied zum Akzidens. Die Begriffe „individuell" und „singulär" werden synonym gebraucht; sie stehen im Gegensatz zum „Universalen", „Generellen", „Allgemeinen" und „Wiederholbaren".

29 Die Antwort ist eine sehr komprimierte Zusammenfassung eines Arguments in n. 7. Hiernach sind (logische) Universalität und Singularität konträre Bestimmtheiten eines Objekts. Syllogistisch gefasst schließt das Argument wie folgt: Obersatz: Kein Objekt kann unter einer Bestimmung erkannt werden, die ihm von sich aus widerstreitet. Untersatz: Was von sich aus singulär ist, steht zur Universalität im Widerspruch. Schluss: Also kann das von sich aus Singuläre nicht unter der Bestimmung der Universalität erkannt werden. – Wenn es also Allgemeinerkenntnis individueller Dinge gibt, dann können diese nicht von sich aus singulär sein; d.h. sie müssen eine Natur besitzen, die nicht von sich aus auf die singuläre Existenzweise festgelegt ist.

30 Hier nimmt Scotus den Gedanken von n. 8-10 auf, der um den Begriff der Einheit kreist. Die Einheit des Individuellen ist diejenige dessen, das wir zählen, daher der Name „numerische Einheit". Welche Dinge aber zählen wir eigentlich? Diese Frage lenkt den Blick auf die Einheit der Natur, die durch die Art der Dinge gegeben ist, die wir zählen. Zählen wir also z.B. sechs Äpfel, dann kommt die eine Art (Apfel) sechsfach (in sechs Einheiten) vor. Beide Typen von Einheit sind klar unterschieden. Scotus nennt die Arteinheit „geringer" als die numerische Einheit; diese ist mithin größer, d.h. sie eint stärker und grenzt nach außen stärker ab.

Diese Terminologie leuchtet unmittelbar ein: Insofern zwei individuell verschiedene Äpfel zu einer Art gehören, stehen sie trotz ihrer Nicht-Einheit doch unter einer Einheit, die freilich weniger stark abgrenzt als die individuelle Einheit der Äpfel. Die gemeinsame Art, so könnte man auch sagen, verbindet die Äpfel zur Einheit ihrer Natur. Diese ist zwar different bezüglich anderer Naturen, etwa Birnen, jedoch nicht gegenüber der Verschiedenheit der unter sie fallenden individuellen Äpfel; im Verhältnis zur Einheit des Individuellen ist sie vielmehr indifferent. Beide Arten von Einheit stehen in einer Stufenordnung; die „geringere" Einheit der Natur wird von der höherstufigen Einheit des Singulären vorausgesetzt und überboten. Aus der niederstufigen kann nun aber die höherstufige Einheit nicht hergeleitet werden, die indifferente Natur erklärt nicht aus sich die Verschiedenheit der Individuen. – Die ganze Argumentation hängt freilich an einer Voraussetzung, die Scotus in seiner gewohnten Präzision eigens benennt: dass die besagte Einheit der Natur bzw. der Art „real" ist und nicht etwa erst durch eine Verstandesoperation (*absque omni operatione intellectus*) erzeugt ist. Eine lediglich durch den Verstand hergestellte Einheit ist z.B. eine Menge (im mathematischen Sinn wie auch schon im alltäglichen Sprachgebrauch); hier werden Dinge vom Verstand zu einer Einheit zusammengefasst, die somit erst nachträglich und nicht vorgängig diese Einheit besitzen. Nach der nominalistischen Theorie beruhen alle Allgemeinbegriffe auf einer lediglich verstandesmäßig erzeugten Klasseneinheit. Gegen diese Theorie ist somit eigens nachzuweisen, dass zumindest einige Dinge auch eine vorgängige Arteinheit besitzen, was Scotus denn auch unternimmt, nämlich in den (hier nicht dokumentierten) Abschnitten n. 11-28.[7]

31 Avicenna hatte eine dreifache Betrachtung der Wesenheit unterschieden: (1) so wie sie im Einzelding verwirklicht ist, (2) so wie sie als universales Prädikat vom Verstand von Vielem ausgesagt wird und schließlich (3) indifferent zu den beiden vorgenannten Weisen, d.h. rein für sich oder in sich betrachtet.[8] Die in ihrer Indifferenz rein für sich betrachtete

---

[7] Vgl. aber den Abschnitt 2 des Kapitels „*Der Denkansatz des Johannes Duns Scotus*", insbesondere Fußnote 36.

[8] Vgl. AVICENNA: *Metaphysik*, tract. V, c.1 (*Avicenna Latinus. Liber de philosophia prima sive scientia divina*, V-X; ed. S. VAN RIET, Louvain / Leiden 1980, 228): „Definitio enim equinitatis est praeter definitionem universalitatis nec universalitas continetur in definitione equinitatis. Equinitas etenim habet definitionem quae non eget universalitate, sed est, cui accidit universalitas. Unde ipsa equinitas non est aliquid nisi equinitas tantum; ipsa enim in se nec est multa nec unum, nec est existens in his sensibilibus nec in anima, nec est aliquid horum potentia vel effectu [...]". – Vgl. Etienne GILSON: *Johannes Duns Scotus. Einführung in die Grundgedanken seiner Lehre*, Düs-

Wesenheit ist die Natur, die verschiedenen Sachen gemeinsam ist. Das Standardbeispiel ist die Natur des Pferdes (die „Pferdheit"). Diese schließt als solche keine weiteren Bestimmungen in sich ein, weder die, dieses besondere Pferd zu sein, noch die Bestimmung, als allgemeines Prädikat fungieren zu können, weder die Einzahl noch die Mehrzahl; all diesen weiteren Bestimmungen gegenüber ist die *natura communis* noch indifferent, und in dieser Indifferenz vermittelt sie zwischen singulärer Wirklichkeit und begrifflich idealer Allgemeinheit. Die Wesenheit wird indifferent betrachtet, wenn von ihrer individuellen (in der Wirklichkeit) oder universellen Seinsweise (im Begriff) abgesehen wird; als solche geht sie beiden Bestimmungen voraus (*praecedit in esse)*[9].

32 Scotus führt hier eine wichtige Folge der avicennischen Theorie aus: die indifferente Natur ist von Natur aus „früher" als die Bestimmungen der singulären wie der universalen Daseinsweise, d.h. sie ist immer schon vorausgesetzt, sowohl wenn von einem Individuum als auch wenn von einem allgemeinen Prädikat die Rede ist. Und er geht noch einen Schritt weiter: Der Intellekt richtet sich per se – eben wegen ihrer Priorität – auf diese gemeinsame Natur, die Scotus hier mit dem aristotelischen Begriff für das Wesen („Was-etwas-ist") kennzeichnet. Alle begriffliche Erforschung der Wirklichkeit geht auf das Wesen, insbesondere auch die metaphysische Erkenntnis, wie sich am Beispiel der Definition zeigt, die eine Gattung durch die spezifische Differenz bestimmt. Damit ist bereits unausgesprochen angedeutet, dass die wissenschaftliche Erkenntnis durch das Wesenhafte auch begrenzt ist, denn die individuellen Unterschiede fallen nicht in ihre Betrachtung.

34 Ein weiteres Mal wird festgestellt, dass die gemeinsame Natur früher ist als die Bestimmung, welche sie, wie es hier heißt, zur Singularität „zusammenzieht" (*contrahente*). Aufgrund ihrer Priorität ist sie unabhängig von dieser oder jener Bestimmung. Das macht ihre besondere Einheit aus, von der schon gesagt wurde, dass sie niederstufig und indifferent ist gegenüber der höherstufigen Einheit des Singulären. Scotus fügt hinzu,

---

seldorf 1959, 89-121; Walter HOERES: *Wesen und Dasein bei Heinrich von Gent und Duns Scotus*, in: Franziskanische Studien 47 (1965) 122-186, 122-130; Eberhard WÖLFEL: *Seinsstruktur und Trinitätsproblem. Untersuchungen zur Grundlegung der natürlichen Theologie bei Johannes Duns Scotus*, Münster 1965 (BGPhMA, XL) 31-80; Ludger HONNEFELDER: *„Natura communis"*, in: HWP VI (1984) 494-504; Olivier BOULNOIS: *Réelles intentions: nature commune et universaux selon Duns Scot*, in: Revue de Metaphysique et de Morale 97 (1992) 3-33; Deborah BLACK: *Mental Existence in Thomas Aquinas and Avicenna*, in: Mediaeval Studies 61 (1999) 45-79.

[9] AVICENNA, ebd. (ed. VAN RIET 233).

dass die gemeinsame Natur ein wahres Sein außerhalb der Seele besitzt, also nicht lediglich ein Verstandeskonstrukt ist. Dies ist so aufgrund der Priorität der „gemeinsamen Natur". Damit will Scotus nicht sagen, dass jedem Allgemeinbegriff im Verstand eine gemeinsame Natur außerhalb des Denkens entspricht. Selbstverständlich gibt es rein konstruierte Begriffe, denen in der Realität nichts entspricht. Die ursprünglich gebildeten Begriffe jedoch, z.B. die Artbegriffe, verweisen auf eine in der Wirklichkeit entdeckte Natur zurück. Der Begriff „Pferd" geht auf die Natur des Pferdes zurück, das früher ist als jede Individualbestimmung, ursprünglicher aber auch als der Allgemeinbegriff „Pferd".

43 Die zweite Frage zieht die Möglichkeit in Erwägung, ob die Individualität der Dinge vielleicht nichts weiter ist als die Negation einer Teilung. „In-dividuum" heißt ja „Nicht-Geteiltes". Es wird traditionell definiert als dasjenige, „das nicht in Vieles teilbar ist und von allem anderen der Zahl nach unterschieden wird."[10] Während die Art teilbar ist, sofern nämlich artgleiche Individuen an derselben Art „teilhaben", dasselbe Wesen „teilen", sind die Individuen nicht wiederum teilbar. Die auf den ersten Blick etwas ungewöhnliche Terminologie erklärt sich aus der Analogie der Unterteilung einer Gattung mit der Teilung eines integralen Ganzen in seine integrierenden Teile. So bestimmt Petrus Hispanus terminologisch das Einzelexemplar als den subjekthaften Teil eines logisch-allgemeinen Ganzen (einer Klasse) in Analogie zum integralen Teil eines physischen Ganzen.[11] Hier wird also gefragt: Ist das Individuum nur das schlicht Ungeteilte, oder ist es auch das schlechthin Unteilbare?

48 Die Frage versteht sich vor dem Hintergrund der Meinung Heinrichs von Gent, wonach die Individuation in den geschaffenen Dingen durch eine doppelte Verneinung geschehe: dadurch dass die Dinge eben in sich nicht geteilt und von anderen getrennt (mit diesen nicht-eins) sind, seien sie individuell.[12] Scotus stellt aber dagegen die Frage, woher denn beim Individuum der Widerstreit gegen die Teilung kommt, wenn doch die Natur prinzipiell mitteilbar, d.h. beliebig oft exemplifizierbar ist. Sind die Individuen nur die Resultate von zufällig abgebrochenen Teilungsprozes-

---

[10] Duns Scotus: *Met.* VII q. 13 n. 115 (OP IV 257): „[...] individuum, sive unum numero, dicitur illud quod non est divisibile in multa et distinguitur ab omni alio secundum numerum." – Ähnlich Thomas von Aquin: *S.th.* I q. 29 a. 4: „Individuum autem est quod est in se indistinctum, ab aliis vero distinctum."

[11] Petrus Hispanus: *Tractatus* (Summule logicales) V n. 12, hrsg. von L. M. De Rijk, Assen 1972, 63: „Pars subiectiva est quod est inferius sub universali." – Vgl. bei Scotus *Ord.* II d. 3 p. 1 q. 4 n. 106 (Vat. VII 443).

[12] Vgl. Heinrich von Gent: *Quodl.* V q. 8.

sen, oder sind sie etwas, das prinzipiell nicht weiter geteilt werden kann – und wenn letzteres: was übt diesen Widerstand gegen die Teilbarkeit aus? Nehmen wir an, Peter und Paul seien eineiige Zwillinge: verdanken beide ihre unverwechselbare Individualität der bloßen Tatsache, dass sie sich während der Embryonalentwicklung voneinander getrennt haben, aber dann nicht in weitere Klone gespalten wurden?

57 Dies ist das Ergebnis der Argumentation des Duns Scotus: Das faktische Ungeteiltsein des Individuums beruht auf einem inneren Widerstand gegen Teilung, und dieser Widerstreit ist mehr als eine bloße Negation, er ist vielmehr die Folge eines positiven Prinzips. Dies muss so sein, denn „nichts widerstreitet einem Seienden schlechthin durch einen bloßen Mangel in diesem, sondern durch etwas Positives in demselben".[13] Die Tatsache, dass die prinzipiell teilbare Natur im Individuum nicht geteilt ist, kann sich ja nicht selbst begründen. Wird aber nach dem Grund der Ungeteiltheit gefragt, dann ist es keine Antwort, auf die Negation der Geteiltheit hinzuweisen, denn dann bliebe die Frage bestehen. „Gibt man eben der Negation eine größere Gewalt als zu verneinen, so überschreitet man den Rahmen der Negation als solcher und begründet heimlich in ihr eine unzulässige Position, die die Rolle ganz bestimmten, positiven Seins übernimmt."[14] Der Übergang von der teilbaren Natur zum unteilbaren Individuum erfordert also ein positives Prinzip, und dieses wird die Ursache (*causa*) oder das Prinzip (*principium*) der Individuation genannt. Peter und Paul sind demnach keineswegs Kopien eines einzigen Individuums, sondern sind in sich selbst einzigartige und unvertauschbare Individuen, und zwar aufgrund eines je eigenen in ihnen gelegenen Prinzips.

Worin besteht nun dies Individuationsprinzip? Duns Scotus diskutiert ausführlich verschiedene Ansichten über dieses Problem, namentlich die Thesen, dass die Individuation durch die Existenz (*Ord.* II d. 3 q. 3), durch die Quantität (q. 4) sowie durch die Materie (q. 5) erfolge. Er lehnt alle diese Lösungsvorschläge ab und entwickelt nachfolgend seine eigene Ansicht (q. 6).

142 Die sechste Frage unterscheidet sich in der Formulierung kaum von der zweiten. Dass die postulierte individuierende Entität etwas Positives sein muss, wurde gerade erwiesen; dass sie die an sich mitteilbare Natur zur Singularität bestimmt, gehört zum Begriff des Individuationsprinzips. Die Frage lässt unbestimmt, welcher Art das gesuchte Prinzip

---

13 *Ord.* II d. 3 q. 2 n. 49: „Nihil simpliciter repugnat alicui enti per solam privationem in eo, sed per aliquid positivum in eo".

14 WÖLFEL: *Seinsstruktur* (s. Anm. 8), 57.

sein könnte, weil dieses, wie sich im folgenden zeigen wird, auf keines der bekannten kategorialen Prinzipien rückführbar ist.

168-169 Scotus antwortet wie in der zweiten Frage bejahend, aber er hat hier nicht wie dort die Positivität des Prinzips im Blick, sondern seine Unterschiedenheit vom Naturprinzip. Er greift hier das Ergebnis aus der ersten Frage auf und stellt fest, dass den zwei Einheitsstufen – der spezifischen und der numerischen Identität – im Individuum zwei verschiedene Entitäten zugrundeliegen müssen.

170 Die Argumentation scheint verwirrend, weil eng benachbarte Begriffe verwendet werden, die gleichwohl terminologisch zu unterscheiden sind. Es handelt sich um die Begriffe „Differenz" (*differentia*), „sich Unterscheidendes [Ding]" (*differens*), „Verschiedenes" (*diversum resp. distinctum*). Im Hintergrund steht die von Aristoteles überkommene Definition, gemäß welcher Dinge, die sich unterscheiden, „verschiedene Selbig-Seiende" (*diversa aliquid-unum entia*) sind, d.h. teils dasselbe und teils jeweils ein anderes sind.[15] Eine Parallelstelle aus dem Metaphysikkommentar verdeutlicht das Gemeinte: „So wie es einige Dinge gibt, die ursprünglich verschieden sind, d.h. gänzlich durch sich selbst, nämlich offenbar solche, die in nichts übereinkommen, so ist es bei allen sich unterscheidenden Dingen, die „verschiedene Selbig-Seiende" sind, erforderlich, diejenigen [Anteile] zu finden, aufgrund welcher sie sich unterscheiden und welche gänzlich in sich verschieden sind (andernfalls wird man ins Unendliche fortschreiten)".[16]

Die Frage, wodurch unterschiedene Dinge sich unterscheiden, kann nicht durch Hinweis auf etwas beantwortet werden, das selbst teils gemeinsam, teils verschieden ist, denn von solchem könnte man wiederum fragen, was den Unterschied ausmacht, und es gäbe keinen Endpunkt in der Suche nach dem Grund für den Unterschied.[17] Darum ist letztlich auf solches

---

15 ARISTOTELES: *Met.* V c. 9; 1018 a12-13 (Arist. lat. XXV^2 96): „Differentia vero dicuntur quaecumque diversa sunt idem-aliquid unum entia, et non solum numero, sed specie aut genere aut proportione."

16 SCOTUS: *Met.* q. VII q. 13 n. 121 (OP IV 259f): „[...] sicut aliqua primo sunt diversa, scilicet se totis, quae videlicet in nullo conveniunt, sic in omnibus differentibus quae sunt »diversa aliquid-unum entia«, oportet invenire aliqua quibus differant, quae se totis sunt diversa (aliter procedetur in infinitum)".

17 Vgl. *Theoremata* p. 3 A n. 20 (OP II 612): „Omnis enim distinctio reducitur ad distinguentia primo diversa. Per quid enim essent distincti? Non per illud in quo conveniunt, igitur per alia. Et illa quibus essent distincta, non illis quibus conveniunt, ergo et aliis. Et reddit infinitas [...]". – Vgl. auch *Met.* VII q. 17 n. 5 (OP IV 328): „[...] differentia aliquo sui sunt differentia; diversa non. Sed rationale et irrationale sunt diversa et differentia, quia conveniunt in differentia superiori, per te, sed ex hoc

zurückzugehen, das schlechthin verschieden ist. Hund und Katze unterscheiden sich, sind aber nicht völlig verschieden, sondern „verschiedene Selbig-Seiende". Ihr Unterschied liegt nicht in den vier Pfoten, im Schwanz oder sonstigen Wesensmerkmalen, die ähnlich und doch jeweils anders sind, sondern in den spezifischen Differenzen der Hundeartigkeit bzw. der Katzenhaftigkeit. Diese haben miteinander nichts Gemeinsames, sie sind ursprünglich verschieden. Durch das Hinzutreten dieser Differenzen zur gemeinsamen Gattung sind Hund und Katze verschiedene Raubtiere.

Was soeben für die spezifische Differenz abgeleitet wurde, das muss nach Scotus analog für den individuellen Unterschied artgleicher Dinge gefolgert werden: Deren ursprünglich verschiedene Anteile können nicht die Artnatur hier und dort sein, denn die Natur ist ja gerade das Gemeinsame; sie müssen vielmehr Differenzen sein, die zur gemeinsamen Natur hinzukommen, so dass die so konstituierten Individuen voneinander verschieden sind.

176 Wie diese positive Entität näherhin zu denken ist, erläutert Scotus im folgenden am Vergleich mit der spezifischen Differenz. Diese grenzt ja eine Gattung ein und bestimmt sie näher. Die sog. *arbor Porphyriana*[18] veranschaulicht die Rede von dem, was „unter", „über" und „neben" der spezifischen Differenz ist: Untergeordnet sind ihr die Individuen der durch sie konstituierten Art; diese sind freilich keine Unterarten (sonst wären sie untereinander wesentlich verschieden), sondern einzelne Exemplare desselben Wesens. Übergeordnet ist die Gattung, welche die Differenz näher bestimmt, nebengeordnet sind andere Differenzen derselben Gattung. In analoger Weise kann nun die zur Debatte stehende individuelle Differenz ins Verhältnis gesetzt werden mit dem, was ihr untergeordnet, übergeordnet und beigeordnet ist.

177 Was das Verhältnis zum Untergeordneten betrifft, so bildet die spezifische Differenz den Abschluss aller wesentlichen Differenzen, sie ist die letzte im Bereich des Washeitlichen, was hier dadurch ausgedrückt wird, dass sie keine weitere Unterteilung in wesenhafte Teile zulässt. Während eine Gattung solche Differenzierung duldet, ja, erfordert, schließt eine vollbestimmte Art dies aus. Tiere gibt es vieler Art, Eichhörnchen aber gibt es nicht in artverschiedenen Ausprägungen, sondern nur in mehreren Exemplaren, die jedoch alle dieselbe Art repräsentieren. Dass

proceditur in infinitum, si omnis differentia includit superiorem. Quia si differunt, differunt differentiis, et illae differentiis, cum includant superiorem."

[18] Vgl. Abschnitt 1 des Kapitels „*Der Denkansatz des Johannes Duns Scotus*", insbesondere Anm. 19.

hier ein echter Abschluss der wesentlichen Bestimmungen gegeben ist, liegt an der spezifischen Differenz, die gerade dies leistet. Eine analoge Funktion übt nun nach Scotus auch die individuelle Entität aus: auch sie begründet einen Widerstreit gegen eine weitere Ausdifferenzierung, allerdings in weitaus stärkerer Weise als die spezifische Differenz, denn sie verhindert nicht nur eine Differenzierung in wesenhafte Teile, d.h. in Unterarten, sondern auch eine solche in subjekthafte und quantitative Teile, d.h. in numerisch verschiedene Individuen. Wenn Scotus hier von „quantitativen Teilen" spricht, so hat er die verbreitete Theorie im Blick, wonach die quantitative Teilbarkeit der Materie es ermöglicht, dass essentiell unteilbare Formen vervielfältigt vorkommen können; so kann das eine Wesen der Rose dank des reichlich vorhandenen organischen Materials hundert- und tausendfach realisiert werden. Scotus lässt zwar die Redeweise von „quantitativen Teilen" gelten, bestreitet aber, dass die quantitativ bestimmte Materie das eigentliche Prinzip der Individuation sei. Sie ist nämlich weder deren notwendige noch deren hinreichende Bedingung; notwendig ist sie nicht, weil auch rein geistige Formen plurifizierbar sind; und hinreichend ist sie ebenfalls nicht, weil sie selbst etwas Gemeinsames ist, das der Individuation bedarf.[19]

179 Im Gegenüber zur übergeordneten Gattung ist die spezifische Differenz das bestimmende Teilmoment; beide verhalten sich wie Potenz und Akt zueinander. Dieses Gegenüber bedeutet, dass beide Teilmomente verschiedenen Inhalts sind, so dass nicht etwa schon in einem von beiden das Ganze (die Art) gegeben wäre. Scotus erläutert dies am Beispiel der Definition, die ja durch Angabe von Gattung und spezifischer Differenz erfolgt. Wäre das ganze Wesen der Art bereits durch die Gattung bestimmt, dann hätte die Differenz keinen neuen Erkenntniswert, sondern würde nur wiederholen, was bereits bekannt ist. Man kommt somit nicht an der Einsicht vorbei, dass die spezifische Differenz die Gattung dadurch näher bestimmt, dass sie ihr einen neuen Inhalt hinzufügt.

180 In Analogie zu diesem Verhältnis ist auch die individuelle Entität als aktuierende Bestimmung gegenüber der Art aufzufassen; sie übt diese Funktion indessen nicht durch Hinzubringen einer weiteren inhaltlichen Formbestimmung aus, denn sie ist keine Form und kein formaler Inhalt eigenen Wesens. Wäre sie das, dann würde sie die spezifische Differenz essentiell bestimmen und somit eine neue Art (oder Unterart) begründen. Sie ist keine Form, sagt Scotus, sondern die „letzte Wirklichkeit einer Form". Das klingt einigermaßen nebulös, wird aber im folgenden durch

[19] Vgl. dazu SCHMIDT: *Natur und Geheimnis* (s. Anm. 4), 236-266.

Absetzung von Fehldeutungen näher erklärt. Etienne Gilson sagt treffend: „Es handelt sich hier um eine Individuation *der* Washeit, aber nicht *durch* die Washeit."[20] Wie wir bereits erfahren haben, ist bereits die spezifische Differenz etwas Letztes und die Wesenheit Abschließendes. Auf der Ebene des Wesens ist keine weitere Bestimmung möglich. Wenn hier nun von einer „letzten Wirklichkeit der Form" oder einige Absätze weiter von einer „letzten Wirklichkeit des Seienden"[21] die Rede ist, dann dürfte der Gedanke leitend sein, dass die Wesensebene bei der Realisierung der Formen – oder allgemeiner: der washeitlichen Bestimmungen – verlassen wird; weil diese aber nicht einfach eine adäquate Abbildung der Wirklichkeit sind, sondern von dieser nur einen „Teil" darstellen, ist zu erwarten, dass washeitliche Inhalte nicht differenzlos realisiert werden. Anders gesagt: Ihre Realisierung ist niemals eine Eins-zu-Eins-Umsetzung ihres Inhalts, sondern ein Mehr, das eine Mannigfaltigkeit von Umsetzungsweisen zulässt. Von hier aus gesehen, wäre das vollbestimmte Wesen erst die „vorletzte" Wirklichkeit, dergegenüber die individuierende Entität als ein „Letztes" und nicht noch einmal weiter Bestimmbares fungierte.

181 Dieser Absatz formuliert den soeben vorweggenommenen Gedanken in aller wünschenswerten Deutlichkeit: die individuierende Entität ist nicht washeitlicher Art, und darum ist das individuelle Sein auch von anderer Ordnung als das washeitliche Sein. Wir haben es gleichsam mit zwei Ebenen im Sein zu tun, der wesenhaften und einer außerwesenhaften. Die hierarchisch geordneten Gattungen und Differenzen in der *arbor Porphyriana* gehören zur Wesensordnung, die individuierende Entität liegt sozusagen außerhalb. Darum wäre es irreführend, in die *arbor Porphyriana* die Individuen mit einzuzeichnen.

Die Bedeutung dieser scotischen Einsicht kann schwerlich übertrieben werden, denn sie weist jedes essentialistische Denken in die Schranken. Für den Essentialismus darf es keine Wirklichkeit geben, die sich der begrifflichen Bestimmbarkeit prinzipiell entzieht, also auch z.B. keine Unterschiede, die rein räumlich bedingt und lediglich anschaulicher Art wären – Kant führt hier etwa die sog. inkongruenten Gegenstücke an, die strecken- und winkelgleich sind, aber nicht ineinander überführbar sind, etwa die rechte und linke Hand.[22] Bester Ausdruck des Essentialismus ist

---

[20] GILSON: *Einführung in die Grundgedanken* (s. Anm. 8), 480.

[21] *Ord.* II d. 3 n. 188 (Vat. VII 483).

[22] Vgl. Immanuel KANT: *Von dem ersten Grunde des Unterschiedes der Gegenden im Raume* (AA II 382f). Vgl. hierzu Brigitte FALKENBURG: *Kants Kosmologie. Die wissenschaftliche Revolution der Naturphilosophie im 18. Jahrhundert*, Frankfurt 2000, 114-122.

das Leibnizsche Prinzip der Identität des Nichtunterscheidbaren, welches ausschließt, dass zwei Dinge verschieden sein können, wenn ihr Unterschied nicht auf einen Begriff gebracht werden kann.[23] Während Leibniz gemeint hat, die individuellen Eigenschaften einer Substanz müssten sich samt und sonders in einem Individualbegriff fassen lassen,[24] behauptet Scotus hier genau das Gegenteil: Es gibt keinen Begriff, der ein Individuum erschöpfend bestimmt, denn es gehört einer Ordnung jenseits des Wesenhaften an. Nur so lässt sich widerspruchsfrei vertreten, dass die Zukunft der Individuen offen und nicht vielmehr durch irgendwelche, wenn auch „verborgene Parameter" bereits festgelegt ist.[25]

183 Im Vergleich schließlich zu den beigeordneten Differenzen gibt es wieder etwas Analoges zu bemerken: Sowohl die spezifische als auch die individuelle Differenz[26] ist etwas von jeder anderen (nebengeordneten) Differenz ursprünglich Verschiedenes, d.h. zwei Differenzen haben nichts Gemeinsames. Zwar sind Hund und Katze gemeinsam Raubtiere, ihre spezifischen Differenzen aber, die Hundeartigkeit und die Katzenhaftigkeit, haben nichts Gemeinsames. Genauso ist es mit Peter und Paul, die beide Menschen, aber in ihren individuellen Differenzen völlig verschieden sind. Die ursprüngliche Verschiedenheit der individuierenden Differenzen hatte Scotus bereits in n. 170 zur Begründung des Unterschieds der Individuen postuliert.

---

23 Vgl. Michael-Thomas LISKE: *Gottfried Wilhelm Leibniz*, München 2000, 65ff.; SCHMIDT: *Natur und Geheimnis* (s. Anm. 4), 55.

24 Dieser Idee zufolge kann jedes Individuum grundsätzlich durch eine (unendliche) Komplexion von Begriffen derart bestimmt werden, dass alle seinem Wesen scheinbar äußerlichen Bestimmungen festgelegt sind und kein Raum für unbestimmte Möglichkeiten bleibt. Vgl. LISKE: *Leibnitz* (s. Anm. 23), 64ff.; Josef ESTERMANN: *Individualität und Kontingenz. Studie zur Individualitätsproblematik bei Gottfried Wilhelm Leibniz*, Bern u.a. 1990, 126-137, sowie SCHMIDT: *Natur und geheimnis* (s. Anm. 4), 164f. mit Anm. 89, 175f., 328, 342, 370.

25 Von „verborgenen Parametern" sprechen diejenigen (essentialistischen) Physiker, die reale Unbestimmtheiten in der Quantentheorie ablehnen, insbesondere Albert Einstein. Offenbar kommt in der Quantentheorie die alte metaphysische Debatte um das Geheimnis der Individualität zu neuem Austrag. Vgl. Axel SCHMIDT: *Quantentheorie als Vernunftkritik*, in: Eberhard SCHOCKENHOFF / Max G. HUBER (Hrsg.): *Gott und der Urknall. Physikalische Kosmologie und Schöpfungsglaube*, Freiburg 2004 (Grenzfragen, 29) 217-260; DERS.: *Albert Einsteins Metaphysik der Natur*, in: Manfred HAUKE / Michael STICKELBROECK (Hrsg.): *Donum Veritatis. Theologie im Dienst an der Kirche.* Festschrift zum 70. Geburtstag von Anton ZIEGENAUS, Regensburg 2006, 59-78, 69ff.

26 Dieser Ausdruck (*differentia individualis*) wird hier zum ersten Mal explizit verwendet, in n. 170 schon implizit. Der Sache nach aber meint Scotus ohnehin dasselbe mit den Begriffen: *entitas / realitas individui* bzw. *individualis* oder eben *differentia individualis*.

191 Hier antwortet Scotus auf einen Einwand, der geltend macht, dass nur das Allgemeine erkennbar sei; wenn die scotische Theorie aber zutreffe, dann müsse auch das Individuum erkennbar sein, weil es dann als ein Kompositum von bestimmbarer Natur und bestimmender Individualdifferenz ein durch sich Eines wäre.[27] – Scotus gesteht die Konsequenz zu, hält sie aber nicht für grundfalsch, sondern für prinzipiell richtig. Dass der Mensch *de facto* nur das Allgemeine erkennen kann, hat demnach nicht darin den Grund, dass das Individuelle schlechterdings unbegreiflich ist, sondern geht auf gewisse Beschränkungen seines Intellekts zurück. In seinem Metaphysikkommentar hat Scotus eine sehr ausgewogene Antwort zu diesem Problem gegeben.[28]

192 Die Entgegnung auf einen verwandten Einwand enthält einen Teil seiner diesbezüglichen Lehre: Was durch zwei Teilmomente konstituiert ist, die sich wie Bestimmbares und Bestimmendes verhalten, das wird durch diese beiden auch sinnvoll definiert; so die Art durch Angabe von Gattung und Differenz. Hat die scotische Theorie also zur Folge, dass auch das Individuum definiert werden kann, nämlich durch die Art und die individuelle Differenz?[29] – Wer so fragt, hat noch nicht verstanden, dass die individuelle Differenz außerhalb der Wesensordnung angesiedelt ist und somit anders fungiert als die spezifische Differenz. Definitionen umschreiben das Wesen einer Sache und lassen die individuellen Unterschiede beiseite – und zwar nicht deshalb, weil sie verbesserungsbedürftig sind, sondern weil das Wesen durch die Angabe der spezifischen Differenz hinreichend und abschließend bestimmt ist. Für die Definition des Begriffs „Katze“ ist die Angabe der individuellen Eigenschaften einer bestimmten Katze untauglich. Die Aufzählung aller individuellen Eigenschaften einer Sache hat nichts mit einer Definition zu tun, ist aber auch nur im Gedankenexperiment möglich, weil die postulierte individuelle Differenz gar nicht durch washeitlich beschreibende Begriffe zu ersetzen ist. Diese können lediglich die Akzidentien eines Individuums bestimmen, doch diese sind nicht der Grund der Individualität – denn „die Unterscheidung durch Akzidentien ist bloß akzidentell“[30] –, sondern nur deren Folge und

---

27 *Ord.* II d. 3 n. 144 (Vat. VII 464).

28 *Met.* VII q. 15 (OP IV 293-309). Vgl. dazu Ludger HONNEFELDER: *Ens in quantum ens. Der Begriff des Seienden als solchen als Gegenstand der Metaphysik nach der Lehre des Johannes Duns Scotus,* Münster ²1989, 241-252; SCHMIDT: *Natur und Geheimnis* (s. Anm. 4), 295-308.

29 *Ord.* II d. 3 n. 146 (Vat. VII 465).

30 *Met.* VII q. 2 n. 114 (OP IV 114).

Äußerungsweise: „Jedem numerischen Unterschied folgt ein Unterschied der Akzidentien."[31]

193 Die Einsicht in den Erkenntniswert und die Reichweite einer Definition klärt nun auch den weiteren Einwand, der die scotische Theorie ad absurdum führen will: Sie würde nämlich entgegen der Einsicht des Aristoteles[32] zur Konsequenz führen, dass es Wissenschaft und Beweis auch vom Singulären gäbe.[33] Diese Konsequenz verneint Scotus ausdrücklich unter Hinweis darauf, dass das Individuum eben keine eigene Definition besitzt, sondern nur die der Art. Das heißt, wir können von individuellen Dingen und Ereignissen nur soviel beweisen, wie mithilfe der allgemeinen Artbegriffe zu sagen ist. Als Mittelbegriff in einem Syllogismus kann nicht der Name eines Individuums fungieren, sondern nur ein Allgemeinbegriff bzw. eine Definition.

Damit statuiert Scotus eine absolute Grenze des beweisenden Wissens. Seine Individuationslehre ist zugleich eine fundierte Vernunftkritik, die in mancher Hinsicht auf diejenige Kants vorausweist, ja, sie womöglich sogar an Kraft und Schärfe noch überbietet.

---

31 *Ord.* II d. 3 n. 124 (Vat. VII 454).

32 Vgl. ARISTOTELES: *Met.* VII c. 10 (1035 b 33 – 1036 a 8); c. 15 (1039 b 26 – 1040 a 5).

33 *Ord.* II d. 3 n. 145 (Vat. VII 464f).

9. Gottesbeweis

„Ein größeres Denkbares ist also, was in der Wirklichkeit ist, als was nur im Verstande ist"

Paul Zahner OFM

I

Hierdurch kann jenes Argument Anselms *(ratio Anselmi)* vom 'höchst Denkbaren' umgefärbt *(colorari)* werden. Dessen Beschreibung ist folgendermaßen zu verstehen: „Gott ist jenes, über das hinaus", wenn es ohne Widerspruch gedacht wird, „ein Größeres nicht gedacht werden kann" ohne Widerspruch. Denn, wessen Gedachtwerden einen Widerspruch einschließt, das heißt nicht denkbar ist, und das ist es auch; es gibt nämlich sonst zwei derart entgegengesetzte 'Denkbare' (in ihm), dass in keiner Weise das eine Denkbare herzustellen ist, denn keins von beiden bestimmt das andere. Es folgt daraus, dass solch besagtes, in höchster Weise Denkbare, wodurch Gott beschrieben wird, in Wirklichkeit ist; zuerst (folgt das) vom washeitlichen Sein: in solch höchstem Denkbaren kommt der Verstand in höchstem Sinne zur Ruhe; also findet sich in ihm der Wesensgehalt des ersten Gegenstandes des Verstandes, nämlich des Seienden, und zwar in höchstem Sinne. Weiter (folgt) vom Sein der Existenz: Das höchste Denkbare ist nicht nur im denkenden Verstand; denn dann könnte es sein – weil denkbar – und könnte (zugleich) nicht sein, weil es seinem Wesensgehalt widerstreitet, von einem anderen her zu sein – nach dem dritten und vierten Satz des III. Kapitels. Ein größeres Denkbares ist also, was in der Wirklichkeit ist, als was nur im Verstande ist; das ist nicht so zu verstehen, als ob nun eben dasselbe, wenn es gedacht wird, nun dadurch ein größeres Denkbares sei, wenn es existiert, sondern so: Größer als jedes, was nur im Verstande ist, ist ein Denkbares, das existiert.

Oder anders lässt sich (das Argument) umfärben: Ein größeres Denkbares ist, was existiert, das heißt, es ist vollkommener denkbar, weil schaubar. Was nicht existiert, weder in sich noch in einem Höherrangigen, dem es nichts hinzufügt, ist nicht schaubar. Das Schaubare ist (nun) vollkommener erkennbar als das Nicht-Schaubare, das nur abstraktiv verstehbar ist. Also existiert das in vollkommenster Weise Erkennbare.

(Tractatus de Primo Principio 79: Kapitel IV, 9. Satz (5. Weg) Nr. 79; nach: Johannes Duns Scotus, Abhandlung über das erste Prinzip. Hg. u. übersetzt von Wolfgang KLUXEN, Darmstadt [2]1987 (Texte zur Forschung, 20) 105-107).

II

Der von Anselm von Canterbury (1033/34-1109) in seinem „Proslogion“ (Kapitel 2-4) formulierte Gottesbeweis, der von Emmanuel Kant als „ontologischer Gottesbeweis“ bezeichnet wurde und heute neutral einfach wieder „Proslogionargument“ oder „Ratio Anselmi“ genannt wird, hat durch die Jahrhunderte hindurch die Gemüter immer wieder erhitzt. Während einige – beginnend mit Anselms Zeitgenossen Gaunilo, bis hin zu Hume und Kant – diesen Gottesbeweis als grundsätzlich unsinnig ablehnten, betrachteten ihn andere, unter ihnen Descartes und Hegel, als den Gottesbeweis schlechthin. Philosophisch scheint es so zu sein, dass ein platonischer Denkansatz dem Proslogionargument zu folgen vermag, während ein aristotelischer Ansatz es verwirft. Da die Franziskanerphilosophen des 13. Jahrhunderts ihren Denkansatz vor allem aus platonisch-augustinischem Denken nähren, folgen sie fast geschlossen dem Proslogionargument Anselms. Die Franziskaner Alexander von Hales, Johannes Peckham, Matthäus von Aquasparta, Nicolaus Ockham, Wilhelm von Ware und Bonaventura referieren das Proslogionargument meist in ihren Sentenzenkommentaren alle zustimmend. Einzig der Franziskaner Richard von Mediavilla lehnt das Argument in seinem Sentenzenkommentar ab. Eine Ausnahme bildet auch Wilhelm von Ockham, dessen Denkansatz aber innerhalb des Minderbrüderordens sowieso eine Sonderstellung innehatte. Gegen die franziskanischen Philosophen stellen sich in der Frage des ontologischen Gottesbeweises dagegen Thomas von Aquin und die dominikanische Schule, die das Proslogionargument zugunsten der aristotelisch geprägten „Quinque viae“ des Thomas von Aquin ablehnen. Angesichts der also schon länger währenden Kontroversen um das Proslogionargument nimmt Scotus in seiner Zeit mit der sogenannten „Coloratio“ (d. h. Einfärbung) des Proslogionargumentes eine besondere Position ein, indem er diesen Gottesbeweis umformuliert und ihm so neue Einsichtigkeit zu verleihen versucht.

An drei Stellen seiner Sentenzenkommentare referiert Scotus das Proslogionargument: in der Lectura I, d.2, p.1, q.2 (Oxford), der Ordinatio I, d.2, p.1, q.2 (revidierter Oxforder und Pariser Sentenzenkommentar) und in der Reportatio I, d.3, q.2 (korrigierte Nachschrift der Pariser Vorlesung). Dazu kommt das ganz der Gottesfrage gewidmete Werk „Tractatus de primo principio“, aus dem unser Text stammt.

Anselm hatte mit seinem Proslogionargument beim Begriff Gottes als das, „worüber hinaus nichts Größeres gedacht werden kann“ (quod maius cogitari non potest) angesetzt. Wenn jemand diesen Begriff versteht, ist er in seinem Verstande (in intellectu), wenn auch die Sache, die der Begriff bezeichnet, auch nicht unbedingt in Wirklichkeit (in re) existiert. „Das, was größer nicht gedacht werden kann", kann aber nicht nur im Verstande sein, denn sonst könnte gedacht werden, dass es auch in Wirklichkeit sei, was dann aber größer wäre als nur im Verstande zu sein und was den Begriff selber auflösen würde. Dann würde der Begriff aber nur noch etwas bezeichnen, worüber hinaus Größeres gedacht werden könnte. Daher muss „das, worüber hinaus nichts Größeres gedacht werden kann", sowohl im Verstand als auch in Wirklichkeit existieren.

Die erste „Coloratio", die Scotus der Argumentation gibt, besteht im „Tractatus de primo principio" vor allem in der zweimaligen Einführung des präzisierenden Begriffes eines „Denkens ohne Widerspruch" (sine contradictione). Zwar kann Gott so gedacht werden, dass er nicht das Größte ist, was gedacht werden kann, sondern dass noch Größeres als Gott gedacht werden kann. Dann ist dieses Denken aber widersprüchlich. Widersprüchliches Denken aber ist möglich. Aus diesem Grunde schließt die Präzisierung des Scotus dieses widersprüchliche Denken ausdrücklich aus. Eine zweite „Coloratio" argumentiert anschließend damit, dass ein Denkbares, das existiert, vollkommener denkbar ist, weil es auch schaubar ist. Schaubares ist aber vollkommener denkbar als Nicht-Schaubares. Die Voraussetzung dieser Argumentation ist der Vorzug der intuitiven Erkenntnis vor der abstraktiven (W. Kluxen).

Einige Autoren heben die Wichtigkeit der Präzisierung hervor, die Scotus dem Proslogionargument Anselms gegeben hat. Sie hatte zweifellos einen nicht unbedeutenden Einfluss auf die Diskussionen dieses Gottesbeweises in der Zeit der Aufklärung. So betont etwa W. Kluxen, dass die Erläuterung des Scotus das Kantische Exempel von den hundert gedachten Talern, die durch ihre Existenz nicht mehr werden als sie in ihrem Begriffe sind, schon vorweggenommen zurückweist. Wer aber dem ontologischen Argument grundsätzlich kritisch gegenübersteht, lässt sich von der Einfärbung des Scotus nicht beeindrucken und hält sie nicht für wesentlich präziser. Wie in der Frage nach dem ontologischen Gottesbeweis allgemein bleibt auch bezüglich der scotischen Rezeption des Proslogionargumentes festzustellen, dass das Argument mit seinen Einfärbungen über die Jahrhunderte eine faszinierende Anziehungskraft hatte und hat, dass es aber auch immer wieder heftigsten Widerspruch erfuhr. Johannes Duns Scotus hat seinen Teil zur spannenden Geschichte dieses Gottesbeweises beigetragen.

III

QQ: *Quellenbeiträge und Untersuchungen zur Geschichte der Gottesbeweise im 13. Jahrhundert. Mit besonderer Berücksichtigung des Arguments im Proslogion des hl. Anselm,* hg. v. A. DANIELS, Münster 1909 (BGPhMA, VIII, Heft 1-2); *Johannes Duns Scotus, Abhandlung über das erste Prinzip.* Hg. u. übersetzt von W. KLUXEN, Darmstadt ^{2}1987 (Texte zur Forschung, 20) (beachtenswert sind auch Einleitung <IX-XXV> und Kommentar <135-257> dieser Ausgabe); JOHANNES DUNS SCOTUS, *Über die Erkennbarkeit Gottes. ...* hg. von H. KRAML, Hamburg 2000.

Lit.: Vl. RICHTER: *Duns Scotus' Texte zum Gottesbeweis. Text- und literarkritische Untersuchung*, in: Zeitschrift für katholische Theologie 110 (1988) 24-65; J. CALYTON: Art. *„Gottesbeweise"*, in: TRE 13, Berlin / New York 1984, 708-784; H. MEINHARDT: Art. *„Gottesbeweise"*, in: LMA 4, München 2002, 1583-1585; B. M. BONANSEA: *Duns Scotus and St. Anselm's Ontological Argument*, in: DERS.: *Man and His Approach to God in John Duns Scotus*, Lanham 1983; L. HONNEFELDER: *Scientia transcendens. Die formale Bestimmung der Seiendheit und Realität in der Metaphysik des Mittelalters und der Neuzeit (Duns Scotus – Suárez – Wolff – Kant – Peirce)*, Hamburg 1990, 158-199; DERS.: *Metaphysik und Transzendenz. Überlegungen zu Johannes Duns Scotus im Blick auf Thomas von Aquin und Anselm von Canterbury*, in: DERS. / W. SCHÜSSLER (Hg.): *Transzendenz. Zu einem Grundwort der klassischen Metaphysik*, Paderborn 1992, 137-161; W. RÖD: *Der Gott der reinen Vernunft. Die Auseinandersetzung um den ontologischen Gottesbeweis von Anselm bis Hegel*, München 1992.

10. „Dass du unendlich bist und unbegreifbar von einem Endlichen?“

(De primo princ. cap. IV n. 67 (ed. KLUXEN, 87))

Franz Lackner OFM

I

Herr unser Gott, als dein Knecht Moses von Dir, dem wahrsten Lehrer, zu wissen begehrte, welches Dein Name sei, den er den Kindern Israels nennen sollte, wusstest Du wohl, was der Verstand der Sterblichen von Dir begreifen könne; Deinen geheiligten Namen eröffnetest Du in der Antwort: *Ich bin der ich bin.* Du bist das wahre Sein, Du bist das ganze Sein. Dies (glaube ich, dies), wenn es mir möglich wäre, möchte ich wissen. Hilf mir, Herr, bei meinem Forschen danach, zu welchem Maß an Erkenntnis vom wahrem Sein, welches Du bist, unsere natürliche Vernunft gelangen könne, anfangend von dem *Seiend,* welches Du von Dir ausgesagt hast.

(De primo princ. cap. IV n. 1 [ed. KLUXEN, 3]).

II

1. Am Anfang: die Anrufung

Am Beginn der Abhandlung über das erste Prinzip steht ein Gebet. Was für unser Verständnis von Theologie heute schon sonderbar anmutet und erst recht für die Philosophie, das gehörte für die Denker im Mittelalter noch zum konstitutiven Bestandteil einer auf Vernunft aufbauenden Abhandlung. Der gläubige Beter Scotus wusste wohl, dass mit *primum prinicipium* das dreifaltige Persongeheimnis des christlichen Gottesbegriffes nicht angemessen erreicht werden kann, aber der scharfsinnige Denker Scotus wusste auch, dass der aus Freiheit und Liebe wirkende Gott Jesus Christi nicht vorweg ausgeschlossen werden darf. Das unterscheidet das Mittelalter von der Neuzeit, in der es immer selbstverständlicher wurde, von Gott in der Wissenschaft, ja selbst in den Wissenschaften mit Universalanspruch, besser zu schweigen. Wenn Scotus von einem ersten Prinzip spricht, dann bedeutete Prinzip noch nicht bloß etwas Formales, wie wir heute diesen Begriff gerne benützen. Im Mittelalter war die primordiale Bedeutung von Prinzip als Ursprung noch sehr lebendig.[1]

---

[1] Vgl. den Kommentar bei KLUXEN, 135.

Ursprung wird in dieser Abhandlung noch – oder wieder – verstanden als das ins Dasein-Treten des Ganzen dessen, was sein kann und sein will.

Die Abhandlung über das erste Prinzip ist die scotische Version des Gottesbeweises. Das Genre Gottesbeweis ist für die heutige Zeit erst recht erklärungsbedürftig. Versteht man heutzutage doch Beweis als eine Begründung, durch die ein fraglicher Sachverhalt sichergestellt wird. In diesem Sinne wollte aber im Mittelalter niemand Gott beweisen. Das lässt sich allein an dem Umstand aufweisen, dass jeder Gedankenanstrengung zuvor zu dem „zu beweisenden Gott" schon gebetet wurde. Beweis muss folglich anders verstanden werden. Etwas näher dem authentischen Anliegen der Gottesbeweise kommt die Bestimmung Aufweis, wenn es darum geht, das Dasein Gottes denkerisch aufzuweisen. „Dies glaube ich, dies, wenn es mir möglich wäre, möchte ich wissen" lautet die Gebetsanrufung am Anfang der Abhandlung.[2] In das Wissen hinüber zu führen, was gläubig vollzogen wird, ist somit primäres Anliegen des Traktats über das erste Prinzip. So wird bei Scotus im Gottesbeweis die Denkbarkeit Gottes „gründlich" abgehandelt. Das allein trifft noch immer nicht den vollen Sachverhalt. Der so genannte Gottesbeweis hat auch ein authentisches und ur-sprüngliches *fundamentum in re* in der Philosophie. *De primo principio* ist die philosophische Gotteslehre im Dienste der Metaphysik als Universalwissenschaft. Philosophische Gotteslehre heißt – das muss in einer Zeit, in der Metaphysikfeindlichkeit alltäglich und in der christliche Philosophie zum Unwort geworden scheint, gesondert angemerkt werden – die Lehre über Gott nach den Prinzipien der natürlichen Vernunft. So erfüllt der Traktat über das erste Prinzip die Aufgabe der Synthese als notwendige Entsprechung zum analytischen Teil von Metaphysik.[3]

Von daher bekommt das Gebet am Anfang eines philosophischen Traktates eine zusätzliche Fragwürdigkeit. Dieses darf, was noch zu zeigen sein wird, somit nicht bloß als ein Akt der Frömmigkeit eines Ordensmannes verstanden werden, sondern gehört in den Ursprung der Metaphysik mit hinein. Der Gott der Philosophen und der Gott der Religion lassen sich nicht gänzlich auseinanderdividieren. Es gibt verschiedene Sprachregelungen, es gibt verschiedene Weisen der Erkenntnis, aber wenn eine Abhandlung über das Ganze der Wirklichkeit wahrheitsfähig bleiben soll, dann braucht es beides: das Gebet und das Argument, und zwar gemeinsam in

---

[2] Ebd. (ed. KLUXEN, 3).

[3] Vgl. L. HONNEFELDER: *Wie ist Metaphysik möglich? Ansatz und Methode der Metaphysik bei Johannes Duns Scotus*, in: L. SILEO (Hg.): *Via Scoti. Methodologica ad mentem Joannis Duns Scoti*, Rom 1995, 77-93, 88.

der je spezifischen Besonderheit.[4] Das Gebet vermag tiefer zu blicken, das Argument genauer. Die Theologie könne nicht fromm sein, sondern nur der Theologe. Das gelte selbst für die Philosophie und man könne so rechtens von einer Frömmigkeit des Denkens sprechen.[5] Bei Scotus zeigt sich diese personale Durchdringung jeglicher Geistesanstrengung dadurch, dass er generell nicht von Theologie oder von Philosophie, sondern von Theologen und Philosophen spricht. Der Gedanke ist vom Denker nicht zu trennen, und der Gedanke ist genauso wenig vom gläubigen Beter zu trennen. „Die Frömmigkeit des Denkens qualifiziert erst das wissenschaftliche Ergebnis.“[6]

Es tut gut so einen Satz bei einem so ausgewiesenen Kenner der Philosophie und Wissenschaftstheorie wie W. Kluxen zu lesen, denn vielfach herrscht ja die Meinung vor, Glaube und Denken seien Gegensätze. Die Denker der Scholastik waren allesamt Theologen und sie wollten auch nichts anderes sein, dennoch waren sie auch, besser müsste es lauten – gerade deswegen – ganz dem natürlichen Gedankengang hingegeben. Als Theologen betreiben sie authentisch Philosophie. Die strikte Trennung von Theologie und Philosophie, zweier Universalwissenschaften, hat keine Begründung in der Sache, um die es in einer ganzheitstheoretischen Untersuchung gehen muss. Bei Scotus lesen wir einen höchst interessanten Satz: „Metaphysik ist Theologie im Ursprung und in der Vollendung.“[7]

Auf die innere und gegenseitige Verwiesenheit von Philosophie und Theologie hat der große Kenner mittelalterlicher Philosophie, Étienne Gilson, wiederholt hingewiesen. Auf die Gebetsanrufung am Beginn der Abhandlung über das erste Prinzip bezogen, sagt Gilson, dass Scotus einen Akt des Glaubens in die Wahrheit des Wortes Gottes setzt, wie Athenagoras, der sich bei Gott über Gott belehren möchte.[8] Die Anrufung Gottes ist also mitnichten literarische oder spirituelle Einbegleitung, vielmehr gehört sie ursprünglich und als letzte Zielbestimmung in das zentrale Anliegen der

---

4 Vgl. R. SCHAEFFLER: *Das Gebet und das Argument. Zwei Weisen des Sprechens von Gott*, Düsseldorf 1989, 327f.

5 Vgl. W. KLUXEN: *Frömmigkeit des Denkens – Johannes Duns Scotus*, in: WiWei 55 (1992) 23-29.

6 KLUXEN, ebd. 29.

7 *Ord.* I d. 3 p. 1 q. 1-2 n. 17 (ed. Vat. III 10): „Ergo metaphysica est theologia finaliter et principaliter.“ Vgl. dazu F. LACKNER: *Theologie – Anfang und Vollendung der Metaphysik. Eine Verhältnisbestimmung*, in: DERS.: *Zwischen Weisheit und Wissenschaft. Johannes Duns Scotus im Gespräch*, Kevelaer 2003, 130-145, 135f.

8 È. GILSON: *Lo spirito della medioevale*, Brescia ^{5}1988, 64: „Duns Scoto colloca all'inizio della sua speculazione metafisica un atto di fede nella verità della parola divina; come Atenagora, egli vuole istruirsi su Dio presso Dio.“

Metaphysik. Eine Tuchfühlung steht in beidseitigem Interesse. Dass Gott selbst sich als der aussagt, der *ist*, das kann den Metaphysiker nicht unberührt lassen, sofern er Metaphysik als die Wissenschaft betrachtet, die das Seiende in seiner Ganzheit zu erörtern versucht. Scotus nimmt diese Selbstbezeichnung Gottes ernst: „Dies glaube ich!" bekennt er in seinem Eröffnungsgebet, um gleich hinzuzufügen: „dies, wenn es mir möglich wäre, möchte ich wissen."[9] Ein sehr sprechendes Beispiel, das zeigt, dass aus einem gläubigen Akt des Gebetes nicht Selbstgenügsamkeit erwächst, sondern die Sehnsucht zu wissen und die Notwendigkeit der Begründung.

Der Philosoph sollte bei der Abarbeitung des menschlichen Wissensdurstes die Vielfalt der ursprünglichen Herkünfte nicht vergessen. Eine Mindestforderung, die an dieser Stelle an den Philosophen gestellt werden muss, lautet, dass er die Bereitschaft mitbringt, jene philosophische Disziplin zu üben, die in der Antike *Epoché* genannt und in der Neuzeit in der Phänomenologie wieder entdeckt wurde. Es geht dabei noch nicht um die Frage nach Gott an sich, sondern allein um die Tatsache, dass Gott selbst sich als der Seiende kundgetan hat. Das gilt es mit vornehmer Zurückhaltung, durch Einklammerung von Vor-Urteilen, einfach einmal stehen zu lassen. Der Philosoph muss sich dabei nicht selbst untreu werden. Seine Vorgaben lauten: Jede Erkenntnis beginnt mit den Sinnen und der Weg weiter führt über das rationale Erkenntnisvermögen. Es stimmt auch, dass Gott nicht zu den natürlich bewegenden Ursachen gehört, infolgedessen ist Gott auch kein natürliches Objekt. Aber daraus darf nicht die Auffassung folgen, dass unter der soeben genannten Maßgabe die ganze Wirklichkeit dessen, dem es nicht schon a priori widerstreitet, sein zu können, erfasst ist. So ist Gott durchaus ein Thema der Vernunft, aber nicht auf dem Weg monokausaler Gewissheit. Kennzeichen endlichen Erkennens ist es auf bestimmte, d.h. auf begrenzte, Gegenstände hingeordnet zu sein.[10] Die Gott am ehesten angemessene Bestimmung ist – wie noch mit Scotus gezeigt werden wird – unendlich. Was von Gott nach Scotus auf natürliche Weise ausgesagt werden kann ist, dass er ein nicht endliches Seiendes ist. Sein, verstanden nicht als Gattung, nicht als Kategorie, sondern denominativ, stellt jenen Minimalkonsens dar, worüber Philosoph und Theologe, Gläubiger und Kritiker vorweg aller Unterschiede doch einer Meinung sein müssen, soll ein interdisziplinäres Gespräch gelingen.

---

9 *De primo princ.* ebd. (ed. KLUXEN, 3).

10 *Ord.* IV d. 1. q. 1 n. 22 (ed. Viv. XVI 68): „Omne intelligere finitum determinatur ad certum intelligibile, vel ad aliqua certa intelligibilia."

So kann als Resümee gelten, die Anrufung am Anfang eines philosophischen Traktates hat ihre Berechtigung. Sie ist philosophisch gesprochen kein willkürlicher Akt ins Dunkle, sondern von einer vorgängigen Einsicht geleitet. Sie basiert auf einem Angesprochen-Sein. Anrufung und Nennung Gottes stehen im Kontext der Erinnerung. Erinnerung ist nicht nur ein Akt in die Vergangenheit zurück, wie dies R. Schaeffler sehr schön gezeigt hat, sondern hat immer auch einen Gegenwartsbezug: Ich erinnere mich. Durch das Erinnern von etwas kommt der, der sich erinnert, neu zu sich selbst zurück.[11] So hat der Gott Anrufende Gott irgendwie schon gefunden, aber das Finden evoziert neue Suche. Hierher gehört wohl auch das schöne Wort von Blaise Pascal, das er im Anschluss an Augustinus formuliert: „Du würdest mich nicht suchen, wenn du mich nicht schon gefunden hättest."[12]

Diese Abhandlung trägt eine Frage als Titel: Dass Du unendlich bist und unbegreifbar von einem Endlichen? Diese Frage am Ende der Abhandlung ist Frucht der Anrufung am Anfang. Das Fragen gehört zur ureigenen Angelegenheit der Philosophie. Günther Pöltner hat in seiner Abhandlung über das Fragen eindrucksvoll gezeigt, dass ursprüngliches Fragen in die Krisis geraten muss: „Denn es ist eines, sich auf die ursprüngliche Frage-Erfahrung in der Weise des Nach-Sinnens und der Besinnung einzulassen, ein anderes ist es, sich auf sie in der Weise glaubend hoffender Liebe einzulassen."[13]

2. Übergroße Einheit

Von Hegel stammt das Wort: „Das Wahre ist das Ganze."[14] Das Ganze kann nicht vom Teil her angemessen in den Blick genommen werden. Zum Ganzen gehört wesentlich die Mitte. Ohne Zentrum ist Ganzes nicht ganz, es fehlt die einende Mitte. Für Mitte oder Zentrum kann bei Scotus auch Ursache stehen. So ist Gott der Vollkommenheit nach die allgemeinste Ursache. Der Aussage nach, und darum geht es in der Erkennbarkeit, ist das Seiende die vollkommenste Ursache.[15] Ursache ist Seiendes deshalb, weil es prinzipielle Erkennbarkeit garantiert. Von dieser Erkennbarkeit ist grundsätzlich nichts ausgeschlossen (nihil excluditur). Wenn am Anfang

---

[11] Vgl. R. SCHAEFFLER: *Kleine Sprachlehre des Gebetes*, Trier 1988, 20ff.

[12] B. PASCAL: *Pensées*, n. 555.

[13] G. PÖLTNER: *Zu einer Phänomenologie des Fragens*, München 1972, 117.

[14] HEGEL: *Phänomenologie des Geistes* Nr. 21.

[15] *Ord.* IV d. 1 q. 1 n. 7 (ed. Viv. XVI 18): „Deus [...] est causa universalissima perfectione, ens autem est causa universalissima predicatione."

der Philosophie – wie Aristoteles sagt – die Frage steht, dann ist dies nur bedingt richtig. Denn alles Fragen lebt von Vorgaben, die selbst nicht wieder erfragt werden können. Ohne solche Vorgaben wäre jede Frage ein willkürlicher Akt ins Dunkle. Fragen sind infolgedessen immer von bestimmten Einsichten geleitet. Bezieht sich die Fragehinsicht auf das Ganze des Seins überhaupt, dann ist eine Besinnung auf die den Fragenden leitende Einsicht mehr denn je geboten. Für die Denker in der Scholastik war das keine Frage. Mitte und Ursprung des Ganzen ist Gott! Davon auszugehen, Gott anzurufen, um überhaupt einmal ins Thema zu kommen, hielten auch die vornehmlich philosophisch geprägten Denker durchaus für angemessen.

Aber erlaubt eine theologische Prämisse am Anfang ein noch eigenständiges und ursprünglich authentisches Denken? Dass natürliche Erkenntnis trotz theologischer Vorgabe möglich ist, zeigt sich bei der Gotteserkenntnis selbst. Scotus lehnt sowohl singuläre als auch generelle Intuition Gottes ab, und zwar aus Gründen der Begrenztheit menschlicher Erkenntniskraft. Überdies gibt es keine reinen von der Erfahrung unabhängigen Begriffe.[16] Auch in der Gotteserkenntnis sind wir immer auf natürliche Erfahrung angewiesen. Denn auch nur so können wir von Gotteserkenntnis im epistemologischen Sinne sprechen. Gott wird demnach nicht nur geistlich-spirituell erfahren, sondern auf natürlichem Weg (per modum rationalem) erkannt. Gotteserkenntnis geschieht durch Seinserkenntnis.

Seiendes als Seiendes ist in der Ordnung der Zeit der von den einfachen Begriffen zuletzt erreichbare. Etwas in seinem Sein zu erkennen ist von der sinnlichen Erfahrbarkeit am weitesten entfernt. Alle Erkenntnis geschieht allein im Lichte des Seins. Diese grundlegende Erkenntnispriorität nennt Scotus das erste Objekt (primum obiectum). Seiendes als Seiendes ist erstes, d.h. unserem Intellekt angemessenes Objekt. Scotus erklärt anhand der Lichtmetapher wie erstes Objekt zu verstehen ist. Wie Licht die Sehbarkeit der Dinge ermöglicht, so ist das Seiendsein der Dinge Grund ihrer Erkennbarkeit.[17]

Mit dem ersten Objekt ist somit jene Gegenständlichkeit gemeint, die den ontologischen Hintergrund bezeichnet, auf dem und aufgrund dessen Etwas

---

16 Vgl. T. BARTH: *Die Stellung der univocatio im Verlauf der Gotteserkenntnis nach der Lehre des Duns Scotus*, in: WiWei 5 (1938) 235-254, 252.

17 *Met.* IV q. 1 n. 35 (ed. OP III 302f.): „Illud est primum obiectum potentiae cognitivae sub cuius ratione cognoscuntur omnia alia ab illa, sicut patet de obiecto visus." Die Editoren haben auch in der kritischen Edition „ab illa" geschrieben, obwohl es wohl richtig heißen müsste „ab illo". Auf diesen Fehler hat schon Bettoni aufmerksam gemacht. E. BETTONI: *Duns Scoto. Filosofo*, Milano 1966, 45.

als Etwas gedacht werden kann. Seiendes hat – wie Heidegger sagt – Letztheitscharakter, hinter das nicht mehr zurückgefragt werden kann.[18] Seiendes selbst bringt als Bestimmung nur ein Merkmal mit, und zwar die Widerspruchsfreiheit (non-repugnantia). Erkannt wird Seiendes in letzter Konsequenz als ein rein bestimmbares „Was" (quid) und ein rein bestimmendes „Wie" (quale).[19] Seiend wird einmal durch ein letztes „Was", das begrifflich nicht in noch allgemeinere Begriffe aufgelöst werden kann, ausgesagt, und Seiend wird durch ein letztes „Wie", darunter fallen die so genannten letzten Differenzen und alle transzendentalen Bestimmungen, ausgesagt. Seiend konstituiert sich aus Bestimmtheit und Bestimmbarkeit, aus Gemeinsamkeit und Unterschiedenheit, aus Abgeschlossenheit und Offenheit.

Seiend ist nach Scotus kein Gattungsbegriff. Seiend fällt auch nicht unter die Kategorien, sondern gehört aufgrund seiner übergroßen Einheit zur transzendentalen Begrifflichkeit.[20] Die übergroße Gemeinsamkeit von Seiend hat immer wieder zur Auffassung verleitet, Seiend begrifflich in den Bereich der Logik zu verschieben. Dem ist Walter Hoeres sehr eindrucksvoll entgegen getreten mit der Lehre des so genannten „noetisch-noematischen Parallelismus". Scotus setzt eine strenge Entsprechung zwischen Seins- und Erkenntnisordnung.[21] Letzterkenntnis ist demnach nicht so sehr eine Weise des Denkens als vielmehr die des schlichten Auffassen dessen, was ist.[22] Scotus unterscheidet nämlich genau zwischen zwei Weisen von Erkenntnis mit zwei verschiedenen Bedeutungen von Akt: Die intuitive Erkenntnis ist Erkenntnis durch direkte Berührung. Dabei wird das Wesentliche in einem einzigen, unteilbaren „Hinblick" erfasst. Die zweite Weise der Erkenntnis ist ein Umweg. Erkenntnis wird da durch Abstraktion gewonnen. Hierin entfaltet der vergleichende und urteilende Verstand seine ureigene Tätigkeit (intellectus componens et dividens). Scotus lässt auch keinen Zweifel aufkommen, dass das diskursive Denken nur eine umschreibende Entfaltung dessen sein kann, was der Akt des schlichten Vernehmens wesentlich erfasst.

---

[18] Vgl. M. HEIDEGGER: *Frühe Schriften*, Frankfurt am Main 1972, 158ff.

[19] *Ord.* I d. 3 p. 1 q. 3 n. 133 (ed. Vat. III 82f.): „Ille conceptus 'tantum determinabilis' est conceptus entis, et 'determinans tantum' est conceptus ultimae differentiae." Vgl. L. HONNEFELDER: *Duns Scotus*, München 2005, 56f.

[20] *Ord.* I d. 3 p. 1 q. 3 n. 158 (ed. Vat. III 96f.): „Removet enim ab ente rationem generis, non propter aequivocationem [...], sed removet rationem generis ab ente propter nimiam communitatem."

[21] Vgl. W. HOERES: *Der Wille als reine Vollkommenheit*, München 1962, 18ff.

[22] HOERES: *Vollkommenheit* (s. Anm. 21), 20ff.

Der zweifachen Erkenntnisweise entsprechen auch zwei bestimmte Akte des Erkenntnisvorganges.[23] Einmal wird Akt als die von der Materie unterschiedene Form verstanden. Dieser Akt stiftet keine direkte Beziehung zum Gegenstand, sondern die Beziehung geschieht durch einen vergleichenden Akt. Scotus nennt diese Erkenntnisweise natürlich (per rationem naturalem). Auf diesem Gebiet haben Denker zu allen Zeiten eine wahre Meisterschaft entwickelt. Akt in diesem ersten Sinn bedeutet fort- und rückschreitendes Erkennen. Man entfernt sich von der Unmittelbarkeit des augenblicklich Offenbaren und setzt es dem an allgemeinen Grundsätzen vergleichenden und beurteilenden Verstand aus, um so zu einer begrifflich bestimmten Erkenntnis zu gelangen. Das ist der Weg der Kausalität. Verstand und Objekt erzeugen teilursächlich den Begriff. Auch das diskursive Vermögen hat das Ziel, zum schlechthin einfachen Sinngehalt von Seiend zurückzukehren.[24] Der Weg dorthin führt zunächst von der Einfachheit der direkten Anschauung weg, um wieder über die Abstraktion zu letzten einfachen Sinngehalten zurückzukehren. Dabei wird das, was unmittelbar geschaut wird, von allen konkreten und unvollkommenen Bestimmungen gereinigt. Ganzheitserkenntnis – das eigentliche Anliegen der Metaphysik – ist auf diese Weise allerdings nur indirekt möglich.

Hingegen bedeutet Akt im zweiten Sinn direktes Vernehmen. Seiendes wird hierin als Ganzes in einem einfachen Akt des „Schauens" erfasst. Es handelt sich dabei um ein einfaches und absolutes Erfassen des Gegenstandes. Diese Erkenntnisform ist streng gesprochen eigentliche und wahrhafte Erkenntnis. Erkennen ist so Ereignis, das durch direkte Berührung geschieht und deswegen einer gesonderten Begründung nicht bedarf. Dieser Akt der Erkenntnis ist offen auf alles hin! Er erstreckt sich auf die ganze Bandbreite dessen, was in irgendeiner Weise Seiend genannt werden kann, abgesetzt allein vom absoluten Nichts der Widersprüchlichkeit (nihil excluditur).

Die übergroße Gemeinsamkeit von Seiend vermag als jener tragende und vermittelnde Begriff zu fungieren, der sowohl den Ansprüchen der Metaphysik innerhalb von primordialer Erfahrung und ultimativer Letzterkenntnis standhält. Er stellt so etwas wie einen Minimalkonsens dar zwischen Ursprung und Vollendung natürlicher Verstandeskraft. Vor allem erweist

---

[23] *Rep. Par.* IV d. 11 q. 3 n. 12 (ed. Viv. XXIV 119): „Dico quod actus sumitur dupliciter. Uno modo pro forma, quae est altera pars compositi, distinguendo ipsam a materia. Alio modo pro actu, qui est differentia entis distincti contra nihil." Vgl. HOERES: *Vollkommenheit* (s. Anm. 21), 31.

[24] *Ord.* I d. 3 p. 1 q. 1-2 n. 80 (ed. Vat. III 54f.): „Ens autem non potest concipi nisi distincte, quia habet conceptum simpliciter simplicem."

sich der scotische Seinsbegriff als angemessener Ausgangspunkt in der Erkenntnisordnung der Vollkommenheit. Diese Ordnung blickt nämlich auf die Dignität des Objektes, insofern diesem ontologisch der Vorrang einzuräumen ist. Schon bei Aristoteles finden wir eine zweifache Ausrichtung der ersten Philosophie. Einmal wird Wissenschaft als die bestimmt, die das Seiende als Seiendes betrachtet und wenig später ist sie der göttlichen Gattung zugeordnet.[25] Scotus bringt das von Aristoteles unvollendet gebliebene Programm zur Vollendung.[26] Es ist die Eigenart seines Seinsbegriffes, der es erlaubt Metaphysik sowohl ganzheitstheoretisch als Ontologie als auch reihentheoretisch, wenn Wirklichkeit ein erstes ausgezeichnetes Seiendes, das zudem ein in Freiheit und Liebe wirkendes „obiectum voluntarium" darstellt, zu verstehen. Gerade weil Gott als Gott nicht zu den naturhaft wirkenden Ursachen gehört, wird erkenntnistheoretisch ein Höchstmaß an Offenheit Gott gegenüber verlangt. Insofern ist Seiend wie Scotus es konzipiert ein Minimalkonsens. Er bringt in den Akt des Erkennens eine Minimalbestimmung von Sein mit und ist in Bezug auf Gott fast pure Bestimmbarkeit. Mit einfachen Worten heißt das, je weniger der Erkennende von sich aus mitbringt, desto mehr kann der sich zu erkennen gebende Gott von sich her zeigen, wer und was er ist. Von sich aus beschränkt sich Seiend auf widerspruchsfreies „Ist-sagen". Das schlechthin einfache Sein von Seiend vermag den Widerspruch aufzudecken, wenn ein und dasselbe Subjekt behauptet und negiert wird.[27] Das Minimum am Anfang ist jedoch ein Maximum am Ende.

Dieser Minimalsinn von *Seiend* muss aber als jene Gemeinsamkeit angenommen werden, wenn so etwas wie ein dem Begreifen oder nicht Begreifen vorgängiges Vernehmen überhaupt möglich sein soll. Gäbe es diesen gemeinsamen Seinstand nicht, dann wäre es auch gänzlich außerhalb unserer Möglichkeit ein z.B. freies Sprechen Gottes, wie es in der Offenbarung geschehen ist, zu vernehmen. Wir wären gar nicht erst im Stande, uns zu diesem Sprechen Gottes zu verhalten. Es würde an uns gänzlich vorbeigehen. Aufgrund der schlechthin einfachen Seinsbestimmung, ist in diesem Bereich nur Totalerkenntnis oder überhaupt keine

---

[25] Vgl. ARIST. *Met.* 1003 a 26f. und 1026 a 16-22; vgl. dazu LACKNER: *Anfang und Vollendung der Metaphysik* (s. Anm. 7), 131ff.

[26] Vgl. L. HONNEFELDER: *Der zweite Anfang der Metaphysik. Voraussetzungen, Ansätze und Folgen der Wiederbegründung der Metaphysik im 13./14. Jahrhundert*, in: BECKMANN u.a. (Hg): *Philosophie im Mittelalter. Entwicklungslinien und Paradigmen*, Hamburg 1987, 165-186, 177.

[27] Vgl. *Ord.* I d. 3 p. 1 q. 1-2 n 26 (ed. Vat. III 18).

Erkenntnis möglich. Wenig oder mehr Erkenntnis, im Sinne gradueller Unterschiede ist hierin nicht möglich.

Was ist nun der Begriff von Seiend für die Gotteserkenntnis zu leisten fähig? Für Scotus gibt es keine angeborenen Ideen oder Begriffe von Gott. Der Begriff „Gott“ hat aus sich allein keine Evidenz, aber sehr wohl ist die Aussage „Gott ist!“ aus und durch sich evident. Also in der Verbindung mit dem schlechthin einfachen Seinsbegriff kommt dieser Aussage eine natürliche Evidenz zu, weil die Einfachheit des Seinsbegriffs eine eindeutige Prädikation zulässt. Um die Gegenprobe zu machen, „Gott ist nicht!“, müsste man nach der Bestimmung des Seienden als das „id cui non repugnat esse“ zeigen können, dass die Grundmöglichkeit des Gegenstandes „Gott“ in sich widersprüchlich ist. Dagegen könnte nun eingewendet werden, dass von Gott nur notwendiges Sein und nicht mögliches ausgesagt werden dürfe. Der Vorwurf trifft allerdings nur die Seinsmöglichkeit, in diesem Sinne kann man von Gott nur Notwendigkeit aussagen, aber Notwendigkeit bedeutet frei von Widerspruch, insofern kann von einer „möglichen Notwendigkeit“ gesprochen werden.[28]

Freilich ist damit noch nichts über Wesen und Besonderheit Gottes gesagt. Es sei dies so ähnlich wie bei Damascenus, schreibt Scotus. Dieser hat Gott ethymologisch, im übrigen völlig falsch, von den Herkunftsbedeutungen von Θεὸς zu bestimmen versucht. Θεὸς könne von θέειν, das laufen heißt, kommen, oder von αἴθω, brennen oder von θεᾶσθαι, sehen. An in diesen – an sich falschen – Bestimmungen ist dennoch richtig, dass diese Bestimmungen nicht gänzlich nichts (nihil absolutum) sind. Wäre Gott schlechthin „Nichts“, dann kann ihm auch „nichts“ zugesprochen werden. Zumindest eines kann mit natürlicher Sicherheit gesagt werden: Gott ist (Deus est)! Wie man von einem Wirkenden sagen kann: Es ist im Akt.[29]

---

28 Wenn von der Möglichkeit Gottes die Rede ist, darf nicht der wesentliche Unterschied zwischen Gott und Geschöpf übersehen werden: Das Kontingente ist widerspruchsfrei möglich, aber nicht aus sich notwendig. *Ord.* I d. 43 q. 1 n. 7 (ed. Vat. VI 354): „possibile, secundum quod est terminus vel obiectum omnipotentiae, est illud cui non repugnat esse et quod non potest ex se esse necessario.“ Gott ist möglich, aber aus sich notwendig. *Ord.* ebd. n. 50 (ed. Vat. VI 291): „Quia Deus non tantum est cui non repugnat esse, sed est ex se ipsum esse.“ Vgl. dazu L. HONNEFELDER: *Die Lehre von der doppelten ratitudo entis und ihre Bedeutung für die Metaphysik des Johannes Duns Scotus*, in: *Deus et Homo ad mentem I. Duns Scoti*. Acta Tertii Congressus Scotistici Internationalis Vindobonae, 28 sept. – 2 oct. 1970, Rom 1972, 661-670, 669.

29 *Ord.* I d 2 p 1 q. 1-2 n. 32 (ed. Vat. II 143): „– ‘haec etiam est per se nota, Deus est’, quia secundum omnem expositionem quam ponit Damascenus cap. 9 dicitur ‘Deus’ ab operatione actuali, scilicet a fovere vel ardere vel videre, ergo secundum omnem

Aufgrund der übergroßen Gemeinsamkeit des scotischen Seinsbegriffes ist washeitlich sagbar, dass Gott ist. Wer er ist oder wie er ist, das ist nur mehr in einem letzten „Wie“ aussagbar. Die letzten Differenzen und alle transzendentalen Bestimmungen sind im Seienden virtuell enthalten. Darum spricht Scotus von einer zweifachen Gemeinsamkeit im Seienden: die Erstheit der washeitlichen Gemeinsamkeit und der virtuellen Erstheit, damit sind die letzten Differenzen und die übrigen Eigentümlichkeiten des Seienden gemeint.[30]

3. Ursprüngliche Verschiedenheit

Die vom Verstand hergestellte Einheit des Ganzen ist ein Minimalkonsens, der im alles einenden Begriff „Seiend“ aufgehoben ist. Seiend bedeutet mögliche Bestimmtheit, als Moment der bestimmten Gemeinsamkeit, aber Seiend bedeutet auch Wirklichsein durch Bestimmbarkeit, das ist das Moment der Unterschiedenheit. Von seiner Möglichkeit her (id cui non repugnat esse) ist Seiend auf alles hin offen, nur vom „Nichts“ abgegrenzt. Die Wirklichkeit empfängt Seiend von – wie Scotus es nennt – den letzten Differenzen. Allan Wolter hat dies in seinem Klassiker der Scotusliteratur einzigartig auf den Punkt gebracht: „The concept of being is ultimate in the order of commoness, determinability and potentiality, whereas the final difference are ultimate in the order of uniqueness, determination and actuality.“[31] Die Sache steht im Vordergrund, wenn Seiend washeitlich (in quid) ausgesagt wird. Diese Bestimmung gibt Antwort auf die Frage: Was ist das? Damit ist Seiend noch nicht hinreichend bestimmt. Darum wird Seiend qualifizierend (in quale) ausgesagt. Qualifizierend werden Bestimmungen ausgesagt, die nicht mehr washeitlich zu erfassen sind. Die Frage lautet hier nicht „Was ist das?“, sondern „Wie ist es?“. Es muss aber schnell hinzugefügt werden, dass wir uns hier nicht im kategorialen Bereich befinden. Washeit meint hier keine Substanz und Qualität, keine Kategorie. Genauso wenig darf auf die Frage „Wie ist es?“ eine Antwort im Sinne der Kategorien erwartet werden. Seiend, das wurde schon gesagt, übersteigt kategoriales Begreifen und gehört in den Bereich der trans-

---

acceptionem idem est ‘Deus est’ sicut ‘operans actu est’, quae videtur per se nota, quia ut prius oppositum praedicati repugnat subiecto.“

30 *Ord.* I d. 3 p. 1 q. 3 n. 151 (ed. Vat. III 93): „Ex his apparet quomodo in ente concurrat duplex primitas, videlicet primitas communitatis in ‘quid’ ad omnes conceptus non-simpliciter simplices, et primitas virtualitatis – in se vel in suis inferioribus – ad omnes conceptus simpliciter simplices.“

31 A. WOLTER: *The Transcendentals and their function in the Metaphysics of Duns Scotus*, St. Bonaventure, N.Y. 1946, 86.

zendentalen Seinsbestimmungen. Als solches ist Seiend Ermöglichungsgrund kategorialer Entfaltung. In dieser zweifachen Aussageweise kann Seiendes als Ganzes und in seiner letzten Wirklichkeit wahrgenommen werden. Jedes Seiende kann unter der Matrix von wesentlicher Einheit und ursprünglicher Unterschiedenheit erfasst werden. Allgemeinheit und Einzigartigkeit, Wesen und Eigentümlichkeit, Möglichkeit und Wirklichkeit sind ursprünglich unterschieden.[32] Die washeitliche Seinsprädikation erreicht allerdings nicht das Seiende, so wie es in der je eigenen und konkreten Fülle anwesend ist. Derartiger Vollsinn von Seiend kann nach Scotus nur mehr durch letzte Differenzen, als letzte Wirklichkeit, beschreibend (denominativ) und nicht definitorisch, ausgesagt werden.

Damit haben wir schon die Wichtigkeit der genannten letzten Differenzen angedeutet. Durch sie wird das allgemein Seiende zum je konkreten Gegenstand. Dieser Vorgang erlaubt kein Bestimmen mehr, sondern „nur" eine Beschreibung. Damit erfährt das die ganze Philosophiegeschichte umtreibende Problem von Einheit und Vielheit einen neuen Lösungsansatz.[33]

Seiend, so wie es im gegenwärtigen Zustand angetroffen wird, steht immer in der Spannung von Möglichkeit und Wirklichkeit. Seiend setzt sich zusammen aus den Wesensmerkmalen von grundsätzlicher Bestimmtheit und immer erst einzuholender Bestimmbarkeit. Seiend hat einen eindeutig angebbaren washaltlichen Inhalt, aber auch eine ebenso eindeutig angebbare Disposition für weitere Bestimmbarkeit. Für die Gotteserkenntnis bedeutet dies: Von Gott lässt sich – so Scotus – die Bestimmtheit des Seiendsein eindeutig aussagen. Seine letzte Wirklichkeit und Besonderheit, wie frei wollendes Wirken nach außen und sein trinitarisch notwendiges Wirken nach innen, das muss als letzte Differenz offen bleiben. Das heißt: Washeitlich (in quid) lässt sich Gott bestimmt aussagen, als höchste Wirklichkeit (ultima realitas) ist Gott nur mehr als letzte Differenz aussagbar. Eigentümlichkeit und Besonderheit Gottes können in allgemeiner Begrifflichkeit nicht erfasst werden. Scotus bringt diesbezüglich ein religionsphänomenologisch sehr interessantes Argument. Befragt man die schon lange dauernde Geschichte des Denkens, wie Gott verstanden wurde, so wird man eine allgemeine Einigkeit darin feststellen können, dass Gott ein *„ens"* ist. Uneinig war man sich allerdings in der näheren Bestimmung, wer oder wie nun genau Gott genannt und erkannt werden

---

[32] *Ord.* I d. 3 p. 1 q. 3 n. 133 (ed. Vat. III 83): „Ergo isti erunt primo diversi, ita quod unum nihil includet alterius."

[33] Vgl. L. HONNEFELDER: *Ens inquantum ens. Der Begriff des Seienden als solchen als Gegenstand der Methaphysik nach der Lehre des Johannes Duns Scotus*, Münster 1979 (^{2}1989), 339-343.

muss.[34] Was nun exemplarisch von Gott gilt, gilt grundsätzlich für jedes Seiende. Seiendes ist zusammengesetzt aus einem gemeinsamen Wesenskonstitutiv und aus ursprünglicher Unterschiedenheit. Gemeinsames „Istsein“ bei gleichzeitiger ursprünglicher Unterschiedenheit in der Wirklichkeit.

Der zweifachen Prädikation von Seiend entspricht eine zweifache Bestimmung von Verstandesvermögen. Scotus setzt einen Unterschied zwischen dem Vermögen des Verstandes, aktiv ein Objekt zu ergreifen (posse attingere), und dem Vermögen der Rezeptivität (posse recipere). Ersteres zielt auf den wesentlich bestimmten Gegenstand. Das zweite ist das Vermögen die Wirklichkeit in letzter Unterschiedenheit zu empfangen. Der Erkenntnisvollzug des posse recipere ist nicht ein nachträgliches Bestimmen von etwas als etwas, sondern ursprüngliches Bestimmt-Werden. Etwas wird als Sosein erkannt. In dieser zweiten Erkenntnisweise liegt die größere Vollkommenheit.[35] Das zweifache Erkenntnisvermögen verhält sich umgekehrt proportional zur zweifachen Prädikation. Seiend wird von Scotus grundsätzlich als Potenz angesehen, die ihre Aktualität durch Differenzen empfängt. In der Erkenntnis ist das aktive Vermögen des Erkennenden auf das weniger Wirkliche, auf das Sein, und das passive Vermögen des Empfangens auf das eigentlich Wirkliche bezogen.

Eine allgemeine Bestimmung davon, was mit Differenz letztlich gemeint ist, ist naturgemäß nicht möglich. Scotus spricht von wirklicherer und ursprünglicherer Bestimmung der Einheit und der Definition durch die Differenzen.[36] Auch gibt es verschiedene Stufen von Differenzen. Zu den letzten Differenzen gehören mit Sicherheit – so Honnefelder[37] – die die Individualität bestimmende Differenz. Für unseren Gedankengang wichtiger sind die „ersten Differenzen“. Auch diese sind mit Sicherheit zuordbar. Erste Differenzen bezeichnen die so genannten Modi des Seienden. Erste wie auch letzte Differenzen sind reine *qualia*. Darüber hinaus gibt es noch dazwischen liegende Differenzen, die neben den *qualia* auch noch ein „*quid*-Moment“ enthalten. Für die Bestimmung „unendlich – endlich“

---

34 *Ord.* I d. 3 p. 1 q. 1-2, n. 27 (ed. Vat. III 18): „Sed intellectus viatoris potest esse certus de Deo quod sit ens, dubitando de ente finito vel infinito, creato vel increato; ergo conceptus entis de Deo est alius a conceptu isto et illo, et ita neuter ex se et in utroque illorum includitur.“ Ebd. n. 29: „Quilibet philosophus fuit certus, illud quod possuit primum principium, esse ens, – puta unus de igne et alius de aqua, certus erat quod erat ens.“

35 *Ord.* prol. p. 1 q. 1 n. 75 (ed. Vat. I 46): „Nec est mirum quod ad maiorem perfectionem sit capacitas passiva in aliqua natura quam eius causalitas active se extendat.“

36 *Ord.* IV d. 11 q. 3 n. 47 (ed. Viv. 17 430): „Quia conceptus ultimate differentiae est conceptus actualior et principalior ratio unitatis et definitionis.“

37 Vgl. HONNEFELDER: *Ens* (s. Anm. 33), 318ff.

ist die so genannte Modaldifferenz von großer Wichtigkeit. Der Modus bestimmt die Intensität des Seienden. Mit der Modaldifferenz wird zur washeitlichen (in quid), zur qualifizierenden (in quale), ein drittes Bestimmungselement hinzugefügt. Seiendes als solches zeigt sich immer auch als ein „quantum", das eine bestimmte Größe der Vollkommenheit anzeigt.[38] Mit dem „quantum" wird ein bestimmter Seinsgrad angezeigt. Natürlich geht es darin nicht um eine Größe im Sinne der Kategorien, sondern vielmehr handelt es sich um eine überkategoriale Bestimmung, denn nur eine solche erlaubt einen transzendentalen Vergleich.[39] Wie schon bei der grundsätzlichen Frage nach Gott ein metaphysischer Ausgangspunkt gewählt werden musste, weil nicht anders der Überstieg zum allein einigen und dieser Welt gegenüber transzendenten Gott geschafft werden konnte, um so mehr bedürfen Voraussetzungen einer kritischen Prüfung, wenn es darum geht, Gott näher zu bestimmen. Quantität im Sinne einer räumlichen Ausgedehntheit vermag eine auf Gott hin größtmögliche Offenheit nicht zu leisten. Darum präzisiert Scotus den Begriff der „Quantität" nicht als Kategorie, sondern als „Quantität der Mächtigkeit" (quantitas virtutis). Diese ist keine Maßgabe nach außen, sondern bestimmt das Seiende nach innen, gemäß seiner Intensität.

Scotus gibt sich mit diesem Resultat aber noch nicht zufrieden. Wird nämlich Intensität als graduelle Verschiedenheit verstanden, so könnte der berechtigte Vorwurf erhoben werden, dass der Unterschied zur akzidentellen Seinsbestimmung nicht scharf genug gezogen ist. Die graduelle Unterschiedenheit muss ursprünglich angesetzt werden. Scotus erläutert diesen Punkt an einem Beispiel. Gegenstände können „weiß" sein. Diese Farbe weiß erlaubt verschiedene Grade der Intensität. So ist auch eine Skala denkbar, nach der verschiedene Stufen von Weiß vorstellbar sind. Innerhalb dieser Skala kann jedoch nicht ein ursprünglicher Unterschied ausgemacht werden. Auf diesem Weg muss die Erkenntnis der Intensität unvollkommen bleiben. Wird aber der Seinsmodus unter der grundsätzlichen Bestimmung von Intensität überhaupt erfasst, im konkreten Fall ist das die Weißheit, so komme ich zu einem vergleichsweise vollkommenen Begriff von Modus.[40] Denn nur der Modus als nicht bestimmte Intensität

---

[38] *Ord.* I d. 19 q. 1 n. 8 (ed. Vat. V 268): „Ens in quantum habet magnitudinem aliquam perfectionis (quae dicitur 'quantitas virtutis', ...)."

[39] *Ord.* ebd. n. 18 (ed. Vat. V 273f.): „Tunc potest proprie concedi quod est ibi magnitudo sine quanditate: et illa magnitudo vere est fundamentum aequalitatis transcendentis."

[40] *Ord.* I d. 8 p. 1 q. 3 n 138 (ed. Vat. IV 222): „Exemplum: si esset albedo in decimo gradu intensionis, quantumcumque esset simplex omni modo in re, posset tamen concipi sub ratione albedinis tantae, et tunc perfecte conciperetur conceptu adaequato ipsi rei."

erlaubt jene weitest mögliche offene Bestimmbarkeit in Bezug auf ein Höchstmaß an konkreter Bestimmung. Die modale Differenz muss scharf von der kategorialen Seinsordnung getrennt werden und gehört wesensmäßig in die transzendentale Ordnung der Begrifflichkeit.

Von einer derartig verstandenen Modaldifferenz ausgehend kommt Scotus nicht nur zu einem „Mehr" an Angemessenheit in der Gotteserkenntnis, vielmehr öffnet sich der Blick auf unterschiedene Seinsvollkommenheiten. Dass hier von verschiedenen Seinsvollkommenheiten die Rede ist, widerspricht sich nach Scotus nicht. Die Kontingenz besteht für ihn nicht in einem Fehler oder im Mangel an Sein, weil es am notwendigen Sein gemessen wird, vielmehr kommt dem kontingenten Sein eine spezifisch ursprüngliche Vollkommenheit zu.[41] Darum darf man auch nur dort von einer größeren Vollkommenheit des Notwendigen sprechen, wo die Notwendigkeit als dieser Modus angemessener ist.[42] Die Möglichkeit zweier gleichsam getrennter Seinsvollkommenheiten liegt in der je verschiedenen Ursprünglichkeit. Das erste ursächliche Vermögen steht in der Möglichkeit zweifach zu wirken: naturhaft (*naturaliter*) oder frei (*libere*). Das Vermögen frei zu handeln liegt im Willen. Der göttliche Verstand wirkt naturhaft, d.h. notwendig, der göttliche Wille, wie das Willensvermögen generell, wirkt frei, d.h. der Wille steht in der Mächtigkeit ursprünglicher Selbstbestimmung. Allein der Wille steht in der Mächtigkeit des Gegensätzlichen. Willentlich wirken heißt, etwas könne im Moment des Entstehens auch nicht oder eben anders entstehen.[43] Das ist das Verständnis von Kontingenz nach Scotus. Kontingenz wird fortan nicht mehr als abkünftiger Modus der Notwendigkeit, als sekundäre Behinderung primär notwendiger Bewegung, sondern als eine für den Zeitraum, in dem es ist, wirkliche Seinsweise (*modus entis*) angesehen.[44] Damit ist der Unterschied im Ursprung ausreichend markiert. Die Ursprünglichkeit aus der Natur des

---

41 *Ord.* I d. 38 p. 2 et d. 39 q. 1-5 (ed. Vat. VI 444): „Dico quod contingentia non est tantum privatio vel defectus entitatis (sicut est deformitas in actu illo qui est peccatum), immo contingentia est modus positivus entis (sicut necessitas est alius modus), et esse positivum." Hoeres spricht in diesem Zusammenhang von einer unvollkommenen Vollkommenheit, denn soweit etwas ist, ist es vollkommen, und das gilt selbstredend auch für das kontingente Seiende. Endlichkeit heißt nicht, dass etwas am Seienden fehlt, sondern mögliches Nichtsein. Vgl. HOERES: *Vollkommenheit* (s. Anm. 21), 36.

42 *Ord.* I d. 8 p. 2 q. 1 n. 302 (ed. Vat. IV 326): „Dico quod 'necessarium' est perfectior condicio in omni entitate (quam 'possibile') cui condicio necessitatis est possibilis; non est autem perfectior in illa entitate cui non est compossibilis."

43 *De primo princ.* IV n. 56 (ed. KLUXEN 70): „Non dico hic contingens quodcumque non est necessarium nec sempiternum, sed cuius oppositum posset fieri quando istud fit."

44 *Met.* IX q. 15 n. 60 (OP IV 694): „Est modus entis in actu quando est in actu et pro illo nunc pro quo est in actu." Vgl. HONNEFELDER: *Duns Scotus* (s. Anm. 19), 82-88.

göttlichen Wesens bringt stets eine notwendige Wirkung hervor. Die Ursprünglichkeit des göttlichen Willens zeitigt die kontingente Wirklichkeit.

4. Zusammenschau: Endlichkeit – Unendlichkeit

Der Modalunterschied gilt unter den verschiedenen Unterteilungen als feinste Differenzierung, sie setzt keinen Seinsunterschied im Sinne von Gattung oder Art, sondern einen Unterschied in der Intensität, er betrifft die innerste Seinsart. Insofern ist diese Unterscheidung die geringste von allen. Gemeinsame Seinsbasis ist das univoke und transzendentale Seinsverständnis. Von diesem können neben anderen auch die so genannten *passiones entis* ausgesagt werden. Den feinen Unterschied der gesonderten Modi vermögen die *passiones entis* jedoch nicht zu benennen. Das geschieht erst durch die disjunktiven transzendentalen Bestimmungen. Diese treten immer paarweise auf und nur als Paar erfüllen sie auch das Gesetz der Transzendentalität, nämlich die Konvertibilität.[45] Disjunktive Seinsbestimmungen haben jedoch auch eine Eigengesetzlichkeit. Durch sie wird der Überstieg zum absolut Transzendenten ermöglicht. Gemäß der Vorgabe, dass Philosophie immer mit den Sinnen zu beginnen hat, nimmt die Argumentationskette ihren Weg ausgehend vom weniger vollkommenen zum vollkommeneren Glied. So kann über die Kontingenz die Notwendigkeit erschlossen werden, nicht jedoch ist der umgekehrte Gedankengang möglich, da die Disjunktion „notwendig-kontingent" keine korrelative Beziehung darstellt. Notwendig Seiend ist ohne kontingentes Seiendes durchaus möglich, nicht jedoch Gegenteiliges.

Die fundamentalste Bestimmung Seiendes in Einheit und Unterschiedenheit einzuteilen geschieht durch die Disjunktion unendlich und endlich.[46] Allen übrigen disjunktiven Bestimmungen wie notwendig – kontingent, absolut – relativ, einfach – zusammengesetzt u.s.w. liegt die Bestimmung unendlich – endlich zugrunde. Wie stellt sich nun das Ganze der Wirklichkeit in dieser Unterscheidung dar? Endlichkeit ist Faktum! Das beweisen zu wollen ist, wie schon Aristoteles feststellte, eine Untugend.[47] Denn die Erfahrung des Nichtseins oder der Möglichkeit, dass etwas aufhört zu sein, steht jedem täglich vor Augen. Die Endlichkeit ist Grunddatum täglicher Erfahrung. So sehr kontingentes Seiendes als Schicksal geschöpf-

---

45 Vgl. dazu WOLTER: *Transcendentals* (s. Anm. 31), 128-161.

46 *Ord.* I d. 8 p. 1 q. 3 n. 113 (ed. Vat. IV 205): „Ens prius dividitur in infinitum et finitum."

47 *Ord.* I ebd. n. 299 (ed. Vat. IV 324): „Respondeo, 'indisciplініti est quaerere omnium causas et demonstrationem' (secundum Philosophum IV *Metaphysicae*) 'principii enim demonstrationis non est demonstratio'."

lichen Daseins, nämlich in das Dasein geschickt zu sein, einleuchtet, in dem Maße bedarf endliches Dasein der Begründung. Das endlich Seiende hat seine letzte Erkennbarkeit nicht, wie Scotus sagt allein „formal aus sich“ (formaliter ex se), sondern dem Ursprung nach (principiative) in Gott.[48] Der Möglichkeit nach ist endliches Dasein „formal aus sich“ erkennbar und nicht der Wirklichkeit nach. Das hat seinen Grund darin, dass Endliches in ständigem Werden begriffen ist. Endliches Dasein ist mögliches Dasein und als solches kommt es – wie Heribert Mühlen in seiner Scotusinterpretation bemerkt – nie an sein Ende. „Das *ens in potentia,* das in sich mögliche Wesen, ist so radikal endlich, dass es das Ende seines Wesens nie erreicht.“[49] Es sei so wie mit der Zeit, die keine Zeit mehr wäre, wenn sie an ein Ende käme. Insofern ist endliches Dasein nie ganz bei sich selbst zugegen. Es ist zielbestimmt und weist über sich hinaus. *Omne finitum est excessum,* jedes Endliche ist ein Übertroffenes, lautet der sechzehnte Satz des zweiten Kapitel im Traktat *De primo principio,* in dem es darum geht, zu zeigen, dass jedwedes Seiende wesentlich auf eine der ganzen Ursachenreihe gegenüber autonome und transzendente Erste Ursache hingeordnet ist.[50] Endlichkeit bezeichnet somit jenen Seinsmodus, der von seiner inneren Beschaffenheit so angelegt ist, dass er auf ein Letztes und Unübertroffenes hinweist, auf Unendlichkeit.

Unendlichkeit erkennen wir durch Endlichkeit.[51] Diese Erkenntnis geschieht aber nicht durch unendliche Steigerung des Endlichen. Auf diese Art ist zwar auch Infinität denkbar, diese wird allerdings dadurch vorgestellt, dass einer an sich endlichen Reihe ständig etwas hinzugefügt wird. Endlichkeit zeichnet sich ja gerade dadurch aus, nie an das Ende zu kommen. Endlichkeit ist ohne Ende, darum können wir von einer unendlichen Endlichkeit sprechen. Mühlen nennt diese Form der möglichen, aber nicht wirklichen Unendlichkeit, extensiv.[52] Unendlichkeit im disjunktiven Seinsverhältnis ist jedoch nicht extensiv, sondern als innerer Modus der Intensität zu verstehen. Der Weg zu dieser Unendlichkeit führt auch nicht über die unendliche Steigerung des Endlichen, vielmehr geht der Weg genau in die umgekehrte Richtung: der Begriff der Unendlichkeit wird zunächst *via negationis* gewonnen, indem – wie ja die privative Vor-

---

48 So gilt für den Stein: „Lapis, productus in esse intelligibili per intellectum divinum, habet ista ex se formaliter et per intellectum principiative; ergo est ex se formaliter possibilis et quasi principiative per intellectum divinum.“ *Ord.* I d. 43 q. 1 n. 7 (ed. Vat. VI 354).

49 H. MÜHLEN: *Sein und Person nach Johannes Duns Scotus,* Werl 1954, 50.

50 Vgl. *De primo princ.* c. II n. 22 (ed. KLUXEN 28).

51 *Ord.* I d. 2 p. 1 q. 1-2 n. 132 (ed. Vat. II 207): „Infinitum intelligimus per finitum.“

52 Vgl. MÜHLEN: *Sein und Person* (s. Anm 49), 50.

silbe „un-" oder „in-" im Lateinischen anzeigt – Endlichkeit negiert wird.[53] Negiert wird die Ausständigkeit der Vollendung.[54] Unvollkommenheit wird von Gott ausgeschlossen. So lautet die Definition: „Dem unendlich Seienden fehlt nichts an Seiendheit."[55]

Schließlich verbindet Scotus die modalen Unterschiede mit der Willenskraft. Der Wille als eine reine Vollkommenheit ist grundsätzlich auf das Gute ausgerichtet. Aber die Intensität, mit der Gutes erstrebt wird, ist verschieden, ob ein geschaffener oder eben der ungeschaffene Wille dieses erstrebt.[56] Für den unendlichen Willen ist vollkommenes Wollen angemessen, für den geschaffenen hingegen gestuftes. Zu wollen im Sinne der *affectio iustitiae,* d.h. freies Ja-Sagen zum Guten an sich, ist die Höchstform des Wollens an sich, auch für das endliche Wollen. Die Endlichkeit des Willens besteht darin, dass die ganze Fülle in geringerer Intensität verwirklicht ist. Willenschwäche liegt darin, von dieser Höhe des Wollens abzufallen und die Sündhaftigkeit ist nicht dadurch gegeben, dass der Wille grundsätzlich die Fähigkeit hat, zum Guten nein zu sagen, sondern im Herabsinken von der echten Höhe des Willens. Mit anderen Worten könnte man sagen: aus eigener Schuld die Willenstärke, die immer das Gute will, zu verlieren.[57]

In dieser Zusammenschau ist Scotus in der Tat eine Ganzheitstheorie, eine Synthese von Gemeinsamkeit und Unterschiedenheit gelungen, die das vollkommenste Objekt menschlicher Erkenntnis, Gott, erkennt und nicht verkennt. Diese Erkenntnis ebnet auch den Weg zum Gebet, die tiefste Weise sich nach Gott auszustrecken. So betet Scotus, wie am Anfang auch am Ende der äußerst subtilen Darlegungen: „Du (Gott) der Höchste an Vollkommenheit. [...], ja Du kannst ganz unmöglich nicht sein, denn Du bist aus Dir selbst Notwendigsein. [...] Du bist gut ohne Grenzen, die Strahlen Deiner Güte teilst Du aufs freigebigste mit; zu Dir dem Liebens-

---

53 *Met.* II q. 4-6 n. 18 (ed. OP III 244): „Sic infinitum negat finitatem cum positione contrarii, sicut infinitum extensum sine terminis." Vgl. MÜHLEN, ebd. 49.

54 *Quodl.* q. 5 n. 2 (ed. Viv. XXV 199): „Sed ens infinitum in entitate sic nihil entitatis habet extra; quia nec eius totalitas dependet ex aliquibus imperfectis in entitate."

55 Ebd. n. 4 (ed. Viv. XXV 199): „Ex hoc possumus ens infinitum in entitate sic describere, quod ipsum est cui nihil entitatis deest."

56 *Ord.* I d. 48 q. 1 n. 4 (ed. Vat. VI 388): „Non enim voluntati creatae congruit ita intense velle aliquod bonum, sicut voluntati increatae, – et intensio actus respectu obiecti in agente creato et increato, est differens multum in eis."

57 Vgl. HOERES: *Vollkommenheit* (s. Anm. 21), 113ff.

würdigsten eilt jedes Einzelne zurück, je auf seine Weise, als zu seinem letzten Ziel."[58]

Diese Ganzheitstheorie unterschätzt bei aller Vollkommenheit der Unendlichkeit nicht Vollkommenheit und eigene Ursprünglichkeit des Menschen. Er ist das Wesen der unendlichen Endlichkeit und der unvollkommenen Vollkommenheit. Ihm gebührt eine eigene Ursprünglichkeit. Aber er ist gerade aufgrund seiner Unabgeschlossenheit in der Endlichkeit das Wesen, das sich sehnt. Über die eigenen Grenzen hinaus zu streben, zeichnet ihn aus. Intellektuell kommt dieses Streben zur Ruhe im Gottesbegriff, im ens infinitum.[59] Voluntativ kommt dieses Streben im bonum infinitum zur Ruhe.[60]

Franziskus schreibt an Bruder Antonius: „Es gefällt mir, dass du den Brüdern die heilige Theologie vorträgst, wenn du nur nicht durch dieses Studium den Geist des Gebetes und der Hingabe auslöschest, wie es in der Regel steht" (BrAnt 2). Scotus hat diesen Rat seines Ordensvaters auf hohem intellektuellem Niveau befolgt. Er hat durch die Bestimmung von Unendlichkeit und Endlichkeit Gott und Mensch denkerisch in eine neue Beziehung gestellt, der der Glaubende zustimmen kann.

---

58 *De primo princ.* ebd. n. 91f. (ed. KLUXEN 124): „Domine dues noster [...] Tu penitus incausatus, ideo ingenerabilis et incorruptibilis; immo omnino impossibilis non esse, quia ex te necesse esse. [...] Tu bonus sine termino, bonitatis tuae radios liberalissime communicans ad quem amabilissimum singula suo modo recurrunt ut ad ultimum suum finem."

59 *Ord.* I d. 2 p. 1 q. 1-2 n. 138 (ed. Vat. II 209f.): „Summum cogitabile praedictum (i.e. ens infinitum), sine contradictione, potest esse in re. Hoc probatur primo de esse quiditativo, quia in tali cogitabili summe quiescit intellectus."

60 *Ord.* ebd. n. 130 (ed. Vat. II 205): „Ita videtur quod experimur actu amandi bonum infinitum, immo non videtur voluntas in alio quietari."

11. Das Naturgesetz

Hannes Möhle

I

[1] Hinsichtlich der 37. Distinktion frage ich, ob alle Vorschriften des Dekalogs zum Naturgesetz gehören. [...]

[5] [Die Antwort des Scotus:] Zur Frage sage ich also, dass man auf zweifache Weise sagen kann, dass [Vorschriften] zum Naturgesetz gehören:

Auf die erste Weise, wie die ersten praktischen Prinzipien, die aufgrund der [verwendeten] Begriffe bekannt sind, oder die Schlüsse, die notwendig aus diesen folgen; und diese werden im strengsten Sinne zum Naturgesetz gehörig genannt. Und die Gründe, die gegen die erste Auffassung angeführt wurden, beweisen, dass es bei solchen [Vorschriften] keine Dispens geben kann. Und von diesen spricht zweitens der Kanon des Dekret [des Gratian] in der vierten Distinktion am Ende, wo es heißt, „dass das natürliche Recht vom Beginn der rationalen Schöpfung seinen Anfang nimmt und durch die Zeit hindurch nicht verändert wird, sondern unveränderlich fortbesteht" – [dies sind Aussagen], denen ich zustimme.

So ist aber nicht allgemein von allen Vorschriften der zweiten Tafel [des Dekalogs] zu sprechen, weil es hinsichtlich der Geltungsgründe dessen, was dort vorgeschrieben oder untersagt wird, weder schlechthin notwendige praktische Prinzipien noch schlechthin notwendige Schlüsse gibt. Es gibt nämlich keine notwendige Gutheit bei den Dingen, die dort [in der zweiten Tafel] in Bezug auf die Gutheit des letzten Ziels vorgeschrieben werden, noch gibt es bei den Dingen, die verboten werden, ein Schlechtigkeit, die notwendig vom letzten Ziel wegführt. Denn auch, wenn dieses Gute nicht vorgeschrieben würde, könnte das letzte Ziel erreicht und geliebt werden. Und wenn jenes Übel nicht verboten würde, könnte mit jenem das Erreichen des letzten Ziels zusammen bestehen. [...]

[8] Auf eine andere Weise sagt man, dass einige [Vorschriften] zum Naturgesetz gehören, weil sie in einem hohen Maße mit jenem Gesetz zusammenstimmen (multum consona), auch wenn sie nicht notwendig aus den ersten praktischen Prinzipien, die aufgrund der [verwendeten] Begriffe bekannt sind, und [so] für jeden Verstand notwendig bekannt sind, folgen. Und auf diese Weise ist sicher, dass alle Vorschriften – auch der zweiten Tafel – zum Naturgesetz gehören, weil ihre Richtigkeit sehr mit

den ersten praktischen Prinzipien, die notwendig bekannt sind, zusammen stimmt. [...]

Diese Unterscheidung kann durch ein Beispiel erläutert werden. Denn unterstellt man dieses Prinzip des positiven Rechts, dass in einer Gemeinschaft oder einer politischen Ordnung friedvoll zu leben ist, folgt daraus nicht notwendig dieses: „Also muss jeder eine Abgrenzung des Besitzes oder einen Besitz, der vom Besitz des anderen abgegrenzt ist, haben." Der Friede in der Gemeinschaft oder im Zusammenleben könnte nämlich bestehen, auch wenn alle Güter ihnen gemeinsam gehörten. Und auch, wenn die Schwäche jener, die leben oder zusammenleben, unterstellt wird, sind jene Schlüsse nicht notwendig. Und dennoch stimmt die Annahme, dass die Besitztümer abgegrenzt sind, für schwache Personen in einem hohen Maß mit dem friedvollen Umgang zusammen. Schwache kümmern sich nämlich mehr um die Güter, die ihnen eigen sind, als um die gemeinsamen Güter; und sie wollten sich eher die gemeinsamen Güter aneignen, als dass sie der Gemeinschaft und den Wächtern des gemeinschaftlichen Gutes zugeteilt würden, und so würden Streit und Diebstahl entstehen. Und so ist es vielleicht bei allen positiven Gesetzen, dass – auch wenn es ein einziges Prinzip gibt, das die Grundlage für die Erlassung all jener Gesetze und Rechte ist – dennoch aus jenem Prinzip die positiven Gesetze nicht schlechthin notwendig folgen, sondern jenes Prinzip erklären oder es hinsichtlich der Einzelfälle auslegen. Diese Auslegungen stimmen in einem hohen Maß mit dem ersten allgemeinen Prinzip zusammen.

(Ordinatio III d. 37; A. B. WOLTER: Duns Scotus on the Will and Morality. Washington 1986, 268-286, auszugweise übersetzt von Hannes Möhle. Die Abschnittszählung verweist auf die Ausgabe: Opera omnia Ioannis Duns Scoti. Hg. von L. WADDING. 12 Bde, Lyon 1639. [Nachdruck: Hildesheim 1968–1969], Vol. VII. 2, 854-914).

II

Die Lehre vom Naturgesetz ist das Kernstück der scotischen Ethik. Scotus unterscheidet zwei Formen des Naturgesetzes: das strenge Naturgesetz, das nur solche Vorschriften enthält, die unmittelbar, d.h. ohne jedes Erfahrungswissen, als notwendige Gebote einleuchten, und das weniger strenge Naturgesetz, dessen Vorschriften ein hohes Maß an Übereinstimmung mit den erst genannten Prinzipien aufweisen. In theologischer Perspektive wird dem strengen Naturgesetz die erste Tafel und dem weniger strengen die zweite Tafel des Dekalogs zugeordnet. Hinsichtlich der Gebote der ersten Tafel, so die zentrale Aussage des Duns Scotus, kann Gott selbst keine Ausnahme zulassen, hinsichtlich der zweiten kann es hingegen göttliche Dispense geben. Unter anderem der biblische Kontext, in dem Scotus die Lehre vom Naturgesetz entwickelt, hat in der Forschung immer wieder die Frage virulent werden lassen, ob die scotische Ethik nur innerhalb der göttlichen Offenbarung und damit nur in Überschreitung der natürlichen Verstandeskräfte des Menschen wirksam werden kann.

In philosophischer Perspektive ist der ethische Entwurf des Scotus als ein zweistufiges Modell zu betrachten. Zum einen kennt es selbstevidente Prinzipien, die lediglich eine formale Funktion haben und für jede konkrete Deutung eines Vorschriftenkatalogs Widerspruchsfreiheit und Kohärenz sichern. Zudem lassen sich diese Prinzipien in einer transzendentalphilosophischen Perspektive als Bedingung der Möglichkeit moralisch relevanten Handels selbst deuten und bringen damit, dem scotischen Impuls gegen die aristotelisch-thomistische Tradition folgend, die besondere Voraussetzung einer freien, d.h. nicht natural bestimmten, Handlungsverursachung, wie sie sich in der Folge des scotischen Willensbegriffs ergibt, zum Ausdruck. Konkrete Inhalte des moralisch Guten oder Schlechten thematisieren diese formalen Prinzipien noch nicht. Vielmehr geschieht dies auf der zweiten Ebene, nämlich in Folge der Vorschriften, die nicht durch Selbstevidenz, sondern durch das Kriterium der Konsonanz gewonnen werden.

Was mit Konsonanz gemeint ist, verdeutlicht Scotus anhand des Beispiels des privaten Eigentums. Setzt man als geltende Norm das Gebot des friedvollen Zusammenlebens in einer Gesellschaft voraus, dann enthält dieses Gebot noch keine Feststellung darüber, ob es in einer solchen Gesellschaft privates Eigentum geben soll oder nicht. Eine solche Feststellung lässt sich auch nicht aus dem Friedensgebot allein ableiten. Um eine Entscheidung zu treffen, ob das Eigentumsrecht mit dem Friedensgebot zusammenstimmt, also im scotischen Sinne konsonant ist, muss eine weitergehende Annahme getroffen werden, nämlich dahingehend, ob die Bürger dieser Gesellschaft als schwach zu gelten haben, so dass man davon ausgehen kann, dass sie sich zuerst um ihr eigenes Wohl und nicht das gemeinsame der Gesellschaft kümmern werden. Hiervon hängt es nämlich ab, ob die Ablehnung des privaten Eigentums eher dem Gemeinwohl zugute kommt oder doch die drohenden Zwistigkeiten um das eigene Wohlergehen überwiegen werden. Im ersten Fall wäre die Ablehnung des Eigentumsrechts, im anderen Fall dessen Festschreibung konsonant mit dem übergeordneten Friedensgebot.

Dieses Beispiel macht zweierlei deutlich. Zum einen kann ausgeschlossen werden, dass mit dem Konsonanzkriterium eine zweifelhafte Ableitung aus zuvor bekannten Annahmen gemeint ist. Konsonanz ist das Verhältnis einer konkreten Vorschrift (Eigentumsrecht) zu einem weniger konkreten Gebot (Friedensgebot) unter Berücksichtigung zusätzlicher Tatsachenfeststellungen, bzw. partikuläre Urteile (menschliche Schwäche). Zum anderen ist dieses Verhältnis ein ganz bestimmtes, denn wenn das allgemeine Gebot und die Tatsachenfeststellung gegeben sind, muss die konkrete Vorschrift eine ganz bestimmte sein, nämlich eine solche, die sich mit dem bereits Feststehenden in ein kohärentes Verhältnis bringen lässt. Diese Forderung der Kohärenz muss als formale Bedingung bereits angenommen werden und kann deshalb selbst nicht zur Disposition stehen, wenn überhaupt ein moralisch differenziertes Handeln möglich sein soll.

Was besagt dieses Modell hinsichtlich der Frage nach dem Verhältnis philosophischer und theologischer Ethik? Im Ergebnis kann einerseits die Möglichkeit einer Ethik, die allein auf der natürlichen Vernunft des Menschen aufruht, behauptet werden. Andererseits lässt sich aber auch der Ansatzpunkt für eine spezifische Form der theologischen Ethik aufzeigen, die auf der übernatürlichen Offenbarung fußt. Die Deutung, die Scotus von der Konsonanz als einer Weise der explikativen Erweiterung allgemeiner Gesetzesvorschriften gibt, öffnet den Weg für eine rein philosophische, aber auch eine offenbarungstheologische Ethik. Dies liegt daran, dass sich die Konsonanz zwischen den konkreten Vorschriften und den übergeordneten allgemeineren Geboten nur durch die Einbeziehung partikulärer Einzelurteile ergibt. In dem von Scotus angeführten Beispiel lässt sich das in Frage stehende Verhältnis von allgemeinem Friedensgebot und der näheren Vorschrift des Eigentumsrechtes nur im Lichte einer zusätzlichen Feststellung hinsichtlich der menschlichen Natur adäquat beurteilen. Erst wenn über die Zusatzannahme entschieden ist, ob der Mensch in einem signifikanten Maße durch die im Beispiel angeführte infirmitas (Schwäche) gekennzeichnet ist, lässt sich sinnvoll darüber befinden, ob das Eigentumsrecht dem Friedensgebot konform ist, d.h. als dessen konsonante Ausdeutung gelten kann. Die Instanz, die hierüber befindet, kann einerseits ein empirischer Befund über die menschliche Natur sein, könnte aber auch unter Berufung auf Offenbarungszeugnisse begründet werden. Die natürliche Empirie und das offenbarungstheologische Zeugnis sind selbstverständlich distinkte Erkenntnisquellen, aber der scotische Entwurf der Naturgesetzlehre enthält keine immanente Festlegung auf eine der beiden Möglichkeiten. Die theologische Deutung sowie die rein philosophische lassen sich im scotischen Entwurf der Ethik nicht gegeneinander ausspielen.

III

QQ: *Duns Scotus, Ordinatio III d. 37*, in: A. B. WOLTER: *Duns Scotus on the Will and Morality*, Washington 1986, 268-286; *Opera omnia Ioannis Duns Scoti*. Hg. von L. WADDING. 12 Bde., Lyon 1639. [Nachdruck: Hildesheim 1968-1969], Vol. VII. 2, 854-914.

Lit.: L. HONNEFELDER: *Duns Scotus*, München 2005, 113-131; M. E. INGHAM: *Duns Scotus, Morality and Happiness: A Reply to Thomas Williams*, in: American Catholic Philosophical Quarterly 74 (2000) 173–195; H. MÖHLE: *Ethik als scientia practica nach Johannes Duns Scotus. Eine philosophische Grundlegung*, Münster 1995 (Beiträge zur Geschichte der Philosophie und Theologie des Mittelalters, NF 44); DERS.: *Scotus's Theory of Natural Law*, in: Th. WILLIAMS: *The Cambridge Companion to Duns Scotus*, Cambridge 2003, 312-331; C. RIBAS CEZAR: *Das natürliche Gesetz und das konkrete praktische Urteil nach der Lehre des Johannes Duns Scotus*, Mönchengladbach 2004 (Veröffentlichungen der Johannes-Duns-Skotus-Akademie für franziskanische Geistesgeschichte und Spiritualität, 15); Th. WILLIAMS: *The Unmitigated Scotus*, in: Archiv für Geschichte der Philosophie 80 (1998) 162-181; A. B. WOLTER: *Duns Scotus on the Will and Morality*, Washington 1986, 57-75; DERS.: *The Unshredded Scotus: A Response to Thomas Williams*, in: American Catholic Philosophical Quarterly 77,3 (2003) 315-356.

III

Scotus – Der Theologe

12. Unsterblichkeit der Seele

„Die freie Schöpfung der Seele durch Gott ist Garant ihrer Unsterblichkeit.“

Maria Burger

I

Kann die allgemeine Auferstehung der Menschen in der Zukunft aus natürlichen (philosophischen) Gründen bekannt sein?

[4] [*Mit drei Thesen wird eine positive Antwort auf die Frage scheinbar bewiesen:*]

1. Die Geistseele ist die wesensbegründende Form des Menschen.

2. Die Seele ist unzerstörbar.

3. Die wesensbegründende Form des Menschen wird nicht dauerhaft außerhalb des Körpers verbleiben.

[5] Inwiefern diese drei Thesen durch sich bekannt sind, wollen wir sehen, indem wir sie der Reihe nach betrachten:

Von der *ersten* These heißt es, dass sie durch natürliche Gründe bekannt ist, was zweifach bewiesen wird: Einmal durch die Autorität der Philosophen, die behaupteten, dass dies allein aus natürlichen Gründen bekannt sei; zum anderen, indem natürliche Gründe angeführt werden, aus denen diese These gefolgert wird. [...] [*Es folgen einzelne Autoritätsargumente.*]

[13] Die *zweite* Hauptthese betreffend, die da lautet, dass die Geistseele unsterblich ist, wird wie bei der ersten vorgegangen. [...] [*Es folgen wiederum einzelne Autoritätsargumente.*]

[16] Wenn es nun auch wahrscheinliche Gründe gibt, um die These, dass die Seele unsterblich sei, zu beweisen, so kann man sagen, dass diese doch keine zwingend beweisenden oder gar notwendigen Gründe sind. Und was hierzu aus den Autoritätsargumenten der Philosophen angeführt wurde, kann in zweifacher Weise gelöst werden. Einmal, weil es zweifelhaft ist, was Aristoteles hierüber denkt; an verschiedenen Stellen seines Werkes redet er nämlich in unterschiedlicher Weise darüber und hatte verschiedene Prinzipien, aus welchen teils die eine Meinung, teils die gegensätzliche folgt. Daher ist es wahrscheinlich, dass er bezüglich jener Schlussfolgerung immer zweifelnd war und einmal mehr der einen, ein

andermal mehr der anderen Seite anhing, je nach dem, ob die von ihm behandelte Materie eher mit dem einen oder mit dem anderen vereinbar war.

Es gibt noch eine andere Antwort, die näher an der Realität liegt: Nicht alles, was die Philosophen sagten, selbst wenn es den Charakter der Behauptung hatte, wurde von ihnen mit notwendigen, natürlichen Gründen bewiesen; sondern oft hatten sie nur wahrscheinliche Überzeugungen oder die gewöhnliche Meinung derer, die als Philosophen vorangingen. [...] Daher mussten geringe Gründe den Philosophen immer genügen, wo sie zu bedeutenderen nicht ohne Verletzung philosophischer Prinzipien gelangen konnten. [...] Daher stimmten die Philosophen zuweilen einer Sache zu aufgrund wahrscheinlicher Überzeugungen, ein andermal aufgrund einer Prinzipienbehauptung außerhalb notwendiger Gründe. Und diese Antwort möge hinreichen gegenüber allen Autoritätsargumenten, dass diese, mögen sie auch wörtlich sein, nicht die These, dass die Seele unsterblich ist, schlussfolgern. [...]

[17] Dennoch kann der Reihenfolge nach auf die einzelnen Argumente geantwortet werden. [...] [*Einige Antworten zu den philosophischen Beweisen der Unsterblichkeit der Seele:*]

[19] Es ist aber sehr zweifelhaft, was Aristoteles über den Anfang der Geistseele dachte. Wenn er nämlich nicht annahm, dass Gott irgendetwas unmittelbar neu wirke, sondern dass er nur in fortgesetzter Bewegung den Himmel bewege, und dies als entfernt Tätiger, von welchem von Materie getrennt Tätigen wollte er annehmen, dass von ihm eine Geistseele neu hervorgebracht würde? [...]

[20] Wir aber nehmen zwei Formen des Hervorbringens an: Die eine vom Nicht-Sein der Seele zu ihrem Sein hin, und dies ist die Schöpfung; die andere aber vom nicht-beseelten (nicht lebendigen) Körper zu seiner Beseelung, und dies ist das Hervorbringen des beseelten (lebendigen) Körpers und eine Veränderung im eigentlichen Sinne. Wer aber nur diese zweite Art des Hervorbringens annähme, nämlich die Beseelung, würde keine Schöpfung annehmen; und so ist es bei Aristoteles. ...

[21] Warum aber muss dieses Neue unmittelbar auf Gott als wirkende Ursache zurückgeführt werden? Ich antworte: So wie Gott erstes Wirkendes ist, und daher gemäß Aristoteles immer durch eine Tätigkeit in einem Erleidenden wirkt, das sich immer auf dieselbe Weise verhält, so ist Gott auch, wenn irgendein Erleidendes neu sein und die Form eines anderen aufnehmen kann, die nicht der Ursächlichkeit irgendeiner Zweitursache unterliegen kann, unmittelbare Ursache dessen und auch für alles Neue.

Man muss nämlich für jedes erleidende Vermögen im Seienden ein tätiges Vermögen als ihm entsprechend annehmen. Wenn folglich dem neuen erleidenden Vermögen nicht ein tätiges geschaffenes Vermögen entspricht, so wird ihm unmittelbar das göttliche Vermögen entsprechen. [...]

[24] Die *dritte* These (dass nämlich die Seele nicht dauerhaft vom Körper getrennt bleiben kann) soll so bewiesen werden: Ein Teil, der außerhalb des Ganzen ist, ist unvollkommen; eine so edle Form wie die Seele wird aber nicht immer unvollkommen bleiben; also wird sie nicht immer vom Ganzen getrennt bleiben.

Wenn Aristoteles die Seele aber als unsterblich annahm, so müsste er eher angenommen haben, dass sie dauerhaft vom Körper getrennt bliebe als mit ihm vereint, weil alles, was aus Gegensätzlichem zusammengesetzt ist, vergänglich ist. [...]

[26] Ich sage folglich, dass von diesen drei Thesen, aus denen gewissermaßen ein Argument *a priori* für die Auferstehung gebildet wird (weil sie gebildet sind auf der Grundlage der Form des Menschen, der auferstehen soll), die erste These (dass nämlich die Seele die Form des Körpers ist) natürlicherweise bekannt ist. Und der dieser These entgegenstehende Irrtum, der einzig Averroes eigen ist, ist von schlechtester Art, nicht nur gegen die Wahrheit der Theologie, sondern auch gegen die Wahrheit der Philosophie gerichtet. Er zerstört nämlich das Wissen, weil er jede Vernunfttätigkeit als unterschieden von Sinnestätigkeit und jeden Wahlakt als unterschieden vom Strebevermögen verneint; und so zerstört er jede Tugend, die nur durch wählende Tätigkeit gemäß der rechten Vernunft zustande kommt. Einer der in solcher Weise irrt, sollte folglich aus der Gemeinschaft der Menschen und derer, die die natürliche Vernunft gebrauchen, ausgeschlossen werden.

Die anderen beiden Thesen aber (dass die Seele unzerstörbar ist und dass sie nicht dauerhaft vom Körper getrennt bleiben kann) sind nicht hinreichend durch natürliche Gründe bekannt, obgleich es wahrscheinliche Überzeugungen in Bezug auf sie gibt. Die zweite These betreffend gibt es freilich viele eher wahrscheinliche Gründe, weshalb Aristoteles sie eher wörtlich vertreten zu haben scheint. Die dritte These betreffend aber gibt es nur wenige Gründe und daher ist die aus ihnen folgende Schlussfolgerung diesem Argumentationsgang entsprechend nicht hinreichend aus natürlichen Gründen bekannt.

[27] Der zweite Weg, die Auferstehung zu erweisen, stützt sich auf Argumente *a posteriori*. Einige wahrscheinliche Aussagen hierzu wurden in den Hauptargumenten erwähnt [*Dort wurde darauf verwiesen, dass das*

natürliche Streben des Menschen nach der Glückseligkeit nicht umsonst sein könne]. [...] Aber diese Argumente *a posteriori* haben noch weniger schlussfolgernde Kraft als jene *a priori*, die von der dem Menschen eigenen Form ausgehen. [...]

[28] [...] Kurz gesagt also: Weder *a priori*, d.h. durch eine Bestimmung des inneren Prinzips des Menschen, noch *a posteriori*, d.h. durch die Bestimmung einer Tätigkeit oder einer dem Menschen angemessenen Vollkommenheit, kann die Auferstehung als notwendig bewiesen werden, wenn man sich auf das natürliche Erkenntnislicht stützt. Folglich kann die Auferstehung als vollständig sicher nur durch den Glauben erfasst werden. Mehr noch: Auch die zweite These, dass die Seele unsterblich sei, kann, wie Augustinus im 13. Buch „Über die Dreifaltigkeit"[1] sagt, nicht durch den Verstand, sondern nur durch das Evangelium erfasst werden, wo Christus sagt: „Fürchtet nicht die, die den Körper zerstören, die Seele aber nicht zerstören können, sondern fürchtet eher den, der Seele und Körper in die Unterwelt verderben kann" (Mt 10,28).

(Ordinatio IV d.43 q.2 [Ed. Viv. XX p. 34ff.]. Übersetzung von Maria Burger).

II

Die Unsterblichkeit der Seele wird als philosophisches Problem seit der Antike behandelt. Platon ging von der Präexistenz der Seele aus, die nach ihrem Dasein im Leib des Menschen, der für sie wie ein Kerker ist, wieder in die Welt des Lichts zurückkehrt. Gegenüber dieser dualistischen Sichtweise betonte Aristoteles die Einheit des Menschen aus Leib und Seele, wonach letztere aber auch mit dem Leib im Tode zugrunde geht. Lediglich für den das Menschsein bestimmenden vernunfthaften Seelenteil scheint etwas anderes zu gelten. – Nach dem Glauben der Kirche gehört die Unsterblichkeit der Seele zur Auferstehungshoffnung der Christen. Der Mensch ist mit Leib und Seele von Gott geschaffen und hat über den Tod hinaus das Ziel, mit Leib und Seele zum ewigen Leben aufzuerstehen. Die Seele wahrt die Kontinuität von irdischem und ewigem Leben. Nur wenn die Seele als unsterblich angesehen wird, kann es Hoffnung auf die Auferstehung des Leibes geben.

Die Unsterblichkeit der Seele wird von Duns Scotus im Rahmen seiner Lehre von der Auferstehung der Toten behandelt. Wie es auch bei anderen

[1] AUGUSTINUS, *De Trin.* XIII,9 CorpChrSL 50A p. 398f.

Themen typisch für Scotus ist, nimmt er eine Offenbarungswahrheit zum Anlass, die Tragfähigkeit philosophischer Argumente zu prüfen. So fragt er hier, ob die Auferstehung der Toten aus natürlichen, d.h. philosophischen Gründen, erkannt werden könne. Voraussetzung ist es für Scotus, dass die Frage nach der Auferstehung des Menschen, da sie etwas dem Menschen eigenes ist, nur auf der Grundlage von dessen spezifischer Form oder von einer ihm gemäßen Tätigkeit her beantwortet werden kann. Dies aber ist die geistige Verfasstheit des Menschen, die in seiner Geistseele gründet. Zu unterscheiden ist sie von den vegetativen und sinnenhaften Seelenvermögen. Es handelt sich um ein nicht-materielles Prinzip. Andererseits darf die Unsterblichkeit der Seele aber auch nicht losgelöst vom Körper betrachtet werden, ist der Mensch doch wesenhaft aus Leib und Seele konstituiert und umfasst die Seele letztlich vegetative, sinnenhafte und intellektive Momente.

Scotus diskutiert bei der Beantwortung der Frage nach der Auferstehung drei philosophische Thesen: (1) Die Geistseele ist die Form des Menschen, insofern er Mensch ist. (2) Die Geistseele ist unsterblich und unzerstörbar. (3) Die Geistseele kann nicht dauerhaft vom Körper getrennt bleiben. Daraus scheint die Schlussfolgerung gezogen werden zu können, dass eine Auferstehung der Körper notwendig ist, damit das Verlangen der unsterblichen Seele, mit dem Körper wieder vereint zu werden, erfüllt werden kann. – Die philosophischen Voraussetzungen sind Aristoteles entlehnt. Von ihm kennt Scotus die Lehre, dass die Seele die Form, die Vollendung des Körpers ist (*De anima* II,1 412a28); danach müsste die Seele jedoch zugleich mit dem vergänglichen Körper untergehen. Aber auch für die philosophischen Argumente zur Unsterblichkeit der Seele verweist Scotus auf aristotelische Aussagen (*De anima* II,2 413b25). Die Folgerung schließlich, dass kein Streben vergeblich sein dürfe und die nach dem Körper strebende Seele folglich auch wieder mit diesem vereint werden müsse, wird ebenfalls aristotelisch abgesichert (*De caelo* II,3 286a18). – Doch gegen diese Logik erhebt Scotus sofort den Einwand, dass es sich hierbei nicht um eine rein philosophische und zwingende Argumentation handele. Lediglich der ersten These, dass die Seele die Form des Menschen sei, billigt er zu, dass sie aus natürlichen, philosophischen Gründen angenommen werden könne, wenngleich es selbst hier innerhalb der philosophischen Tradition Widerspruch gibt. Als bekanntesten Gegner kann er Averroes anführen, den großen arabischen Kommentator der aristotelischen Werke. Dieser lehrte, dass die Vernunft allen Menschen gemeinsam, für alle ein und dieselbe sei; die individuelle Seele des Menschen habe teil an der überindividuellen Vernunft, aber es gäbe keine individuelle Unsterblichkeit. Mit heftigen Worten weist Scotus diesen Irrtum zurück: Wer solche Behauptungen aufstellt, solle doch aus der Gemeinschaft der die Vernunft gebrauchenden Menschen ausgeschlossen sein.

Aber selbst wenn man sich nun darauf verständigte, dass die Seele die Form des Körpers sei, so ist damit noch nicht viel gewonnen. Weiß man nicht um die besondere Herkunft der Seele aus der freien Schöpfertätigkeit Gottes, so gelingt ein Nachweis ihrer Unsterblichkeit nicht. Scotus führt eine Fülle aristotelischer Argumente an, kommt aber zu dem Schluss, dass man letztlich nicht genau weiß, was Aristoteles zu der Frage dachte. Aus den Texten lässt sich je nach Kontext einmal die eine, ein andermal die andere Meinung ablesen. Ja mehr noch: Keineswegs ist alles, was die Philosophen sagen, auch notwendig philosophisch bewiesen. Oftmals begnügen sie sich mit Wahrscheinlichkeitsargumenten oder geben nur das wieder, was andere Philosophen schon vor ihnen sagten.

Scotus untersucht schließlich, warum Aristoteles die Unsterblichkeit der Seele nicht beweisen konnte. Der Grund liegt darin, dass er schon den Ursprung der Seele nicht verstehen konnte. Die Seele wird nach christlichem Verständnis als eigenständig gegenüber dem Körper betrachtet, sie hat in sich selbst Bestand, ist zunächst unabhängig vom Körper geschaffen und kann auch ohne diesen existieren. Die Erschaffung der Seele ist charakteristisch anders als das Zeugen, Hervorbringen der Seele, wie es im philosophischen Verständnis dargelegt ist. Zwar unterscheidet auch die aristotelische Philosophie zwischen Leib und Seele, zwischen Materie und Form, doch folgt hier die Seele naturnotwendig, wenn die körperliche Verfasstheit dies zulässt. Nach christlichem Verständnis ist die Erschaffung der Seele jedoch je ein freier Akt Gottes: Gott erschafft die Seele und gießt sie dem Körper ein. Das Bereitetsein des Körpers ist für Gott kein zwingender Grund für die Erschaffung der Seele. Zudem kann für die immaterielle Seele nicht ein körperliches und somit weniger edles Prinzip angenommen werden. Die unkörperliche Seele muss aus nichts geschaffen sein. Diese besondere Art der Herkunft der Seele ist zugleich der Grund für ihre Bestimmung, nämlich ihre Unsterblichkeit.

Was Scotus von Aristoteles – und weitgehend auch von der ihm vorausgehenden scholastischen Tradition – unterscheidet, ist das Verständnis von Individualität. Für Aristoteles ist die Materie das Prinzip der Individuation, d.h. aufgrund der je unterschiedlichen Leiblichkeit unterscheiden sich die Seelen der Menschen voneinander. Scotus jedoch geht davon aus, dass ein Individuum durch ein formales Prinzip (*haecceitas*) bestimmt ist, durch das es einmalig und einzig ist (ein sehr komplexes Thema, das hier nur angedeutet werden kann). So ist es möglich, dass die Seele als solche individuell bestimmt ist unabhängig von ihrer Neigung und unabhängig von der Wirklichkeit, sich mit einem Körper zu verbinden. Dann aber kann sie unabhängig vom Körper geschaffen sein und kann dessen Zerfall nach dem Tode überdauern.

So lassen sich nach Scotus Plausibilitätsgründe für die Unsterblichkeit der Seele aus natürlichen Gründen anführen. Die Seele als Form des Menschen wird dabei entsprechend ihrer wesentlichen Tätigkeit untersucht, nämlich nach dem geistigen Erkennen. Kann man mit philosophischen Argumenten zwar nicht beweisen, dass die Geistseele unsterblich ist, so lässt sich doch zeigen, dass dies *möglich* ist. Dies ist für Scotus ein wichtiger Schritt: Offenbarungswahrheiten können nicht zwingend logisch abgeleitet werden, sie sind aber auch nicht gegen die Vernunft. Eine doppelte Wahrheit, nach der Philosophie und Theologie je nach ihren Methoden sich gegenseitig widersprechende wahre Aussagen machen könnten, lehnt er ab.

III

QQ: *Duns Scotus. Philosophical Writings: A Selection*, ed. and transl. Allan B. WOLTER, Indianapolis 1987, 134ff. (Der Text der Ordinatio wurde von Wolter nach dem Assisi-Codex, der der kritischen Werkausgabe zugrunde liegt, verbessert.)

Lit.: Etienne GILSON: *Johannes Duns Scotus. Einführung in die Grundgedanken seiner Lehre*, Düsseldorf 1959, 496-507; Richard CROSS: *Duns Scotus*, Oxford 1999 (Great Medieval Thinkers) 77f.; Franz LUGER: *Die Unsterblichkeitsfrage bei Johannes Duns Scotus*, Wien / Leipzig 1933, vor allem 7-48.

13. Der Personbegriff (Definition)

„Person ist die unmitteilbare Subsistenz einer vernünftigen Natur“

Maria Burger

I

Bezeichnet ‘Person’, insofern sie etwas dem Vater, Sohn und Heiligen Geist Gemeinsames besagt, grundsätzlich einen Begriff zweiter Intention?

[15] Ich antworte auf diese Frage: Nimmt man die Person-Definition an, die Richard von St. Viktor im 22. Kapitel des IV. Buches „Über die Trinität“ aufstellt: Person ist „die unmitteilbare Existenz einer vernünftigen Natur“, durch welche er die Definition des Boethius auslegt oder korrigiert, die da besagte, dass Person „einer verständigen Natur unteilbare Substanz“ sei (weil so folgen würde, dass die Seele Person sei, was unangemessen ist, und dass die Göttlichkeit Person sei) – nimmt man also die Definition Richards an, so sage ich, dass es nichts in dieser Definition gibt, das eine zweite Intention bezeichnet, weil im Vater der Natur der Sache nach – ohne vorausgehende Tätigkeit des Intellekts – eine vernünftige Natur und eine unmitteilbare Seiendheit, nämlich seine Vaterschaft, sind.

[16] Diese Unmitteilbarkeit ist aber zweifach, weil ‚mitteilbar an mehrere’ zwei Bedeutungen hat: Einmal heißt ‚mitteilbar an mehrere’ dass es in jedem von diesen dasselbe ist, so dass ein jedes es selbst ist, wie es heißt, dass das Allgemeine den Einzelnen mitgeteilt wird, die unter ihm enthaltenen sind. Auf die andere Weise wird etwas als Form mitgeteilt, durch die etwas ist, die es aber nicht selbst ist, wie die Seele dem Körper mitgeteilt wird. Und in beiden Weisen ist das göttliche Wesen mitteilbar, und auf keine Weise ist die Person mitteilbar, und so ist die Unmitteilbarkeit, die zur Wesensbestimmung der Person gehört, zweifach. Deshalb ist die vom Körper getrennte Seele, wenngleich sie die erste Unmitteilbarkeit hat, dennoch nicht Person, weil sie nicht die zweite hat. – Und beide Formen der Unmitteilbarkeit sind durch sich gefordert bei der Wesensbestimmung der Person, und sie sind in der Sache aus der Natur der Sache, und so besagt nichts in der Wesensbestimmtheit der Person eine zweite Intention.

[17] Gegen diese Antwort kann ein Einwand formuliert werden, weil es jetzt den Anschein hat, dass Person nur die zweifache Negation der zweifachen Mitteilbarkeit bezeichnete. Wenn das aber wahr wäre, dann erscheint

es zweifelhaft, auf welche Weise die Negation den drei göttlichen Personen gemeinsam sein könnte, wenn ihnen nicht irgendeine bejahende Bestimmung gemeinsam ist, aufgrund derer ihnen eine solche Negation innewohnt. Es ist aber 'Gottheit' nicht jene bejahende Bestimmung, weil sie nicht in den drei Personen gezählt wird. Folglich muss man irgendein gemeinsames Positives zugestehen, das früher – wie die Person – vom göttlichen Wesen abstrahiert ist als eine solche Negation, und so hätte man die These bestätigt, dass 'nichts in der Wesensbestimmung der Person eine zweite Intention besagt'.

[18] Wenn sie auch grundsätzlich eine solche Negation besagt, so scheint diese doch nicht die ganze Wesensbestimmtheit der Person auszusagen, weil Person eine Sache besagt, die zur Würde gehört, eine Negation aber keine Würde oder Vollkommenheit setzt.

[19] Es scheint allerdings, dass Person eine Begriffsrelation besagt, deshalb, weil ihr Gegenteil – nämlich das Mitteilbare – nur eine Begriffsrelation im göttlichen Wesen besagt: Das Wesen ist nämlich dem Sohn mitteilbar, und doch wird das Wesen nicht real auf den Sohn bezogen; folglich besagt auch das Unmitteilbare eine Begriffsrelation.

[20] Zum ersten dieser Argumente [nämlich n.17] sage ich: Von den letzten, die Personen unterscheidenden und begründenden Prinzipien kann nichts Gemeinsames abstrahiert werden, das als 'was' über sie ausgesagt wird, weil sie erstlich verschieden sind, d.h. sie beinhalten real nichts Identisches (sonst müsste man von diesen Prinzipien erfragen, wodurch sie sich unterscheiden); und daher ist jeder von ihnen gemeinsam abstrahierte Begriff entweder ein gänzlich negativer Begriff, oder er ist wenigstens kein washeitlicher Begriff der Wesensbestimmung. Sicher ist aber, dass eine gemeinsame Negation von diesen letzen Prinzipien abstrahiert werden kann, und diese ist von einer einheitlichen Bestimmtheit, weil die Negation dadurch von einer einheitlichen Bestimmtheit ist, dass sie einer Bejahung einheitlicher Bestimmtheit widerstreitet. Welchen Prinzipien auch immer folglich eine Bejahung einheitlicher Bestimmtheit widerstreitet, denen kommt eine Negation einheitlicher Bestimmtheit zu. Und so kann den drei göttlichen Personen und auch ihren letztunterscheidenden Prinzipien eine gemeinsame Negation zukommen. Wenn diese Unmitteilbarkeit heißt, und wenn angenommen wird, dass allein die Unmitteilbarkeit zur begründenden Wesensbestimmung der Person durch sich gehört (so dass Personalität 'die unmitteilbare Subsistenz einer vernünftigen Natur' ist, und alles außer dieser ersten Bestimmung der Personbestimmung hinzugefügt ist), dann besagt Person im eigentlichen Sinne nicht irgendeinen positiven Begriff im eigentlichen Sinne, und doch besagt sie nicht einen

Begriff zweiter Intention. Jeder Begriff nämlich ist erster Intention, der geeignet ist, unmittelbar aus der Sache hervorzugehen ohne die Tätigkeit oder das Wirken eines davon handelnden Intellekts, welcher Art nicht nur ein positiver sondern auch ein negativer Begriff sein kann.

(Ordinatio I d.23 qu. unica nn.15-20 [Ed. Vat. V pp. 355-360]. Übersetzung von Maria Burger).

II

Im Kontext der Lehre vom dreifaltigen Gott behandelt Johannes Duns Scotus den Personbegriff. Hatten die Konzilsentscheidungen der Alten Kirche im 4./5. Jahrhundert festgelegt, dass das eine göttliche Wesen von den drei Personen Vater, Sohn und Heiliger Geist zu unterscheiden sei, so musste diese zunächst im griechischen Sprachraum gefundene Differenzierung durch intensive Begriffsarbeit für den lateinischen Westen angeeignet werden. Zudem wurde der Personbegriff anschließend auch in der Christologie zur Bezeichnung der Einheit von göttlicher und menschlicher Natur verwendet. Die griechischen Begriffe *ousia* und *hypostasis* wurden lateinisch mit *substantia* und *persona* übersetzt. Der ursprünglich wohl aus der Theatersprache stammende Personbegriff war inhaltlich nicht spezifisch gefüllt und diente so als Grundlage für philosophisch-theologische Entfaltung. – Im Verlauf der Begriffsgeschichte war es vor allem Boethius (um 500), der durch die erste formale Definition des Personbegriffs hervortrat. Vor dem Hintergrund aristotelischer Terminologie und antiker Bestimmungen des Naturbegriffs definierte er: „Person ist einer verständigen Natur unteilbare Substanz.“[1] Dieser Formulierung war eine lange Wirkungsgeschichte beschieden. Boethius selbst sah aber bereits, dass der von ihm vor dem Hintergrund christologischer Probleme entwickelte Begriff sich nicht einfach auf göttliche Personalität anwenden ließ, müssten doch die göttlichen Personen je als individuelle Substanzen unterschieden werden. Christologisch betrachtet erhob sich die Frage, warum die menschliche Natur Christi nicht Person sei. – Im 12. Jahrhundert legte Richard von St. Viktor eine neue Definition vor. Seine Überlegungen nahmen ihren Ausgang bei der Trinitätslehre. Mochte die boethianische Definition für geschaffene Personen ihre Gültigkeit haben, so korrigierte Richard sie für den göttlichen Bereich: „Person ist die

---

[1] A.M.S. BOETHIUS: *Die theologischen Traktate*. Übers., eingel. und mit Anm. vers. von Michael ELSÄSSER, Hamburg 1988, 74f.: *persona est „naturae rationabilis individua substantia“.*

individuelle Existenz einer vernunftbegabten Natur."[2] Entscheidend ist der Begriff 'Existenz', mit dem Richard das substantielle Sein (*sistere*) wie den Ursprung (*ex*) bezeichnete. Person unterscheidet sich somit gegenüber der gemeinsamen Substanz wie auch gegenüber anderen Personen durch ein unmitteilbares, individuelles 'Hersein von'. – Dies sind die historischen Vorgaben für Duns Scotus.

Unmittelbarer Hintergrund für die Überlegungen in *distinctio 23* des 1. Buches seines Sentenzenkommentars ist die von Heinrich von Gent († 1293) vorgelegte Lehre vom Personbegriff. Dieser hatte aufgrund der unterschiedlichen Konstitution von göttlicher und geschaffener Personalität eine äquivoke Verwendung des Begriffs gefordert, d. h. es handelt sich nur um einen gemeinsamen Namen, der je unterschiedliche Wesensbedeutung hat. Ein einheitlicher Begriff kann nur auf grammatikalischer, logischer Ebene gefunden werden, dieser ist somit ein Begriff zweiter Intention. Ein Begriff erster Intention wird unmittelbar aus der Natur der Sache gewonnen, während der Begriff zweiter Intention erst durch nachträgliche Verstandestätigkeit verursacht ist: So kann im Hinblick auf einen einzelnen Menschen unmittelbar der Begriff 'Mensch' gewonnen werden, während die Definition 'vernunftbegabtes Sinnenwesen' erst durch vergleichende Verstandestätigkeit erlangt wird.

Zur Wahrung eines univoken Personbegriffs erster Intention (d. h. dass sich im unmittelbaren Hinblick auf die geschaffene und ungeschaffene Person ein einheitlicher Begriffsgehalt erfassen lässt) greift Scotus die Persondefinition des Richard von St. Viktor auf. Er schließt sich somit der Kritik an der boethianischen Definition an: Dieser entsprechend wäre die vom Leib getrennte Seele oder das göttliche Wesen als individuelle Natur Person zu nennen, was nicht richtig ist. – Aber auch an der Definition des Viktoriners nimmt er eine Modifizierung vor. Während Richard die Begriffe 'unmitteilbar', 'individuell', 'singulär' gleichbedeutend verwendete, kommt es Scotus entscheidend auf den Aspekt der Unmitteilbarkeit an. Diesen legt er entsprechend zwei Bedeutungen von Mitteilbarkeit aus: Zum einen kann etwas durch Identität mitgeteilt werden in der Weise, dass es jedem, dem es mitgeteilt wird, selbig ist: So wird das Allgemeine dem Einzelnen mitgeteilt. Zum anderen besteht die Möglichkeit einer Mitteilung durch Einformung, so dass dem Bezugspunkt seine eigentümliche Form durch die mitteilbare Realität eingeprägt wird. Diese Mitteilbarkeit kommt etwa der vom Körper getrennten Seele zu: Wird sie dem Körper

---

[2] RICHARD VON ST. VIKTOR: *De Trinitate* IV, 23, fo.165d, ed. J. RIBAILLIER, Paris 1958, 188: *„Persona est rationalis naturae individua existentia."*

mitgeteilt, so entsteht aus beiden ein Mensch. Für den Personbegriff sind beide Formen der Mitteilbarkeit zu verneinen.

Was bedeutet dies für den geschöpflichen und göttlichen Bereich? Eine geschaffene Washeit, die *natura communis*, kann in Identität jedem Einzelding mitgeteilt werden. Aufgrund der Unvollkommenheit alles Geschaffenen erfolgt dies jedoch nicht in numerischer Identität. Die Natur kann potentiell vielen singulären Seiendheiten mitgeteilt werden, durch die sie begrenzt wird; dabei kommt es zur numerischen Unterscheidung der Individuen voneinander. Die Seele ist in ihrer aktuellen Unabhängigkeit als Individuum darüber hinaus noch mitteilbar als Form des Körpers. Wird auch diese Art der Mitteilbarkeit eingelöst (durch Verbindung mit dem Körper) und damit die Neigung zur Abhängigkeit negiert, so kann von einer Person gesprochen werden. Damit ist zugleich die Grenze der Mitteilbarkeit und Unabhängigkeit erreicht. – Das unendliche göttliche Wesen ist aufgrund seiner Vollkommenheit absolut mitteilbar, in nummerischer Identität. Es ist dabei aus sich heraus singulär. Eine Begrenzung, wie sie durch die Quasi-Zusammensetzung zwischen Natur und der das Individuum konstituierenden Differenz zustande kommt, gibt es hier nicht. Die Mitteilbarkeit besteht, ohne dass dem göttlichen Wesen Neigung oder Möglichkeit zukommen, sich in Abhängigkeit zu begeben.

Personsein bedeutet also die Negation dieser Formen der Mitteilbarkeit, die zweifache Unmitteilbarkeit. Diese wird von Scotus als eine unmittelbar aus der Natur der Sache resultierende Bestimmung gewertet, sie wird im unmittelbaren Hinblick auf die Person erkannt, sie ist somit ein Begriff erster Intention. Wie aber kann eine rein negative Bestimmung ein hinreichender Begriffsgehalt sein? Ist nicht zwingend eine positive Grundlage erfordert, die etwa die Gemeinsamkeit der drei göttlichen Personen bestimmt? Kann eine Negation die der Person eignende Würde zum Ausdruck bringen? Kann Personalität dann mehr als eine Begriffsrelation sein? Will Scotus daran festhalten, dass 'Person' ein Begriff erster Intention ist, so muss er sich diesen Einwänden stellen.

Scotus betont, dass die letzten die Person begründenden und unterscheidenden Prinzipien unzurückführbar verschieden sind, dass aus der gemeinsam von den göttlichen Personen abstrahierten Negation der Mitteilbarkeit aber ein Begriffsgehalt einheitlicher Bestimmtheit gewonnen wird. Und dennoch besagt Person letztlich nicht nur Negation, Unmitteilbarkeit, sondern ermöglicht die Erkenntnis der vernunftbegabten Natur. Diese als Konnotation bezeichnete Ausweitung des Begriffsgehaltes hat ihre Voraussetzung in der Scotischen Lehre von der Univokation des Seienden. Kurz zusammengefasst besagt diese: Vor jeder Definition irgendeiner Sache wird

'Seiendes' als schlechthin einfacher Begriff eindeutig erfasst und zugleich in seinem Gehalt der Nicht-Widersprüchlichkeit (d.h. Seiendes ist das, dem es nicht widerstreitet zu sein) von weiteren Bestimmungen unterschieden. Wenngleich dieses Seiende als solches real nie für sich besteht, so ist es doch mehr als ein nur durch Verstandestätigkeit erlangter Name. Ein vollständiger Begriff des Seienden ist jedoch inhaltlich erst erlangt, wenn die jeweilige disjunktive Eigenschaft (nämlich eine von zwei sich gegenseitig ausschließenden Bestimmungen) des Seienden als innerer Modus mit ausgesagt wird. Die grundlegende Disjunktion ist die zwischen endlich und unendlich. Redet man folglich von endlichem Seiendem und unendlichem Seiendem, so wird das Seiende in seinem Modus, in seinem Grad der Vollkommenheit, in seiner Intensität ausgesagt, was nach Scotus einem einfachen Begriff in seiner jeweiligen Auslegung entspricht. Deshalb kann das Seiende univok über Endliches und Unendliches ausgesagt werden, da der negativ gefasste Grenzbegriff 'Seiendes' indifferent gegenüber seinen Modi ist, die ihm jedoch unmittelbar folgen. – Auf den Personbegriff angewendet heißt dies, dass hier wiederum ein nur noch negativ definierbarer Grenzbegriff erreicht ist. Dieser setzt aber seinen jeweiligen Seinsmodus in der ihm zugrunde liegenden individuellen vernunftbegabten Substanz voraus. Daraus können Inhalte wie die Würde und Freiheit der Person konnotiert werden. Die zugrunde liegende Substanz macht schließlich auch den Unterschied zwischen geschaffener und göttlicher Personalität deutlich.

Den im Kontext der Trinitätslehre entwickelten Personbegriff wendet Scotus auch in der Christologie an. Der zweifachen Unmitteilbarkeit entspricht hier, ausgelegt für menschliche Personalität, die Negation einer Neigung sich in Abhängigkeit zu begeben, wie sie der vom Körper getrennten Seele zukommt, und die Negation einer tatsächlichen Abhängigkeit. Scotus benennt im Blick auf den Menschen aber noch einen dritten Aspekt: Es ist dies die Möglichkeit, in Abhängigkeit genommen zu werden. Sie darf nicht negiert werden, denn hierin liegt der Ermöglichungsgrund der Menschwerdung Gottes. Wenn die zweite göttliche Person eine menschliche Natur annimmt, so wird diese Möglichkeit, in Abhängigkeit genommen zu werden, realisiert. Dass dabei die Negation einer Neigung sich in Abhängigkeit zu begeben und die Negation einer aktuellen Abhängigkeit aufgehoben wird, lässt die menschliche Natur Christi nicht unvollständig erscheinen, da ihr nichts Positives genommen ist. Der vernunftbegabten menschlichen Natur Christi kommen Wille, Freiheit, Moralität zu, die aber erst im personalen Beziehungsgefüge, nämlich durch die göttliche Person, zu ihrer Bestimmung gelangen. Jedem Menschen eignet der in der Schöpfung grundgelegte Gehorsamsbezug (*potentia oboedien-*

tialis) gegenüber Gott. Lebt der Mensch nicht aus Bezogenheit, so verbleibt er in der durch die Unabhängigkeit begründeten letzten Einsamkeit (*ultima solitudo*) des Daseins.

Scotus kann somit am Personbegriff die Verwiesenheit des Menschen auf Gott ontologisch verankern und zugleich zeigen, dass Menschsein seine letzte Vollendung im Gott-Menschen Jesus Christus erlangt.

III

QQ: Allan B. WOLTER: *John Duns Scotus on the Primacy and Personality of Christ*, in: Damian MCELRATH (Hg.): *Franciscan Christology*, New York 1980, 139-182 [Ord. I d.23 q.un. nn.15-16, pp.166-169]; JOHN DUNS SCOT, *God and creatures. The quodlibetal questions*. Translated with an intr., notes and glossary by A. B. WOLTER / F. ALLUNTIS, Princeton 1975 [Quodl. q.19, 418-442].

Lit.: Maria BURGER: *Personalität im Horizont absoluter Prädestination. Untersuchungen zur Christologie des Johannes Duns Scotus und ihrer Rezeption in modernen theologischen Ansätzen*, Münster 1994 (BGPhThMA, NF 40); DIES.: *Zwischen Trinitätslehre und Christologie. Der Personbegriff bei Johannes Duns Scotus*, in: Jan A. AERTSEN / Andreas SPEER (Hg.): *Individuum und Individualität im Mittelalter*, Berlin / New York 1996 (Miscellanea Mediaevalia, 24) 406-415; Norbert HARTMANN: *Person in Einsamkeit und Gemeinsamkeit. Überlegungen zum Personbegriff bei Johannes Duns Scotus*, in: Wissenschaft und Weisheit 47 (1984) 37-60; Ludger HONNEFELDER: *Philosophische Reflexion als Medium theologischer Einsicht im Rahmen der Christologie des Johannes Duns Scotus*, in: Herbert SCHNEIDER (Hg.): *Wie beeinflusst die Christusoffenbarung das franziskanische Verständnis der Person?* Kevelaer 2004 (Veröffentlichungen der Johannes-Duns-Skotus-Akademie für franziskanische Geistesgeschichte und Spiritualität, 16) 76-90; Giovanni LAURIOLA: *Der Einfluss des Mysteriums Christi auf das Verständnis der Person*, in: Herbert SCHNEIDER (Hg.): *Wie beeinflusst die Christusoffenbarung* (...), 33-54; Herbert SCHNEIDER: *Die Person nach Duns Scotus und das Ringen um den Menschen*, in: DERS. (Hg.): *Wie beeinflusst die Christusoffenbarung* (...), 188-211.

14. Gottes freie und unvollendete Schöpfung

Johannes Schlageter OFM

I

Es gibt solches, das kontingent verursacht wird, also verursacht die erste Ursache in kontingenter Weise; folglich verursacht sie wollend. [...] Es gibt kein anderes Prinzip kontingenten Tuns als den Willen und solches, was den Willen begleitet; denn jede andere Ursache wirkt aus der Notwendigkeit der Natur, und so nicht in kontingenter Weise. [...] Der Philosoph [Aristoteles] hat den Vordersatz eingeräumt und den Nachsatz verneint, sofern er vom Wollen Gottes verstanden wird; er nimmt die Kontingenz in den niederen Bereichen als Folge aus der Bewegung an, welche mit Notwendigkeit verursacht wird [...]. Jetzt sage ich, dass der Philosoph nicht die Folgerung leugnen und den Vordersatz halten konnte durch den Verweis auf die Bewegung; denn wenn jene Bewegung als ganze mit Notwendigkeit von ihrer Ursache her ist, so wird jeder ihrer Teile, dann wenn er verursacht wird, mit Notwendigkeit verursacht, d.h. unvermeidlich, so dass das Gegenteil dann nicht mehr verursacht werden könnte. [...] Entweder geschieht also nichts in kontingenter Weise, d.h. vermeidlich, oder das Erste verursacht, und zwar unmittelbar, in solcher Weise, dass es auch nicht verursachen könnte. [...] Es gibt im Seienden Schlechtes, also verursacht das Erste in kontingenter Weise. [...] Beweis: Ein aus Naturnotwendigkeit Wirkendes wirkt nach dem Äußersten seines Vermögens, und so auf alle Vollkommenheit hin, die von ihm hervorgebracht werden kann. Wenn nun das Erste mit Notwendigkeit wirkte und folglich auch jedes andere Wirkende – wie schon dargetan wurde –, so folgte, dass die gesamte Ordnung der Ursachen in diesem Fall hier verursachte, was immer ihnen zu verursachen möglich ist. Es würde also keiner Vollkommenheit ermangeln, die von allen wirkenden Ursachen in ihm eingebracht werden kann, also ermangelte es keiner, die es aufnehmen kann, also wäre in ihm keine Schlechtigkeit. Die Folgerungen sind klar: Denn jede in ihm aufnehmbare Vollkommenheit wäre von einer oder von den geordneten Ursachen insgesamt verursachbar. Die letzte Folgerung ist klar aufgrund (*ratione*) des Schlechten, und der Beweis ist ebenso schlüssig bei Verfehlungen im sittlichen Leben wie bei Fehlleistungen der Natur. Man mag sagen: 'Die Materie gehorcht nicht.' Das bedeutet nichts; ein kraftvoll Wirkendes würde ein Nicht-Gehorchen überwinden. [...] Das erste Verursachende verursacht, was immer es verursacht, in kontingenter Weise [...]; also jegliches; denn das Kontingente geht seiner Natur nach dem Notwendigen nicht voraus noch hängt das Notwendige vom Kontingenten ab. Ferner wird das bewiesen aus dem Wollen des Zieles. Nur jenes wird mit Notwendigkeit gewollt, ohne das nichts Bestand gewinnt, was hinsichtlich des Zieles gewollt ist. Gott liebt sich als Ziel; und was immer er hinsichtlich seiner als Ziel liebt, kann Bestand haben, auch wenn nichts anders als er selbst ist; denn das Aus-Sich-Notwendige hängt von keinem ab, also will er aufgrund des Wollens seiner selbst nichts anderes mit Notwendigkeit; also verursacht er auch nichts anderes mit Notwendigkeit.

(Tractatus de primo principio, cap. IV. conclusiones 4-5. Übersetzung, etwas modifiziert von J. Schlageter, nach: Johannes Duns Scotus, Abhandlung über das erste Prinzip. Herausgegeben und übersetzt von Wolfgang KLUXEN, Darmstadt ²1982 (Texte zur Forschung, 20) 67-75).

II

Gottes Schöpfung ist frei, weil sie durch den freien Willen Gottes verursacht wird, der an nichts Anderes notwendig gebunden ist als an die Liebe zu sich selbst. Das ergibt sich nicht nur aus dem jüdisch-christlichen Verständnis von Gott, das Johannes Duns Scotus hier dem griechisch-aristotelischen Bild des Göttlichen als eines notwendig wirkenden und verursachenden Seins-Prinzips entgegenhält. Gerade wer die Kontingenz von allem erlebt, was wird, ja nach Duns Scotus eben auch das Gegenteil von dem werden kann, was gerade wird, der kann schon aufgrund dieser Erfahrung nur auf ein freies, willentliches Schaffen Gottes schließen. In diesem Gedankengang, der nur sehr verkürzt wiedergegeben werden kann, führt Duns Scotus alle Gründe an, weshalb Kontingenz nicht mit Aristoteles auf die niederen Bereiche der Wirklichkeit begrenzt werden kann, sondern unmitttelbar in Gottes schöpferischer Freiheit selbst gründet. Der entscheidende Grund, den Scotus für die Kontingenz und Freiheit göttlichen Schaffens gegen eine notwendige Schöpfung ins Feld führt, ist die Erfahrung von Schlechtigkeit oder der mangelnden Vollkommenheit beim sittlichen Handeln wie im Naturgeschehen. Denn ginge die Schöpfung aus göttlicher Naturnotwendigkeit hervor, müsste sie alle nur mögliche Vollkommenheit erhalten. Das ist aber ganz offensichtlich nicht der Fall. Also ist die Schöpfung von Gott in Freiheit so geschaffen, dass sie nicht notwendig und geradezu automatisch zur Vollendung kommt, ja dass in ihr sogar das sittliche Böse vorkommen kann. Man kann das auch nicht auf das Widerstreben im 'niederen' Bereich der Wirklichkeit oder in der Materie zurückführen; denn für ein Handeln mit göttlich-notwendiger Kraft wäre das zu überwinden. Obwohl nun im mittelalterlichen Denken des Johannes Duns Scotus noch kein evolutives Weltbild zu erwarten ist, deutet er doch an, dass die 'niederen', eher materiellen Bereiche der Wirklichkeit im Gesamtzusammenhang der Schöpfung durchaus ihren von Gott frei gewollten Sinn haben, wie sogar die von Gott nicht unmittelbar gewollte Bosheit des Ungehorsams. Eine von Gott frei gewollte, unvollendete Schöpfung lässt nämlich naturhafte Fehlleistungen ebenso zu wie das sittlich Verfehlte. So sieht das jedenfalls die realistische Wahrnehmung der Welt, die eine Basis der Schöpfungstheologie des Duns Scotus bildet. Dem freien schöpferischen Wirken Gottes sind damit allerdings keine Grenzen gesetzt, obwohl das an dieser Stelle nicht ausdrücklich zur Sprache kommt. Denn trotz alles Unvollendetseins der Schöpfung, ja gegen alle kreatürliche Bosheit kann und wird Gott seine Schöpfung zur Vollendung führen. In christlichem Glauben sieht das Johannes Duns Scotus in der vollkommenen, geschöpflich-menschlichen Liebe Jesu Christi bereits verwirklicht. Aber gerade diese Vollendung ergibt sich nicht aus einer Naturnotwendigkeit göttlichen Wirkens, sondern nur aus Gottes freier, schöpferischer Gnade, ähnlich wie schon der Ursprung der Schöpfung selbst.

III

QQ: M. MÜLLER (Ed.): *Ioannis Duns Scoti Tractatus de Primo Principio,* Freiburg 1941; E. ROCHE (Ed.): *The De primo principio of John Duns Scotus.* A Revised Text and a Translation, St. Bonaventure NY / Louvain 1966; A. WOLTER (Ed.): *John Duns Scotus: A Treatise on God as First Principle*, Chicago 1966; *Johannes Duns Scotus, Abhandlung über das erste Prinzip.* Herausgegeben und übersetzt von W. KLUXEN, Darmstadt ²1982 (Texte zur Forschung, 20).

Lit.: W. KLUXEN: *Welterfahrung und Gottesbeweis. Eine Studie zum Tractatus de primo principio des Johannes Duns Scotus*, in: *Deus et homo ad mentem I.* Duns Scoti. Acta III[i] Congressus Scotistici Internationalis, Ed. Commissio Scotistica, Roma 1972, 47-59; L. IAMMARONE: *Contingenza e creazione nel pensiero di Duns Scoto*, in: *Deus et homo*, ebd. 461-480; J. SCHLAGETER: *Das Menschsein Jesu in seiner zentralen Bedeutung für Schöpfung und Geschichte bei Johannes Duns Scotus und heute*, in: Wissenschaft und Weisheit 47 (1984) 23-36; L. HONNEFELDER: *Die Kritik des Johannes Duns Scotus am kosmologischen Nezessitarismus der Araber: Ansätze zu einem neuen Freiheitsbegriff*, in: J. FRIED (Hg.): *Die abendländische Freiheit vom 10. bis 14. Jahrhundert*, Sigmaringen 1991; J. R. SÖDER: *Notwendigkeit – Kontingenz – Freiheit*, in: F. LACKNER (Hg.): *Zwischen Wissenschaft und Weisheit. Johannes Duns Scotus im Gespräch* (Franziskanische Forschungen 45), Kevelaer 2003, 170-178; M. BURGER: *Geschaffen zur Seligkeit? Prädestination und Erbsünde nach Johannes Duns Scotus*, in: LACKNER, ebd. 179-211.

15. Gottes Dreieinigkeit: Die Unterscheidung der Personen in Gott

Johannes Schlageter OFM

I

Werden nun die [göttlichen] Personen primär durch Beziehungen unterschieden? Wenn Christus das nicht gelehrt und die Kirche es nicht bestimmt hat, kann man anscheinend nicht behaupten, das sei Sache des Glaubens. Und man kann anscheinend nicht ehrfürchtig von den göttlichen Personen sagen, sie seien nur subsistierende Beziehungen (*relationes subsistentes*). Sollte das jedoch wahr sein, dann ist es nicht als sicher wahr überliefert. So ist anscheinend die Behauptung ungeschützt, es sei eine sicher festzuhaltende Wahrheit. Es ist freilich wahr, die Personen unterscheiden sich durch Beziehungen. Und aufgrund dieser allgemeinen Feststellung haben die Heiligen ausgearbeitet, wie die Unterscheidung der Personen bestehen kann mit der Einheit des Wesens. Doch deswegen braucht man nicht zu verneinen, man könnte eine irgendwie vorrangige Unterscheidung annehmen, die auch jene Unterscheidung [durch Beziehungen] zulässt. So hält jeder [Verstehens-]Weg diese Feststellung für wahr, nämlich dass die göttlichen Personen sich durch Beziehungen unterscheiden, obwohl ein Weg sagen könnte, dieser Unterscheidung ginge gleichsam irgendeine wirkliche (*realis*) Unterscheidung voraus. Man braucht auch nicht den allgemein überlieferten Glaubensartikel auf das eine besondere Verständnis einschränken, als könnte sozusagen jenes allgemeine Verständnis nur wahr sein in diesem besonderen. So braucht man ja auch diesen Artikel – 'das Wort Gottes ist Mensch geworden' – nicht einzuschränken auf die eine bestimmte Weise, die weder im Kanon [der Heiligen Schrift] noch von der Kirche zum Ausdruck gebracht wurde, als könne er nur wahr sein, wenn jene Weise wahr ist. Das nämlich heißt, den Glaubensartikel in Unsicherheit bringen, insofern etwas unsicher ist, was nicht als Glaubensartikel überliefert wird. Unsicher scheint ja, was nur mit etwas Unsicherem festgehalten werden kann.

Behauptete man nun diese Position, könnte man sagen, diese unbedingte Wirklichkeit (*realitas absoluta*), die die Person begründet und sie unterscheidet, wäre keine Wirklichkeit an sich, wie Wesentliches an sich ist, sondern eine personale Wirklichkeit und an sich auf eine andere, zweite Weise, entsprechend der Unterscheidung jenes Magisters [Bonaventura] zu Beginn dieser Meinung.

(Nach Johannes Duns Scotus, Ordinatio I. d. 26 q. unica. In: Opera omnia, Tomus VI, Città del Vaticano 1963 (Ed. Vaticana) S. 29 nr. 71f., übersetzt von Johannes Schlageter).

II

Wie die Unterscheidung der drei göttlichen Personen von Vater, Sohn und Heiligem Geist in eins gehen kann mit der Einheit und Einzigkeit des göttlichen Wesens, das ist eine schwierige Frage, die die christliche Theologie durch die Jahrhunderte bis heute beschäftigt. Johannes Duns Scotus verteidigt an dieser Stelle einen Gedanken, den er bei seinem Ordenslehrer Bonaventura und bei Richard von St. Viktor findet, gegen damals einflussreiche Theologen, besonders gegen Heinrich von Gent. Ohne sich selbst auf die bei Bonaventura gefundene eigentümliche Sicht der personalen Unterscheidung in Gott festzulegen, lässt sie Duns Scotus als eine bedenkenswerte Verstehensmöglichkeit gelten. Sie ist nach ihm weder durch die Heilige Schrift, noch durch die Lehre der Kirche, noch durch allgemeine Überzeugung der heiligen Lehrer der Kirche ausgeschlossen. Allgemeine Überzeugung der maßgebenden Theologie vor allem in der westlichen, lateinischen Kirche seit Augustinus ist zwar, dass sich die göttlichen Personen durch ihre Beziehungen unterscheiden. Dementsprechend sieht man keinen Widerspruch zwischen der relationalen Unterscheidung der drei Personen in Gott und der unbedingten, absoluten Einheit des einzigen göttlichen Wesens. Aber kann eine relationale Unterscheidung der göttlichen Personen nicht so gedacht werden, dass sie eine reale, personale Wirklichkeit 'irgendwie' voraussetzt, die die Personen bei den damit grundgelegten gegenseitigen Beziehungen absolut begründet und unterscheidet? Vor diese Frage sieht sich Duns Scotus gestellt, und er vermag sie nicht einfach zu verneinen. Denn die kirchlichen Verurteilungen der heilsgeschichtlich konzipierten Trinitätslehre Joachims von Fiore, auf die Duns Scotus in diesem Zusammenhang zu sprechen kommt, schließen nach ihm eine absolute Begründung der göttlichen Personen nicht aus, wenn sie nicht wie bei Joachim die letztlich grundlegende Einheit und Einzigkeit des göttlichen Wesens in Frage stellt. Mit Heinrich von Gent die göttlichen Personen dagegen allein als „subsistierende Beziehungen" zu verstehen, scheint nach Duns Scotus eine ehrfürchtige Gottesrede zu gefährden. Denn einmal wird mehr behauptet, als angesichts des Glaubensgeheimnisses mit Sicherheit gesagt werden kann. Zum anderen kommen damit die göttlichen Personen in ihrer eigenen und eigentümlichen Wirklichkeit kaum noch zur Sprache. Oder um es anschaulich so zu sagen, ich kann nicht zu bloß 'subsistierenden Beziehungen' beten, aber ich kann liebend-ehrfürchtig zum Vater im Himmel durch seinen Sohn im Heiligen Geist beten. Ob freilich die eigene und eigentümliche Wirklichkeit der göttlichen Personen nur in den Blick kommt, insofern man sie als absolut gründende und 'irgendwie' für sich (*ad se*) bestehende Wirklichkeit versteht, das bleibt bei Duns Scotus hier offen. Die Wirklichkeit der göttlichen Personen kann auch dann ernst genommen werden, wenn die grundlegenden Beziehungen jeweils selbst als eigentümliche und eigene personale Wirklichkeit der drei Personen verstanden und formal untereinander und von dem einen und einzigen göttlichen Wesen an sich unterschieden werden. Diese Lösung, die Duns Scotus im weiteren Gang der Überlegung bereits andeutet, scheint er später vorgezogen zu haben. Insgesamt wird hier bei Duns Scotus ein sehr differenziertes Denken sicht-bar. Denn in aller Ehrfurcht gegenüber der biblischen und kirchlichen Überlieferung des trinitarischen Glaubensgeheimnisses scheut er nicht die Anstrengung theologischer Durchdringung, lässt sich aber nicht festlegen auf Verstehensweisen, die sich nicht einfach aus der maßgebenden biblischen Überlieferung in ihrer kirchlich erklärten Form ergeben. Weder blinder Fideismus noch rationalistische Spitzfindigkeit kennzeichnen die Theologie des Duns Scotus, wenn er sich angesichts des Geheimnisses der göttlichen Dreifaltigkeit nur der gesicherten Wahrheit des Glaubens verpflichtet weiß.

III

QQ: Zur Trinitätslehre Joachims von Fiore, siehe die entsprechende Entscheidung des Lateranense IV. in: H. DENZINGER / P. HÜNERMANN: *Enchiridion Symbolorum* [...], Freiburg u.a. [38]1999, nr. 803-807; vgl. auch *Richard von St. Viktor, De Trinitate* (PL 196); *Bonaventura, Commentarius in I. Sententiarum*, in: *Opera omnia,* Tomus I., Quaracchi 1882; *Heinrich von Gent, Summa quaestionum ordinariarum,* Tomus II., Paris 1520 (Reprint: Franciscan Institute Publications Text Series 5, St. Bonaventure NY / Louvain / Paderborn 1953); *Johannes Duns Scotus, Ordinatio I.*, in: *Opera omnia*, Tomus VI., Città del Vaticano 1963.

Lit.: H. MÜHLEN: *Sein und Person. Beitrag zur Grundlegung einer Metaphysik der Person* (Franziskanische Forschungen 11), Werl 1954; DERS.: *Der Heilige Geist als Person*, Münster 1963; E. WÖLFEL: *Seinstruktur und Trinitätsproblem*, Münster 1965 (BGPhMA, 40/5); F. WETTER: *Die Trinitätslehre des Johannes Duns Scotus* (BGPhMA 41/5), Münster 1967; M. SCHULZ: *Sein und Trinität. Systematische Erörterungen zur Religionsphilosophie G. W. F. Hegels im ontologiegeschichtlichen Rückblick auf J. Duns Scotus und I. Kant* [...], St. Ottilien 1997.

16. Die Anthropologie des Johannes Duns Scotus: *Homo Assumptus*

Johannes Baptist Freyer OFM

Im Mittelpunkt der Anthropologie des Johannes Duns Scotus steht der „Homo Assumptus", der von Gott „angenommene Mensch".[1] Das lateinische Wort „assumptio" im Sinne von Ganzannahme, von Aufnahme und willentlicher, freiwilliger Zuwendung und sich sorgender Übernahme charakterisiert wohl am Besten das theologische Menschenbild des Doctor subtilis. Im Zusammenhang seiner Schöpfungstheologie versteht Scotus das „Zum-Dasein-Kommen" der menschlichen Kreatur als ein „In-die-Freiheit-des-Daseins-Kommen", weil die Existenz des Menschen, wie die der anderen Geschöpfe, auf der vollkommenen Freiheit Gottes ruht. Die Freiheit Gottes[2] ist das Fundament aller Wirklichkeit und von allem, was existiert. Gott ist vollkommene Liebe[3] und zugleich höchste Freiheit. In seiner unbeschränkten Freiheit erwählt Gott zum Guten und liebt in vollendeter Weise den Erwählten oder das Erwählte. Diese ganz dem ureigenen Gutsein entsprechende liebende und auserwählende Freiheit Gottes wird zum kreativen Akt. Für Scotus entspricht der Schöpfungsakt einem vollkommen freien Verursachen und Hervorbringen eines möglichen Wesens, dessen Existenz absolut nicht notwendig ist. Gott erschafft, und eine kontingente Kreatur erhält sein Dasein allein, weil es ein Geliebtes und Gewolltes ist. Jedes Geschöpf ist so allein auf Grund der Liebe Gottes ins Dasein gebracht. Jedes Wesen, jede Kreatur ist für sich und um seiner selbst gewollt. Diese in der uneigennützigen Liebe Gottes begründete Grundlage der Existenz und des Lebens der Geschöpfe gilt, wie wir sehen werden, in besonderer Weise für den Menschen. Seine Sichtweise der Erschaffung jeder einzelnen Kreatur im Kontext von Gottes frei wollender Liebe verbindet Scotus mit einer dynamischen Interpretation der Schöpfung als einem Geschehen, das durchaus als Evolution verstanden werden kann. Die ganze Schöpfung entwickelt sich in einem Prozess ausgehend von einer chemisch-vegetativen Existenzweise bis hin zu jener intelligenten

---

[1] Vgl. J. B. FREYER: *Homo Viator: Der Mensch im Lichte der Heilsgeschichte. Eine theologische Anthropologie aus franziskanischer Perspektive,* Kevelaer 2001 (Veröffentlichungen der Johannes-Duns-Skotus-Akademie Mönchengladbach, 13) 59-67.

[2] Vgl. William A. FRANK: *Duns Scotus' Concept of Willing Freely: What Divine Freedom Beyond Choice Teaches Us*, in: FrancSt 42 (1982) 68-89. Vgl. *Ordinatio* I, d. 2, p. 2., q. 1-4, n. 234-236.

[3] Vgl. *Ordinatio* I, d. 17, pars I, q. 1-2, n. 173.

Kreatur, die aufgrund ihres Verstandes vernunftbegabt ist. Diese vernunftbegabte Kreatur entspricht der menschlichen Natur. Die menschliche Natur geht so einerseits aus dem Schöpfungsprozess hervor und ist andererseits als solche direkt und individuell von Gottes Liebe frei gewollt. Scotus beschreibt die menschliche Natur als das Geschöpf, in dem der ganze Schöpfungsprozess einmündet und terminiert. In der Gestalt der ersten biblischen Menschen Adam und Eva erreicht so der Schöpfungsakt ein gewisses Ende (Terminus). Die dem Bereich der Natur angehörende Schöpfung terminiert in dem Geschöpf, mit dem die materielle Natur vernunftbegabt wurde. Die Schöpfungstheologie des Scotus endet aber nicht an diesem Punkt. Im Menschen, der vernunftbegabten Natur, setzt sich der Schöpfungsprozess gleichsam fort, in dem er den Bereich der materiellen Natur übersteigt und die menschliche Natur sich für das Übernatürliche öffnet. Der vernunftbegabte Mensch wird in der Begegnung und in der Auseinandersetzung mit der göttlichen Offenbarung glaubensfähig und damit offen für den Geist, die spirituelle Dimension seiner Existenz und seines Lebens. Hierin erschließt sich Scotus die Gottähnlichkeit und Gottebenbildlichkeit des Menschen. Der Mensch wird fähig, sich mit seiner ganzen Existenz frei auf ein anderes Wesen hin zu öffnen. Die Glaubens- und Geistfähigkeit machen den Menschen frei, sich einem Anderen in Liebe zuzuwenden. So wie die materielle Schöpfung im vernunftbegabten Menschen terminierte, so reift nun die Glaubens- und Geistbefähigung des Menschen heran, um schließlich in der menschlichen Natur des Jesus von Nazareth zu terminieren, jenem Menschen, der in seiner vollkommen menschlichen Fülle der Glaubens- und Geistbefähigung, als wahres Ebenbild Gottes, von Gott auserwählt war, sich mit dem ewigen Logos Gottes und damit mit Gott selbst zu vereinen. Da die Liebe die Verbindung und Vereinigung mit dem Geliebten sucht, wollte auch Gott sich mit der Schöpfung, die aus der Freiheit seiner Liebe hervorging, in liebender Kommunion einen. Diese liebende Verbindung ist als Vollendung der Schöpfung gedacht. Seit Ewigkeit sieht nun Gott diese liebende Verbindung mit seiner Schöpfung in jenem Geschöpf vor, das durch seine Vernunftbegabung und seine vollendete Glaubens- und Geistbefähigung begabt ist, sich in der Annahme durch Gott mit dessen Logos ganz zu verbinden. Scotus deutet die Hypostatische Union zwischen der menschlichen und göttlichen Natur Jesu Christi als freie und liebende Ganzannahme des Menschen durch Gott.[4] Gleichzeitig ist Jesus der Mensch, der die auf dem Glauben und der Geistbegabung gründende Freiheit der liebenden Zuwen-

[4] Vgl. *Ordinatio* III, d. 32, q. unic. N. 5,6.

dung zum ganz Anderen in seiner Hingabe an den Vater verwirklicht.[5] Das Wesen der Schöpfung ist folglich im Menschen ganz auf die Annahme durch Gott im Gott-Menschen Jesus Christus und in dessen freien Zuwendung zu Gott-Vater angelegt. Da sich diese Annahme eines jeden Menschen in der ewigen Annahme des Sohnes Jesus durch Gott und in dessen liebender Hinwendung zum Vater verwirklicht, spricht Scotus vom Primat Christi. Das wahre Sein und die Existenz des Menschen sind so ganz eng mit dem Primat Christi über die Schöpfung verbunden. Die Würde und der Adel des Menschen gründen in der Vereinigung der menschlichen Natur mit der göttlichen Natur in der Hypostatischen Union, in der ewigen Annahme des Menschen durch Gott in der konkreten Person Jesu Christi. In Jesus Christus, dem fleischgewordenen Wort, verwirklicht sich die ganze Fülle des Menschseins: geschöpfliche und menschliche Natur, Glaubens- und Geistfähigkeit, Ganzannahme durch Gott und liebende Hinwendung und Ganzhingabe an Gott, Kommunion und Vereinigung der menschlichen mit der göttlichen Natur in einer Person. Aus dieser großen theologischen Schau ergeben sich nun die bedeutungsvollen Themen der Scotischen Anthropologie: Person und Individuum; Vernunft, Wille und Freiheit; Offenbarung und Glaube.

Der Mensch: Person und Individuum

Scotus identifiziert die ontologische Ordnung und die existenzielle Ordnung mit der Ordnung des Konkreten. Das konkrete Sein, die konkrete Existenz besitzt einen inneren Reichtum des eigenen Seins. Alles, was es gibt, ist nicht im Allgemeinen da, sondern im Einzelnen und Konkreten. Jedes Einzelne existiert mit einer eigenen Besonderheit (*Haeccitas*), die es von allen Anderen, auch die derselben Art, unterscheidet.[6] Für Scotus gibt es das Allgemeine nur im vom Einzelnen abgeleiteten Sinne. Diese Hervorhebung des Einzelnen in seiner Besonderheit ergibt sich aus der scotischen Schöpfungsvision, dass Gott in seinem liebenden Wollen eben nicht das Allgemeine, wie etwa die Steine oder die Bäume, sondern diesen Stein und diesen Baum will. Das verleiht allen Dingen ihre Besonderheit, ihre je eigene Wichtigkeit und auch zu würdigende Bedeutung. Dies gilt für Scotus nun im Besonderen auch für den Menschen. Gott will in seiner Liebe nicht die Menschheit als solche, sondern er will diesen konkreten

---

[5] Vgl. J. SCHLAGETER: *Das Menschsein Jesu in seiner zentralen Bedeutung für Schöpfung und Geschichte bei Johannes Duns Skotus*, in: WiWei 47 (1984) 23-36; J. A. MERINO: *Cristología escotista y creación*, in: Carthaginensia 14 (1998) 101-116.

[6] Vgl. *Ordinatio* II, d. 3, pars. I, q. 5, n. 131; Ordinatio II, d. 3, pars I, q. 6, n. 187-188.

Menschen mit seiner ureigenen Charakteristik. Jeder Mensch ist so innerhalb der Menschheit eine Besonderheit, bzw. ein unwiederholbares Individuum. Jeder Mensch besitzt seine ihm eigene Individualität, die nicht kopierbar ist. Diese Hervorhebung des Individuums Mensch gipfelt im Gott-Menschen Jesus Christus. In ihm, durch ihn und auf ihn hin sind alle Menschen in ihrer je eigenen Individualität angenommen und gewollt (vgl. Kol 1,15-17). Auf dieser ontologisch-theologischen Sichtweise gründet nun für Scotus die Würde und das Personsein eines jeden Menschen.[7] Wenn schon ein jedes geschaffene Ding und Lebewesen eine ihm zukommende Würde auf Grund seiner Einmaligkeit besitzt, so kommt dem einzelnen Menschen, als dem direkt auf den Sohn Gottes bezogenen Lebewesen, das vernunft-, glaubens- und geistbegabt ist, diese Würde in besonderer Weise zu. Sie entspricht seinem Personsein. Die Würde, eine Person zu sein, wird dem Menschen nicht als ein gegebenes Recht zugesprochen oder geschenkt, sondern diese Würde kommt ihm allein aufgrund seines Daseins und seiner Existenz zu, welche auf dem von Gott in Jesus Christus Liebenden-gewollt-sein beruht. So begründet Scotus die Personwürde jedes Menschen in doppelter Weise, einmal ontologisch-philosophisch und dann auch theologisch. Die ontologisch-philosophische Begründung basiert auf der Einmaligkeit und Einzigkeit eines jeden Menschen, die theologische Begründung verweist auf das von Gott liebend Angenommensein eines jeden Menschen. Das Personsein und das Individuumsein des Menschen entsprechen sich und bringen seine Würde hervor.

Die mit dem Personsein und der Individualität des Menschen gegebene Einzigartigkeit sieht Scotus als nicht mitteilbar an und er meint damit, dass diese Einzigartigkeit mit keinem anderen Menschen geteilt wird. Es gibt kein anderes Wesen in der Schöpfung, das dieselbe Einzigartigkeit mit dem einzelnen konkreten Menschen teilt. Auf dieser Einzigartigkeit baut Scotus vier bedeutende Charakteristika des Menschseins auf: die Autonomie, die Selbsterkenntnis, die Verantwortlichkeit und die Selbsttranszendenz.

Die dem je einzelnen Menschen ureigene Einzigartigkeit verleiht ihm im Gegenüber der anderen Menschen eine gewisse Autonomie, einen gewissen Selbststand, eine Stärke und ein Stehen-in-sich-selbst. In diesem Punkt der Einzigkeit besitzt der Mensch sich selbst und gehört sich selbst ganz an, er ist eben einzig. An diese Autonomie angelehnt ist die Selbsterkenntnis und der Selbststand, aus dem die Selbständigkeit erwächst. In seiner

---

[7] Isidoro MANZANO: *Ontología de la Persona Humana según Escoto*, in: Anton. 78 (2003) 321-356.

Einzigartigkeit erkennt der Mensch sich selbst im Lichte des je anderen Menschen. Die Einzigkeit des anderen Menschen erhellt die je eigene Einzigartigkeit. Im Blick auf die Unwiederholbarkeit des anderen Menschen erkennt der Mensch sein ureigenes So-sein. Der Andere in seinem So-sein wird damit gleichsam Ausgangspunkt im eigenen Selbst, sich selbst zu erkennen und zu erleben. Erst wenn diese Selbsterkenntnis zum Selbststand, zum Stehen in seinem ureigenen Sein wird, kann der Mensch seine Selbständigkeit, seine ihm allein gegebene Individualität und damit sein ureigenes Personsein verwirklichen. Darin liegt nun gerade die Verantwortung des einzelnen Menschen, sich dem Anderssein des anderen Menschen zu stellen, um so sein persönliches Sein zu entdecken und zu verwirklichen.[8]

Seine ihm eigene Charakteristik (Haecceitas) verweist den Menschen aber nicht nur auf den Anderen, in dessen Anderssein sich das je Eigentümliche erhellt, sondern auch auf sich selbst in Einem, nämlich im Letzten auf sich selbst verwiesen zu sein. Dieses, letztlich auf sich selbst verwiesen zu sein, deutet Scotus als letzte Einsamkeit (ultima solitudo), weil der Mensch sich hier in diesem ureigenen Selbstsein nicht nur als Einzig sondern auch als allein erfährt.[9] Es gibt eben keinen Anderen der diesen Punkt der Einzigartigkeit teilt. In seinem So-sein ist der Mensch ganz auf sich selbst verwiesen. Eine Ahnung dieser letzten Einsamkeit macht wohl jeder Mensch, auch derjenige, der in einem guten Netz der Kommunikation mit den anderen Menschen lebt. Scotus fordert nun die Menschen auf, diesem Punkt einer letzten Einsamkeit nicht auszuweichen, denn nur dem in diesem Punkt Ausharrenden und Aushaltenden gelingt es, sich selbst in seiner Einzigartigkeit zu erfahren und zu erkennen, um diese dann wieder in der Begegnung mit dem Anderssein des Nächsten hervorzubringen. Darin liegt der ganze Reichtum des Menschseins, die je eigene Einzigartigkeit zur Bereicherung des Ganzen hervorzubringen.

Mehr noch wird dieser Punkt der letzten Einsamkeit zum Ort der Begegnung mit dem Schöpfer selbst, der in seiner Liebe diese Einzigkeit gewollt und angenommen hat. So erhält die letzte Einsamkeit eine theologische und spirituelle Bedeutung. In der letzten Einsamkeit erfährt der Mensch sich geradezu mit der Besonderheit seines So- und nicht Andersseins von Gott beschenkt. Er entdeckt den Reichtum seines eigenen Lebens, seiner Individualität, seines Personseins. Jetzt wird ihm dies zur

---

8 N. Hartmann: *Person und Sittlichkeit. Grundlegung einer Ethik verantworteter Selbstbejahung*, Mönchengladbach / Kevelaer 1994 (Veröffentlichungen der Johannes-Duns-Skotus-Akademie für franziskanische Geistesgeschichte und Spiritualität, 4).

9 Vgl. *Ordinatio* III, dist. 1, q. 1, n. 17.

ureigenen Aufgabe, dieses besondere Sosein im eigenen Leben hervorzubringen. Das Personsein und die Individualität sind so nicht einfach nur ontologisch und theologisch vorgegeben, sondern sind dem Menschen gleichsam aufgegeben. Wir können hier durchaus von einer Berufung des Menschen zu seinem ureigenen Sein als Mensch, Person und Individuum sprechen. Darin liegt nun die Verantwortlichkeit des Menschen, seine Einzigartigkeit in der Begegnung mit dem Anderen und darin, sich der letzten Einsamkeit zu stellen, sie zu erkennen, sie zu bejahen, als Gabe und Begabung anzunehmen und zur Bereicherung der ganzen Schöpfung im Leben hervorzubringen. Autonomie und Selbsterkenntnis führen den Menschen für Scotus so zum Selbststand, zu einem Selbstbewusstsein, zur liebenden Selbstachtung und zu einer zu respektierenden Unabhängigkeit. Gleichzeitig erfordert es eine verantwortete Selbstverwirklichung, um mit einem modernen Wort zu sprechen. Autonomie, Selbststand, Unabhängigkeit und Selbstverwirklichung der Individualität und der eigenen Person führen bei Scotus aber dennoch nicht zum Individualismus, zur Isolation und zum Rückzug in sich selbst. Autonomie und Selbststand und die daraus notwendig erforderliche Selbstverwirklichung des ureigenen Soseins sind sowohl in der Begegnung mit dem Andern als auch in der letzten Einsamkeit auf die Selbsttranszendenz hin angelegt. Denn erst in der respektvollen und würdevollen Begegnung mit dem Anderssein des Anderen erhält das eigene Sosein seine wahre bereichernde Bedeutung, und erst in der sich selbst bejahenden Begegnung mit dem ganz und vollkommen Anderen, Gott, in der letzten Einsamkeit, erfährt der Mensch sich ganzheitlich liebend angenommen und beschenkt. Die ureigene Individualität wird hier immer wieder zur dynamischen Hinwendung und Zuwendung auf den Anderen hin. Der Mensch ist folglich berufen, sich selbsterkennend, aus sich selbst herauszugehen und sein wahres Sein in der Beziehung zum anderen zu entfalten. Dazu verhelfen dem Menschen seine Vernunft, sein Wille und die damit verbundene Freiheit.

Die menschliche Vernunft, der Wille und die Freiheit

Der Mensch ist nun in besonderer Weise mit der Vernunft, dem Willen und der Möglichkeit zur Freiheit[10] ausgestattet. Die Vernunft ist die Fähigkeit der Erkenntnis, die es ermöglicht, die Wirklichkeit zu sehen und zu deuten. Der Wille ist die Fähigkeit etwas anzustreben, zu wollen und gleichzeitig die Möglichkeit, etwas auszuwählen, zu erwählen und anzu-

---

[10] Vgl. zur Freiheit: *Ordinatio* I, d. 38, p. 2 et 39, q. 1-5.

nehmen. Damit besitzt der Wille die Entscheidungsfähigkeit. Die Freiheit ist die Befähigung des Willens seine eigenen Möglichkeiten zu verwirklichen oder auch nicht.[11] Die Möglichkeit zu beginnen, das eigene Wollen in die Tat umzusetzen, zu beenden, oder aber die Möglichkeit das Gegenteil des eigenen Wollens zu tun. Die Freiheit ist die Befähigung des Willens, etwas mehr oder weniger intensiv zu verwirklichen oder aber auch etwas ganz anderes zu tun. Der freie Willen legt fest, was lohnenswert ist angestrebt, gekannt, verwirklicht und geliebt zu werden. Die Vernunft zeigt dem Willen die Wirklichkeit und der freie Wille erwählt, erstrebt oder aber weist das Angezeigte zurück.

Nach Scotus handelt der Wille entweder auf der Basis des Affektes der Nützlichkeit (affectio commodi) oder aber auf der Grundlage des Affektes der Gerechtigkeit (affectio iustitiae). Der Affekt der Nützlichkeit strebt dasjenige an, was dem Menschen als nutzbringend, tauglich, zweckmäßig und brauchbar erscheint. Im Mittelpunkt steht der Mensch selbst, seine Interessen und sein Eigennutz, dem das Angestrebte zu dienen hat. Scotus spricht hier vom eigennützigen Lieben (amor concupiscentiae). Der oder das Andere wird angestrebt, gewollt und geliebt, weil es in irgendeiner Form von Nutzen ist. Im Vordergrund steht folglich der Nutzen. Dagegen erstrebt der Wille auf der Grundlage des Affektes der Gerechtigkeit ein Objekt um dessen selbst willen. Der Wert, die Würde, das Gute des Objektes wird um seiner selbst willen angestrebt, gewollt und geliebt. Im Vordergrund steht nicht mehr der Nutzen, den etwas Angestrebtes bringt, sondern der oder das Andere wird um seiner selbst willen, so wie es sich zeigt und ergründet, angenommen und gewollt. Scotus spricht hier von der reinen Liebe (amor amicitiae), weil der wollende und strebende Mensch sich nicht mehr selbst in den Mittelpunkt stellt, sondern dem Anderen ohne Verzweckung Raum gibt.

Die Freiheit hat nun ihren Spielraum genau zwischen dem Affekt der Nützlichkeit und dem Affekt der Gerechtigkeit. Die Freiheit besteht wesentlich darin sich nicht den Affekten der Nützlichkeit auszuliefern oder gar zu unterwerfen, sondern diese auf die Affekte der Gerechtigkeit hin zu überwinden. Die Freiheit verhilft dazu, den oder das Andere nicht aus Eigennutz oder aus Selbstgefälligkeit heraus anzustreben und zu wollen, sondern allein auf Grund des Guten, das sich im Anderen zeigt. Das Wollen und Annehmen des Anderen um seiner selbst willen auf dem Boden der Frei-

---

[11] A. VOS / H. VELDHUIS / E. DEKKER / N. W. DEN BOK / A. J. BECK: *Freiheit und Kontingenz in der Ordinatio I 39 des Johannes Duns Scotus*, in: WiWei 61 (1998) 99-136; Jaime Rey ESCAPA: *El Concepto de Libertad en la Filosofía del Beato Juan Duns Escoto*, in: Laurentianum 44 (2003) 107-167.

heit ist für Scotus reiner Ausdruck wahrer Liebe. Die Liebe ist der freie Ausdruck des Willens, mit dem der Mensch ein Objekt um dessen eigenen Gutseins willen anstrebt und annimmt. Die Freiheit ist so die Hinneigung des durch die Vernunft belehrten Willens auf die rechte Liebe hin, um den oder das andere um seiner selbst willen zu suchen, zu lieben und gerade im Guten des Anderen sein Gefallen, seine Freude und seine Erfüllung zu finden.[12] Diese Freiheit besitzt der Mensch nun nicht automatisch, sondern sie muss in einer ethischen Ausrichtung des Lebens Tag für Tag neu errungen, geläutert und gepflegt werden, damit sie wachsen und zur Fülle reifen kann. Um der Liebe willen ist der Mensch zum Wachsen und Reifen in seiner Freiheit berufen. Die Vervollkommnung der Freiheitsfähigkeit des Menschen kann mit den natürlichen Begabungen des Menschen gefördert werden, erfordert aber um der menschlichen Ganzheitlichkeit willen sozusagen eine Verfeinerung in der Ausrichtung auf die Liebe Gottes. Da der Mensch nicht nur ein Lebewesen der biologischen Natur ist, sondern neben seiner Vernunftbegabung auch geist- und glaubensfähig ist, beschränkt sich die Freiheit nicht nur auf die Natur des Menschen, sondern wird in der Ausrichtung auf die spirituelle Dimension und im Streben nach der Liebe Gottes vollendet. Die Freiheit des Menschen verweist auf die Freiheit Gottes. In der liebenden Freiheit Gottes ist der Mensch ja gerade als Geschöpf um seiner selbst willen gewollt und angenommen und nicht, weil Gott irgendeinen Nutzen von der Existenz des Menschen hätte. Für Scotus ist deshalb die menschliche Freiheit in geradezu radikaler Weise auf die Freiheit Gottes verwiesen. Die menschliche Freiheit und damit die Möglichkeit, sein Leben und seine Existenz liebend zu verwirklichen, hängt für Scotus ganz von der Freiheit Gottes ab. Hier entdeckt Scotus das wirkliche Geheimnis der Person Mensch. Die Erkenntnis, die eigene Herkunft der liebenden Freiheit Gottes zu verdanken, erschließt dem Menschen sein wahres Sein und seine Berufung, sich in der Teilnahme an dieser liebenden Freiheit zu verwirklichen. Der Mensch wird mehr und mehr er selbst in seinem ureigenen Sosein, je mehr er sich in liebender Freiheit auf den Anderen, den ganz Anderen, Gott, hin ausrichtet und sich so selbst in seiner Eigenart als vom Anderen her geschenkt erfährt. Diese Ausrichtung auf Gott hin verweist uns auf den Glauben des Menschen und die Offenbarung Gottes.

---

12 Vgl. *Ordinatio* I, d. 8, n. 72.

Die Offenbarung Gottes und der Glaube des Menschen

Zur Natur des Menschen gehört, nach Scotus, seine Vernunft, aber auch seine Geist- und Glaubensfähigkeit. Mit der Vernunft erfasst und begreift der Mensch die natürlichen Dinge, die der Natur entsprechenden Dinge der Schöpfung. Mit seiner Geist- und Glaubensfähigkeit besitzt der Mensch eine natürliche Begabung, übernatürliche Dinge auf natürliche Art und Weise zu erkennen und zu verstehen. Die Geist- und Glaubensfähigkeit ist folglich eine der Natur des Menschen entsprechende Begabung. Sie gehört neben der Vernunft auf natürliche Weise zu seiner Ganzheitlichkeit. Auf Grund dieser Geist- und Glaubensbegabung besitzt der Mensch einen natürlichen Hang, eine seiner Natur entsprechende Ausrichtung auf das Übernatürliche, Göttliche, hin. Diesem natürlichen Streben des Menschen auf das Übernatürliche hin kommt Gott mit seiner Offenbarung entgegen.[13] Denn auch wenn der Mensch mit seiner Geist- und Glaubensfähigkeit begabt ist, das erstrebte Göttliche zu erfassen und zu verstehen, so bleibt es ihm doch fremd als das ganz Andere, das seiner eigenen Endlichkeit (Kontingenz) nicht Entsprechende. Es bedarf also der freien und willentlichen Öffnung des ganz Anderen, Gottes, auf den Menschen hin. Diese freie und willentliche Öffnung Gottes auf den Menschen hin ereignet sich nun in der Offenbarung.[14] Gott gibt sich in seinem Sosein dem Menschen so zu erkennen, dass dieser es mit seinen natürlichen Fähigkeiten der Vernunft, der Geist- und Glaubensbegabung erfassen und verstehen kann. Auch diese Selbstoffenbarung Gottes ereignet sich nach Gottes freiem Willen und aus Liebe, da Gott sich dem Menschen ganz um dessentwillen offenbart und nicht weil Gott irgendeinen Nutzen daraus ziehen wollte. Gott offenbart dem Menschen alles, was dieser um seinetwillen und der Liebe willen nötig hat. Grundlage der Offenbarung ist die Schrift und damit das fleischgewordene Wort Gottes, Jesus Christus. Von dieser Offenbarung hat Scotus nun eine dynamische Vorstellung. Auch wenn sich die Offenbarung im historischen Gott-Menschen Jesus Christus vollendete und erfüllte, ist sie dennoch nicht mit einem statischen Wahrheitsbegriff zu verwechseln. Für Scotus trifft die Offenbarung, die in Jesus Christus ihren nicht überschreitbaren Höhepunkt erreicht hat, in jedem Menschen auf dessen Eigenart, auf dessen Kultur und Geschichte. Die Offenbarung will also immer wieder von der je eigenen Art, Kultur und Geschichte aus gehört, verstanden und interpretiert werden. Es besteht

---

[13] J. FINKENZELLER: *Offenbarung und Theologie nach der Lehre des Johannes Duns Skotus. Eine historische und systematische Untersuchung*, Münster 1961 (BGPhMA, XXXVIII, 5).

[14] Vgl. *Ordinatio* Prol., pars I, q. unic.

folglich eine dynamische Interaktion zwischen der Offenbarung und der Eigenart, Kultur und Geschichte des Menschen. Diese Dynamik bringt jeweils keine neue Wahrheit hervor, sondern bringt den ganzen Reichtum und Tiefgang der einzigen Wahrheit, die in Jesus Christus Fleisch annahm, je neu ins Leben der Menschen und in die Geschichte der Schöpfung. Jeder Mensch mit seiner Eigenart, Kultur und Geschichte bringt im Hören auf und im Leben nach der Offenbarung sozusagen wieder auf ganz eigene Art und Weise, persönlich, einen Aspekt des ganzen Reichtums der Offenbarung zum Leben. Der ganze Reichtum der einzigen Offenbarung kommt gerade durch diese Interaktion ans Licht. Scotus ist der Meinung, dass sich der ganze Reichtum der einzigen Offenbarung dynamisch und in einem historischen Prozess immer tiefer zeigt und erschließt. Um den ganzen Reichtum der Schrift ans Licht zu bringen, sind deshalb alle Menschen aller Zeiten zur Offenbarung, und damit zur Person des Gottessohnes, in eine Beziehung gesetzt. Eine Einschränkung dieser Begegnung mit der Offenbarung auf einen Menschen oder auf einen bestimmten Kreis von Menschen würde das Hervorbringen des ganzen Reichtums der Offenbarung verhindern. Deshalb ist für Scotus auch die ganze Kirche, in allen ihren Gliedern, und nicht nur der Papst und der Klerus, Hörer und Interpret der Offenbarung.

Die Begegnung mit der Offenbarung Gottes ist nun nicht eine von der Natur des Menschen ermöglichte zusätzliche Gabe, die der Mensch ergreifen kann oder auch nicht. Ohne die Begegnung mit der Offenbarung bliebe der Mensch nämlich in seiner Ganzheitlichkeit unvollendet. Für den Menschen in seiner Begrenztheit (Kontingenz) besteht eine gewisse Notwendigkeit, sich der Offenbarung zu stellen, um so sein ganzes Menschsein erkennen und leben zu können. Trotz dieser Erfordernis bleibt der Mensch auch gegenüber der Offenbarung frei. Scotus unterscheidet nämlich verschiedene Verhaltensweisen des Menschen gegenüber der Offenbarung, die dieser frei ausübt.

Der Mensch kann erstens willentlich keine Notiz von der Offenbarung nehmen und sich ihr verweigern. Zweitens kann er von der Offenbarung Notiz nehmen, verbleibt ihr gegenüber aber willentlich in Distanz und sie gewinnt keine Bedeutung für sein Leben. Drittens kann der Mensch sich aber im Glauben willentlich der Offenbarung öffnen und sie in sein Leben und seine Existenz auf- und annehmen. Die Aufnahme der Offenbarung wird gleichzeitig zur frei gewollten und liebenden Annahme des fleischgewordenen Wortes, Jesus Christus. In dieser Beziehung wird der Mensch dann ganz Mensch in seinem ureignen Sosein.

Der Jetztstand des Menschen

Die Begegnung mit der Offenbarung ereignet sich im Jetztstand des Menschen. Mit dem Jetztstand (Status iste) beschreibt Scotus die aktuelle Situation, in der der Mensch sich befindet.[15] Dabei muss sich der Mensch bewusst machen, dass er ein Pilger und Fremdling auf dem Weg ist. Er ist als Sünder unterwegs, um seine göttliche Berufung, ein Abbild Gottes zu sein, zu verwirklichen. Die göttliche Offenbarung hilft ihm dabei, seine auf das Übernatürliche ausgerichteten Möglichkeiten zu nutzen. Wegen seiner Sünde gelangt der Mensch nicht mehr allein aus eigener Kraft zur Erkenntnis seines übernatürlichen Lebenszieles. So hat er die göttliche Offenbarung als Hilfestellung nötig. Angesichts der Offenbarung bleiben dem Menschen in seiner Freiheit jene oben dargestellten drei Möglichkeiten. In seiner Bedeutung ähnelt der Jetztstand dem Pilgerweg oder dem Itinerarium der franziskanischen Tradition. Auf diesem Pilgerweg lebt der Mensch aus der Hoffnung auf die göttliche Erlösung und in einer eschatologischen Ausrichtung. Die Sünde hat da nichts Wesentliches verändert. Der Mensch hat seine Würde und seine Bestimmung durch sie nicht verloren. Er hat nur seine ursprüngliche und seiner Natur entsprechende Fähigkeit verloren, die Geheimnisse der Schöpfung und des Glaubens zu verstehen. Deswegen bedarf er jetzt der Gnade. Es bleibt ihm die Verantwortung, sich mit Gottes Hilfe und der ganzen Schöpfung auf den Weg zu machen, um Gott zu loben.

Die Bestimmung des Menschen

Zusammen mit der ganzen Schöpfung hat der Mensch den natürlichen Wunsch und den Hunger, die Tendenz auf die eigene Vollendung, auf das Unendliche hin erhalten.[16] Im Letzten kann nach Scotus nur Gottes Liebe diese Sehnsucht stillen.[17] Dem Menschen ist nun gerade deshalb die Vernunft und der mit den Affekten verbundene Wille gegeben, um damit Gott zu erkennen und ihn in der Liebe auch zu besitzen. Die Kräfte der Vernunft und des Willens haben daher eine natürliche Tendenz, auf das Übernatürliche und das Unendliche hinzustreben, um dort die wahre Erfüllung zu finden. Scotus deutet dies als den natürlichen Wunsch des Menschen, der ihn auf die Seligkeit ausrichtet. Jedoch hat der Mensch nicht die eigene Kraft, diese Bestimmung in der Seligkeit zu erreichen, da

---

[15] Vgl. FREYER: *Homo Viator* (wie Anm. 1), 291-295. Vgl. *Ordinatio* dis. 3, pars 1, q. 3.

[16] Vgl. FREYER: *Homo Viator,* 160-162.

[17] Vgl. *Ordinatio* I, d. 48, q. unic., n. 5.

er durch die Sünde geschwächt ist. Um dennoch diesen Wunsch nach Seligkeit zu verwirklichen, kommt Gott dem Menschen mit dem Geschenk seiner Gnade entgegen. Die Gnade Gottes wird nicht durch eine menschliche Leistung erwirkt, sondern ist ganz aus dem freien Willen Gottes heraus umsonst, also ohne Gegenleistung, geschenkt. Mit Hilfe der Offenbarung und eben dieser Gnadengabe kann der Mensch nun sein „Itinerarium" des Lebens auf das ewige Ziel hin fortsetzen und er erreicht seine Bestimmung in der Seligkeit. In der von Gott her geschenkten Seligkeit kann der Mensch dann seine Sehnsucht stillen und seine Wünsche werden ganzheitlich erfüllt durch den Gebrauch des Verstandes und des Willens, mit denen Gott erkannt und geliebt wird. Erkenntnis und Liebe Gottes sind die vollendete Erfüllung der menschlichen Sehnsucht. Da sich die Wünsche des Menschen in der vollen Erkenntnis und Liebe Gottes erfüllen, spricht Scotus von der Bestimmung des Menschen zur Freundschaft mit Gott. Volle Erkenntnis und erfüllte Liebe sind die unverkennbaren Zeichen dieser Freundschaft des Menschen mit Gott, zu der der Mensch von Anfang an bestimmt und berufen ist.

17. Person zwischen Natur und Gnade

Zu Duns Scotus' Verständnis der Person im Prolog der *Ordinatio*

Henri Veldhuis

I

Frage: „Zur Diskussion steht, ob es für den Menschen im gegenwärtigen Zustand notwendig ist, dass ihm eine besondere Lehre auf übernatürliche Weise eingegeben wird, da er sie sich nicht durch das Licht des natürlichen Verstandes aneignen kann." (§ 1)

Nach Meinung der Philosophen wäre diese Frage negativ zu beantworten, da: „Jedem natürlichen passiven Vermögen entspricht ein aktives natürliches Vermögen. Wenn andernfalls ein passives Vermögen durch Nichts in der Natur in den Akt überführt werden könnte, wäre es zwecklos." (§ 7)

Duns Scotus beantwortet diese Frage positiv: „Die Theologen hingegen anerkennen den Mangel der Natur einerseits und die Notwendigkeit der Gnade und die übernatürliche Vervollkommnung andererseits" (§ 5) *und* „Der Mensch kann aufgrund seiner natürlichen Kräfte sein Ziel nicht distinkt erkennen" (§ 13) *und* „Gewiss ist Gott das natürliche Ziel des Menschen, aber dieses Ziel kann nicht auf natürliche sondern nur auf übernatürliche Weise erreicht werden." (§ 32)

II

1. Die Kontroverse

Johannes Duns Scotus eröffnet den Prolog seiner *Ordinatio* mit der Grundfrage, ob wir im gegenwärtigen Zustand („pro statu isto") auf Offenbarung angewiesen sind. Bedürfen wir der Offenbarung Gottes oder ist für uns die mit eigenem Verstand einholbare Erkenntnis hinreichend?

Für Duns Scotus gab es einen neuen und akuten Anlass, die christliche Offenbarungslehre und Anthropologie aufs Neue zu erörtern, denn die Wiederentdeckung und der wachsende Einfluss der aristotelischen Philosophie und Logik hatten zu neuen Auffassungen geführt, die nach Scotus' fester Überzeugung die christliche Theologie ernsthaft bedrohten.

Kernpunkte dieses Aristotelismus hatte die Kirche bereits 1270 und 1277 mit den berühmten Verurteilungen aristotelischer Thesen durch Bischof Étienne Tempier verworfen. Solche Verurteilungen sind an sich freilich nicht hinreichend. Sie bilden nicht das abschließende Ergebnis einer Diskussion, die an ihr Ende gekommen ist, sondern formulieren vielmehr die Hausaufgaben für eine neue theologische Generation.

In seinem Prolog zur *Ordinatio* widmet sich Duns Scotus entschieden dieser Hausaufgabe. In diesem Zusammenhang spricht er von einer fundamentalen 'Kontroverse' („controversia“) zwischen Philosophen und Theologen, nämlich einerseits Philosophen wie Averroes und Avicenna, die sich in den Bahnen des Aristoteles bewegen, und andererseits Theologen auf der Linie des Augustinus und der klassischen Kirchenlehre. Diese Kontroverse darf nach der Meinung des Scotus nicht unentschieden bleiben.

Ein Hauptanliegen des aufkommenden Aristotelismus war die Einführung des antiken Naturbegriffs, was auch zu einer neuen Sicht des Verhältnisses von Natur und Gnade führte. Für die patristische und augustinisch-mittelalterliche Theologie hingegen war die menschliche Natur hinsichtlich Gottes und seiner Gnade weder neutral noch autonom.

In dieser Traditionslinie ruht der Mensch in Gottes schöpferischem und bewahrendem Handeln und ist mit einer teleologischen Ausrichtung auf Gott erschaffen, die nur durch die Gnade zu ihrer Bestimmung gelangen kann. Gott hat mit seinem Schöpfungsakt in den Menschen ein natürliches Verlangen auf Gnade gelegt, das nur durch die Gnade selbst erfüllt werden kann. Dem Menschen ist somit eine übernatürliche Finalität zueigen, die die menschliche Natur übersteigt und nur durch die übernatürliche Gnade zu ihrem Ziel kommen kann.

Diese christliche Sichtweise in Bezug auf den Menschen gerät ab dem dreizehnten Jahrhundert in eine tiefgreifende Krise, die in der Renaissance und Aufklärung zum Durchbruch kommen sollte. Eine neue Wirklichkeitsauffassung entsteht, die dazu führt, dass die Natur zunehmend als ein eigenständiger und autonomer Unterbau der Gnade gesehen wird. Die Finalität der Natur ist nicht mehr auf die transzendente Gnade ausgerichtet, sondern krümmt sich gleichsam zurück auf sich selbst. Statt übernatürlicher Erfüllung des natürlichen und eingeschaffenen Verlangens wird die Gnade zu einer hinzukommenden Gabe, einer göttlichen Zugabe, die gleichsam als ein zweites Stockwerk auf dem Unterbau des natürlichen Glücks, das der Mensch selbstständig realisieren kann, ruht.

Aus dieser zu einem Dualismus von Natur und Übernatur führenden Entwicklung zieht die Aufklärungsphilosophie eine letzte und unvermeidbare Folgerung: Die hinzukommende Gnade der Übernatur wird schlussendlich als ein überflüssiger Überbau gesehen, als eine Hypothese, die für die immanente Integrität des Unterbaus nicht mehr nötig ist.

2. Der frustrierte Mensch

Ein Kernbegriff in der aristotelischen Philosophie ist der Potenzbegriff. Möglichkeiten oder Vermögen sind nur dann real, wenn sie sich auch tatsächlich realisieren. Im Licht dieser aristotelischen Auffassung ist die christliche Sicht paradoxal und unmöglich, nämlich die Sicht, wonach der menschlichen Natur eine Finalität zueigen ist, die sich nicht aus ihrem eigenen Wesen heraus realisieren kann. Sind einer Natur, und auch der menschlichen Natur, Vermögen zueigen, dann werden sie nach aristotelischer Auffassung notwendigerweise realisiert, und zudem realisieren sie sich aus dieser Natur heraus.

Scotus bespricht ausführlich das aristotelische Adagium, dass jedem natürlichen passiven Vermögen ein natürliches aktives Vermögen, vom dem das passive Vermögen realisiert wird, entspricht. Ansonsten würde der Mensch vergeblich nach seinem höchsten Ziel streben, oder, wie es im Lateinischen heißt: Seine Vermögen blieben 'frustra'. Kurzum: der Mensch, der sein Vermögen oder Verlangen nicht selbst zur Erfüllung bringen kann, ist ein 'frustrierter' Mensch. Im Erleben aristotelischer Philosophen würde dies jedoch bedeuten, dass die menschliche Natur einen großen Defekt erleidet, einen 'defectum naturae', einen Mangel, der im Hinblick auf die Würde des Menschen nur schwer akzeptiert werden könne.

Nach Duns Scotus und der von ihm repräsentierten augustinisch-franziskanischen Tradition jedenfalls ist das Gegenteil der Fall. Für ihn liegt gerade in diesem menschlichen Manko und 'defectum' der Anknüpfungspunkt für das Glück des Menschen: gerade in dem frustrierten Verlangen des Menschen, gerade in seiner exzentrischen Natur ist die Offenheit für die höchste Seligkeit situiert. Der Kernpunkt der Theologie und Anthropologie des Scotus ist die Überzeugung, dass unsere Würde und unser Glück genau in der Erfahrung liegen, dass diese Würde in Freiheit, nämlich als Gnade, uns von einem Anderen – von Gott selbst – geschenkt ist.

Der Kern unseres Glücks befindet sich im gläubigen Bewusstsein, dass wir in Freiheit von Gott gewollt sind, dass er uns in Freiheit das Glück gönnt und schenkt, und dass der Ursprung unserer Existenz und unserer Erlösung als eine unerwartete Überraschung unser eigenes Wissen und Können übersteigt. Gerade darin, dass wir unser eigenes Verlangen nicht realisieren und erfüllen können, und dass es dennoch von Gott selbst überraschend und befreiend erfüllt wird – gerade darin liegt der Kern der Gnade und des Glücks.

Analog, so können wir sagen, verhält es sich mit der Erfahrung von zwischenmenschlicher Liebe und gemeinsamen Glück. Zwar vermögen wir, nach der Liebe eines anderen Menschen zu verlangen und zu streben, aber wir können sie nicht erzwingen; wir können dieses Verlangen nicht selbst zur Erfüllung bringen. Wenn ein anderer Mensch mich liebt, so ist das immer ein Geschenk, dass der andere mir als eine Tat der Freiheit gibt.

3. Gottes Humanität

Es bleibt aber noch einen aristotelischen Einwand gegen das christliche Menschenbild des Duns. Ist nämlich der Mensch von Gottes übernatürlicher Gnade abhängig, sind wir dann etwa auf eine geistliche Wirklichkeit angewiesen, die unserer Natur fremd ist und eigentlich nicht zu ihr passt? Das würde eigentlich bedeuten, dass die Gnade unserer Natur Gewalt zufügt und sich gegen Gottes eigene Schöpfung wendet.

Seit Renaissance und Humanismus sollte dieser Vorwurf an die Adresse des Christentums immer lauter werden: die christliche Gnade und Offenbarung bildeten einen Überbau, der das natürliche Leben begrenze, einzwänge und überfremde. Dieser Überbau erhebe Besitzansprüche auf die Natur, von denen wir uns erst befreien müssten, bevor eine natürliche Entfaltung und Humanität erst wirklich möglich werden könnte.

Auch auf diesen Einwand geht Duns Scotus mit klarer Analyse gründlich ein. Beim Begriff 'übernatürliches Verlangen' muss, so Duns, unterschieden werden zwischen *zwei* Ursachen ('causae'), die dieses Verlangen erfüllen können. Seitens des Menschen handelt es sich um die 'causa' des Verlangens selbst, das zu seiner Natur gehört. In diesem Sinne ist das Verlangen nach transzendenter Gnade und Liebe ein *natürliches*, sofern es nämlich ein integraler und wesentlicher Teil seiner geschöpflichen Natur ist.

Die Erfüllung dieses natürlichen Verlangens geschieht jedoch allein durch Gott, der übernatürlichen 'causa', die sich außerhalb unseres natürlichen Bereichs befindet. Aufgrund dieser zweiten 'causa' bezeichnen wir das Verlangen als *übernatürlich*. Oder, wie Duns auf unübertroffene Weise definiert: „Gott ist zwar natürliches Ziel des Menschen, er ist aber nicht auf natürliche, sondern auf übernatürliche Weise zu erreichen." (§ 32)

Schließlich (§§ 63-65) nennt Duns noch einen zweiten wichtigen Grund, weshalb unser Gottesverlangen als *übernatürlich* bezeichnet werden muss. Das höchste Ziel unseres Verlangens liegt darin, Gott und sein trinitarisches Wesen zu kennen und zu lieben. Gott ist deshalb nicht nur das offenbarende Subjekt, die 'causa', die uns dieses Erkennen und Lieben schenkt, sondern er ist selbst auch das Objekt und der *Inhalt* dieses Erkennens und Liebens.

Unser übernatürliches Verlangen ist somit in doppelter Hinsicht übernatürlich, weil wir auf Gottes Offenbarung ausgerichtet und angewiesen sind als auf seine *Selbst*-Offenbarung. In dieser Selbstoffenbarung der höchstmöglichen Person macht Gott uns mehr und mehr zur Person. Gott bringt unser tiefstes übernatürliches Verlangen zur Erfüllung durch Selbstoffenbarung, indem er sich selbst in Jesus Christus zu erkennen gibt. In dieser Selbstoffenbarung, in der Gott bis zum Äußersten geht, lernen wir auch uns selbst zutiefst kennen. Unsere Natur, unser natürliches Verlangen und deren Verderben entdecken wir erst richtig im Licht der Übernatur. Wir werden uns unseres fundamentalsten Durstes bewusst, wenn wir vom lebendigen Wasser trinken.

III

QQ: Johannes Duns Scotus, *Ordinatio*, Prologus, Quaestio unica, Pars prima, §§ 1-94, in: *Opera Omnia*, I, C. BALIC (ed.), Civitas Vaticana 1950, 1-58.

Lit.: H. VELDHUIS: *Ein versiegeltes Buch. Der Naturbegriff in der Theologie J. G. Hamanns (1730-1788),* Berlin / New York 1994 (Theologische Bibliothek Töpelmann, 65) 7-32 (über die Entwicklung des Naturbegriffs von der Patristik bis zur Aufklärung); A. WOLTER: *Duns Scotus on the Natural desire for the Supernatural*, in: The New Scholasticism 23 (1949) 281-317.

18. Gnadenlehre

„Der sündige Mensch vor der göttlichen Gnade“

Maria Burger

I

Kann der freie Wille des Menschen ohne Gnade jede Todsünde vermeiden?

[21] Auf die Frage kann gesagt werden, dass Sünde einerseits angenommen werden kann für den missgestalteten vollzogenen Akt (*actus elicitus*) selbst, wenn man von der Begehungssünde (*peccatum commissionis*) spricht, – andererseits für den Schandfleck, der nach dem vollzogenen Akt zurückbleibt (oder für den verbleibenden verschuldeten Zustand), bis die Sünde durch die Buße getilgt worden wäre.

[22] Die zweite Form betreffend sage ich, dass der freie Wille (*liberum arbitrium*) aus sich im gegenwärtigen, irdischen Zustand nicht jede Todsünde vermeiden kann, weil die Seele ohne die Gnade durch eine jede Sünde befleckt wird (sei es die Erbsünde, sei es die aktuelle), von der sie nur durch die Gnade befreit wird.

[23] Wenn man aber fragen wollte, ob dies aufgrund der unmittelbaren Entgegensetzung von Schuld und Gnade ist, so sage ich, dass dies nicht der Fall ist. Diese waren nämlich nicht unmittelbar entgegengesetzt, was den paradiesischen Zustand der Unschuld anbelangt. (Sonst könnte jemand im reinen Naturzustand ohne Gnade wie auch ohne Schuld gewesen sein; folglich sind sie in keiner Weise unmittelbar entgegengesetzt.) – Sie sind es aber auch nicht durch Vergleich mit dem Vermögen des Ausführenden, weil in der Weise, wie Gott den Willen schaffen konnte, er diesen auch wiederherstellen kann, nachdem er gesündigt hat; dies aber nur aus jenem allgemeinen Gesetz heraus, durch das auf keine Weise die Feindschaft erlassen wird, es sei denn aus dem Sünder wird nicht nur ein Nicht-Feind, sondern sogar ein Freund, von Gott angenommen durch die den Menschen vor Gott wohlgefällig machende Gnade.

[24] Wenn man einwenden wollte, auf welche Weise Gott denn die Schuld nachlassen könne, ohne die Gnade zu geben (es scheint nämlich eine Veränderung in Gott stattzufinden, wenn sie nicht im Gerechtfertigten selbst angenommen wird), so gibt es zwei Antworten:

[25] Die erste Sündenart, nämlich die Begehungssünde betreffend, – schlage nach bei Heinrich von Gent, Quodlibet 5, Frage 21 [tatsächlich ist es Frage 20] in der Lösung.

[26] Und diese Auffassung kann bestätigt werden dadurch, dass jenes Gebot „Du sollst den Herrn, deinen Gott, lieben usf." das erste Gebot ist, von dem das ganze Gesetz und die Propheten abhängig sind (vgl. Mt 22,37-40). Der Wille aber strebt danach, die Verwirklichung dieses Gebotes einmal zu vollbringen, so dass es dauerhaft ein Ausbleiben der Verwirklichung dieses Gebotes nicht geben kann ohne Todsünde. Wann immer aber der Wille die Verwirklichung dieses Gebotes verfolgt (wenn auch ungestalt), bereitet er sich dazu, der gottgefällig machenden Gnade geziemend zu sein, – mit dieser konfrontiert wird er sie entweder zurückweisen und tödlich sündigen, oder mit ihr übereinstimmen und gerechtfertigt sein. – Nicht weil der freie Wille im absoluten Sinne unvermögend ist, beantwortet diese Meinung [Heinrichs von Gent] die Frage negativ [ob es nämlich nicht die Häresie des Pelagius sei, dass der freie Wille ohne Gnade hinreichend sei], sondern insofern diese Unvermögendheit des Willens im Vergleich mit Gott besteht, der frei Gnade gewährt, wenn der freie Wille irgendwie gut veranlagt ist.

(Ordinatio II d.28 q. un. nn.21-26 [Ed. Vat. VIII pp. 300-302]. Übersetzung von Maria Burger).

II

Der Begriff Gnade bezeichnet theologisch die Zuwendung Gottes zum Menschen in der Heilsgeschichte. Die Reflexion in der lateinischen Tradition fokussiert darauf, dass der Mensch sich durch die Erbsünde von Gott entfernt hat und durch die Gnade von der Sünde befreit werden muss. In Auseinandersetzung mit Pelagius verweist Augustinus auf die Unfähigkeit des Menschen zum Guten; die Gnade muss den Menschen als innere Kraft ergreifen, um ihn zur Freiheit und Liebe zu befähigen. Nach augustinischer Tradition war der Mensch im Urstand mit einer natürlichen Ausrichtung auf Gott ausgestattet, die aus seiner Geschöpflichkeit resultierte. Da er diese nun durch die Sünde Adams verloren hat, kann er sie nicht durch Werke zurück erwerben, sondern sie muss ihm von Gott neu eingegeben werden. So bezeichnete auch Anselm von Canterbury, auf den sich Duns Scotus in seiner Erbsündenlehre vor allem beruft, die Urstandsgnade, also jene Gnade, die dem Menschen vor dem Sündenfall von Gott her zukam, noch als 'natürlich'. Im Unterschied zu Augustinus beschreibt er die Erbsünde jedoch nicht als fleischliche Begierde, sondern als das Fehlen der (geschuldeten) Urstandsgerechtigkeit.

Unter Zugrundelegen der aristotelischen Lehre vom Menschen, wie Scotus sie voraussetzt, übersteigt eine solche gnadenhafte Anlage jedoch die natürlichen Fähigkeiten des Menschen, die seine vegetativen, sinnlichen und geistigen Vermögen umfassen. Aus dieser Perspektive musste die Fähigkeit, sich auf Gott hin auszurichten, dem Menschen auch in seinem reinen Naturzustand vor dem Sündenfall auf übernatürliche Weise von Gott her verliehen werden. Gnade wird von Scotus somit als übernatürlicher *habitus* verstanden. Dieser auf die aristotelische Kategorienlehre zurückgehende Begriff bezeichnet eine Beschaffenheit, d.h. eine Disposition. Bezogen auf das moralische Sein des Menschen werden darunter die Tugenden gefasst. Diese aber kann der Mensch mit seinem natürlichen sittlichen Vermögen erwerben und vervollkommnen. Die Gnade dagegen ist eine geschaffene Qualität, die der Mensch von Gott geschenkt erhalten kann, nicht aber aus eigener Kraft erwirbt.

Welche Bedeutung kommt der Gnade konkret im Leben des Menschen zu? Eine Grundfrage lautet von Augustinus ausgehend, ob der freie Wille des Menschen hinreiche, um die Sünde zu vermeiden, oder ob der Mensch der göttlichen Gnade bedürfe. Anders formuliert heißt die Frage bei Scotus: Sind der natürliche (*actus naturalis*) Liebesakt und der verdienstliche (*actus meritoriae*) von derselben Art?[1] Scotus kommt zu dem Ergebnis, dass sie sich der Art nach nicht unterscheiden, sondern dass die verdienstliche, gnadenhaft gewirkte Liebe eine Überhöhung der natürlichen ist. Durch die Verdienstlichkeit entsteht ein neuer Bezug, nämlich die Relation der jeweiligen Handlung zum annehmenden göttlichen Willen und eine Relation zum ausstehenden Lohn. Diese Verbindung ist jedoch von Gott frei gewollt. Weil Gott sich die Selbstverpflichtung auferlegt hat, die in der von ihm verliehenen Gnade gewirkten Liebesakte als verdienstlich anzunehmen, erfolgt die Akzeptation in dieser Weise. Daher sind die einzelnen Willensakte der Art nach nicht verschieden. Wille und Gnade wirken im verdienstlichen Handeln teilursächlich zusammen.[2] Das bedeutet, das beide auf das gleiche Ziel gerichtet sind. Sie bedingen sich nicht gegenseitig, dennoch ist die eine Ursache als vollkommener und vorrangig gegenüber der anderen anzusehen. Zwar kommt dem Willen im Menschen grundsätzlich der Vorrang zu. Er könnte auch ohne die Beschaffenheit (*habitus*) der Gnade handeln. Hier wird von Scotus aber eine theo-

---

1 Vgl. *Quodl.* q.17.

2 Vgl. *Ord.* I d.17.

retische Lösung berührt, denn im realen Leben und Handeln des Menschen kommt der Wille allein nicht zur Verdienstlichkeit. Die Gnade ist die dem Menschen eingegebene Liebe. Durch sie wirkt der Heilige Geist auf den Willen des Menschen, so dass dieser verdienstliche Akte hervorzubringen vermag. Gnade ist die Beschaffenheit, die dem Menschen mitgeteilt wird, um Gott verdienstlich lieben zu können. Sie ist das, was die natürliche Beschaffenheit geneigt zum Handeln macht und Vervollkommnung erwirkt. Gnade ist somit aktive Teilursache der Handlung. Kommt von seiten des Menschen betrachtet dem Willen die primäre Stellung zu, so ist von seiten Gottes her gesehen die Gnade der Grund, warum eine Handlung als verdienstlich angenommen wird. Die Verdienstlichkeit ist vor allem die Relation zum göttlichen Willen, der den Akt anzunehmen bereit ist.

In dem oben angeführten Text geht es nun in negativer Fassung um die Frage, ob der Mensch aus freiem Willen ohne Gnade die Todsünde vermeiden kann. Lässt sich die lässliche Sünde durch gute Handlung ausgleichen, so muss der entscheidende Fragepunkt die Todsünde sein. Mit den Kirchenvätern definiert Scotus die Todsünde als Überschreiten einer göttlichen Vorschrift; denn Gott wird nichts gebieten, was dem Menschen unmöglich ist. Er führt zunächst Belege an, die eine positive Antwort auf die Frage zu erlauben scheinen. Der Kern dieser Argumentation liegt darin, dass der Mensch nicht in einer Sache sündigen kann, die er nicht vermeiden könnte; die Sünde geschieht somit aus freiem Willen. Dann aber muss der freie Wille auch in der Lage sein, sie zu vermeiden, und zwar aus eigenen Vermögen ohne die Hilfe der Gnade. Im Kontext der Fragestellung geht es Scotus immer schon um den Menschen nach dem Sündenfall und somit im Zustand der Erbsünde. Zum anderen sollen die Gebote Gottes aus dem Geist der Liebe erfüllt werden.

Scotus unterscheidet in seinen Ausführungen zwischen der sündigen Tat als solcher und dem sündigen Zustand, in dem der Mensch verbleibt. Er beschreibt zunächst diesen Zustand. Diesen kann der freie Wille nicht vermeiden, weil der Mensch sich ohne die göttliche Gnade immer im Zustand der Sündhaftigkeit, sei es der Erbsünde, sei es der aktuellen Sünde, befindet. Dies sei allerdings nicht der unmittelbaren Entgegensetzung von Gnade und Schuld zuzuschreiben. Gott hätte den Menschen im reinen Naturzustand sowohl ohne Gnade wie auch ohne Schuld erschaffen können. Doch tatsächlich bestehen aufgrund des geordneten göttlichen Wollens Schuld und Gnade immer miteinander. Scotus geht davon aus, dass auch im Urzustand der Mensch zu unmäßigem Gebrauch seiner Sinnlichkeit geneigt hätte, dass er also Schuld auf sich geladen hätte, wäre er nicht mit der göttlichen Gnade als übernatürlicher Gabe ausgestattet gewesen. Dass Gott aber den durch Schuld zum Feind gewordenen Menschen wieder zum Freund macht, ist in dem Gesetz begründet, dass Gott den Menschen durch die Gnade wieder wohlgefällig machen will.

Für den Einwand, wie Gott denn die Schuld erlassen könne, wenn er keine Gnade gebe, wird auf eine zweifache Antwort verwiesen, die aber an dieser Stelle im Text nicht steht. Tatsächlich führt Scotus das Thema an anderer Stelle, nämlich in der Sakramentenlehre aus.[3] Dort geht es um die Buße. Durch die aktuelle Sünde wird eine Relation zwischen Sünder und Strafe im göttlichen Erkennen hergestellt. Durch die Buße vermag der Mensch die Gnade nach dem Sündenfall wiederherzustellen, indem er sich freiwillig unter die Strafe Gottes stellt. Tatsächlich handelt es sich dabei aber um zwei Vorgänge. In der göttlichen Absichtsordnung steht an erster Stelle der Wille, dem Menschen die Gnade einzugeben. In der konkreten Ausführung geht jedoch der Strafnachlass als Aufhebung der Relation des Sünders auf die Strafe voraus. Diese Rangfolge ist im göttlichen Willen gegeben. So sind Schulderlass und Gnadengabe voneinander zu unterscheiden. Zugleich sind sie nicht natürlich einander entgegengesetzt, sondern nur durch göttliche Verfügung.

Scotus wendet sich nun der ersten eingangs genannten Sündenform, der sündigen Tat zu. Überraschend knapp verweist er hier auf die Argumentation Heinrichs von Gent (1217-1293). Heinrich zählt zu jenen Denkern, mit deren Thesen sich Scotus häufig auseinandersetzt, um gerade dadurch seine eigene Position schärfer zu formulieren. Während Scotus in seiner frühen Fassung des Sentenzenkommentars, in der Lectura, die Argumentation Heinrichs mit eigenen Worten wiedergibt, werden wir hier nur auf die Quelle verwiesen, die Frage 20 des 5. Quodlibets.[4] Heinrich fragt ähnlich wie Scotus, ob ein erwachsener Mensch ohne die Gnade die Todsünde vermeiden könne. In seiner Antwort unterscheidet auch er den freien Willen des Menschen an sich betrachtet und den Willen, insofern er den Versuchungen des Lebens unterworfen ist. Für sich betrachtet kann es der Wille vermeiden, in Sünde zu fallen. Würde er nämlich mit Notwendigkeit in Sünde fallen, so würde er dabei tatsächlich nicht sündigen; denn nichts, was nicht vermeidbar ist, kann Sünde sein. Tatsächlich sieht es aber so aus, dass der Mensch entweder der Todsünde verfällt oder aber von Gottes Gnade gehalten wird. Sofern der Mensch alles tut, was ihm in freiem Willen möglich ist – und das heißt: sofern er sich der Gnade nicht wider-

---

[3] *Ord.* IV d.16.

[4] Ed. BADIUS, Paris 1518, fo. 196f.

setzt, wird Gott ihm auch seine Gnade gewähren, – soweit Heinrich von Gent. Scotus ergänzt: Der Wille des Menschen trachtet danach, einmal das grundlegende Gebot zu erfüllen: *Du sollst den Herrn, deinen Gott lieben.* Wenn der Wille, und sei es in noch so unvollkommener Weise, auf dieses Gebot ausgerichtet ist, bereitet er sich für die gottgefällig machende Gnade. Das Unvermögen des freien Willens besteht nur in der Hinsicht, als der freie Wille mit dem göttlichen Gnadenhandeln konfrontiert wird, nicht aber absolut gesehen.

Schließlich unterscheidet Scotus in diesem Zusammenhang Gnade (*gratia*) und Liebe (*caritas*).[5] In der Seele ist es nämlich dasselbe, wodurch der Mensch Gott liebt und wodurch er von Gott auf die Seligkeit hingeordnet wird. Wenngleich also beide formal gleich sind, so sind sie doch je nach Betrachtungsweise zu unterscheiden. Liebe ist es, wenn der Mensch Gott als den betrachtet, der zu lieben ist. Gnade dagegen ist es, durch die Gott den Menschen annimmt. Unter dem Aspekt der Gnade wird Gott als annehmend und liebend betrachtet. So ist jede Gnade als Liebe zu bezeichnen, nicht aber umgekehrt jede Liebe als Gnade. Hintergrund ist die scotische Lehre von der Prädestination. Danach gewährt Gott die Gnade der Vorherbestimmung zur ewigen Seligkeit rein aus seinem Willen heraus ohne Vorhersicht verdienstlicher Handlungen des Menschen. Gott hat sich seinem geordneten Heilshandeln entsprechend (*de potentia ordinata*) die Selbstverpflichtung auferlegt, alle Menschen für das ewige Leben zu akzeptieren, die die Liebe besitzen. Die Liebe aber wird wiederum frei von Gott verliehen.

Was bedeutet das konkret? Grundsätzlich kann jeder Mensch zur Glückseligkeit prädestiniert sein, da diese mit der menschlichen Natur vereinbar ist. Es besteht andererseits keine Naturnotwendigkeit, dass der Mensch sie erlangt. Die Zuordnung eines Menschen zur Prädestination erfolgt durch Gottes freien Willen, der auch die Nicht-Zuordnung verfügen kann. Als Beispiel wird von Scotus der Verräter Judas gewählt. Gott weiß, dass er für Judas keinen Willen bezüglich der Glückseligkeit hat, ihn also nicht (in einem positiven Akt) prädestiniert, aber er verdammt ihn auch nicht. Gott lässt es zu, dass Judas durch sein Verhalten, das Gott voraussieht (weil er es zulässt), in Sünde fällt und somit durch gerechte Strafe verdammt wird. Da die göttliche Freiheit nicht von kreatürlichen Maßstäben geleitet ist, muss sie sich gegenüber zwei im Naturzustand gleichen Menschen nicht gleich verhalten. Gott weiß, dass jemand verdammt werden wird wegen (*propter*) seiner missverdienstlichen Akte, die der ewigen

---

[5] Vgl. *Ord.* II d.27.

Verdammnis vorausgehen; er weiß auch, dass jemand gerettet werden wird wegen der Verdienste. Verdienst und Missverdienst sind aber nicht Grund für den göttlichen Willensentschluss zu Erlösung oder Verdammnis. Scotus kommt zu dem Ergebnis, dass alles Gute Gott, alles Böse aber dem Menschen zuzuschreiben ist. Das Verdienst ist somit eher Wirkung als Grund der Prädestination.

Scotus vertritt somit letztlich eine anti-pelagianische Sichtweise. Zwar beschreibt er hypothetisch die Möglichkeit, dass der Menschen allein aus natürlichem Vermögen die Seligkeit erlangen könnte. Gott hätte es so beschließen können. Tatsächlich aber will Gott die durch seine Gnade gewirkten Liebesakte des Menschen als verdienstlich annehmen. Die göttliche Gnade ist somit für den Menschen notwendig. Andererseits ist Gott in keiner Weise verpflichtet, den Menschen zu retten, ihn für seine Verdienste zu belohnen. Nichts, was nicht Gott selbst ist, kann den göttlichen Willen notwendig zu etwas bestimmen.

III

QQ: *Duns Scotus on the Will and Morality*. Selected and Translated with an Introduction by Allan B. WOLTER O.F.M., Washington 1986.

Lit.: Werner DETTLOFF: *Die Lehre von der Acceptatio divina bei Johannes Duns Scotus mit besonderer Berücksichtigung der Rechtfertigungslehre*, Werl 1954; Antonie VOS JACZN.: *Johannes Duns Scotus*, Leiden 1994, 117-135; Richard CROSS: *Duns Scotus*, Oxford 1999 (Great Medieval Thinkers) 107-111; Maria BURGER: *Geschaffen zur Seligkeit? Prädestination und Erbsünde bei Johannes Duns Scotus* (einschließlich Übersetzung: Lectura II dd.30-32), in: Franz LACKNER OFM (Hg.): *Zwischen Weisheit und Wissenschaft. Johannes Duns Scotus im Gespräch*, Kevelaer 2003 (Franziskanische Forschungen, 45) 179-211.

19. Christologie

„Ich sage jedoch, dass der Sündenfall nicht die Ursache der Erwählung Christi war“

Paul Zahner OFM

I

Es wird gesagt, dass der Fall des Menschen der notwendige Grund seiner (d.h. Christi) Erwählung war. Da Gott den künftigen Fall Adams sah, sah er voraus, dass Christus auf diese Weise (per hanc viam) die Erlösung bringe. Und daher sah er voraus, dass er die menschliche Natur annehmen werde und durch so viel Ehre verherrlichen werde.

Ich sage jedoch, dass der Sündenfall nicht die Ursache der Erwählung Christi (praedestinatio Christi) war. Im Gegenteil: wenn weder Engel noch Mensch gefallen wären, dann wäre Christus ebenfalls so erwählt worden, selbst dann wenn keine anderen geschaffen worden wären außer Christus allein.

Dieses belege ich folgendermaßen:

a) Weil jede Person die Dinge geordnet möchte, will sie zuerst das Ziel und will daher auch am unmittelbarsten das, was dem Ziel am nächsten ist. Gott aber ist derjenige, der die Dinge am geordnetsten will, daher will er es so haben. Daher will er als erstes sich selber und alles, was in ihm ist. Das, was am unmittelbarsten in ihm ist, ist die Seele Christi. Daher will Gott vor allem Verdientem und vor allem Nicht-Verdientem, dass Christus zuerst mit ihm vereint sei in dieser schon genannten Einheit.

b) Ebenso [...]. Zuerst ist die Ordnung und die Erwählung bei den Erwählten vollendet, was sie dann zweitens auch bei den Verworfenen vollendet wird, damit keiner sich am Fall eines anderen freuen kann und sich so selbst einen Gewinn erwerben könnte. Daher war schon vor dem vorhergesehenen Fall und vor jeder Rechtfertigung der ganze Weg von Christus schon vorhersehbar.

c) Ebenso, wenn der Sündenfall der Grund für die Erwählung Christi wäre, würde daraus folgen, dass das größte Werk Gottes zufällig wäre, weil der Ruhm aller nicht so nachhaltig war, wie er durch Christus wurde, und dass Gott ein solches Werk nicht getan hätte, wenn Adam Gutes getan hätte, das heißt, wenn er nicht gesündigt hätte. Dies scheint sehr unwahrscheinlich zu sein.

Ich sage daher das Folgende:

Zuerst liebt Gott sich selber. Als zweites liebt er sich durch andere, und dieses ist eine reine Liebe. Als drittes will er von anderen geliebt werden, die ihn am tiefsten lieben können, wenn man von einer von außen kommenden Liebe spricht. Und viertens sieht man die Einheit mit jener Natur, die ihn am höchsten lieben muss, auch dann, wenn kein Sündenfall geschehen ist.

(Reportata Parisiensis II, d.7, q.4, nn.4-5, in: Giovanni Duns Scoto. Antologia. Testo bilingue, hg. v. Giovanni LAURIOLA / Centro Studi Personalisti "Giovanni Duns Scoto", Castellana Grotte (Bari), Castellana Grotte (Bari) 1996 (Quaderno n. 6) 196 – übersetzt von Paul Zahner OFM).

Ob der Sohn Gottes ebenso erwählt oder Mensch geworden wäre, wenn der Mensch nicht gesündigt hätte?

Ich antworte: Allgemein sagen die Lehrer und die Heiligen, dass das nicht so wäre, wie man ihren Schriften entnehmen kann.

Ich sage dennoch, in ehrerbietigem Wissen um diese Heiligen und Lehrer, dass dem nicht so ist; im Gegenteil: der Sohn Gottes wäre Mensch geworden und hätte die menschliche Natur so angenommen, wie es berichtet wird, sobald der Mensch existierte; trotzdem wäre er nicht leidensfähig oder sterblich gewesen, sondern sein Körper wäre einfach ruhmvoll gewesen; er trat ins Leiden ein, um Rechtfertigung für die Sünden zu schenken. Und so können es die Autoritäten der Heiligen und der Gelehrten verstehen. Er kam auf jeden Fall ins Fleisch oder nahm die Menschheit an.

Der Grund dafür ist:

1. Weil jede Person die Dinge geordnet möchte, will sie zuerst das Ziel, und dann sofort das, was dem Ziel am nächsten ist. Gott will am geordnetsten; Christus aber, als Mensch, ist Gott sehr nahe, das heißt ist dem letzten Ziel nahe; das heißt, er ist schon vor allem Verdienst erwählt: daher noch mehr vor aller Schuld, also auch vor dem Sündenfall.

2. Als zweites: Das höchste Werk Gottes scheint nicht einfach zufällig zu sein; aber wenn sich die Menschwerdung allein wegen dem Sündenfall des Menschen ereignet hat, scheint es, dass sie zufällig war, obwohl sie dennoch das höchste Werk Gottes war. [...]

(Codex Valentiensis 139, in: Joannis Duns Scoti, Theologiae marianae elementa quae ad fidem codd. MSS, ed. Carolus BALIC, Sibenik 1933 (Bibliotheca mariana medii aevi, IIA) 177f. – übersetzt von Paul Zahner OFM).

II

Eine besonders zentrale Bedeutung für die Theologie des Johannes Duns Scotus hat sein christologischer Ansatz. Er soll hier vor allem von seinem Zentrum her erschlossen werden. Die Christologie der Kirche geht immer davon aus, dass Jesus Christus, der Sohn Gottes Mensch geworden ist, um den Menschen aus der Sünde zu befreien und ihm in Gott neues Leben zu schenken. Dieser Meinung der Kirche folgen etwa auch die beiden großen Theologen des 13. Jahrhunderts, Thomas von Aquin und Bonaventura. Sie erwägen beide die Möglichkeit, dass es auch einen anderen Grund für die Menschwerdung Gottes geben könnte und dass Gott auch ohne den Sündenfall der Menschen hätte Mensch werden wollen. Sie lehnen aber diese Möglichkeit dann ab. Bonaventura schreibt dazu, dass die Schönheit der Menschwerdung Gottes viel größer sei, wenn Gott sich so auf die konkrete Sünde des Menschen einlasse, um ihn durch die Menschwerdung von dieser Sünde zu befreien. Der Mensch mit seinen Abgründen und in seiner Not bekommt dadurch einen wichtigen Stellenwert, auf den sich Gott in seiner Menschwerdung in Jesus Christus einlassen möchte. Gott möchte die Sündhaftigkeit und die Abgründe des Menschen kennen und am Kreuz selber durchleiden, damit er dem Menschen gerade in diesen düsteren Punkten besonders nahe sein kann und es kein Element des menschlichen Lebens mehr gibt, das Gottes Zuwendung ferne ist. Gott wendet sich so dem Menschen auch in seinen dunklen Abgründen mit der ganzen Liebe Jesu Christi, mit der ganzen Leidenschaft seines Lebens zu.

Scotus setzt mit seinen Argumenten in dieser für ihn ganz zentralen Frage der Christologie völlig neu an. Im Wissen um die Argumente der Tradition, die er schätzt und mitüberlegt, vertritt er entschieden einen anderen Ansatz. Er versucht nachzuweisen, dass Gottes Menschwerdung grundlegend zum Plan Gottes mit dieser Schöpfung dazugehört, ob die Menschen nun der Dunkelheit und der Strafe für die Sünde verfallen sind oder nicht. Für Scotus ist es naheliegend, dass die Welt, die von Gott her kommt und auf Gott hin ausgerichtet ist, ihre tiefste Erfüllung in der geheimnisvollen Menschwerdung Gottes in Jesus Christus findet. Scotus wagt mit dieser theologisch gesehen wichtigen, wenn auch keineswegs notwendigen Aussage über Jesus Christus einen wichtigen Neuansatz in der Christologie. Seine Grunddeutung der Menschwerdung Gottes in Jesus Christus hängt nicht mehr von einem sozusagen zweitrangigen Grund ab, nämlich von der Erlösung des Menschen aus den Folgen ihrer Schuld. Dadurch erhält die Menschwerdung nämlich einen vorwiegend technischen Grund: sie will den Menschen von seiner Schuld und von deren Folgen befreien. Durch diese Absicht Gottes bleibt die Menschwerdung aber eine eher oberflächliche Methode der Zuwendung Gottes zum Menschen. Scotus vertritt mit seinem christologischen Neuansatz den grundsätzlichen Willen Gottes das Geheimnis der Schöpfung durch die Menschwerdung des Wortes Gottes in Jesus Christus zu vollenden. Die Schöpfung erhält dadurch die ganz neue Tiefe, dass sie ihre letzte Vollendung einzig im unfassbaren Geheimnis finden kann, dass Gott selber ein Teil der Schöpfung wird, indem er in Jesus Christus das Fleisch eines Menschen annimmt. Auch die Würde des Menschen findet eine ganz neue Tiefe, da sie ihre letzte Vollendung darin findet, dass Gott in Jesus Christus selber das menschliche Fleisch annimmt und so die tiefe Würde des Menschen ganz neu zum Ausdruck bringt. Der Mensch ist in seinem Menschsein so geschaffen, dass er die Menschwerdung Gottes vorbereitet und ermöglicht. Damit ist der Mensch von seiner Tiefe her auf Gott ausgerichtet und ermöglicht es Gott, mitten in seiner Schöpfung im Menschen Jesus Christus gegenwärtig zu werden.

Werfen wir noch einen genaueren Blick auf die Argumente, die Scotus in den beiden zitierten Texten entfaltet. Beide Texte betonen zuerst, dass „die Lehrer und die Heiligen allgemein sagen", dass Christus nicht Mensch geworden wäre, wenn der Mensch nicht gesündigt hätte. Scotus nennt dies die allgemein übliche Lehre in der Kirche, die er achtet, auch wenn er sie so nicht mehr vertreten kann. Im zweiten Text nennt er seine andere theologische Meinung „in ehrerbietigem Wissen um diese Heiligen und Lehrer" und vertritt geradezu eine gegensätzliche Meinung: „der Sohn Gottes wäre Mensch geworden und hätte die menschliche Natur so angenommen, wie es berichtet wird, sobald der Mensch existierte". Schon mit der Existenz des Menschen, der von Gott selber geschaffen worden ist, hatte Gott die Menschwerdung des Sohnes Gottes geplant. Die letzte Tiefe des göttlichen Schöpfungsplanes und besonders der Schöpfung der Menschen liegt also in der Absicht Gottes, selber Mensch zu werden. Die Erwählung Christi zur Menschwerdung hängt nicht vom Sündenfall ab. Scotus betont, dass Christus selbst dann Mensch geworden wäre, wenn keine anderen Engel oder Menschen geschaffen worden wären. Das belegt die tiefe Absicht Gottes die Schöpfung durch die Menschwerdung Christi zu ihrer letzten Vollendung zu führen ohne irgendwelche anderen Gründe für diese Vollendung annehmen zu müssen. Er gibt im erstzitierten Text als Begründung für die Unabhängigkeit der Erwählung Christi zur Menschwerdung von heilsgeschichtlichen Absichten die folgenden Argumente an:

a) Das erste Argument, das angegeben wird, ist sozusagen ein trinitätstheologisches Argument. Gott will zuerst bei seiner schöpferischen Tätigkeit das Ziel am unmittelbarsten anstreben. Das heißt, dass er zuerst sich selber will und alles, was in ihm ist. Dies ist für den dreifaltigen Gott die Seele Christi, von der Gott möchte, dass sie zuerst mit ihm vereint sei.

b) Ordnung und Erwählung werden zuerst bei den Erwählten vollendet, erst dann bei den Verworfenen. Aus diesem Grunde muss schon vor dem Sündenfall des Menschen und vor der Rechtfertigung der Menschen der ganze Weg Christi vorhersehbar gewesen sein. Er kann nicht erst als Reaktion auf den Sündenfall des Menschen verstehbar werden, sondern muss schon vor diesem Sündenfall verständlich sein.

c) Das größte Werk Gottes, nämlich seine Menschwerdung, kann nicht zufällig vom Sündenfall des Menschen abhängen und würde sozusagen ein Zufallsprodukt werden. Das größte Werk Gottes darf nicht einfach von der Sünde des Menschen abhängig sein. Dies wäre sehr unwahrscheinlich.

Schließlich fügt Scotus diesen Überlegungen Gedanken über die Liebe bei, die offensichtlich seine hintergründigen Zentralgedanken für seine Argumente sind. Weniger theologisch als vielmehr geistlich formuliert, ist der tiefere Grund, dass Gott unabhängig vom Sündenfall Mensch geworden wäre, seine Liebe. Gott liebt sich selber und liebt sich durch andere in reiner Liebe. Daher möchte er auch von anderen in ihrer tiefsten Liebe geliebt werden. Diese Liebe Gottes zeigt seine tiefe Einheit mit der Natur des Menschen, der berufen ist, ihn am höchsten zu lieben. Diese Berufung des Menschen hängt aber nicht vom Sündenfall ab, sondern ist eine Berufung, die im Wesen des Menschen liegt, so dass die Höhe der göttlichen Liebe nicht von der Erlösung des Menschen abhängig ist.

In seiner Rechtfertigung der Menschwerdung Gottes, auch wenn der Mensch nicht gesündigt hätte, differenziert Scotus im zweitzitierten Text seine Gründe noch deutlicher. Schon mit der Tatsache der Existenz des von ihm geschaffenen Menschen hatte Gott die Absicht, dass das Wort Gottes selber Mensch wird. Allerdings bestand die ursprüngliche Absicht darin, ein nicht leidensfähiger und nicht sterblicher Mensch zu werden. Der Eintritt ins Leiden ist für Scotus das Zeichen des göttlichen Willens, dem Menschen die Rechtfertigung für die Sünden zu schenken. Dieses Argument verwendet Scotus sozusagen als Begründung der üblichen Meinung der Heiligen und der Gelehrten, dass Christus Mensch wurde, um den Menschen von der Sünde zu befreien. Das zeigt, dass es für Scotus doch einen grundlegenden Unterschied zwischen der Menschwerdung Gottes zur Erlösung des Menschen und der schon immer vorgesehenen Menschwerdung Gottes gibt. Zur von Gott von Anfang an vorgesehenen Menschwerdung kommt die Annahme des menschlichen Leidens zur Vergebung der Sünden des Menschen dazu. Offensichtlich versucht Scotus also neben des oberflächlichen und somit auch sinnvollen Grundes der Menschwerdung Gottes zur Erlösung des Menschen den tieferen Grund dieser Inkarnation Gottes zu entdecken und in seiner Christologie darzustellen. Er versucht damit in das Zentrum des göttlichen Schöpfungs- und Heilsplanes einzutreten, indem er hinter der Menschwerdung zur Erlösung des Menschen den tieferen Plan Gottes, auf jeden Fall selber Mensch werden zu wollen, entdeckt.

Noch wichtiger als seine theologiegeschichtlich für die katholische Kirche bedeutenden Äußerungen zur unbefleckten Empfängnis Mariens, die die viel spätere Dogmatisierung dieses Glaubenssatzes theologisch vorbereitet haben, sind die Äußerungen des Scotus zur Begründung der Menschwerdung Gottes. Seine in die Tiefe gehenden Überlegungen bezeugen, dass die Menschwerdung Gottes zum ursprünglichen Plan des Schöpfers dazugehört und nicht erst eine göttliche Reaktion auf den Sündenfall des Menschen ist. Allerdings unterscheidet Scotus auch bei seiner Vorstellung der Gründe für die Menschwerdung Gottes zwischen der ursprünglich vorgesehenen und der schließlich nach dem Sündenfall wirklich geschehenen Menschwerdung. Nach dem Sündenfall hat Christus zusätzlich zur Menschwerdung auch das Leiden des Menschen angenommen und hat dieses Leiden bis zum Tod am Kreuze getragen. Dieses Element ist zur in der Schöpfung des Menschen schon geplanten Menschwerdung Gottes nach dem Sündenfall noch zusätzlich dazugekommen. Damit trägt Jesus Christus in seiner Menschwerdung nicht nur das Menschsein als solches, sondern er nimmt zusätzlich auch das Leiden des Menschen ganz auf sich. So gliedert Scotus diesen Aspekt des Mittragens jeglichen menschlichen Leidens nicht aus der Menschwerdung Gottes in Jesus Christus aus, sondern fügt diesen Aspekt noch zusätzlich in Gottes grundlegende Absicht der Erlösung des Menschen ein. Diese tief christozentrische Sicht gibt Scotus seinen Schülern durch die Jahrhunderte hindurch weiter und lässt seine Christologie zu einem wichtigen und einflussreichen Element theologischen Denkens werden.

III

Lit.: E. BETTONI: *Il primato di Cristo e i suoi riflessi nella dottrina ascetica francescana*, in: Istituto superiore di scienze religiose „S. Bonaventura“ (Hg.): *La vita spirituale nel pensiero di Giovanni Duns Scoto*, Assisi 1966, 38-51; L. VEUTHEY: *Jean Duns Scot, pensée théologique*, Paris 1967, 78-103; J. SCHLAGETER: *Das Menschsein Jesu Christi in seiner zentralen Bedeutung für Schöpfung und Geschichte bei Johannes Duns Scotus und heute*, in: WiWei 47 (1984) 23-36; M. BURGER: *Personalität im Horizont absoluter Prädestination. Untersuchungen zur Christologie des Johannes Duns Scotus und ihrer Rezeption in modernen theologischen*

Ansätzen, Münster 1994 (BGPhMA, 40); H. VELDHUIS: *Zur hermeneutischen Bedeutung der supralapsarischen Christologie des Johannes Duns Scotus*, in: H. SCHNEIDER (Hg.): *Menschwerdung Gottes – Hoffnung des Menschen*, Kevelaer 2000 (Veröffentlichungen der Johannes-Duns-Skotus-Akademie, 12) 81-110; H. SCHNEIDER: *Primat der Liebe nach Johannes Duns Scotus*, Mönchengladbach 2006 (Veröffentlichungen der Johannes-Duns-Skotus-Akademie, 23).

20. Sakramentenlehre – Weihesakrament

Marianne Schlosser

I

In dieser Thematik sind vier Dinge zu betrachten: 1. Was bedeutet in diesem Zusammenhang der Ausdruck „ordo“? 2. Wieviele derartige „ordines“ gibt es in der Kirche? 3. Ist der Ordo ein Sakrament? 4. Auf welche Weise sind die Ordines ein einziges Sakrament?[1]

Was die erste Frage angeht, so sagt man: „Das Sakrament des Ordo ist eine geistliche Vollmacht, um einen bestimmten Akt ausführen zu können, innerhalb der hierarchisch geordneten Kirche.“[2] Folglich sind also verschiedene Weihestufen zu unterscheiden, entsprechend der unterschiedlichen Akte, auf die sie hinordnen.

Dagegen aber ist einzuwenden: Aus dieser Definition würde folgen, dass der bischöfliche Stand (episcopatus) eine Weihestufe ist – was aber die Vertreter der Definition gerade nicht sagen wollen. Es ist doch offenkundig, dass das bischöfliche Amt eine Vollmacht zu bestimmten Akten beinhaltet, etwa zu firmen oder die heiligen Weihen zu spenden. Und diese Vollmacht ist nicht einfach eine, die nur zur würdigen Feier dieser Handlungen nötig wäre, sondern sie ist schlechthin Voraussetzung für deren Vollzug überhaupt. Würde nämlich jemand, der nicht Bischof ist, diese Akte setzen, dann würde er offensichtlich gar nichts vollziehen.

[Noch aus zwei weiteren Gründen hält Scotus die angeführte Definition für unzulänglich:]

Aus dieser Definition würde außerdem folgen, dass es außer dem Priestertum keine andere Weihestufe gäbe – was kein einziger Theologe annimmt. Begründung: Geistliche Vollmacht im eigentlichen Sinn hat weder ein Diakon, noch ein Subdiakon. Es kommt ihnen zwar zu, einen Akt würdig (congrue) zu vollziehen, der einem Laien unter diesem Gesichtspunkt nicht zukommt; aber wenn ein Laie versuchen würde, die Akte des Diakons oder Subdiakons zu vollziehen, dann würde er sie schlichtweg (simpiciter) vollziehen.

Und schließlich würde sich aus dieser Definition ergeben, dass das Priestertum zwei Weihestufen umfasste; denn dem Priester werden zwei

---

1 Die Übersetzung beschränkt sich auf die ersten beiden Fragen.

2 Diese Definition stammt von *Bonaventura, IV Sent* d. 24 a.2 q.2.

Vollmachten übertragen: die Feier der Eucharistie und die sakramentale Sündenvergebung. Dabei handelt es sich anscheinend um zwei Vollmachten, von denen die eine der anderen vorausgeht; denn die eine übertrug der Herr beim Abendmahl, die andere aber erst nach seiner Auferstehung, wie Joh 20 bezeugt.[3]

[Scotus legt im folgenden dar, warum er die „Ordo"-Definition Augustins (Civ. Dei XIX, 13) zugrundelegen möchte, nach der „Ordo" grundsätzlich und allgemein die Ordnung eines Gemeinwesens bezeichnet: „Ordo est rerum parium dispariumque unicuique sua loca tribuens, congrua dispositio." In einem spezielleren Sinn bezeichnet „ordo" dann eine besondere, hervorragende Stufe innerhalb des Gemeinwesens: „gradus eminens in politia / in ecclesia".

Für ihn – und hier scheint die Verschiebung der Begrifflichkeit offenbar – ist diese Vorrangstellung zwar auf den Vollzug eines bestimmten Aktes hingeordnet, aber nicht so, dass damit an sich die „Mächtigkeit" (potestas) gegeben sei, sondern eine „Disposition". In den Rep. Par. IV, 24 Vol. XXIV, S. 352 erläutert er seinen Sprachgebrauch: Die „dispositio" entspricht einer inneren Form (forma substantialis), welche das eigentliche Prinzip des Handeln ist.]

Man sagt, die herausragende Stellung (gradus eminens) in der Kirche ist auf den Vollzug eines herausragenden kirchlichen Aktes hingeordnet, und zwar nicht in dem Sinn, dass dieser Grad die Mächtigkeit sei, diesen Akt zu vollziehen, wie die von mir missbilligte Ansicht behauptet, sondern dass dieser Grad dazu disponiert, den Akt zu vollziehen, und zwar entweder hinsichtlich eines würdigen Vollzugs oder des Vollzugs schlechthin oder des Vollzugs, wie er sein soll. [...]

Nun gibt es hier eine Meinungsverschiedenheit. Manche Lehrer nehmen das Priestertum schlechthin als den obersten Weihegrad an und behaupten, das Bischofsamt sei kein Weihegrad; denn das Priestertum befähigt (disponens) zur Konsekration der Eucharistie, gleichsam als zum hervorragendsten Akt dieser Weihestufe. Die Bedeutung aller anderen niedrigeren Stufen und Grade muss auf diesen ersten Akt bezogen werden. [...]

Andere lehren, das Bischofsamt sei ein „ordo"; denn es entspreche ihm eine Stellung (gradus) in der Kirche, die dem Priester nicht zukommt. Das

---

[3] Scotus lehrt entsprechend, dass bei der Priesterweihe eine zweifache Vollmacht durch zwei sakramentale Zeichenhandlungen verliehen werde: durch die Überreichung von Kelch und Patene mit den entsprechenden Worten des Bischofs die Konsekrationsvollmacht, und durch die Handauflegung (!) mit den Worten: „Empfange den Hl. Geist" die Absolutionsvollmacht.

heißt, sie beschränken die Bedeutung von „ordo“ nicht, indem sie ihn auf den Vollzug des herausragenden Aktes der Eucharistie hinordnen, sondern verstehen „ordo“ generell als Befähigung zu einem sakramentalen Akt, etwa zu firmen oder die heiligen Weihen zu spenden.

Theologen aber, die sich auf Dionysius und Isidor stützen, sowie die Kanonisten lehren, der Episkopat sei ein Weihegrad im eigentlichen Sinn (proprie). Der Grund dafür scheint zu sein, dass dem Bischof als Bischof eine spezifische Vollmacht eigen ist. Diese kann entweder auf dem sakramentalen Ordo beruhen – was zur besagten Auffassung führt – oder auf der Jurisdiktion. In diesem Falle könnte diese Vollmacht aber dem Bischof von einem Oberen genommen werden, was sinnwidrig scheint: denn auch eine sehr viel geringere Weihe (consecratio) als die Bischofskonsekration kann nicht genommen werden; vielmehr bleibt etwas einmal Geweihtes für immer geweiht. [...]

Diese Auffassung lässt sich wiederum auf zwei Weisen halten, indem man nämlich Priestertum und Bischofsamt miteinander in Bezug setzt.

Erste Weise: Man kann einen bestimmten Grad als „herausragend“ bezeichnen, weil er in universaler Weise auf seine Akte hingeordnet ist (universalitas), oder weil sein Akt von ganz besonderem Rang ist (nobilitas). Der Unterschied ist auch in anderen Gemeinwesen offenkundig, wenn nämlich einer Person viele Akte zukommen, einer anderen dagegen wenige, aber sehr erhabene – z.B. einem Richter. [...] Wer aber die umfassende, universale Hinordnung auf Akte besitzt, dem kommt auch der besonders hochrangige Akt zu; denn dieser ist ja in der umfassenden Vollmacht eingeschlossen. Daraus ergibt sich offenbar, dass jene Stufe, die auf die umfassende Gesamtheit der Akte gerichtet ist, einfachhin höherrangig ist als jene Stufe, die sich nur auf den vornehmsten Akt bezieht. Auf diese Weise könnte man sagen: das Bischofsamt ist schlechthin die höchste Stufe; denn es beinhaltet die Hinordnung auf alle kirchlichen Vollzüge, während das Priesteramt zwar auf den vornehmsten Vollzug, aber eben nicht auf alle Vollzüge hingeordnet ist. [...]

Zweite Weise. Will man diese Schlussfolgerung halten – dass das Bischofsamt eine eigene, vom Priestertum unterschiedene Weihestufe ist –, dann könnte man dennoch sagen, das Bischofsamt sei nicht in sich höherrangig (nobilior). Denn obgleich hier die höhere Stufe (eminentia gradus) verwirklicht ist, insofern beides gegeben ist, Priestertum und Bischofsamt, und damit eine Hinordnung auf mehr Akte als durch das Priestertum allein, so ist doch die Hinordnung, die das Bischofsamt über das Priestertum hinaus verleiht, nicht von gleichem Rang wie die des Priestertums; denn damit sind nicht so in sich hochrangige Akte (nobiles) eingeschlossen wie die, welchem dem Priester als solchem zukommen.

Wer dieser Argumentation folgt, hält es somit nicht für unangemessen, dass ein unvollkommenerer Weihegrad (i.e. Bischofsweihe) nach dem vollkommeneren (i.e. Priesterweihe) verliehen wird – und zwar notwendigerweise danach.[4] Dies gilt, sofern der unvollkommenere eine universale Hinordnung auf die Vollzüge der Kirche verleiht, eine Universalität, die der in sich vollkommenere Weihegrad nicht verleiht.

Andere widersprechen der Schlussfolgerung, zu der die beiden Argumentationsweisen führen, und behaupten dagegen, das Bischofsamt sei im eigentlichen Sinn kein Ordo und daher weder ein dem Priestertum übergeordneter (erste Argumentation) noch ihm untergeordneter Ordo (zweite Argumentation). Auch wird nicht gesprochen von einem Charakter, der eingeprägt wird. Vielmehr streiten sie untereinander, ob es ein auslöschbares Prägemal sei – falls der Bischof vom Papst abgesetzt werde – oder ob es unauslöschlich sei aufgrund der Bischofskonsekration, bei der das Prägemal übertragen werde. Aber dieser Streit scheint unsinnig, wenn man leugnet, dass das Bischofsamt ein [sakramentaler] Ordo sei. Denn alle Jurisdiktionsvollmacht in der Kirche kann vom Oberen entzogen werden, sei es für eine bestimmte Zeit – was dann jemand während seiner Suspendierung unternimmt: es hat keine Wirkung – oder auch für immer.

Zumindest (saltem) kann man hinsichtlich der Kontroverse über die Sakramentalität des Bischofsamtes sagen: Der vornehmste Vollzug in der Kirche ist schlechthin (simpliciter) die Konsekration der Eucharistie. Und daher ist der oberste, edelste Weihegrad das Priestertum, denn es ist auf diesen Vollzug hingeordnet.

(Ordinatio IV. Sent. d. 24 q. unica, in: Opera omnia, Paris 1894, Band XIX – übersetzt von Marianne Schlosser).

[Hier nimmt Scotus offenkundig deutlicher Stellung. Die Anzahl der Weihegrade (ordines) innerhalb des Weihe-Sakramentes sind entweder sieben oder acht.]

Wieviele Weihestufen (ordines) gibt es, und wie unterscheiden sie sich?

Ich antworte: Unter „ordo“ verstehe ich eine herausragende Stufe (gradus eminens), die dazu disponiert, besonders hervorragende Handlungen zu vollziehen; damit ist Autorität verbunden und geistliche Vollmacht hin-

4 Das heißt, die Bischofsweihe wurde nicht ohne vorausgehende Priesterweihe gespendet.

sichtlich solcher Handlungen in der Kirche. Diese besondere Stellung oder Grad kann man unter zwei Aspekten betrachten: entweder im Hinblick auf die Vielzahl oder Vielfalt der Handlungen, zu denen die betreffende Person aufgrund ihrer Vollmacht befähigt ist [...], oder im Hinblick auf die besondere Würde einer bestimmten sakramentalen Handlung.

Unter der ersten Hinsicht ist das Bischofsamt ein „ordo". Denn der Bischof hat eine herausragende Stellung (gradum eminentiorem) in der Kirche, mit der jeder niedrigere Rang in Verbindung steht. Folglich hat er die Autorität und Vollmacht für alle Handlungen, die den untergeordneten Ordines zustehen. Denn niemand ist Bischof, der nicht zugleich Priester und Diakon ist [...].

Ich sehe nicht, wie das Bischofsamt keine sakramentale Weihestufe (ordo) sein sollte, nur weil es die Priesterweihe voraussetzt; denn allein dem Bischof kommt die Spendung bestimmter Sakramente zu, die der einfache Priester nicht spenden kann – und zwar nicht nur weil ein solcher Akt unwürdig, sondern ungültig wäre. Das gilt für die Spendung der Weihen, der Firmung und der Benediktion der Materie für die Letzte Salbung. Genau so kommt nur dem Priester die eucharistische Konsekration und die Absolution zu, und keinem Nicht-Priester – andernfalls wäre ein solcher Akt nicht nur unwürdig, sondern auch ungültig. [...] Daraus folgt, dass das Bischofsamt in höchstem Maß (maxime) ein Ordo ist. Dass dafür das Priestertum vorausgesetzt ist, ist kein Gegenargument; denn sonst wäre auch das Priestertum, das ja den Diakonat voraussetzt, kein Ordo.

Jede geistliche Vollmacht bzw. Vorrangstufe, mit der die Autorität verbunden ist, eine bestimmte Handlung zu setzen, wurzelt entweder im sakramentalen Ordo oder in der Jurisdiktion. Letzteres kommt hier nicht in Frage; denn man kann dem Bischof die geistliche Vollmacht nicht nehmen, solange er Bischof ist. Das ist offenkundig; denn ein suspendierter, irregulärer Bischof kann firmen oder Weihen spenden, und wenn er es tatsächlich tut, dann ist das getan. Weder die von ihm gespendete Firmung noch Weihe dürfen von einem anderen wiederholt werden. Das heißt: der Rang des Bischofs ist im sakramentalen Ordo begründet. [...]

Betrachtet man jedoch das Weihesakrament im Hinblick auf die erhabendste sakramentale Handlung der Kirche – und das ist die sakramentale Konsekration des wahren Leibes Christi in der Eucharistie –, dann ist es das Priestertum, welches unmittelbar auf diesen Vollzug hingeordnet ist, und dadurch vermittelt auf einen anderen Vollzug, der den mystischen Leib betrifft. Und so betrachtet ist das Priestertum die erhabenste Weihestufe, über das hinaus es keinen anderen Grad mehr geben kann; denn kein Vollzug der Kirche kann erhabener sein als die Konsekration des wahren Leibes Christi. [...]

Angenommen aber, die eucharistische Konsekration wäre nicht schlechthin die erhabenste Handlung in der Kirche, sondern die Einsetzung eines Menschen in den Stand, diese Handlung vollziehen zu können, dann gibt es nicht sieben „ordines", sondern acht. Denn durch das Bischofsamt werden alle anderen Weihestufen verliehen.

(Rep. Par. IV, 24 (352-354) – übersetzt von Marianne Schlosser).

II

Es ist bekannt, dass Johannes Duns Scotus im Bereich der Sakramentenlehre eigene Wege beschreitet. Ein Beispiel dafür sind seine Ausführungen zum Weihesakrament, insbesondere zum Bischofsamt.

Die meisten mittelalterlichen Theologen, auch Thomas und Bonaventura, nennen den Stand des Bischofs nicht als eigenen Weihegrad (ordo), obwohl sie sich der daraus folgenden Unstimmigkeiten bewusst sind und keinesfalls das Bischofsamt nivellieren möchten. Denn es stand fest, dass ein Bischof geistliche Vollmachten hat, welche einem Priester als solchem nicht zukommen – vor allem natürlich die Spendung der Weihen selbst, aber auch der Firmung und aller vollendenden Sakramentalien, wie die Weihe einer Kirche. Schwerer als diese Argumente wog jedoch in ihren Augen – und auch für Scotus ist dies ein schlagendes Argument –, dass die eucharistische Konsekrationsvollmacht, die dem Priester übertragen ist, eine nicht überbietbare Vollmacht in der Kirche sei, und alle anderen Sakramente auf die Feier der Eucharistie hingeordnet seien. Unter diesem Gesichtspunkt schien kein eigener Weihegrad über das Priestertum hinaus denkbar. Man versuchte, die Schwierigkeiten zu lösen, indem man den Stand der Bischöfe als „excellentia ordinis"[5] bezeichnete, d. h. als die herausragende Vollform des Weihesakramentes. Für Thomas von Aquin sind die Bischöfe – in klarer Unterscheidung zu den übrigen Priestern und Prälaten – „in statu perfectionis"; das heißt, sie gehören einem kirchlichen Stand an, der das gesamte Leben für immer in Anspruch nimmt. Die Bischofsweihe (als „consecratio" bezeichnet) ist für Thomas der feierlichen ewigen Profess eines Ordensmitglieds vergleichbar; auch hier wird eine Person ihrer selbst enteignet und gänzlich Knecht Gottes („servitus").

---

[5] *Bonaventura, Brev. VI.*, 12.

Im Unterschied zur gängigen theologischen Ansicht der Zeit neigten die Kanonisten eher dazu, statt der traditionellen sieben „ordines" neun Weihegrade anzunehmen und den Episkopat dazuzuzählen. Dafür konnten sie sich auf die Theologie des Dionysius Ps.-Areopagita berufen,[6] der sich auf die drei altkirchlichen Weihegrade bezieht: Bischof, Priester, Diakon, und auf eine „Standard-Enzyklopädie", nämlich Isidors Etymologien, wo der Episkopat als „ordo" genannt wird.[7]

Scotus' Ansicht zur Anzahl der Weihestufen wie auch zur Begriffsbestimmung von „ordo" und der Frage nach der Sakramentalität der Bischofsweihe findet sich in der Ordinatio[8] und den Reportata Parisiensia[9]. Wohin seine theologische Meinung sich neigt, ist eindeutig. So führt er alle Argumente dafür an, dass das Bischofsamt ein eigentlicher und eigener „Ordo", d. h. eine sakramentale Weihestufe mit der Einprägung eines Charakter sei, schließt aber – in der Ordinatio – eigentümlich unvermittelt mit der Feststellung, dass das Priestertum, insofern es die Befähigung zur Feier der Eucharistie einschließt, der „gradus nobilissimus" innerhalb des siebenstufigen Ordo sei.

---

6 *Dionysius Ps.-Areopagita, de eccl.*, hier. V.

7 *Isidor, Etymologien VII*, 12 n.3; *de off. eccl. II*, 12.

8 *Ordinatio*, Vol. XIX.

9 *Reportata Parisiensia*, Vol. XXIV.

21. Eucharistie

Léon Veuthey OFMConv

Alle Menschen sind zur Seligkeit berufen, um teilzuhaben an der Natur und am Leben Gottes selbst durch die Erhebung der Seele mit ihren Kräften zur Unendlichkeit des Erkennens und Wollens. Wir sind zum übernatürlichen Leben schon hier unten eingeladen, zum Reich Gottes, das innerlich ist und nach Scotus das Prinzip ewiger Seligkeit. Es ist das Leben der Gnade, zum dem der Mensch natürlicherweise verlangt, es aber aus sich selbst nicht erreichen kann.

Wie verwirklicht sich das natürliche Verlangen, das nur übernatürlich erreicht werden kann, diese Teilhabe an der Natur Gottes, am göttlichen Leben? Gott hilft hier, indem er die Kräfte des Menschen, die nach dem Unendlichen streben, zu ihrem übernatürlichen Ziel hin erhebt.

Dies geschieht durch die Inkarnation des Sohnes Gottes, der in seiner Person die menschliche Natur angenommen hat, um in seiner Person den mystischen Leib zu schaffen, in welchem der Mensch im Sohn Gottes selbst zum Sohne Gottes wird. Die Menschheit ist in Christus gerettet und in ihm zum übernatürlichen Leben, zum Leben der Gnade, geführt. Wie erhält der Mensch das Leben der Gnade? Er erhält es durch Inkorporation in Christus mittels der Sakramente. Durch diese Inkorporation wird das göttliche Leben in Christus kraft der hypostatischen Union jedem Glied mitgeteilt. Christus hat sich in seinem Leben der Worte, der Gesten, des Brotes und des Weines bedient, um geistige und unsichtbare Wirkungen hervorzubringen. Das sind die Sakramente.

Christus hat der Kirche anvertraut, sein Wirken der Gnade fortzuführen, indem er selbst in der Kirche wirkt. Scotus schreibt: *Christus hat in seinem Evangelium nicht alles festgelegt, was die Ausübung der Sakramente betrifft. Denn im Evangelium des Johannes sagt er zu seinen Aposteln: „Ich habe euch noch viele Dinge zu sagen". Mithin lehrt der Heilige Geist die Apostel viele Dinge, die nicht im Evangelium geschrieben sind und uns durch die Schriften der Apostel und die Tradition übermittelt sind.*[1]

Eine Frage dazu betrifft die Kausalität der Sakramente. Es sind sichtbare Zeichen, die die unsichtbare Gnade hervorbringen. Was aber ist daran der Anteil der Zeichen? Sind sie eine physische oder moralische Kausalität

---

[1] *Ordinatio I*, d. 11, q.1, n.20.

oder sind es einfache Gelegenheiten der Gnade oder wesentliche Bedingung der Gnade, indem die Gnade auf Grund des sakramentalen Zeichens gegeben wird?

Für den Doctor subtilis sind die Sakramente nicht einfache Gelegenheiten, auch sind sie keine wesentlichen Bedingungen. Die Sakramente sind wirklich Ursache (causa) der Gnade, aber nicht in dem Sinne, dass sie Gott dazu determinieren, die Gnade zu geben, als wären sie mehr oder weniger magische Mittel des Heils. Scotus sagt: *Das Sakrament ist in keiner Weise eine Ursache, die Gott determiniert, eine Wirkung hervorzubringen, die ihm eigen ist.*[2] Der Urheber der Gnade ist immer Christus selbst, der durch das Sakrament handelt. *Gott assistiert dem sakramentalen Ritus derart, dass dieser ein wirksames Zeichen der Gnade ist. Kraft dieser göttlichen Assistenz enthält und gibt das Sakramaent immer und überall unfehlbar die Wirkung, die es bezeichnet, vorausgesetzt, dass es kein Hindernis auf seiten des Subjektes gibt.*[3]

Scotus schließt also eine physische Kausalität des Sakramentes aus, ebenso eine magische, auch spricht Scotus nie von einer moralischen Kausalität. Auch ist das Sakrament für ihn nicht eine Gelegenheit für die Gnade. Für ihn ist das Sakrament wahrhaft Ursache der Gnade, instrumentelle und dispositive, da es das Subjekt disponiert, das Gnadenhandeln Christi zu empfangen.

Die Natur des Sakramentes als wirksames Zeichen der Gnade betrifft alle Sakramente. Während aber sechs von ihnen die Gnade bewirken oder vermehren, gibt die Eucharistie den Geber selbst der Gnade, indem er sie denen durch seine persönliche Gegenwart mitteilt, die ihn unter den Gestalten von Brot und Wein empfangen. Während die anderen Sakramente teilhaben an der Inkorporation in Christus, ist die Eucharistie die Nahrung des Wachsens in Christus, das *„Brot, das das Leben gibt"* in ihm. Die anderen Sakramente geben also die Gnade der Teilhabe am Leben Christi, doch das Sakrament der Eucharistie gibt uns seine Gegenwart selbst.

Für Scotus ist wie für alle katholischen Theologen die Gegenwart Christi in der Eucharistie ein Dogma, das ausdrücklich in den Worten Christi bestätigt wird: *Das ist mein Leib – das ist der Kelch meines Blutes.* Scotus hat nie die Gegenwart durch Transsubstantiation angezweifelt, nur unterscheidet er sich, indem er das Faktum der Gegenwart ausdrücklich als in den Wandlungsworten gegeben bekräftigt, aber die Weise verschieden

---

2 *Ordinatio IV*, d. 1, q. 5, n. 11.

3 *Reportata Parisiesia IV*, d.1, q. 4, n. 11.

sieht. Während für die einen die Weise der Gegenwart durch Transsubstantiation ausdrücklich in den Worten der Wandlung ausgedrückt ist, ist für Scotus diese Weise uns nicht ausdrücklich in der Schrift überliefert, vielmehr ist die Lehre von der Transsubstantiation Glaubensdogma geworden durch eine Definition der Kirche.

Für den Doctor subtilis könnte die Gegenwart Christi in der Eucharistie auf verschiedene Weise ausgedrückt werden als durch Transsubstantiation. Wenn die Kirche sich nicht zu ihren Gunsten ausgedrückt hätte, wäre die Erklärung, die alle Präferenz für sich hätte, da sie dem menschlichen Verstehen am nächsten ist, die der Koexistenz der Substanz des Brotes und der Substanz Christi, der in ihr gemäß den Worten der Wandlung subsistiert. Scotus selbst: *Wenn du fragst, warum die Kirche die schwierigere Lösung gewählt hat, während die Worte des Evangeliums sich viel leichter in einer wahren und augenscheinlichen Weise erklären lassen, sage ich, dass die Schriften gemäß demselben Geist, der sie verfasst hat, erklärt werden müssen.*[4]

Scotus bemüht sich nun, die Lehre der Transsubstantiation, die Dogma geworden ist, genau zu erklären. Er erklärt wie alle anderen Theologen: *Die Transsubstantiation ist die totale Verwandlung von Substanz in Substanz* (Transitio totalis substantiae in substantiam).[5] Nach der Konsekration bleibt nichts mehr von der Substanz des Brotes, sondern es gibt nur unter den Gestalten die Substanz Christi. Es ist also keine Verwandlung nur der Akzidentien, denn dann wäre es eine Transakkzidentation, auch ist es keine Mutuation des einen in den anderen, denn in der Mutuation bleibt etwas vom ersten im zweiten, während die Transubstantiation eine totale Wandlung ist, eben eine substantielle und totale. Scotus: *Das Brot wird nicht vernichtet durch diese Wandlung, denn das Ziel der Wandlung ist nicht das Nichts, sondern der Leib Christi, also ist das Brot nicht vernichtet.*[6]

Nachdem Duns Scotus die sakramentale Gegenwart Christi durch Transsubstantiation herausgestellt hat, sucht er das Mysterium dieser Wandlung, die auf dem Altar Christus, der im Himmel ist, gegenwärtig macht. Diese Wandlung vervielfältigt die Gegenwart Christi ohne ihn von neuem in seinem substantiellen Wesen hervorzurufen, da er derselbe und einzige Christus ist. Die Gestalten, die Akzidentien, das Stück Brot und Wein, bleiben, da diese nicht die Substanz betreffen. Aber die Substanz besteht

---

4 *Ordinatio IV*, d. 11, q. 3, n. 15.

5 *Ordinatio IV*, d.11, q.1, n. 2.

6 *Ordinatio IV*, d. 11, q. 4. n. 6.

aus Materie und Form, auf die sich die Wandlung zunächst bezieht. Durch die Form wird die Materie (der Körper) zur Belebung (Animation) disponiert. In diesen Leib ist die Substanz des Brotes gewandelt.[7] Das letzte Ziel ist der Leib Christi mit seiner intellektiven Seele und seiner Gottheit.

Bleibt noch eine Frage. Da die Transsubstantiation eine völlige Wandlung von Substanz in Substanz ist, d. h. die Wandlung des Brotes in den Leib Christi, wie ist diese Wandlung möglich, wenn das Ziel dieser Wandlung, der Leib Christi, schon existiert und an ihm substaniell nichts neues geschieht? Doch gibt es etwas Neues: *Christus hat kein neues substantielles Sein, sondern eine neue Gegenwart. Denn es gibt hier eine Transsubstantiation nicht in der Hinsicht, dass ihr Ziel das Sein als solches erhält, das ja schon besteht, aber in der Hinsicht, dass er jetzt hier gegenwärtig wird.*[8] Es ist eine adductive Transsubstantiation, d. h. in ihr tritt Christus herbei und macht sich gegenwärtig dort, wo er davor nicht war.

Die Wirkung der Transsubstantiation ist die sakramentale und vielfältige Gegenwart. Das lehren alle Theologen. Während diese hier Halt machen, geht der Doctor subtilis weiter, um die Probleme, die folgende Antwort hervorrufen, anzugehen: Was ist diese sakramentale Gegenwart? Ist sie akzidentell oder substantiell? Schließt sie eine lokale Veränderung, nämlich des Himmels auf den Altar, ein? Wenn sie nicht die Substanz Christi betrifft, der präexistent und unveränderbar ist, und wenn sie kein neues Hier impliziert, das zur Kategorie des Akzidentellen und nicht des Substantiellen gehört, wie kann man dann sagen, dass die Transsubstantiation eine Umwandlung von Substanz in Substanz ist? Wie kann man die Möglichkeit eines neuen lokalen Hier ohne lokale Veränderung verstehen?

Hier die Antwort des Scotus: *Man könnte sagen, dass diese sakramentale Wandlung eine von Substanz in Substanz ist, nicht bezüglich des Seins der Substanz, sondern bezüglich ihres Seins-hier; derart, dass wie der Leib, soweit er hier ist, dem Brot folgt, sofern es hier ist, auch das Brot, soweit es hier ist, in den Leib Christi, soweit er hier ist, verwandelt ist. Obwohl diese Wandlung von Substanz zu Substanz geschieht, geschieht sie nicht unter Substanzen als Ziel. Die Ziele sind nur die Gegenwart und die Nicht-Gegenwart, die auf die Kategorie des Akzidentellen des Ortes, wie es in der Distinktion 10, q. 1, gesagt wurde.*[9]

---

7 *Ordinatio IV*, d.11, q.3, n. 58.

8 *Ordinatio IV*, d. 11, q. 4, n. 15.

9 *Ordinatio IV*, d.11., q. 4, n. 15.

Es ist also eine Transsubstantiation von Substanz zu Substanz, näherhin der Substanz, soweit sie hier ist. Durch diese Wandlung unterliegt der Leib Christi keiner Veränderung, sondern das Brot hört auf Substanz des Brotes zu sein, um Substanz des Leibes Christi-hier zu werden. Die Transsubstantiation betrifft daher nicht nur die Ordnung des rein Akzidentellen der lokalen Gegenwart, sondern die substantielle Ordnung des Leibes Christi-hier.

Durch diese Wandlung ist die Gegenwart Christi vervielfältigt, ohne dass der Leib Christi vervielfältigt wird und auch keine Veränderung erfährt, da das Sein-hier des Brotes jedes Mal Christi Sein-hier wird, weil das Sein-hier des Brotes in Christi Sein-hier verwandelt wird, wobei sein Sein als solches keine Vervielfältigung und Veränderung erfährt.[10]

(Léon VEUTHEY OFMConv: Jean Duns Scot – Pensée théologique, Paris 1967, 154-176, auszugsweise – übersetzt von Herbert Schneider OFM).

[10] *Ordinatio IV*, d.11, q. 4, n. 15.

22. Eschatologie (*visio beatifica*)

Die selige Gottesschau

Maria Burger

I

Besteht die Glückseligkeit lediglich in dem Akt, der das Genießen ist?

[1] Es gibt ein Argument dafür, dass dies nicht so ist: Jener Akt des Genießens unterscheidet nämlich nicht den Seligen vom Nicht-Seligen, weil er auch dem pilgernden Menschen zukommt, wie aus der Definition von Genießen klar ist.[1] Ich antworte: Der pilgernde Mensch hat nur ein Verlangen im Blick auf etwas, das er nicht besitzt und daher nicht genießt. (...)

[2] Zu dieser Frage gibt es zwei Schlussfolgerungen: Erstens, dass die Glückseligkeit der geistigen Natur schlechthin allein in dem Akt besteht, der das Genießen ist. Zweitens ist weiter zu fragen, in welchem Genießen sie besteht, da ja nicht in jedem. Die erste Folgerung wird einteilend so gezeigt: Im allgemeinen gibt es nur einen zweifachen Willensakt, wollen (*velle*) und nicht-wollen (*nolle*). Das Wollen ist im allgemeinen wiederum zweifach, entweder in Rücksicht auf das Gewollte bzw. auf das Gute für das Gewollte, oder in Rücksicht auf den Wollenden bzw. auf das Gute für den Wollenden. Das erste Wollen bezeichnet die Freundschaftsliebe; das zweite die begehrende Liebe – und nur das erste Wollen ist ein Genießen, was bedeutet, einem Geliebten um seiner selbst willen in Liebe anzuhangen. (...)

Nachdem ich diese Unterscheidung vorausgeschickt habe, beweise ich die hauptsächliche Schlussfolgerung, wobei ich die Leidenschaften nicht einschließe, auch nicht ausschließe, da sie später behandelt werden, sondern hier nur von den Willensakten rede. Es ist offenkundig, dass die Glückseligkeit nicht in einem Nicht-Wollen bestehen kann; denn zum einen hat das Nicht-Wollen als eigentlichen Gegenstand ein Übel, was nicht beseligender Gegenstand sein kann; zum anderen ist der beseligende Akt erster und unmittelbar im Hinblick auf das letzte Ziel, und so wird er nicht durch die Kraft irgendeines früheren Willensaktes erlangt. Beim Nicht-Wollen ist es jedoch offenkundig, dass es nicht früher im Hinblick auf das letzte Ziel ist, ja nicht einmal schlechthin früher unter den Willensakten. (...)

---

[1] Das Genießen ist ein vom Willen vollzogener Akt, wie Scotus zuvor ausführt.

[3] Zweitens besteht die Glückseligkeit nicht in einem Akt der Begierde.

(1) Erstens, weil dieser zwar gut sein kann, wenn es durch die Umstände geboten ist, nicht aber aus seiner eigenen Bestimmtheit heraus gut ist oder aufgrund seines Gegenstandes – selbst wenn es Gott ist – weil er unmäßig sein kann. Dies ist deutlich aus Augustinus:[2] „Eine Verkehrtheit ist es, das zu genießen, was zu gebrauchen ist.“ (...) Der Akt der Freundschaftsliebe aber im Hinblick auf Gott ist – von seiner Bestimmtheit wie auch von seinem Gegenstand her – gut, und er kann nicht einmal unmäßig sein in der Ausübung, sondern eher mangelhaft bleiben.

(2) Zweitens kann Glückseligkeit nicht in einem Akt der Begierde bestehen, weil dieser nicht der erste Willensakt im Hinblick auf das Ziel ist oder sein kann, weil jedes Begehren in der Kraft eines Freundschaftsaktes geschieht. Deshalb nämlich begehre ich dieses Gut, weil ich das liebe, was ich begehre.

(3) Drittens besteht die Glückseligkeit nicht in einem Akt der Begierde, weil der Freundschaftsakt dem Willen innewohnt, insofern er das Streben zur Gerechtigkeit hat, denn hätte er nur das Streben zum Zweckmäßigen, so könnte er nur das für ihn in höchster Weise Zweckmäßige wollen. Der Akt der Begierde aber wohnt dem Willen inne, insofern er das Streben nach dem Zweckmäßigen hat, weil es ihm notwendig so innewohnt, auch wenn es das einzige Streben wäre. Edler seinem Wesen nach ist aber das Streben nach Gerechtigkeit gegenüber dem Streben nach dem Zweckmäßigen, weil es ordnend und mäßigend auf den Willen wirkt und dem Willen eigen ist, insofern er frei ist, während das Streben nach dem Zweckmäßigen ihm zukäme, auch wenn der Wille nicht frei wäre.

(4) Viertens kann Glückseligkeit nicht in einem Akt der Begierde bestehen, weil die Freundschaftsliebe nach dem Objekt strebt, insofern es in sich gut ist. Der Akt der Begierde aber strebt nach jenem, was gut für mich ist. Edler aber ist ein Objekt in sich als weil es von jemandem besessen wird, zumindest ist jener Besitz eines Objektes, der die formale Bestimmtheit im Objekt als begehrt setzt, für den Besitzenden vermindert gegenüber jener Vollkommenheit, die ein Gut hat, das um seiner selbst willen besessen wird.

(Ordinatio IV d.49 q.5 [Ed. Viv. XXI p.170ff.]. Übersetzung von Maria Burger).

---

[2] AUGUSTINUS, *De 83 Quaestionibus*, q. 30, ed. A. MUTZENBECHER, in: *Corpus Christianorum*, Turnhout 1975 (Series Latina, 44A) 39.

II

Die Lehre von der *visio beatifica* als der Anschauung Gottes im seligen Leben nach dem Tod hat ihre Ursprünge bei den frühen Kirchenvätern. Zunächst als Lohn des Martyriums beschrieben, führte diese Vorstellung bald zur spekulativen Durchdringung der Möglichkeiten einer Gottesschau. Augustinus entwickelt in diesem Zusammenhang die Unterscheidung von körperlicher, intellektueller und spiritueller Schau. In der Scholastik wird das Problem vor dem Hintergrund aristotelischer Erkenntnislehre neu durchdacht. Die Brisanz des Themas im Mittelalter lässt sich ahnen, wenn wir uns vergegenwärtigen, dass es in diesem Kontext mehrfach zu Lehrverurteilungen und Lehrentscheidungen gekommen ist. Im Jahre 1241 wurde an der Universität Paris die östliche, apophatische Auffassung verurteilt (die sich biblisch auf Joh 1,18 stützt: „Niemand hat Gott je gesehen."), dass das göttliche Wesen an sich weder vom Menschen noch von einem Engel gesehen werden könne.[3] Unmittelbarer präsent dürfte Duns Scotus die Lehrverurteilung von 1277 gewesen sein. Wenngleich hier einerseits die Vorstellung abgewehrt wird, nach der Gott mit dem natürlichen rationalen Vermögen des Menschen in seinem Wesen erkannt werden könne, so wird andererseits die Auffassung verurteilt, dass von Gott nur erkennbar sei, 'dass er ist', bzw. sein Sein – nicht aber sein Wesen.[4] Die endgültige Abkehr der lateinischen Kirche von der Tradition der alten Kirche und der Ostkirche erfolgte 1336 durch Papst Benedikt XII. mit der Konstitution „*Benedictus Deus*". Hier wird die unvermittelte Schau des göttlichen Wesens in der himmlischen Herrlichkeit festgeschrieben: unverhüllt, klar und offen (DH 1000).

Die scotische Lehre von der seligen Gottesanschauung ist vor dem Hintergrund seiner Erkenntnislehre zu betrachten. Scotus stellt wiederholt in seinem Werk heraus, dass es dem Menschen mit seinen natürlichen Erkenntnisfähigkeiten nicht möglich ist, das Wesen Gottes zu erkennen. Wenn der Mensch das Wesen Gottes als solches dennoch erkennen soll, dann nur, weil Gott dies will und es ihm zu erkennen gibt. Scotus begründet so schon für die Gotteserkenntnis des Menschen im irdischen Pilgerstand die Notwendigkeit von Offenbarung. Die Argumentation ist klar: Eine vollständige Erkenntnis erfordert es, dass der Erkenntnisgegenstand vollkommen gegenwärtig ist; denn nach der scotischen Auffassung ist der erkannte Gegenstand Teilursache des Erkenntnisvorgangs. Gott aber kann

---

3 *Chartularium Universitatis Parisiensis*. Tomus I: 1200-1286, hg. von H. S. DENIFLE, Paris 1889, n. 128.

4 *Ebd.*, n. 473.

nur willentlich ein Gegenstand sein, der eine Erkenntnis im Geschöpf hervorruft. Eine solche Erkenntnis ist möglich, sie kann verursacht werden, ist aber logisch nicht notwendig. – Dies bedeutet andererseits nicht, dass dem Menschen auf natürliche Weise überhaupt keine Kenntnis von Gott möglich wäre. Vor allem im Traktat „Über das erste Prinzip“ (*De primo principio*) entwickelt Scotus einen Gottesbeweis und einen Weg zur Erkenntnis wesentlicher göttlicher Eigenschaften ausgehend von einer Analyse des Begriffes ‘seiend’. Zwar nimmt der Traktat seinen Ausgang bei der Analyse des biblischen Gottesnamens ‘Ich bin, der ich bin’, und die einzelnen Kapitel sind durch Gebete gerahmt. Dennoch handelt es sich hier um einen philosophischen Gottesbeweis. Gott wird als das unendliche Seiende ausgewiesen, dem Einfachheit und Geistigkeit zukommen. Solche Aussagen bleiben für den Theologen dürftig. In der Offenbarung zeigt Gott sich noch einmal ganz anders. Wichtigste Offenbarungsaussage, die nicht auf dem Wege der natürlichen Vernunft erlangt werden kann, ist die Dreifaltigkeit Gottes. Im Prolog der *Ordinatio* bei der Frage nach der Notwendigkeit der Offenbarung für den Menschen auf dem irdischen Pilgerweg hält Scotus fest: Die Philosophen halten sich an die Vollkommenheit der Natur; die Theologen aber erkennen den Mangel der Natur und die Notwendigkeit der Gnade und die übernatürliche Vollkommenheit. Tatsächlich erkennt der Mensch seine Natur und seine Bestimmung nur in einer sehr allgemeinen und unvollkommenen Weise. Noch weniger kann er sein Ziel, die Schau unkörperlicher Wesenheiten, natürlich erlangen. Gegen die philosophischen Lehren hält Scotus fest, dass es dem Menschen allein aus seiner Naturanlage (*ex puris naturalibus*) nicht möglich ist, die Glückseligkeit zu erlangen. Um so mehr gilt dies für den Zustand nach dem Tod. Die glückselige Gottesschau besteht nicht in der Betrachtung eines unendlichen Seienden. Was aber beinhaltet diese Schau dann?

Nach Boethius ist die Glückseligkeit ein Zustand, der durch die Vereinigung aller Güter vollkommen ist.[5] Allein eine solche Zustandsbeschreibung ist jedoch zu wenig. Glückseligkeit wird als Tätigkeit verstanden, wie Scotus mehrfach innerhalb des Eschatologietraktates ausführt. Es ist die Tätigkeit, deren Vollkommenheit darin besteht, sich mit dem beseligenden Objekt zu verbinden. Daher erfolgt die Vervollkommnung auch vorrangig in den Vermögen (*potentiae*) des Menschen und nicht in seinem Wesen. Da es nicht mehr um einen aus einer Ansammlung entstandenen Zustand geht, hält Scotus auch an der Einzigkeit der erforderlichen Tätig-

[5] *Anicius Manlius Severinus Boethius, Philosophiae consolatio*, ed. L. BIELER, in: *Corpus Christianorum*, Turnhout 1984 (Series Latina, 94) 38, liber 3 prosa 2: *beatitudo est status bonorum omnium congregatione perfectus.*

keit fest. Im Anschluss an Aristoteles wird die Glückseligkeit (*felicitas*) des Menschen in der Vollendung der ihm eigenen Tätigkeit gesehen. Für die Bestimmung dessen, was dem Menschen eigen ist, muss die Vernunftseele die Grundlage sein. Und so ist des weiteren zu fragen ob die eine Tätigkeit, die die Glückseligkeit ausmacht, vom Intellekt oder vom Willen vollbracht wird. Von den beiden Seelenpotenzen ist nach Scotus der Wille das vollkommenere Vermögen. So sehr Erkenntnis erforderlich ist, so kann sie doch nicht die vollständige Ursache für den Willensakt sein.

Das Genießen eines Gegenstandes (*fruitio*) ist Ziel willentlicher Akte. Nun stellt sich aber die Frage, ob die Glückseligkeit des Menschen durch die Tätigkeit der *fruitio* schon hinreichend beschrieben ist. In dem oben vorgelegten Textstück gibt Scotus zu bedenken, dass auch der Mensch auf dem irdischen Pilgerweg in der Lage sei etwas zu genießen. Kann es sich dabei schon um den Genuss der Seligen handeln? Das ist nicht der Fall. Denn im pilgernden Menschen bleibt grundsätzlich ein Verlangen nach dem, was er noch nicht hat – und auch noch nicht haben kann. Und somit kann es sich nicht um den Zustand der Seligkeit handeln. Trotz dieser Abgrenzung nimmt Scotus diese Frage zum Anlass, das Strebevermögen des menschlichen Willens zu analysieren. Zunächst teilt er grundlegend nach Wollen und Nicht-Wollen ein. Das Nicht-Wollen (*nolle*) muss hier als willentliches Zurückweisen verstanden werden. Es ist zu unterscheiden von „nicht wollen" (*non velle*) in dem Sinne, dass der Mensch sich eines Willensentschlusses enthält. Das Objekt, das abgelehnt wird, ist ein Übel. Glückseligkeit kann somit nicht in der letztlich auch immer sekundären Tätigkeit des Nicht-Wollens bestehen. Das bejahende Wollen kann Scotus wiederum in zwei Formen unterscheiden: Die Freundschaftsliebe, die das Gewollte in den Mittelpunkt rückt, und die begehrende Liebe, die das eigene Streben befriedigen will. In vier Punkten weist Scotus nach, dass die Glückseligkeit des Menschen nicht in einem Akt der Begierde bestehen kann. Positiv formuliert bedeutet dies: (1) Wenn der Mensch Gott im Akt der Freundschaftsliebe liebt, so ist diese Tätigkeit ihrem Wesen nach (denn sie hat ganz das Geliebte im Blick) wie auch ihrem Gegenstand nach (denn es ist Gott) gut; auch durch ein Übermaß an Liebe kann diese Tätigkeit nicht pervertiert werden. (2) Die Freundschaftsliebe ist vorrangig, weil auch die Begierde sie voraussetzt. (3) Der freie Wille, der der Freundschaftsliebe zugrunde liegt, folgt nicht zwanghaft dem Zuträglichen, sondern strebt nach der Gerechtigkeit. (4) Die Freundschaftsliebe strebt nach Gott, weil sie nach dem strebt, was in sich gut ist, und nicht nach dem, was für den Liebenden gut ist.

Wenn in dieser Weise differenziert wird, dass nicht jede beliebige Form von Genuss mit der ewigen Seligkeit identifiziert werden kann, so ist klar, dass die Glückseligkeit als Genießen hinreichend umschrieben ist. Grundsätzlich kann sich das Genießen auf beliebige Objekte beziehen. Ja, es kann sogar etwas Gegenstand des Genießens werden, das eigentlich zu gebrauchen wäre. Eine solche Vertauschung bezeichnet schon Augustinus (von Scotus hier zitiert) als schlimmste Verirrung. Streng genommen kann es nur ein Objekt der *fuitio* geben, das ein solches um seiner selbst willen ist, nämlich Gott. Im Zusammenhang seiner Prädestinationslehre führt Scotus dies als logische Folge aus: An erster Stelle steht Gott – Gott, der sich als das höchste Gut erkennt; Gott, der sich selbst liebt; Gott, der alles liebt. So wie Gott sich selbst als höchstes Gut erkennt und sich selbst liebt, so will er auch von anderen geliebt werden. Diese Selbstliebe ist nicht die eines eifersüchtigen Gottes, sondern eine aus dem Begriff Gottes als des unendlich guten Seienden resultierende Forderung. Wenn Gott als das höchste Gut vorgestellt ist, so ist zugleich schon der Bezug eines jeden anderen – ja sogar Gottes selbst – auf dieses höchste Gut konnotiert. Gott, das höchste Gut, ist das Ziel, auf das hin alles angelegt ist. Die Erlangung dieses Zieles aber erfolgt auf dem Weg der Liebe: 'Gott ist zu lieben' (*Deus est diligendus*). Dieser Grundsatz ist selbst für das göttliche Wollen notwendig; alles andere ist demgegenüber sekundär und kontingent. Nach Scotus ist Prädestination Hinordnung auf die Glückseligkeit, sie hat ihr Ziel in Gott, in der '*fruitio Dei*'. Das auf das Ziel Hinordnende ist die Liebe. Der Mensch ist zur Gottesliebe geschaffen; sie ist für ihn heilsnotwendig, und zugleich ist sie von ihm gefordert.

Doch angesichts dieser scheinbar zwingenden logischen Abfolge muss betont werden, dass der Mensch sich verweigern kann und so nicht zur Glückseligkeit gelangt. Die Unabhängigkeit des freien Willens ist unbedingt zu wahren. Unter der Frage, ob alle Menschen in höchster Weise und notwendig die Glückseligkeit erstreben, behandelt Scotus dieses Thema. Es scheint zunächst selbstverständlich, dass jeder Mensch das höchste Gut erstrebt. Mit seinem natürlichen intellektuellen Vermögen strebt der Mensch auch nach der Erkenntnis des Übernatürlichen. Im ewigen Leben gelangt dieses Erkenntnisvermögen durch die *visio Dei* zu seiner Vollendung. Es könnte nun vermutet werden, dass der Wille dieser Vorgabe des Intellekts naturhaft folgt, dass er Gott um seiner selbst willen als höchstes erkanntes Gut liebt und so durch Genießen die Glückseligkeit erlangt. Tatsächlich aber betont Scotus hier die Freiheit des Willens. Der Intellekt ist nur Teilursache, eine untergeordnete Ursache, die nicht die übergeordnete bestimmen kann; die hauptsächliche Ursache für ein aktives

Tätigwerden des Willens, sei es durch Wollen, sei es durch Nicht-Wollen, kann nur der Wille selbst sein.

In Ordinatio. IV d.49 q.10 sagt Scotus dazu: „Daher wird nichts notwendig vollzogen (*elicere*), auf welchen Gegenstand auch immer bezogen; und daher ist es mir möglich, ein Nicht-Wollen (*nolle*) bezüglich des Bösen nicht zu vollziehen, und ein Wollen (*velle*) bezüglich des Guten nicht zu vollziehen; aber so wie ich bezüglich des mir gezeigten Bösen als Willensakt nur das Nicht-Wollen hervorbringen kann, so kann ich bezüglich des erfassten und dargebotenen Guten als Willensakt nur das Wollen hervorbringen."[6]

Es ist dem Menschen somit nicht möglich, wenn er sein letztes Ziel klar erblickt, die Glückseligkeit in einem positiven Willensentschluss zu hassen. Und doch will er sie nicht notwendig, denn es bleibt ihm die Möglichkeit, sich eines Willensaktes gänzlich zu enthalten (*non velle*). So sehr der Intellekt naturhaft die Erkenntnis eines Gutes vorgibt, bleibt der Wille als solcher immer frei, dieses Gut auch positiv zu wählen. Somit wird die *visio* nie die *fruitio* erzwingen.

Unterstützt wird der Mensch dabei durch die übernatürlich eingegossene Liebe (*caritas*), die es ihm ermöglicht, Gott in vollkommener Weise zu lieben, was wiederum zur Vollendung der *fruitio* führt.

III

QQ: *Duns Scotus on the Will and Morality*. Selected and Translated with an Introduction by Allan B. WOLTER O.F.M., Washington 1986, 182-197 (Der Text der Ordinatio wurde von Wolter nach dem Assisi-Codex, der der kritischen Werkausgabe zugrunde liegt, verbessert).

Lit.: Etienne GILSON: *Johannes Duns Scotus. Einführung in die Grundgedanken seiner Lehre*, Düsseldorf 1959; Richard CROSS: *Duns Scot on God*, Ashgate 2005 (Ashgate Studies in the History of Philosophical Theology) 249ff.

---

6 Übersetzung nach WOLTER.

23. Maria – Jungfrau und Mutter

Herbert Schneider OFM

I

„In der Tat teile ich Jesus in Hinsicht auf seine Mutter die vollkommenste und erhabenste Erlösung zu, die möglich ist, eine Erlösung, die für seine Mutter zuvorkommend ist, während sie für die übrigen Menschen nur heilend ist.

Maria verdanken wir alle, und in gewisser Hinsicht mehr als wir, ihre Erlösung unserem Herren Jesus Christus, kraft einer Erlösung, die mehr von den Wurzeln her geschieht.

Wenn es um Christus geht, dann will ich lieber dadurch fehlen, dass ich ihm zu viel als zu wenig Lob zuschreibe. Und wenn es der Autorität der Kirche und der Heiligen Schrift nicht widerspricht, so ist es sicherer, von Maria das auszusagen, was ihrer Ehre entspricht: dass die Jungfrau nie von der Erbsünde berührt war.

Der vollkommenste Mittler muss die vollkommenste Mittlerschaft ausüben, die im Hinblick auf die Person, zu deren Gunsten er eintritt, und auch im Hinblick auf sich selbst, als Mittler möglich ist. Nun war Christus der vollkommenste mögliche Mittler und Erlöser. Also übt er in Hinsicht auf Maria – die Person, zugunsten derer er am meisten als Mittler auftritt – die vollkommenste Mittlerschaft und Erlösung aus, die in seiner Eigenschaft als Mittler und Erlöser möglich ist."

(Ordinatio I, d. 3, q.1, n. 4-6, in: Herbert SCHNEIDER: Seliger Johannes Duns Scotus, Leutesdorf 1986, 16-18).

II

Mit der unbefleckten Empfängnis, d. h. ihrer vorherigen Bewahrung vor der Erbsünde bzw. ihrer Vorhererlösung, ist Maria mehr geschenkt als anderen Menschen, die die Vergebung der Sünden erhalten. Ihr aber wurde die Bewahrung vor der Sünde geschenkt, auch wenn sie mit ihrem Leib und mit ihrer Geschichte die Folgen der Sünde, wie alle Menschen, zu tragen hatte.

Diese Verfassung ist Maria nur als Erlösung durch Jesus Christus geschenkt. An ihr wird umso mehr der Primat der Liebe und Erlösung Christi klar. Maria ist in ihrem Leben der Erweis der Macht Jesu Christi als des Erlösers, der durch seine Liebestat die Neuwerdung des Menschen von seiten Gottes bewirkt.

Die Liebeshingabe Jesu Christi an den Vater, bis ans Kreuz vollzogen, führt dazu, seine Brüder und Schwestern mit Gott zu vereinen. Darin ist Maria eine leuchtende Person, in der die Neuwerdung besonders klar und eminent hervortritt und sich in den Mühen und Lasten geistig und leiblich durch die Geschichte, mit ihren Hoffnungen und Ängsten, bewährt.

Maria besteht ihre konkret-geschichtliche Existenz, weil sie in der Liebe neu wurde und sich auch ständig von der Liebe beleben ließ. Die innere Schönheit und Feinfühligkeit Marias angesichts der Lebensfragen und besonders in der Begleitung des Auftrages ihres Sohnes kommt aus ihrer Kontemplation als einem liebevollen Schauen der Liebe Gottes und des Lebens in dieser Liebe. Dies befähigte sie, ihr vor der Erbsünde bewahrtes Leben reinen Herzens (Mt 5,8) zu führen.

Das Sprechen über Maria ist also nicht lediglich eine Analyse eines Schriftwortes, sondern möglich aus dem Glaubenssinn der Kirche, die das Mysterium Jesu Christi angenommen hat. Die heilsgeschichtlich besondere Nähe Marias zu ihrem Sohn führt dann zu der begründeten Überlegung des Duns Scotus in seinem mariologischen Argument: „Wenn es der Autorität der Kirche und der Schrift nicht widerspricht, ist es sicherer, von Maria das auszusagen, was ihrer Ehre entspricht: dass die Jungfrau nie von der Erbsünde berührt war.“[1]

Das marianische Privileg versteht sich aus der Christozentrik des Glaubens und drückt die Wirkung des Primates der Liebe aus, die Jesus Christus innehat. Daher ist das marianische Privileg eine Konsequenz, die aus vielen grundlegenden Tatsachen über Jesus Christus von Scotus und der Kirche gezogen wird. Maria ist vollkommen und in besonderer Weise in das Heilsgeschehen, das vom Primat Christi ausgeht, einbezogen. Es ist nicht das Ergebnis einer historisch-kritischen Bibeluntersuchung, sondern einer verstehenden Aneignung der in der Aussage vom Primat Christi zum Ausdruck gebrachten Wirklichkeit. Damit bleibt dann auch in Betracht, dass stärker auf die Wirkung des Primates Christi geschaut wird, als sie lediglich als dogmatische Feststellung zu begreifen. Der Blick geht vom sichtbar Gewesenen zur Fülle der Wirklichkeit, die letztlich in ihrem Wirken nur dem glaubenden Verstehen zugänglich ist.

---

[1] *Ordinatio III*, d.3, q.1, n.10, in: Herbert SCHNEIDER: *Mitzulieben bin ich da*, Trier 1996, 86.

Man hat den Gedankengang des Duns Scotus in Anlehnung an seine Worte auf die schon bekannte Formel über das Wirken Gottes an Maria gebracht: potuit, decuit, ergo fecit, d. h. Gott konnte Maria vor der Erbsünde bewahren (potuit), es war höchst angebracht wegen des Primates Christi (decuit), daher ist es auch die hervorragende Lösung und Annahme (fecit). Die Immaculata-Lehre bedeutet für den Menschen, zur Mitliebe fähig zu sein. Es ist eine Liebe, die sich nicht selber will, sondern einschwingt in die zuvorkommende Liebe Gottes in Jesus Christus.

So war sie auch fähig, den irdischen Weg Jesu Christi bis in die Lasten und Mühen und schließlich in die Erniedrigung des Kreuzes mitzugehen, um dann den Sieg der Liebe am Kreuz mitzutragen, wozu jeder Mensch, der sich im Glauben Christus anvertraut, berufen ist. Von der Herrlichkeit des Sieges dieser reinen Liebe aus belebt Christus fortan die Menschen, sofern sie sich wie Maria ihm anvertrauen.

Hiermit wird deutlich, wie Maria als Jungfrau zugleich die Frau der reinen Liebe ist durch ihr Leben hindurch. Dies begründet auch die Mutterschaft Marias, indem sie so die reine Gestalt für die Menschwerdung des Sohnes Gottes wird. Christus, der universelle Mittler zwischen Gott und Mensch, kann in dieser Jungfrau in vollkommener Weise seine Mittlerschaft ausüben. Und diese Mittlerschaft wirkt sich in hervorragender Weise zuerst in Maria aus.

Von der Wirksamkeit der Liebe her ist dann Maria in ihrer Mutterschaft auch nicht passiv, sondern aktiv. Schon in ihrer Liebesantwort auf Gott ist sie aktiv. Maria ist umso mehr aktiv, da der Sohn Gottes aus ihr geboren wird. Maria ist aktiv an der Menschwerdung Jesu Christi beteiligt. Sie bringt alles mit ein, was sie als Frau einbringen kann, mit ihrer Natur und mit ihrer Liebe.

Jesus Christus wird durch den Sieg seiner Liebe bis ans Kreuz der Erlöser und Erneuerer des Lebens Marias und der Menschen, indem sie in ihm zur Herrlichkeit seiner dauernden und unzerstörbaren Liebe geführt werden.

In jeder kleinen und großen Liebe, in jeder stillen und auffälligen Liebe wirkt sich das neue Leben aufgrund der Liebe Christi aus. Geht der Mensch, wie Maria, und im Anschluss an sie Johannes und unzählige Frauen und Männer den Weg der Liebe Jesu Christi damals wie heute mit, dann kommt Licht und Neuwerdung in sein eigenes Leben.

In Jesus Christus war und ist die Liebe stärker als das Sinnlose und die Sünde, wie leuchtend an Maria und allen, die sich ihm und seinem Geist der Liebe anvertrauen, zu sehen ist. Hier erweist sich Jesus Christus als der vollkommene Mittler. Daraus ist zu schließen:

- Jesus Christus gibt nicht nur Liebe,
- er wirkt nicht nur Erneuerung der Liebe,
- er führt nicht nur in die volle Herrlichkeit der Liebe,
- **er ist selbst die Liebe**!

In Jesus Christus wird klar, wie sehr Gott unbedingte Liebe ist, die stärker ist als die Sünde, stärker als Krankheit, Leid und Tod, ja die Erfüllung des menschlichen Lebens, das von innen her auf Liebe angelegt ist, gibt. Maria als Jungfrau und Mutter steht da als der volle konkrete Erweis dieser Liebe.

Die Fragestellung zu Maria betrifft eine Fülle von Fragen auch um den Menschen hinsichtlich der Wirkung der Erlösung durch Jesus Christus.

Trotz ihrer Vorerlösung als Bewahrung vor der Erbsünde steht Maria in der Unheilsgeschichte des Menschen und ist von ihr betroffen. Wegen der Natur war Maria eine Tochter Adams und dem sich daraus ergebenden Geschick der Menschheit unterstellt. Sie war als Tochter Adams einbezogen in die Unheilsgeschichte der Menschen, von Natur aus. Aber die Gnade war faktisch im ersten Augenblick ihres Lebens voll wirksam, so dass sie in die volle Gerechtigkeit fand, d. h. in die Befreiung von der Erbsünde und in die Hineinnahme in die Liebesgemeinschaft mit Gott.

Hieran wird die conditio humana erkennbar. Der Mensch mit seiner Natur bedarf der Liebe Gottes zur Befreiung von der Erbsünde und zur Beschenkung mit der Gottesschau. Diese Befreiung und diese Gottesschau werden durch Jesus Christus in seinem Tod und in seiner Auferstehung geschenkt.

Scotus bringt immer wieder in sich ständig vertiefenden und ausweitenden Gesichtspunkten gerade an der Gestalt Marias die Einzigkeit Jesu Christi als des Mittlers hervor. Jesus Christus ist nicht lediglich jemand, der den Menschen in seiner Lebenssituation aufgreift und ihn solidarisch mit zu Gott nimmt, vielmehr handelt er von Gott her zum Menschen hin, dem er die Liebe Gottes erwirkt und schenkt. Dadurch erst führt er den Menschen über sich hinaus zu Gott.

III

Lit.: Herbert SCHNEIDER OFM, *Mitzulieben bin ich da*, Trier 1996, 16ff. und 86.; DERS.: *Jesus Christus und mein Leben nach Johannes Duns Scotus*, Mönchengladbach 2000 (Rhenania Franciscana, Beiheft 16); Allan B. WOLTER OFM / Blane O'NEILL OFM: *John Duns Scotus Mary's Architect*, Quincy 1993; Roberto ZAVALLONI OFM / Eliodoro MARIANI OFM: *La Dottrina Mariologica di Giovanni Duns Scoto*, Roma 1987; Herbert SCHNEIDER OFM: *Seliger Johannes Duns Skotus*, Leutesdorf 1986; Herbert SCHNEIDER OFM: *Primat der Liebe nach Johannes Duns Scotus*, Mönchengladbach 2006 (Veröffentlichungen der Johannes-Duns-Skotus-Akademie Mönchengladbach, 23).

IV

Scotus – Der Ethiker

24. Ethik

Antonie Vos

1. Einleitung

Oft stellen wir uns die Frage: Woher kommt das Böse? Wir könnten jedoch genauso gut fragen: Woher kommt das Gute? Beide Fragen sind nämlich gleich schwer zu beantworten, weil gute und schlechte Taten gleich schwer oder gleich leicht erklärt werden können.

Weder Moral noch Ethik sind ohne weiteres vom Himmel gefallen. Ethische Moral freilich ist uns sogar vom Himmel gegeben. Die Ursprünge einer guten Moral und einer vernünftigen Ethik sind nämlich wie im Nebel verhüllt. Daher geriet die theoretische Ethik in große Verwirrung als sie der Ethik eine phänomenologische Grundlage geben wollte und dabei zu große Erwartungen auf das Ethos und die Verantwortung aller Völker setzte. Diese ethische *fata morgana* stammt aus der Aufklärung. Sie ging davon aus, dass die sogenannte natürliche Religion und Moral bei jedem Volk vorhanden sei und deskriptive Forschung uns den größten gemeinsamen Nenner moralischer Grundüberzeugungen zuspielen würde, da ja die Kirche mit ihrer besonderen Ethik jämmerlich geirrt habe und als Betrügerin demaskiert worden sei.

Jedoch ist dieser Gedanke historisch gesehen genauso ungereimt wie die Annahme, dass der biblische Glaube des alten Israels entdeckt werden könnte, indem man eifrig alle alten Religionen studiert und dann das ihnen Gemeinsame abstrahiert. Die logischen und erkenntnistheoretischen Voraussetzungen, auf denen solche Optionen beruhen, sind unhaltbar.[1] Sie würden uns auch nicht zur theologischen und philosophischen Ethik des Duns Scotus führen.

Die Geschichte der Menschheit ist eine Pilgerfahrt. Die Brüder des Franziskus sind Wanderer, der junge Duns im Oxford gegen Ende des dreizehnten Jahrhunderts ist ein Zugpferd. Die Jahrhundertwende bringt eine wissenschaftliche Revolution mit sich. Thomas von Aquin und viele andere haben das *Naturgesetz* als eine vom Dekalog verkörperte Größe gesehen. Duns sieht das weit weniger absolut. Freilich führen die *Zehn Gebote* uns nach Israel. Duns hat heftig mit den Geboten und Verboten des Alten Testaments gerungen. Er wollte mit aller Gewalt, nämlich ahistorisch, das

---

[1] Siehe hierzu A. Vos: *Kennis en Noodzakelijkheid [= KN]*, Kampen 1981, Kap. 1-3 und 4.

einzigartige historische Faktum der Thora Israels zu seinem Recht kommen lassen. Weshalb ahistorisch? Einfach deshalb, weil in diesen Jahrhunderten das historische Denken noch keine Option war!

Gottesglaube und Moral bilden im Alten Testament eine Einheit. Im Neuen Testament dreht sich diese Einheit ganz um die Liebe Gottes in Jesus Christus und wird von dieser auch inhaltlich gefüllt. Es besteht ein enormer Abstand zwischen dem Gesetz der Völker und dem Gesetz Israels.

Es besteht auch ein großer Abstand zwischen den Fragmenten der Moral und Ethik im Alten und Neuen Testament und dem geordneten Universum der Ethik des Duns, aber dieser Abstand ist von ganz anderer Art. Ohne das Gesetz Israels wären wir überhaupt nicht zur Ethik gekommen, und hätten wir schon gar nicht die glänzende Ethik des Duns empfangen. Ungefähr zweieinhalbtausend Jahre nach Moses ist sie eine mosaische Frucht in messianischer Gestalt, aber sie verkörpert auch eine großartige philosophische Emanzipation, und zwar außerhalb der von monadischer Bezogenheit auf das Selbst gekennzeichneten Philosophie des Aristoteles, aber innerhalb der Kirche des Thomas von Aquin, der den Versuch unternommen hatte, das *corpus aristotelicum* zu christianisieren.

Duns wählt seinen Ausgangspunkt bei Gott selbst. Seine Versöhnungslehre entspringt seiner Gotteslehre. Unter anthropologischem Gesichtspunkt bedeutet dies, dass der Mensch sozusagen auf dem vibrierenden Seil der unendlichen Liebe Christi steht, und aufgrund der unendlichen Qualität der Person Christi schenkt Gott seinen Taten einen unendlichen Wert. Gerade auf dieser Heilsgeschichte beruht die Tatsache, dass Duns der Ethik eine axiomatische Grundlage gibt, aber auch gerade hier wird Duns' Kontingenzdenken vor seine schwersten Aufgaben gestellt. Auch in der Ethik umschließen die notwendigen Wahrheiten wie ein Wall die kontingente Ethik und verhindern damit ihren Abrutsch in die Willkür.

Duns Scotus hat nicht den Ruf, ein großer Ethiker zu sein. Die Ursache ist einfach: Seine ethischen Schriften sind kaum bekannt. In den kritischen Editionen, die seit 1950 in Rom und seit den letzten Jahren des zwanzigsten Jahrhunderts auch in St. Bonaventure und Washington erscheinen und bisher neunzehn Bände umfassen,[2] war bis 2003 nur wenig Ethik enthalten. Duns' ethisches Werk ist lange Zeit in besonderem Maße von den überhaupt nahezu unvorstellbar großen textkritischen Schwierigkeiten seiner Werke betroffen.

---

[2] Die Lücke in der Ethik ist nun in ausgezeichneter Weise aufgefüllt von A. B. WOLTER: *Duns Scotus on the Will and Morality*, Washington 1986 (2. Auflage – ohne die lateinischen Texte – Washington 1997).

Im Rahmen der Sentenzenkommentare ist der ethische Stoff vor allem mit dem dritten Buch verbunden, unter anderem deshalb, weil Petrus Lombardus dort in der zweiten Hälfte die Tugenden und die Zehn Gebote behandelt. Um das dritte Buch der *Sentenzen* ist es jedoch in der Geschichte der theologischen Arbeit des Duns seltsam bestellt. Zweifelsohne hat er sich als Theologiestudent im höheren Semester und später als *baccalaureus sententiarius* bei der Vorbereitung seiner Kurse gründlich mit diesem Buch beschäftigt, aber zu einem ausführlichen Kurs kam es erst ziemlich spät. Es gibt keine *Lectura Oxoniensis* III von 1299. *Reportatio Parisiensis* III geht nach *distinctio* 17 zu Ende und umfasst infolgedessen keine Ethik (1305).

Lectura Oxoniensis III 23-40 ist einerseits der entscheidende Text, da er die direkte Vorlage zu *Ordinatio* III 23-40 ist. Andererseits sehen wir hier, dass Duns in den letzten Jahren seines Lebens intensiv mit Korrekturarbeiten an diesem Text beschäftigt war, wie wir das auch hinsichtlich der sozial- und politiktheoretischen Probleme in *Reportatio Parisiensis* IV (1303) beobachten können. Duns bemüht sich nun eifrig um ethische und juridische Fragen.[3] Auch für die theologische und philosophische Ethik ist es von großer Bedeutung, wieder zu den von Duns ausgearbeiteten Grundstrukturen zurückzukehren. In der Geschichte der Ethik wurde Duns gewissermaßen übersehen. Die Folge ist, dass es uns nicht mehr gelingt, anhand traditionshistorischer Linien ein realistisches Bild von der theoretischen Situation der Ethik zu bekommen.

Das Übersehen der Ethik des Duns steht nicht für sich alleine. Die Geschichte der Ethik geht kollektiv fehl, indem sie Anselm einfach übergeht. Er fehlt in beinahe jeder Ethikgeschichte. Duns ist wenigstens noch in der Gestalt des Scotismus anwesend.[4] Es ist jedoch von Augustin her gerade die Achse Anselm – Duns Scotus, die zu einer Neuorientierung in der Ethik führen muss. Das franziskanisch-augustinische Licht müsste das thomistisch-aristotelische Modell ablösen, oder genauer gesagt: Die thomistische Linie muss in das scotische Modell integriert werden, wie auch Duns selbst wiederholt mit den Beiträgen des Thomas von Aquin den Rahmen

---

3 Siehe hierzu A. VOS: *Johannes Duns Scotus*, Leiden 1994, Kap. II 2.6 und 2.7. Der Rahmen dieser ethischen Perspektive ist in *KN* 68-87 und *KN* VII und VIII angegeben, und in DERS.: *The Philosophy of John Duns* Scotus, Edinburgh 2006, Kapitel 12; vgl. Kapitel 4-7 und 13-16.

4 Repräsentativ sind die sonst schönen und knappen Übersichten von J. DE GRAAF: *De ethiek van een gekerstende levensorde*, Utrecht 1963, und Alasdair MACINTYRE: *A Short History of Ethics*, London 1966. Anselm und Duns glänzen auch in seinem *After Virtue* mit Abwesenheit.

eines Heinrich von Gent bereichert hat. In diesen breiteren Rahmen kann dann die moderne Forschung atheologischer wie theologischer Provenienz hineingestellt und dort benützt werden.

2. Ethische Grundlinien

Die Ethik richtet sich auf das menschliche Handeln.[5] Für Duns ist eine Handlung *(praxis* oder *actio*) nicht eine Tat des Verstandes, sondern eines anderen Vermögens.[6] Eine Handlung ist insofern keine Verstandestat, als sich das praktische Wissen (= das auf Handlungen gerichtete Wissen) auf eine Tat richtet und ausbreitet, die mehr als lediglich einen Erkenntnisakt umfasst. Freilich setzt eine Handlung einen Erkenntnisakt voraus. Ich schreibe, während ich zugleich wissend in der Wirklichkeit stehe, aber das bedeutet nicht, dass ich diesen oder jenen Gedanken des Duns nur weiß, sondern ich *will* auch etwas damit tun: Ich schreibe sie auf und mache Reklame für diese Gedanken. Ich weiß nicht nur, wo sich die Kirche befindet, sondern ich will sie auch aufsuchen. Weil ich möchte, dass meine Handlungen rechte Handlungen sind, will ich sie korrekt mit Argumenten belegen. Die Ethik arbeitet mit diesem Zusammenhang zwischen Handlung (*praxis*) und praktischem Wissen.

Eine Handlung ist eine Tat, die vom Verstand abhängt und diesem folgt, und als eine solche ist sie auch von einem (befohlenen oder entlockten) Willensakt abhängig. Die eigene formale Struktur einer Handlung ist demnach im Willensakt lokalisiert. So wird einerseits eine Handlung primär einem Willensakt zugeschrieben, während andererseits eine Handlung par excellence rational zu rechtfertigen sein muss.

Die ethische Rechtfertigung einer Handlung hat zwei Dimensionen, und die Ethik arbeitet wie auch die Theologie im allgemeinen mit der Dichotomie von Notwendigkeit und Kontingenz. Das notwendige Zentrum der Wirklichkeit ist Gott, so dass seine Güte das Herz der Ethik bildet. Neben der Notwendigkeit der Existenz, des Wesens und der wesentlichen Eigen-

---

5 *Lectura*, Prologus 133: 'Cognitio practica extenditur ad praxim, quia cognitio stans solum in intellectu est speculativa'. Der Lecturaprolog wurde im ersten Teil der kritischen Ausgabe der *Lectura* herausgegeben: *Opera Omnia* XVI, Rom 1960, 1-62.

6 *Lectura*, Prologus 134: 'Praxis est actus alterius potentiae quam intellectus, naturaliter posterior intellectione, natus elici conformiter intellectioni rectae, ad hoc quod sit recta'. Taten (*actus*) sind unterteilt in: a) actus non-practici (*generatio* und *nutritio* (vegetativ) und *apprehensio* und *appetitus* (sinnlich) und b) *praxeis* oder *actiones* (Handlungen). *Praxeis* sind Taten des Verstandes oder des Willens. 'Actus voluntatis' und 'volitio' werden mit 'Willensakt' übersetzt. Siehe *Lectura*, Prologus 135.

schaften Gottes steht allerdings die Kontingenz der Willensakte und kreativen Taten Gottes. Die theologische Besinnung bewegt sich als solche auf diesen beiden Gleisen voran. Wir können uns nur auf diesen beiden Beinen der notwendigen und kontingenten Theologie wissenschaftlich vorwärtsbewegen.

Auf diese Weise sucht Scotus auch in der Ethik vom notwendigen Pol dieser methodischen Elipse aus Begrenzung und Offenheit. Das ist der Gesichtspunkt des *Naturgesetzes* (*de lege nature*). Was aber bedeutet es bei Duns, dass etwas 'naturgesetzlich' gültig ist? Die Antwort lautet: 'Was auf Grund der Termini bekannt ist, ist auf natürliche Weise (strukturell) *vor* jedem Willensakt bekannt'.[7]

Zwar bleibt auch bei Duns die Bedeutung des Terminus 'naturalis' mehrdimensional, aber in diesem Kontext bekommt *natürlich* einen strikt logisch-analytischen Inhalt: Eine Wahrheit ist auf *natürliche* Weise bekannt, wenn deren Notwendigkeit aufgrund einer Analyse der entsprechenden Termini gezeigt werden kann. Das bedeutet allerdings nicht, dass solch ein notwendiger Satz von jedermann verstanden oder akzeptiert werden würde.

Duns' Ethik ist ganz und gar ein Willensdenken, sie ist dies jedoch in einem ganz präzisen und nuancierten Sinn, der sich bei einer willkürlichen Interpretation leicht verflüchtigt. Es gilt nämlich zu beachten, dass eine solche ethische Wahrheit dem Willensakt vorausgeht. Der Wille wird dann sozusagen zwischen Klammern gesetzt, und zwar nicht deshalb, weil es nichts mehr zu wollen gäbe, sondern weil der Wille mit einer solchen Wahrheit nur harmonieren oder zusammenprallen kann und hier keinen eigenen Spielraum hat, etwas als gut zu qualifizieren oder zu konstituieren:

'Wessen Verstand die Termini der Prinzipien erfasst, der erfasst deren Tugend und Richtigkeit'.[8]

Der Wille reagiert korrekt, wenn er dasjenige will, wovon der Verstand sagt, dass es richtig ist, oder er handelt unrichtig, wenn er hiervon abweichen will. In seiner Besinnung über den wissenschaftlichen Charakter der Theologie liegt Duns viel daran zu zeigen, dass das theologische Wissen nicht einfach in zwei Gebiete zerfällt: das Wissen der notwendigen

---

7 *Lectura* III 37 (*Codex* 206, Balliol College, Oxford, f. 102v): 'Quae sunt nota ex terminis, sunt naturaliter nota ante omnem actum voluntatis'.

8 *Ibidem*: 'Circumscripto omni actu voluntatis cum intellectus Dei apprehendat terminos illorum principiorum, apprehendit virtutem illorum et rectitudinem ante actum voluntatis. Igitur vel voluntas necessario vult hoc, si est recta, cum intellectus dicit illud esse rectum, vel erit non recta, si discordet'.

Wahrheiten hinsichtlich des Notwendigen und das Wissen der nicht-notwendigen und kontingenten Wahrheiten hinsichtlich des Kontingenten.

'Ich sage, dass es notwendige Wahrheiten gibt in bezug auf das, was kontingent ist: Es ist kontingent, dass ein Stein fällt, und dennoch gibt es notwendige Wahrheiten in bezug auf sein Fallen, wie zum Beispiel, dass er zum Zentrum neigt und dass er in einer geraden Linie fällt. Ebenso ist es kontingent, dass ich Gott liebe, und dennoch kann sich hierauf eine notwendige Wahrheit beziehen, wie etwa, dass ich Gott über alles lieben muss. Und das kann in einem Beweis folgendermaßen gefolgert werden: *Gott ist das höchstmögliche Denkbare*, also ist er im höchsten Maße liebenswert, und folglich muss ich ihn im höchsten Maße liebhaben. Und so kann ich gemäß diesem Schema wissenschaftliches Wissen in bezug auf das Kontingente haben'.[9]

Wenden wir uns der anderen Seite der Medaille zu: die kontingenten ethischen Wahrheiten. Hier begegnen wir dem berühmten Problem des ontologischen Status der Gebote des Dekaloges: Verkörpert der Dekalog das Naturgesetz, wie etwa Thomas von Aquin lehrte? Duns gibt hier eine verneinende Antwort.[10]

Der Dreh- und Angelpunkt lässt sich am einfachsten an Hand des Sabbatgebotes erläutern. Gerade die Tatsache, dass es in der christlichen Ethik auf den Sonntag angewendet wird, ist ein erhellender Anknüpfungspunkt. Würde das Sabbatgebot zum Naturgesetz gehören, dann wäre die Heiligungspflicht des Sabbats eine notwendige ethische Wahrheit, die nicht aufgehoben werden könnte.

Wenn wir heraus destillieren wollen, worin Duns den methodologischen und ethischen Kernpunkt sieht, müssen wir, eingedenk seiner theologischen Methode, die entsprechenden Schlüsselbegriffen wie 'Sabbat' und 'heiligen' (und 'Gott', 'Schöpfung', 'sieben', usw.) betrachten. Wenn nun

---

9 *Lectura*, Prologus 172: 'Dico quod de contingentibus sunt veritates necessariae, quia contingens est *lapidem descendere*, et tamen de descensu eius sunt veritates necessariae, ut quod appetit centrum et quod descendit secundum lineam recta. Similiter, *me diligere Deum* est contingens, et tamen de hoc potest esse veritas necessaria, ut quod debeam Deum diligere supra omnia. Et hoc demonstrative potest concludi sic: 'Deus est quo maius cogitari non potest'; igitur est summe diligibilis; igitur summe debeo eum diligere. Et sic secundum hoc possum habere scientiam de contingentibus.'

10 *Lectura* III 37 (*Codex* 206, f. 102v): 'Aliqua sunt de lege naturae ut sequentia ex propiis principiis, talia autem, et si nullus intellectus nec voluntas esset, sunt de lege naturae. Et sic non est Decalogus de lege naturae, quae autem alia sunt ex voluntate recta, non de lege naturae, sed alia sunt de lege naturae, quia sunt bene consona cum lege naturae, quia stant cum principiis primis practicis'.

der Dekalog das Naturgesetz verkörpern würde, dann müsste gelten, dass aus dem Gut einer periodischen Ruhe notwendigerweise abgeleitet werden könnte, dass wir im Abstand von sieben Tagen einen Ruhetag für Gott, füreinander und für uns selbst einlegen müssten, und dass dies unbedingt der siebte Tag der Woche sein müsste. Der ethische Wert des symbolischen oder theologischen 'Sabbat' müsste dann eine intrinsische Eigenschaft des Samstags (oder Freitag-Samstags) sein. Dann müsste eine zwingende Begründung dafür gegeben werden, dass es absolut unmoralisch wäre, im Abstand von sechs oder acht Tagen, oder am dritten oder vierten Tag einen 'Sabbat' zu halten.

Auch hier ist das Kontingenzmodell die Achse, worum sich das Verständnis der Gedanken des Duns dreht. Er sieht schlichtweg ein, dass es nicht ein bestimmter Tag ist, der diesen prächtigen theologischen und ethischen Wert als solchen verkörpert. Das hat nichts mit einer Neigung zur Willkür zu tun. Der Gegensatz zwischen *Es ist gut, weil Gott es will* und *Gott will es, weil es gut ist,* beruht auf einem Missverständnis. Duns verteidigt nicht, dass es kein Sabbatgebot geben sollte. Es ist jedoch nicht aus dem eigenen Charakter irgend eines Tages abzuleiten.

In dieser Sicht der Dinge kann der Wille nicht ins Abseits gedrängt werden. Vielmehr muss er eingeschaltet werden, um den entscheidenden Ausschlag zu bringen. Freilich nicht auf willkürliche oder unredliche Weise, sondern auf eine gut vertretbare Weise. Jedoch gibt es verschiedene gute Alternativen, das Sabbatgebot konkret zu gestalten. Welcher Ausschlag sich auch ergeben wird, gerade dadurch wird dann der gute Sabbatcharakter dieses Tages konstituiert. Wenn Gott den kontingenten Raum auf diese oder jene Weise füllt, dann ist es für uns das einzig richtige und gute, gemäß dieser Füllung zu handeln. Hiermit schleicht sich kein Relativismus ein, obschon das Gebot inhaltlich kontingent bleibt. Somit bleiben hier Veränderung, Dispensation und – bei struktureller Verschiebung bestimmter Umstände – Verbesserung offene Möglichkeiten.

In diesem Licht können wir den endemischen Vorwurf gegenüber der Ethik des Scotus betrachten, der von Anthony Quinton ziemlich unverblümt folgendermaßen formuliert ist: 'Things are good because God wills them and not vice versa, so moral truth is not accessible to natural reason'.[11] So wird die Sache auf das simplizistische Dilemma eines extremen Nominalismus versus Aristotelismus in der Ethik zugespitzt. Wenn jedoch beide unrecht haben sollten, müsste es mindestens noch einen dritten Weg geben. Wenden wir uns Duns zu. Gottes Wille ist als solcher ein guter

[11] *British Philosophy*, in: *The Encyclopedia of Philosophy I*, New York / London 1967, 373.

Wille, weil Gott ausschließlich gut sein kann und gut handeln kann. Dennoch trifft die Behauptung *Etwas ist gut, weil Gott es will* nicht zu, weil notwendige ethische Wahrheiten schlichtweg strikt äquivalent sind mit notwendigen Wissensakten Gottes, so dass hier überhaupt kein ontologischer Spielraum für kontingente Willensakte Gottes vorhanden ist. Aber auch in bezug auf das Kontingente ist die willensmäßige Konstitution vom Guten her qualifiziert. Tatsächlich ist etwas ohne dieses Wollen keine gute Norm. Zwar erhält es diesen Charakter nur wegen der göttlichen Weisung, aber die eigene Gutheit dessen, was Gott will, ist prinzipiell einleuchtend, und Gott selbst weiß mit vollkommener Deutlichkeit die großen Antworten auf die Fragen, weshalb er etwas will, tut, befiehlt oder für gut hält.

Auch die Ethik darf den königlichen Weg des *fides quaerens intellectum* beschreiten. Gegen Quintons 'natural reason' hätte Duns wegen des evidentialistischen Charakters einiges einzuwenden, doch an dessen Stelle setzt Duns *ratio naturalis* als eine methodische, für jedermann zugängliche notwendige Argumentation. Jeder entscheidende Faktor bekommt seinen eigenen natürlichen Ort.

Wir können auch für Harris' Dilemma einen Ausweg finden. Im Gegensatz zu Quinton hat Harris sicherlich einen scharfen Blick für den eigenen Charakter der Ethik des Duns: 'His insistence on the distinction between will and desire enables him to grapple more adequately with the psychological analysis of the ethical problems and lends his thinking a deeper insight into the facts of moral experience than was displayed by any Christian thinker since the days of Augustine.'[12] Er sieht auch gut, dass 'Voluntarismus' eine irreführende Bezeichnung ist, aber dennoch gibt es nach Harris eine flimmernde Widersprüchlichkeit zwischen dem Willensaspekt und Duns' These, dass die Gutheit einer Handlung auf 'right reason' (*ratio recta*) beruht: 'It is only by a frank recognition of this antinomy that we can hope to avoid the one-sided interpretation in which his teaching has so often been distorted.'[13]

Was aber bedeutet hier *'ratio recta'*? Wir können das nicht ohne weiteres mit *Naturgesetz* oder der aristotelischen *natürlichen Vernunft* gleichsetzen. Duns verwendet diesen Terminus unter anderem in seiner Ableitung des Gebotes, Gott lieb zu haben:

---

12 C.S.R. Harris: *Duns Scotus I*, Oxford 1927, 303.

13 *Ebd.*, 335.

'Die Tat, Gott über alles zu lieben, ist eine Tat, die richtig und gemäß einer richtigen Argumentation (Struktur) geordnet ist, weil sie mit einer richtigen Argumentation übereinstimmt, die vorschreibt, dass das höchste Gut in höchstem Maße geliebt werden muss.'[14]

Aus selbstevidenten ontologischen und ethischen Prinzipien wird das Gebot zur Tat des Liebhabens auf eine korrekte Weise abgeleitet. Wie ein *actus rectus* eine richtige oder ordentliche Tat ist, ist eine (nicht: die) *ratio recta* eine korrekte oder ordentliche Argumentation. Dieses Element steht also nicht der Willensdimension gegenüber, sondern ist in diese und in die ganze Ethik integriert. Anders als bei Harris ist selbst der Anschein einer Widersprüchlichkeit nicht vorhanden.

3. Kontingente Ethik

Weil sich im soeben besprochenen Themenbereich die Fallstricke und Dilemmata ergeben, die über den eigenen methodologischen Charakter der Ethik des Duns hinausgehen, empfiehlt es sich, die ethische Sprache und deren Hintergründe in diesem Zusammenhang ein wenig gründlicher zu erkunden. Als Ausgangspunkt hierzu dient der kleine Schlüsseltext *Lectura* III 37: Sind alle Gebote in ihrem Wesen naturgesetzlich?[15] Dieser Text stammt aus dem Jahr 1303. Die schöne Ausarbeitung in *Ordinatio* III 37 müsste auf 1306-07 zu datieren sein. Das Thema des genannten Textes ist der Status der ethischen Vorschriften des Dekaloges. Allerdings müssen wir des richtigen Verständnisses halber sofort einen konkreten 'Störsender' signalisieren. Er meldet sich auch augenblicklich in *Lectura* III 37,4 im dritten Objectum:

'Bei einem Naturgesetz scheint Gott keine Freistellung gewähren zu können (*dispensare*), weil sie ihre Rechtfertigung aufgrund eines notwendigen Prinzips haben. Deshalb kann Gott solch ein Gesetz nicht zu einem

---

[14] *Lectura* III 27, 3 (*Codex* 206, f. 84r): 'Actus diligendi Deum super omnia est actus rectus et secundum rectam rationem ordinatus, [...] quia consonum rationi recte que dictat summum bonum summe diligendum.' Hier wird auch die entscheidende Struktur zwischen Prinzipien und Schlussfolgerungen deutlich formuliert: 'Intellectus circa principia prima quibus maxime adheret in quibus virtualiter (strukturell) includuntur omnes conclusiones (Thesen) posteriores.' Siehe *Vivès* XXIII 480a und vergleiche *Ordinatio* III 27 in WOLTER: *Will and Morality* (s. Anm. 2), 424.

[15] Siehe *Codex* 206, f. 102r-108v, vom Balliol College. C. BALIC hat eine vorläufige Edition dieses Textes angefertigt: *Les commentaires de Jean Duns Scot*, Löwen 1927, 342-345. Für *Ordinatio* III 37 ist hier *Opus Oxoniense* III 37 gut brauchbar. Ein semidefinitiver Text hiervon findet sich in WOLTER: *Will and Morality* (s. Anm. 2), 268-287.

unwahren machen. Dennoch hat Gott in bezug auf das Gebot vom Töten Dispensation gewährt – Gen. 22: Töte deinen Sohn. Und beim Gebot vom Diebstahl: Exodus 22, hinsichtlich der Ägypter'.[16]

Es ist ohne weiteres offensichtlich, wie dieser Störsender den großen mittelalterlichen Theologen, und gewiss nicht nur Duns, beträchtliches Kopfzerbrechen bereitet hat. Hier prallt ihre eigene ethische Reflexion auf die zarte, aber strenge Autorität der Heiligen Schrift. Vor allem Genesis 22 ist ein Angstgegner, und Duns hat hiermit gewaltig gerungen. Wenn der Ausweg einer historischen Nuancierung und der Dynamik einer fortschreitenden Offenbarungsgeschichte nicht offen liegt, ist dieses Dilemma tatsächlich sehr drückend.[17]

Hilfreich für das Verständnis der theoretischen Sprache in dieser Ethik ist die Weise, wie Duns die Opposition in *Lectura* III 37,7 wiedergibt:

'Ein Naturgesetz ist eine Regel, die aus ersten Prinzipien, die hinsichtlich unserer Handlungsmöglichkeiten bekannt sind, abzuleiten ist'.

Prinzipien sind selbstevidente notwendige Wahrheiten, deren Wahrheit aufgrund einer Analyse der Termini ersichtlich ist, 'denn in den praktischen Dingen gibt es erste Prinzipien, die aufgrund der Termini bekannt sind, ebenso wie in den theoretischen Dingen, und das sind Keimzellen eines Naturgesetzes, wozu der Verstand auf natürliche Weise neigt, um es andererseits korrekt zu diktieren. Deshalb gilt ein solches Sein kraft eines Naturgesetzes, das indirekt oder direkt aus solchen (Prinzipien) notwendigerweise abgeleitet werden kann.'[18]

Hiermit ist der Naturbegriff glasklar geworden, und im Rahmen dieses Naturbegriffes interpretiert Duns auch die alternative Theorie, die er zurückweist. Ein *Naturgesetz* (*lex naturae*) ist eine ethische Regel, die aus notwendigen wahren Prinzipien abzuleiten ist. Ethische Prinzipien wiederum sind axiomatische Sätze. Die Art der Ableitung tut nichts zur Sache. Sie kann sowohl direkt als auch indirekt sein. Der entscheidende Punkt ist die Verdeutlichung der Termini '*lex naturae*' (*Naturgesetz*) und '*ius naturale*' (*Naturrecht*). Der naturalistische Nebel des Ontologismus hat sich

---

16 Siehe *Codex* 206, f. 102r, und BALIC: *Les commentaires* (s. Anm. 15), 343, und vgl. WOLTER, *Will and Morality* (s. Anm. 2), 270 (lateinisch) und 271 (englisch).

17 Vgl. WOLTERS Erklärung in *Will and Morality* (s. Anm. 2), 60-62.

18 *Ebd.*: 'Lex naturae est lex descendens a primis principiis notis operabilibus. Nam in operabilibus sunt aliqua prima principia nota ex terminis, sicut in speculabilibus, et illa sunt seminaria legis nature ad que inclinat naturaliter intellectus ut rect dictet ex alia parte. Ideo esse tale est lege nature quod ex talibus potest mediate vel immediate educi necessario.'

schlichtweg aufgelöst, da die entsprechenden Sätze sprachanalytisch und argumentationstheoretisch freigelegt wurden.

Ein Prinzip ist ein Satz, der axiomatisch ist[19]

und

ein Naturgesetz ist ein ethischer Satz, der aus ethischen Prinzipien ableitbar ist und infolgedessen a priori ist.[20]

Die Wahrheit von Prinzipien ist sprachanalytisch einsichtig (*semantisches Niveau*).

Die Wahrheit von Naturgesetzen ist deduktionstheoretisch einsichtig (*logisches Niveau*).

Indem hiermit das scotische Konzept des *Naturgesetzes* zusammen mit der Notion des 'natürlichen Wissens' verdeutlicht ist, ist zugleich auch der Term '*ius naturale*' (*Naturgesetz*) erhellt. In seiner eigenen Antwort in *Ordinatio* III 37 zitiert Duns das *Decretum Gratiani*, wobei deutlich wird, dass er '*Naturrecht*' (*ius naturale*) und '*Naturgesetz*' (*lex naturae*) miteinander identifiziert.[21]

Auch jetzt ist Duns' Stellungnahme zu Gottes Dispensierung der Gebote deutlich: Ethische Sätze, die axiomatisch a priori verdeutlicht werden können, sind nicht dispensierbar. Sowieso ist 'Dispensierung' für Gott eine unmögliche Eigenschaft. Dispensierung im Sinne von 'Freistellung gewähren' ist unmöglich, Dispensierung im Sinne von 'eine Regel aufheben und verändern' ist möglich, aber nur im Falle kontingenter Regeln, Vorschriften und Gebote.

Duns weist also zwei Optionen von der Hand:

1. Gott kann ungerechte Befehle geben[22] und

2. alle ethischen Sätze des Dekaloges sind notwendige Gebote.

---

19 Siehe zu 'axiomatisch' *KN*, 195: 'p is axiomatisch voor a $=_{def}$ p is zeker voor a en p is noodzakelijk waar' (Übersetzung: 'p ist axiomatisch für a $=_{def}$ p ist sicher für a und p ist notwendigerweise wahr').

20 Siehe zu 'a priori wissen' *KN*, 196.

21 Siehe WOLTER: *Will and Morality* (s. Anm. 2), 276 (lateinisch) und 277 (englisch). Vergleiche *Ordinatio* IV 17 nach dem Text bei WOLTER: *Will and Morality* (s. Anm. 2), 262 (lateinisch) und 263 (englisch).

22 Siehe *Lectura* III 37,9 (*Codex* 206 f. 102r), und BALIC: *Les commentaires* (s. Anm. 15), 343.

Im Rahmen der letzten Option wäre die einzige Möglichkeit: Gott befiehlt etwas, weil es gut ist, und Gott verbietet etwas, weil es schlecht ist.[23] Für Gott käme es dann von vornherein nicht in Betracht, eigene kontingente Befehle zu geben.

Damit ist deutlich geworden, wie Duns Scotus die Option des Thomas von Aquin analysiert: Alle Gebote des Dekaloges wären dann notwendige moralische Wahrheiten. Auch ist deutlich, was in Duns' Augen unmöglich ist: Sämtliche Handlungsprobleme könnten auf diese analytisch-deduktive Weise nicht gelöst werden. Das würde dann die unwürdige Notion '*über dem Gesetz stehen*' mit sich bringen.

Dennoch gibt Duns sowohl in *Lectura* III 37 als auch in *Ordinatio* III 37 eine bejahende Antwort auf die Frage: Sind alle Gebote des Dekaloges naturgesetzlich? Diese Antwort beruht auf der Unterscheidung zwischen Naturgesetz im striktesten Sinne[24] und Naturgesetz im weiten Sinne.[25] Naturgesetze im strikten Sinne sind hier in *Ordinatio* III 37 moralische Prinzipien, die axiomatisch oder a priori bekannt sind. Die moralischen Prinzipien werden nunmehr explizit in den Begriff des Naturgesetzes eingeschlossen. Der natürliche Charakter dreht sich vollständig um Essentialität und Notwendigkeit.

Im diesem Sinne sind, nach der Zählung des Duns, das erste und zweite Gebot des Dekaloges wie auch *Gott ist liebenswert* und *Gott darf nicht gehasst werden*, Naturgesetz im strikten Sinn des Wortes. Im zweiten, weiten Sinne des Wortes sind die Gebote der zweiten Tafel Naturgesetz: Sie sind nicht notwendigerweise wahr, aber sie harmonieren mit dem, was moralisch notwendigerweise gilt und sind darum Naturgesetz '*large loquendo*'.[26]

Das Sabbatgebot, welches das dritte Gebot der ersten Tafel ist, nimmt eine interessante Zwischenstellung ein: Das Sabbatgebot oder Sonntaggebot ist

---

23 Siehe WOLTER: *Will and Morality* (s. Anm. 2), 272.

24 WOLTER: *Will and Morality* (s. Anm. 2), 276: 'Uno modo tamquam prima principia practica nota ex terminis vel conclusiones necessario sequentes ex eis et haec strictissime dicuntur de lege naturae. Et rationes contra primam opinionem probant quod in talibus non potest esse dispensatio et de istis, secundo, in canone *Decreti*, quarta distinctio in fine, ubi dicitur 'ius naturale coepit ab exordio rationalis creaturae nec mutatur tempore, sed immutabile permanens' – quas concedo'.

25 WOLTER: *Will and Morality* (s. Anm. 2), 278: 'Alio modo dicuntur aliqua esse de lege naturae, quia multum consona illi legi, licet non necessario consequantur ex primis principiis quae nota sunt ex terminis et omni intellectui necessario nota'.

26 *Ebd.*, 280.

kein Naturgesetz in diesem strikten Sinne des Wortes, aber das Gebot der Ruhezeit ist sehr wohl ein solches.[27]

Von dieser Präzisierung von '*natürlich*' her kritisiert Duns auch die augustinistische Definition des Gratianus, der '*natürlich*' als 'in Übereinstimmung mit Gesetz und Evangelium' auffasste. Duns' Korrektur hat jedoch nichts mit einer Naturalisierung der Ethik zu tun, ebensowenig wie es etwas mit Säkularisation oder Säkularismus zu tun hat, dass er die notwendige Theologie methodologisch in den Mittelpunkt stellt. Die Begriffsbestimmung von '*natürlich*' bleibt klassisch augustinistisch: im strikten Sinne in Übereinstimmung mit der göttlichen Natur.[28]

Für ein weiteres Durchdenken der kontingenten Ethik sind sicherlich die historische Denkweise und die Notion einer dynamischen Offenbarungsgeschichte unverzichtbar. Sowohl Thomas als auch Duns versuchten das 'Dispensationsproblem' systematisch zu lösen, obwohl es teilweise nur religions- und offenbarungshistorisch zu lösen ist.

4. Tugendhaft Mensch sein

Der Platonismus hat im Mittelalter keine wesentliche Rolle gespielt. Es wäre allerdings recht verwirrend, das mittelalterliche Denken deshalb als aristotelistisch abzustempeln. Regelrecht irreführend wäre es, die Ethik und Anthropologie des Duns als eine Variante des Aristotelismus zu betrachten. Duns behandelt das *corpus aristotelicum* nuanciert und lässt die aristotelischen Notionen der Tugend und des Willens so viel wie möglich zu ihrem Recht kommen. In inhaltlicher Hinsicht jedoch ist das, was er zu bieten hat, ganz und gar eine Alternative. Ihren weiteren Kontext bildet die Theorie der Kontingenz. Zudem ist die anselmianische Unterscheidung zwischen *etwas Gutes, das uns angenehm ist* (*bonum commodi*) und *etwas Gutes, das als ein solches gut ist* (*bonum iustitiae*) entscheidend. Auf dem ersten Niveau gehen wir aus von dem, was uns gut tut und der Kontinuität unserer Existenz und unseres Wohlbefindens dient. Es ist das Niveau von Speise und Trank. Auf dem zweiten Niveau sind wir 'outgoing' auf anderes gerichtet und gerade davon gefesselt, dass es in sich selbst gut ist. Ich wünsche es nicht für mich selbst, sondern dieses altruistische Niveau rückt das Gute des anderen und das Gute für den anderen in den Mittelpunkt.

---

[27] *Ebd.*, 278.

[28] Siehe WOLTER: *Will and Morality* (s. Anm. 2), 60, im Zusammenhang mit *Ordinatio* IV 17 (*ebd.*, 57-60 und 262-269).

Duns koppelt nun diese Hauptlinien an den Kern der Anthropologie: Die Existenz und das Handeln einer Person drehen sich um die zentralen Vermögen des *Wissens* und *Wollens*. Die Frage: Warum tust du das? ruft nach einer Antwort im Rahmen unseres Wissens und Wollens. Dazu müssen wir etwas wissen und auch etwas wollen. Das bringt wieder ein 'wissen wollen' und ein 'wissen, was wir wollen' mit sich. Dieses 'wissen und wollen können' kann wiederum auf zwei Weisen aktualisiert werden: Wir können dieses Gute und Tugendhafte im Leben erobern (*erworbene Tugenden*), oder es ohne weiteres geschenkt bekommen (*geschenkte oder eingegossene Tugenden*). Damit haben wir die Ingredienzen vor Augen, mit denen Duns eine 'Existentialanalyse' der Tugend bietet.

In der Ethik zur Zeit des Duns herrscht ein Wildwuchs an Intuitionen und Reflexionen über Tugenden, Gaben, Seligsprechungen ('beatitudes') und Geistesfrüchte. Duns sorgt hier drastisch für Ordnung. 'Ockhams Rasiermesser', das treffender als 'razor Scoti' bezeichnet werden kann,[29] ist voll im Einsatz. Dutzende Entitäten werden in die Hauptstruktur von sieben Tugenden zurückgeführt. Diese wiederum gliedern sich in zwei Hauptgruppen: Die vier kardinalischen Tugenden und die drei theologischen Tugenden. Die Quelle der ersten Gruppe ist Aristoteles' Ethik, und die Quelle der zweiten Gruppe ist 1. Korinther 13,13. Die erste Gruppe enthält:

– eine intellektuelle Tugend (prudentia)

– drei moralische Tugenden.

Die zweite Gruppe enthält:

– drei theologische Tugenden (Glaube, Hoffnung und Liebe).

Das ist für Duns keine willkürliche Aufzählung. Seine Existentialanalyse wirkt hier strukturierend:

1. Wir haben einen Verstand (Wissen) und einen Willen. Es gibt die erworbenen intellektuellen Tugenden der rationalen Erfahrung (*prudentia* als 'mit ganzer Umsicht vorgehen') und des Glaubens, und es gibt Willenstugenden: die drei moralischen Tugenden sowie Hoffnung und Liebe.

2. Es gibt ein Prinzip des Erwerbs: Übung macht den Meister. Dann befinden wir uns bei den kardinalischen Tugenden. Außerdem gibt es den Geschenkcharakter der drei theologischen Tugenden.

---

29 *Ordinatio* III 34 (WOLTER : *Will and Morality* (s. Anm. 2), 348): „Pluralitas specierum non videtur ponenda sine necessitate manifesta". In *Lectura* II 2,99 findet sich ebenfalls der „razor Scoti", wie auch in *Ordinatio* IV 11,3 und 14 (Edition *Vivès* 17, 352 und 375).

Nun ist es so, dass unser Handlungsfeld, worin wir wollend und wissend stehen, vom Anderen und dem anderen bestimmt ist:[30]

Blühen wir kognitiv und rational im Hinblick auf den Anderen auf, dann haben wir *prudentia* (*wohlerwogene Einsicht*).

Blühen wir kognitiv im Hinblick auf den Anderen auf, dann haben wir *Glaube*.

Blühen wir von unseren Wollen in bezug auf Gott her im Hinblick auf uns selbst auf, dann haben wir *Hoffnung*.

Blühen wir von unserem Wollen her im Hinblick auf Gott um seinetwillen auf, dann haben wir *Liebe*.

Blühen wir von unserem Wollen her im Hinblick auf den anderen und um seinetwillen oder ihretwillen auf, dann haben wir *Gerechtigkeit*.

Blühen wir, schließlich, von unserem Wollen in bezug auf den anderen her im Hinblick auf uns selbst auf, dann haben wir die Tugend x, für die wir keinen Term haben, von der jedoch *temperantia* (Mäßigung) und *fortitudo* (Mut) die beiden Hauptarten sind. Bei der ersten Art ist der Ausgangspunkt das, was wir verlangen können (*concupiscibile*), bei der zweiten das, was wir nicht vermissen wollen (*irascibile*). Das erste ruft unser Begehren wach, das zweite unseren Zorn oder unsere Rache.

Duns' Tugendlehre ist also eine Phänomenologie existentieller Funktionen. Sie ist schon immer theologisch gefüllt, weil Duns keine Verdoppelungsmethode auf die Gaben und Früchte des Heiligen Geistes anwendet, sondern diese mit den Tugenden in einem einzigen ethischen Raum zusammenhält. Die Wirklichkeit der Gaben und Früchte des Geistes und der Seligsprechungen füllt die Dimension der Natur.

In *Lectura* III 34 lautet die Frage sehr präzise: Sind die sieben Gaben und die acht Seligsprechungen (Seligkeiten = *beatitudines*) und die zwölf Früchte voneinander unterschiedene Akte?

---

[30] *Codex* 206, f. 96r: 'In habitibus sunt genera intermedia, que possunt dividi in species, ut habitus intellectus dividitur in scientiam, etc. Sic habitus appetitus est genus intermedium. Et prima divisione a parte sensitivi dividitur in habitum voluntatis et habitum appetitus sensitivi. A parte vero obiecti primo dividitur quod habitus ordinat ad alterum vel ad se'. Für die Ausarbeitung im Rahmen einer Existentialanalyse bin ich dem ausführlicheren Text in *Ordinatio* III 34 gefolgt: siehe WOLTER: *Will and Morality* (s. Anm. 2), 352 und 354. Duns' Besinnung legt hier ein enormes Wachstum an den Tag. In seinen letzten Jahren haben ihn Ethik, Recht und Politik immer mehr beschäftigt.

Das Thema der sieben Gaben geht auf die Septuagintavariante von Jesaja 11,2 zurück, wo das Hebräische sechs Gaben hat: 1. Weisheit (*sapientia*), 2. Verstand (*intellectus*), 3. Rat (*consilium* oder *consiliatio*), 4. Stärke (*fortitudo*), 5. Erkenntnis (*scientia*) und 6. Furcht (des Herrn) (*timor*), wobei die Septuaginta 7. Frommheit (*pietas, godliness*) ergänzt.

Das Thema der Seligsprechungen geht natürlich auf den Beginn der Bergpredigt, Matthäus 5,3-12, zurück: 1. die Armen im Geist (*paupertas* = Armut), 2. die Trauernden (*qui lugent*), 3. die Sanftmütigen (*mites*), 4. die hungern und dürsten nach Gerechtigkeit (*iustitia*), 5. die Barmherzigen (*misericordes*), 6. die Reinen im Herz (*mundo corde* – die reinen Herzens sind), 7. die Friedensstifter (*pacifici*) und 8. die Verfolgten (*persecutio* = Verfolgung).

Das Thema der zwölf Geistesfrüchte geht zurück auf die Liste der neun Früchte beim Apostel Paulus in Galater 5,22: Liebe, Freude, Friede, Langmut, Freundlichkeit, Güte, Treue, Sanftmut und Selbstbeherrschung, ergänzt um die drei zusätzlich in der Vulgata erwähnten Früchte der Geduld, Bescheidenheit und Keuschheit.

Wenden wir uns zunächst den Seligsprechungen zu. In *Lectura* III 34 werden die Arten des Glücks (*beatitudo*) der Seligsprechungen aus Matthäus 5 bereits auf dieselbe Weise strukturiert, wie es in *Ordinatio* III 34 der Fall sein wird. Nach Duns sind die Seligsprechungen offenbar voll und ganz auf den menschlichen Willen bezogen, denn die intellektuellen Tugenden der guten Umsicht und des Glaubens identifiziert er nicht mit einer Seligsprechung. Zur Einordnung dieser acht Seligsprechungen ist eine Erweiterung der moralischen Tugenden erforderlich:

1. Gerechtigkeit (iustitia)

– 1.1 *liberalitas* (oder iustitia),

– 1.2 *praesidentia*,

– 1.3 *amicitia*.

2. Mäßigung (temperantia)

– 2.1 *humilitas*,

– 2.2 *temperantia*.

3. Mut (fortitudo).

Dazu kommen noch die theologischen Tugenden Hoffnung und Liebe.

Bei der Tugend der Gerechtigkeit geht es stets um den anderen. Duns findet das auf drei Weisen in den Seligsprechungen: Die Freude über den anderen findet ihren Ausdruck in einer Freiheit und Freigiebigkeit, die unser ‘Salvator’ als die *misericordia* der Barmherzigkeit bezeichnet. Die Gerechtigkeit der Macht wird im Herrschen *(praesidentia)* der Friedensstifter ausgetragen. Gerechtigkeit als das Vom-anderen-gerührt-Sein findet in der Freundschaft der Sanftmütigen ihren Weg.

Schon Augustinus hatte die Armut im Geist mit Demut (*humilitas*) identifiziert, und Duns folgt ihm hierin. Die *humilitas*, die Mäßigung des Ehrgefühls und die Mäßigung der Wollust oder des Vergnügens bezieht Duns auf die im Herzen Reinen. Duns’ Interpretation der Tapferkeit schließlich weicht maximal von der aristotelischen Sichtweise ab. Er sieht sie bei denjenigen, die eine Glaubensverfolgung erleiden, verkörpert.

Vielleicht den meisten Tiefgang hat Duns’ Erklärung der Hoffnung und Liebe. Die Hoffnung ist die Tugend der Trauernden (Matthäus 5,4), und die Liebe als caritas, will sagen: das Für-jemanden-lieb-und-teuer-Sein, ist die Tugend derjenigen, die hungern und dürsten nach Gerechtigkeit (Matthäus 5,6).

So kommt bei Duns die komplette Existenz als Wille in bezug auf den Nächsten, auf uns selbst und auf Gott ins Bild.

In der Bibel kommen jedoch wie gesagt nicht nur die Seligsprechungen, sondern auch die Geistesgaben zur Sprache. In Jesaja 11,2 wird ‘der Geist der Weisheit und des Verstandes, der Geist des Rates und der Kraft, der Geist der Erkenntnis und Furcht des Herrn’ erwähnt. Hier kommt dieselbe Methode zum Einsatz: keine Verdoppelung, sondern eine Auslotung in der Tiefe. Wir erhalten dann folgendes Bild:

1. Consilium	(Rat)	– prudentia.
2. Fortitudo	(Stärke)	– fortitudo.
3. Timor	(wie *humilitas*)	– temperantia.
4. Pietas	(Frommheit)	– iustitia.
5. Sapientia	(Weisheit)	– caritas.
6. Intellectus	(Verstand)	– fides.
7. Scientia	(Wissen)	– [ebenfalls fides].

In Galater 5,22 schließlich bietet Paulus seine berühmte Aufzählung der Geistesfrüchte: 1. Liebe (*caritas*), 2. Freude (*gaudium*), 3. Friede (*pax*), 4. Langmut (*longanimitas*), 5. Freundlichkeit (*benignitas*), 6. Güte (*bonitas*), 7. Treue (*fides*), 8. Sanftmut (*mansuetudo*) und 9. Selbstbeherrschung (*continentia*). Duns spricht jedoch wie bereits erwähnt von zwölf Früchten, da er in seiner Vulgata noch auf drei weitere stößt: Geduld (*patientia*), Bescheidenheit (*modestia*) und Keuschheit (*castitas*). Friede ist dann um Geduld erweitert, Treue um Bescheidenheit und Selbstbeherrschung um

Keuschheit. Diese zwölf Früchte nun zergliedert Duns in Eigenschaften, die er jeweils als Frucht der Tugenden identifiziert, und in die drei theologischen und die vier moralischen Tugenden.[31] Diesmal ergibt sich folgendes Bild:

1.	Caritas	(Liebe)	– caritas
2.	Gaudium	(Freude)	– Frucht aller Tugenden
3.	Pax	(Friede)	– Frucht aller Tugenden
4.	Patientia	(Geduld)	– fortitudo[32]
5.	Benignitas	(Freundlichkeit)	– iustitia (amicitia)[33]
6.	Bonitas	(Güte)	– iustitia (liberalitas)[34]
7.	Longanimitas	(Langmut)	– spes[35]
8.	Mansuetudo	(Sanftmut)	– iustitia (misericordia)
9.	Fides	(Treue)	– fides (Glaube)
10.	Modestia	(Bescheidenheit)	– prudentia
11.	Contingentia	(Selbstbeherrschung)	– temperantia (imperfecta)
12.	Castitas	(Keuschheit)	– temperantia (perfecta).

So finden wir bei 1, 7 und 9 die drei theologischen Tugenden Glaube, Hoffnung und Liebe wieder, in 4, 5, 6, 8, 10, 11 und 12 die moralischen Tugenden, während 2 und 3 für Duns das existentielle Aroma vergegenwärtigen, welches ein Leben in Tugenden ausströmt und verkörpert. Dabei geht es um die Dimensionalität der einen gläubigen Existenz. Global genommen fallen die Wirklichkeiten der Tugenden, Seligkeiten, Gaben und Früchte zusammen, und dabei wird nicht so sehr jeder Naturalismus und Supranaturalismus von der Hand gewiesen, sondern sie sind vielmehr schlichtweg beide abwesend in der einen kohärenten Wirklichkeit des *fides quaerens intellectum* (Augustinus, Anselm). Die Früchte, Gaben, Seligsprechungen und Tugenden sind nur *expliciter* voneinander unter-

---

[31] *Lectura* III 34 (*Codex* 206, f. 96v-97r): 'Ideo hic huiusmodi quattuor virtutes cardinales et tres theologicas sequitur gaudium et pax. Iste virtutes sunt fructus. Sequitur enim gaudium esse actum virtutis et pax.'

[32] In *Lectura Parisiensis* III 34 (*Codex* 206, f. 96v) hat Duns in seiner Identifikation aus Versehen die Geduld übersehen.

[33] In der *benignitas* sieht Duns die Sanftmut der Seligsprechungen: Gerechtigkeit ist Wohlwollen!

[34] Wir sehen hier deutlich die anselmianische Linie.

[35] In *Lectura* III 34 werden *longanimitas* und *spes* sofort aufgezählt. In *Ordinatio* III 34 realisiert Duns, dass *spes* in Galater 5,22 nicht vorkommt. Er findet sie in der *longanimitas* wieder. Solche Korrekturen weisen deutlich auf den späteren Charakter von *Ordinatio* III 34 hin.

schieden, die Tugenden sind sogar *realiter* unterschieden. In dem einen Phänomen zeigt sich das augustinische Einheitsdenken, im anderen das scotische Kontingenzdenken.

5. Meineid

Duns' Behandlung des Meineids ist ein schönes Beispiel dafür, wie er eine klare Analyse mit pastoralen Hinweisen und menschlicher Milde zu verbinden versteht. Manche akademischen Intellekte sind scharf, ohne scharfsinnig zu sein. Der scharfsinnige Lehrer (*doctor subtilis*) ist jedoch scharfsinnig, ohne beißend scharf zu sein. Zugleich zeigt seine Behandlung auch eine besondere theologische Präzision, die in tiefen Ernst ausmündet. Wählen wir unseren Ausgangspunkt beim alltäglichen Leben.

Ist Meineid wirklich so schlimm? Der Mensch kann sich doch irren oder unbedacht in etwas hineingeraten? Wenn jemand ohne nachzudenken schwört und das, was dabei auf dem Spiel steht, von geringer Wichtigkeit ist, warum sollte man dann hier von einer schweren Sünde sprechen müssen? Ist nicht die Mehrheit der alten Tradition der Meinung, dass solch eine moralische Nachgiebigkeit erst dann ein ernster Fehler ist, wenn sie zur Gewohnheit wird?

Duns lässt sich auf diese Nachgiebigkeit nicht ein. Außerdem verwirft er die Hypothese, dass erst eine angelernte und angeeignete Gewohnheit dem moralischen Wert einer Tat Ernst verleiht. Eine individuelle Tat müsste dann nicht unbedingt diesen entscheidenden individuellen Wert haben. Seine Argumentation ist sehr direkt: Wenn die erste Tat keine ernste Sünde ist, dann ist es die zweite auch nicht.[36] Dies geht auf das Prinzip zurück, dass, wenn Tat Nummer eins einen bestimmten Charakter nicht hat, Tat Nummer zwei diesen Charakter auch nicht hat, weil man hier ganz einfach nichts mit Zählen anfangen kann. Kurzum: Gewohnheit ist ethisch irrelevant,[37] obwohl sie in der Gesamtheit der Umstände eine Rolle spielen kann, die gewiss bei der moralischen Beurteilung einer Tat berücksichtigt werden muss. Ist diese Regel, die Gewohnheit als konstitutiven Faktor ausschaltet, in der Praxis nicht viel zu wenig nuanciert?

---

36 *Ordinatio* III 39 nach WOLTER: *Will and Morality* (s. Anm. 2), 505: 'Si primus actus periurandi non est peccatum mortale, igitur nec quicumque alius etiam ex quocumque fiat, quia habitus inclinans non potest facere actum graviorem'.

37 *Ebd.*, siehe WOLTER: *Will and Morality* (s. Anm. 2), 506: 'Videtur igitur posse dici quod habitus vel consuetudo nihil facit ad propositum'.

Es geht hier um zwei verschiedene Dinge: Wenn erst die Gewohnheit einer Tat Ernst verleiht, verliert die individuelle Tat ihre moralische Bedeutung, aber das impliziert nicht, dass jede individuelle Tat moralisch genauso schwerwiegend ist. Ein Fehler, der gedankenlos, undurchdacht oder unabsichtlich geschieht, unterscheidet sich auch in moralischer Hinsicht durchaus von einer absichtlich verkehrten Tat. Wenn eine Tat wertvoll sein soll, muss sie ganz *menschlich* sein. Ein *actus humanus* ist für Duns eine wohlbewusste Tat, die auf Nachdenken und Überblick beruht, aber das muss dann auch für eine minderwertige Tat gelten.[38]

Eine ähnliche Nuance begegnet uns in Scotus' Unterscheidung zwischen dem Schwören in einer Situation, in der man exakt informiert ist, und einer solchen, worin lediglich von Wahrscheinlichkeiten die Rede sein kann. Es macht durchaus einen Unterschied, ob man vor dem Richter steht, wobei Gefangenschaft oder Leben und Tod auf dem Spiel stehen, oder ob man im Zusammenhang mit der Amtseinsetzung eines Würdenträgers Zeugnis ablegen muss. Widerspricht das Geschworene im ersten Fall der Wahrheit, so begeht man eine Todsünde, geschieht dies jedoch im zweiten Fall, so ist es verzeihlich.[39]

Duns muss wohl so nuanciert mit der Wirklichkeit umgehen, weil die Kontingenz, von der er so tief überzeugt ist und die er so klar gesehen hat, viele Zusammenhänge durchtrennt, die für das traditionelle logische Gefühl als notwendig galten.[40] Gerade weil er den Kern der Sache so deutlich vor Augen hat, kann er nuanciert sein. Unter Berufung auf Hebräer 16,16 definiert er den *Eid* folgendermaßen: Der Eid ist die Behauptung, dass das, was ein Mensch gesagt hat, wahr ist, wobei diese Behauptung bis zum Äußersten geht, weil bei Gott geschworen wird. Der Eid verschafft somit auch einem gesellschaftlichen Bedürfnis Abhilfe, da Unkenntnis und Lüge darin ihre eigene Rolle spielen, dieses Risiko jedoch gelegentlich ausgeschlossen werden muss. Der Eid ist das Radikalmittel, das hierfür er-

38 *Ebd.*: 'Sed periurium est ex pleno concessu et contra percepta prime tabule, et per consquens immediate avertens a fine ultimo, et ita nichil deficit sibi de ratione peccati mortalis. Si autem fiat periurium indeliberate, quantumcumque frequenter fiat, cum actus meritorius requirat quod sit plene humanus et ita ex deliberatione plena; et actus meritorius omnino illud requireretur (non enim est Deus pronior ad puniendum quam ad condonandum)'.

39 Siehe zum historischen Kontext der Gewohnheit, wonach Zeugen im Hinblick auf die Kanzleramts-, Rektorats- oder Bischofsamtskandidaten etc. schwören mussten, WOLTER: *Will and Morality* (s. Anm. 2), 112f.; vergleiche 508-511.

40 *Ebd.*, 504 und 506: 'Confirmatur quia habitus non potest esse gravior ... nisi ex actibus; ergo cum actus ex quibus generatur, sint veniales, habitus non faciet aliquam gravitatem mortalem in actibus elicitis ex habitu'.

funden wurde. Dabei wird Gott angerufen, der in seiner Allwissenheit die Wahrheit kennt und kraft seiner charakterlichen Integrität nicht lügen kann. Er, der nicht irrt und auch nicht irren kann, wird somit als Zeuge angerufen.[41]

Die Begriffsbestimmung von 'Eid' (*iuramentum*) gibt auch das ethische Urteil über Meineid (*periurium, perjury*) her: Gott als Zeugen der Unwahrheit anrufen und darbieten bedeutet, seiner Wahrhaftigkeit und Kenntnis zu spotten und läuft somit auf den eitlen Gebrauch seines Namens hinaus.[42]

Auf diesen Kernpunkt kommt Duns schlussendlich wieder zurück. Was ist der theologische Status des Verbotes, Meineid zu begehen? Petrus Lombardus sucht diesen im Charakter der Lüge, und ein Meineid wäre dann eine Sünde gegen die zweite Tafel.[43] Obwohl Duns einen Meineid letztendlich material auch als eine Lüge betrachtet, führt er seinen sündigen Charakter nicht darauf zurück. So kann er übrigens die Theorie über die Lüge von der Theorie über den Meineid absetzen. Der Meineid ist eine Doppelsünde: Er ist eine Lüge, aber der springende Punkt ist dann nicht, dass er nützlich oder sinnvoll sein könnte, sondern dass dieses 'overruled' wird, weil Gott entehrt wird. Es handelt sich um eine Sünde gegen Ehrfurcht und Respekt. Der Unterschied liegt eigentlich noch tiefer, denn man kann, so Duns, Meineid begehen ohne zu sündigen, wenn man in bezug auf die Zukunft zwar die Wahrheit spricht, aber Gott nicht anbetungsvoll als Zeugen anruft. Für Duns ist Meineid nämlich zutiefst eine Sünde gegen die erste Tafel des Gesetzes, für Lombardus gegen die zweite Tafel.

Da *Lectura* III 39 im Jahre 1303 verfasst wurde, so handelt es sich hier deutlich um einen früheren, weniger konstruierten, weniger durchdachten und weniger ausgearbeiteten Text. Die theologische Essenz (erste *versus* zweite Gesetzestafel) ist hier leichter zu verstehen als in *Ordinatio* III 39 (= *Opus Oxoniense* III 39), das bereits die Form eines Traktates anzunehmen beginnt. Der systematische Kern jedoch ist in dem früheren Text bereits ganz anwesend. Dennoch war es Duns offensichtlich später wichtig, diesen ethischen Stoff nochmals gründlich zu bearbeiten und zu erweitern, zu glätten und zu vertiefen. In seinen letzten Jahren rücken Ethik und politische Theorie zusammen mit der Christologie in den Vordergrund![44]

---

41 *Ebd.*, 504: erster Artikel.

42 *Ebd.*: zweiter Artikel.

43 Siehe hierzu Petrus Lombardus, *Sententiae* III 39.

44 *Lectura* III 39, die von C. Balic als *Lectura Completa* bezeichnet wird, ist in seinen *Les commentaires* (s. Anm. 15), 348-350, vorläufig herausgegeben. Der korrigierte *Ordi-*

6. Ausblick

Alasdair MacIntyre konfrontiert die Tradition (aristotelischer Thomismus) mit der Modernität der Aufklärung (*Enzyklopädie*) und der 'Postmodernität' der Aufklärung (Nietzsche: *Genealogie*).[45] Dabei stellt er sich auch die Frage, wie es doch möglich war, dass das spätere mittelalterliche und moderne Denken die Synthese von Plato und Aristoteles mit Augustinus übergehen konnte.[46] In logischer Sicht ist die Antwort einfach: Diese Synthese des Thomas von Aquin musste ja inkonsistent sein, weil die Hauptstruktur der Philosophien selbst inkonsistent ist.[47] Die antike Philosophie habe, ebenso wie der antike Mensch, nicht verziert werden, sondern gerettet werden müssen. Aber gerade dieses vollzog sich definitiv in der scotischen Revolution des Denkens, und die ethische Option des Duns Scotus ist, in den Fußstapfen des Augustin und Anselm, die einzige konsistente Alternative zur Enzyklopädie und Genealogie.[48]

Die Frage nach einer adäquaten Verantwortung für unser Handeln führt uns zurück zur Frage nach Gottes Existenz und Wesen. Dieser Spannungsbogen, der von der Gotteslehre und Ontologie bis hin zur praktischen Philosophie verläuft, ist genau der Spannungsbogen der Ethik des Duns. Der Determinismus der antiken Philosophie und Modernität wird von einer offenen Sicht auf eine offene Wirklichkeit abgelöst. Die Willkür und der Relativismus der 'Genealogie' werden ersetzt, indem der vernünftige Wille zentral gestellt wird. Der Egoismus des Utilismus wird durch den Vorrang des anderen überwunden. Die Abstraktheit einer Pflichtethik macht der Grundkategorie des persönlichen Individuellen Platz, und die christlichen Versuche hin zu einer Gebots- und Liebesethik werden dort integriert, wo sie ihr natürliches Recht haben, ohne dass die Ethik darauf zurückgeführt werden würde. In Situationen einer moralischen Erlahmung muss das Gebot die moralische Indifferenz durchbrechen, und die emotionale Willkür wird in der notwendigen Richtschnur der göttlichen Liebe aufgehoben.

Die ethische Entdeckerfreude findet in Gottes Handeln ihren Ruhepunkt. Letzten Endes können die definitive Güte und Vernünftigkeit nur in seinem Kommen zu uns entdeckt werden. Diese Einheit von Ethik und Inkarnation

---

natio III 39-Text ist zu finden in WOLTER: *Will and Morality* (s. Anm. 2), 500-519, vergleiche *ebd.*, 110-113 mit 106-109.

45 *Three Rival Versions of Moral Enquiry*, London 1990, Kapitel 7, 8 und 9.

46 *Ebd.*, vergleiche Kapitel 3 und 5 mit 159-169: 'In the aftermath of defeated tradition'.

47 Siehe *KN* I und 58-68 und 265-269.

48 *KN* II und VII.

bringt uns wieder zur ethischen Option des Duns Scotus und der evangelischen Menschlichkeit des Neuen Testaments zurück, aber auch wenn man mit MacIntyre traditionshistorisch argumentiert, landet man schlussendlich in der Geschichte des scotischen Denkens, weil dieses vom vierzehnten bis ins achtzehnte Jahrhundert den dominanten Traditionsstrom gebildet hat. Erst dann wird es langsam von einer neuen Renaissance des antiken Denkens zerrüttet, obwohl es erst in der Unwissenheit der Aufklärung entfällt. Nur im augustinischen Hauptstrom des christlichen Denkens erquickt uns konsistente Vernünftigkeit und winkt uns der Trost des Glaubens zu. Es handelt sich um die Option der ethischen Theologie!

25. Duns Scotus über Sklaverei

Antonie Vos

1. Einführung

Wenn wir die inspirierten Gedankengänge des Duns Scotus während der letzten Zeit seiner kurzen Lehrjahre von 1305-1308[1] in Paris untersuchen, entdecken wir eine Tendenz, die wir schon bei einem kurzen Überblick der *Lectura* III und der *Ordinatio* III feststellen: ein spektakuläres Anwachsen des Interesses an ethischen, sozialen und selbst ökonomischen Themen.[2]

In der ersten Jahreshälfte von 1303 hatte Duns Scotus zum ersten Mal einen großen Kurs über das vierte Sentenzenbuch gegeben und sich bei einem bestimmten Problem der Sklavenbehandlung kurz und gut auf die Seite des kanonischen Rechts begeben.[3] Offenbar hatte er keine Gelegenheit gefunden, das Problem gründlich zu erörtern. Aber *Ordinatio* IV, 36,1 zeigt ein ganz anderes Bild. Einer adäquaten Behandlung der Sichtweise des Duns Scotus zuliebe signalisiere ich einige Hauptprobleme aus der Geschichte der Sklaverei (§ 2). Duns Scotus' Anschauungen werden nach *Ordinatio* IV, 36,1 erörtert in § 3. Der letzte Paragraph (§ 4) gibt eine kurze Schlussbetrachtung.

2. Sklaverei in der Antike und in der Bibel

Sklaverei war eine sehr beachtliche soziale Einrichtung in der Antike, die sich in manchen Teilen der Welt jahrhundertelang hielt.[4] Sklaven und die Mehrheit der Frauen erfreuten sich nicht einer beneidenswerten Stellung in der antiken Gesellschaft. Aristoteles diskutierte verschiedene Modelle von Regierung (Demokratie, Oligarchie, Tyrannei) in ihrer bestehenden Verschiedenheit. Er führte die fundamentalen Fragen seiner politischen Theorie im bahnbrechenden Werk „Politik" ein, das ziemlich einflussreich

---

1 Siehe über diese Jahre: A. Vos: *The Philosophy of John Duns Scotus*, Edinburgh 2006, 86-102: Duns Scotus in Paris und Köln.

2 Siehe Vos: *The Philosophy* (s. Anm. 1), Kapitel 12: „Ethical structures and issues."

3 *Reportata Parisiensia* IV, 36,1.

4 Siehe über die ganze Frage der Sklaverei: *Slavery, Serfdom, and Forced Labour*, in: The New Encyclopaedia Britannica. Macropaedia XVI, Chicago / London 1977, 853-866.

im 13. Jahrhundert war: die Natur und die Funktion des Staates, die Bedeutung der Bürgerschaft und was einen Bürger ausmacht, und die Elemente der Verfassung. Was die Sklaverei betrifft, hielt er dafür, dass der Herr einen Sklaven wie ein Tier verkaufen kann, denn ein Sklave kann keine Handlungen besonderer Bedeutung ausüben, da er servile Handlungen auf Befehl des Herrn auszuführen hat.[5]

Viele politische Philosophen sahen Sklaverei als eine natürliche Gegebenheit an. Außerdem war Handarbeit für sie etwas Minderwertiges. Die Antike konnte sich schwer eine Welt ohne Sklaven vorstellen. In Teilen Griechenlands mögen etwa 90% der Bevölkerung Sklaven gewesen sein. Sie waren hauptsächlich für körperliche Arbeit verantwortlich.

Das alte hebräische Gesetz sagt uns, nicht die Frau unseres Nächsten zu begehren, auch nicht seinen Sklaven oder seine Sklavin, ebenso nicht Rind oder Esel, noch irgendetwas, was der Nächste besitzt (Exodus 20,17).[6] Was einem Besitzer gehört, ist sein Eigentum. Wenn auch das Alte Testament Interesse an der Barmherzigkeit gegenüber der Lage des Sklaven zeigt,[7] war die Situation des Sklaven noch zur Zeit Jesu nicht leicht.

Jesu Gleichnis vom Knechtslohn (Lk 17,7-19) skizziert die ganze Härte des Lebens eines Knechtes, wie die Zürcher Bibel milde übersetzt.[8] Es gab zwei Arten von Sklaven in den jüdischen Ländern. Da waren die „Kanaanitischen“ Sklaven, die Fremde waren, und „Israelitische“ Sklaven, die selbst Juden waren: „Es gab relativ wenig Sklaven im Land Israels, aber viele

---

5 Siehe über Aristoteles *Slavery, Serfdom, and Forced Labour* (wie Anm. 4), 856: „Slavery was not only good für the master, who was provided with living instruments, but for the slave, who received guidance that he was incapable of providing for himself.“

6 Hinsichtlich des Verbs „begehren nach“ müssen wir beachten, dass das hebräische Verb das mit „begehren“ übersetzt wird, eingentlich bedeutet: „klauen, stibitzen, sich schnappen“.

7 Siehe Chr. J. H. WRIGHT: *God's People in God's land. Family, Land and Property in the Old Testament*, Grand Rapids / Exeter 1990, Kapitel 8. Hiob 31,15 sagt: „Hat nicht der mich erschuf, auch ihn (= meinen Sklaven, meine Sklavin) erschaffen?“ Vergleiche Hiob 31,15 mit dem akkadischen Sprichwort: „Der Mensch ist der Schatten eines Gottes, ein Sklave der Schatten eines Menschen.“ Siehe WRIGHT: *God's People*, 239f. und 244-249.

8 „Unnütz“ und „unwürdig“, wie auch von „wertlos“ sind nicht glücklich gewählte Worte. „Achreios“ ist ein Ausdruck von Bescheidenheit und Humilität: wir sind armselige / bedauerliche Leute / Figuren. Siehe Joachim JEREMIAS: *Die Gleichnisse Jesu*, Göttingen 1984 (Zürich 1947), 192. Der Diener ist auch für Jeremias ein Knecht, aber dann ist das Gleichnis tatsächlich unverständlich. Dennetts originelle Übersetzung liest: profitable. Siehe Anmerkung 8.

Menschen nutzten sie. Jüdische Sklaven waren lästig und weniger angesehen."[9]

Im Kontrast zu den Israelitischen Sklaven, waren die Kanaanitischen Sklaven aus der religiösen Gemeinschaft ausgeschlossen und hatten nicht die Beachtung eines Israelitischen Sklaven. Ein Kanaanitischer Sklave hatte nicht das Recht zu heiraten und gehörte nicht formell zur Hausgemeinschaft. Dies wird im Gleichnis vom Knechtslohn gezeigt, denn es war dem ausländischen Sklaven nicht erlaubt, Tischgemeinschaft mit dem Herrn zu haben (Lk 17,8). Auf jeden Fall gab es Essen für ihn, aber eine gute Mahlzeit war nicht einfach ein Recht, wie das Gleichnis vom Verlorenen Sohn zeigt; denn die Schoten für die Schweine waren zu gut für seinen armen Magen (Lk 15,16).[10] Es war ein an Pflicht gebundenes Leben, aber es gab im Sklavenleben auch Hoffnung. Der Sklave konnte durch die freundliche und aufmerksame Weise seines Dienstes die Zuneigung und Gunst des fremden Herren gewinnen. Ein harter fremder Herr konnte seinem Sklaven dankbar sein, wenn dieser nicht einfach seine Anordnungen ausführte.

Die Geschichte der Sklaven hat Spuren im Jerusalem der Zeit Jesu hinterlassen. Viele freigelassene jüdische Sklaven sind nach Jerusalem zurückgekehrt und waren sogar imstande, dort eine Synagoge zu errichten. In den 30er Jahren des ersten Jahrhunderts wird sie die „Synagoge der Freigelassenen (liberti)" genannt, wie es in der Apostelgeschichte (Apg 6,9) heißt.[11] Sie wurden frei gelassen auf Grund der Gunst des Herrn.

Wir müssen feststellen, dass auch die christliche Einstellung unterschiedlich war: „Christliche ethische Einstellungen und Prinzipien taten einiges zugunsten beider (Sklaven und Frauen), ohne jedoch auf rechtliche Veränderungen zu drängen. Die Kirche hatte genug Mühen, die Belastung des Aufruhrs zurückzuweisen, ohne der Anschuldigung dieses Verständnis zu geben. Der heilige Paulus macht es deutlich, dass in der christlichen Familie

---

9 J. Duncan M. DERRETT: *The Parable of the Profitable Servant* (Luke XVII,7-10), Leiden 1986 (Studies in the New Testament, IV) 158 (157-166).

10 Siehe JEREMIAS, *Die Gleichnisse Jesu* (s. Anm. 8), 128-132.

11 In der *Zürcher Bibel*, Zürich 1967, lesen wir: „[...] aus der Synagoge, welche die der Libertiner und Cyrenäer und Alexandriner genannt wird." Die Mitglieder dieser Synagoge waren gewiss nicht Libertiner, Wüstlinge oder Freigeister. Die Zürcher Bibel hat noch eine hilfreiche Bemerkung: „In Jerusalem hatten sich Juden, die aus dem einen oder anderen fremden Land nach der Heimat zurückgekehrt waren, je eine eigene Synagoge erbaut. Nach Apg. 6,9 auch die Libertiner, d. h. Juden, die auswärts Sklaven gewesen waren und dann freigelassen worden waren, oder Nachkommen von solchen" (Anhang, S. 33).

alle gegenüber ihrem himmlischen Vater gleich sind, die Kirche aber keine Veränderung im zivilen Status der Sklaven durchführt (1 Kor 7,21).[12]

Aber solche Zugeständnisse waren nicht nach dem Geschmack des Duns Scotus.[13] Der christliche Glaube führte eine Bewegung herauf, die Lage der Sklaven zu verbessern. Besonders war die westliche Kirche sehr kritisch gegenüber den Gewohnheiten der Herren und Adeligen. Schon Papst Leo I. (440-461) verteidigte die Auffassung, dass echter Ruf zum Glaubensleben einen Grund darstellte, einen Sklaven zu befreien.[14] Reformbewegungen des elften, zwölften und dreizehnten Jahrhunderts bestätigten diese Richtung. Duns Scotus verteidigte ausdrücklich das Recht des Sklaven zu heiraten, auch eine freie Frau zu heiraten.[15]

Man muss einfach sehen, dass die Kirche in eine Welt der Sklaverei, die überall als eine soziale und ökonomische Institution der Struktur einer Gesellschaft angenommen war, hineingegründet wurde. Aber es ist schlicht falsch zu behaupten, wie es allgemeine Ansicht ist, dass in den Tagen des Duns Scotus Sklaverei noch ein allgemeiner sozialer Zustand war. Auch im dunklen Mittelalter gab es kaum noch Sklaverei in Flandern, Brabant, Holland und Seeland oder im Rheinland; es gab einen strengen Sinn für Freiheit im England des Duns Scotus.[16]

3. Duns Scotus über Sklaverei

Nach den einleitenden Pros und Kontras des Scotus war die grundlegende Frage die der Gerechtigkeit der Sklaverei; sie wurde behandelt im Zusammenhang des natürlichen und positiven Rechts in *Ordinatio* IV, 36. Alle Menschen sind frei nach dem Naturgesetz (*de lege naturae*) geschaffen,[17]

---

12 Henry CHADWICK: *Christian Doctrine*, in: J. H. B urns (ed.): *The Cambridge History of Medieval Political Thought, c. 350-c.1450*, Cambridge 1988, 15 (11-20), cf. 21-47.

13 Vgl. die letzte Antwort von *Ordinatio* IV 36, question 1 in: Allan B. WOLTER: *Duns Scotus on the Will and Morality*, Washington 1986, 526 (Latin) and 527 (English).

14 Vgl. Robert SOMMERVILLE: *Leo I*, in: Mircea ELIADE (ed.): *The Encyclopaedia of Religion* VIII, Chicago / London 1987, 514f.

15 Vgl. hierzu *Reportata Parisiensia* IV, 36, 1, in *Codex 206* des Balliol College (Oxford) mit dem korrigierten Text von *Ordinatio* IV, 36,1, in: WOLTER: *Will and Moraliy* (s. Anm. 13), 522-533. *Ebd.*, 114-123, findet sich auch eine schöne Besprechung der Frage, ob Sklaverei einer Ehe im Wege stehen kann.

16 Das Bedeutungsfeld von „servus“ ist ziemlich breit: Sklave, Höriger, ungelernter Arbeiter, Diener, Knecht, Pächter, Beamter, Arbeitnehmer, – vergleiche „dienen“ = servire. Der Gebrauch von „servus“ in einem mittelalterlichen Text macht nicht an sich klar, welche Art von Leuten gemeint ist.

17 Vgl. VOS: *The Philosophy* (s. Anm. 1), § 12,4.

wobei Sklaverei kraft eines positiven Rechts auferlegt sein kann. Nach dem Naturrecht frei zu sein, ist eine wesentliche Eigenschaft des Menschen; sie wird aus den ersten notwendigen Wahrheiten des menschlichen Wesens hergeleitet. Die Sache ist im Licht der Frage zu behandeln, was wesentlich zum Menschen gehört und ob Sklaverei akzeptiert werden kann. In der *Ordinatio* IV, 36, quaestio 1, beschränkt sich Scotus auf zwei Fälle:

1. *Ordinatio* IV, 36, quaestio 1 c. a.:

„Ich sage, dass die wertlose Sklaverei nur in zwei Fällen auf eine gerechte Weise auferlegt werden kann: einerseits, weil sich jemand freiwillig einer solchen Sklaverei unterworfen hat; eine solche Unterwerfung wäre aber unverantwortlich. Es ist gewiss gegen das Naturgesetz (d. h. im Streit mit dem eigenen Wesen), dass ein Mensch Abstand von seiner eigenen Freiheit nimmt. Wenn jemand das einmal gemacht hat, ist es trotzdem notwendig, sich daran zu halten, weil *das* gerecht ist.“[18]

2. *Ordinatio* IV, 36, quaestio 1 c. a.:

„Andererseits, wenn jemand die Gemeinschaft auf gerechte Weise regiert und sieht, dass Missetäter durch ihre Freiheit sowohl sich selbst als auch der Öffentlichkeit Schaden zufügen, kann eine Regierung sie mit Sklaverei bestrafen, genau wie sie Leute in bestimmten Fällen wegen des Gemeinwohles hinrichten kann.“[19]

Die zurückhaltende Zulassung in Punkt 1, dass Sklaverei in einer Menge von Fällen akzeptiert werden kann, ist ganz verschieden von einer ernsthaften Verteidigung der Sklaverei. Scotus verteidigt es nicht, unsere Freiheit aufzugeben. Aber es ist gerecht, unser Wort zu halten. Diese Seite der Sklaverei war damals ein besonderer Punkt der Diskussion. Mitglieder einiger neuer Orden, z. B. die zu Beginn des dreizehnten Jahrhunderts gegründeten Merzedarier, „waren nicht nur auf die Arbeit mit den Sklaven ausgerichtet, sondern fügten ein viertes Gelübde den üblichen drei der Armut, der ehelosen Keuschheit und des Gehorsams hinzu, d. h. selbst wie

---

[18] „Dico quod ista vilis servitus non potest esse juste inducta nisi dupliciter: uno modo, quia aliquis voluntate subiecit se tali servituti, sed talis subiectio fatua. Immo, forte contra legem naturae est quod homo libertatem suam a se abdicaret. Postquam tamen facta es, necesse servare, quia hoc est iustum.“ Vgl. WOLTER: *Will and Morality* (s. Anm. 13), 524. Punkt 1 und Punkt 3 finden sich auch auf dieser Seite.

[19] „Alio modo, si quis iuste dominans communitati, videns aliquos ita vitiosos, quod libertas eorum et nocet eis et rei publicae, potest iste punier eos poena servitutis, sicut et iuste posset eos occidere in ceteris casibus propter bonum rei publicae.“

Gefangene zu handeln, wenn es nötig wäre, um jene Christen unter den Mauren, deren Glaube in Gefahr war, zu befreien."[20]

Es scheint, dass dies dem Ohr des Scotus nicht gefiel, obwohl er schwere Opfer auf unserer Seite akzeptierte, aber nur als Ausnahme.

Der zweite Fall, in Punkt 2 behandelt, betrifft die Freiheit als einer möglichen Quelle des Schadens der betroffenen Person und des Gemeinwohles. Die Autoritäten können brutale Menschen mit Sklaverei bestrafen. Der erste Fall betrifft eine sehr vorsichtige Anerkennung des Rechts der Selbstbestimmung, so sei Gefangenschaft zu übernehmen, und der zweite Fall ist eine Entsprechung zum Gefängnis in der modernen Gesellschaft. In diesem letzten Fall ist Sklaverei eine bestrafende Präventivmaßnahme. Die alten Gesellschaften hatten nicht viele Mittel, Verbrechen zuvorzukommen, außer durch Sklaverei oder Todesstrafe.

Duns Scotus macht eindeutig klar, was er über den harten Kern der Sklaverei denkt, indem im Krieg Gefangene als Sklaven genommen werden. Diese Politik ist für ihn schlicht unakzeptabel. Darum soll der faszinierende Text hier ganz zitiert werden:

3. *Ordinatio* IV, 36, quaestio 1 c. a.:

„Wenn du sagst, dass es noch einen dritten Grund für Sklaverei gibt, da ja jemand ein Sklave wird, der zum Dienst bestimmt wird, wenn er als Kriegsgefangener im Krieg gerettet wird (servetur), und ihm somit der Tod erspart bleibt, bezweifel ich das, es sei denn, „Servus" (Sklave) würde hier wohlbehalten (servatus) bedeuten. Auch ist das nicht auf klare Weise ein Fall von Gerechtigkeit. Obwohl der Sieger den Kriegsgefangenen gewissen hätte töten können, wenn er einen gerechten Verteidigungskrieg, aber keinen Angriffskrieg geführt hätte, während sein Gegner ein Feind blieb, scheint es doch unmenschlich zu sein, dem Kriegsgefangenen entgegen dem Naturgesetz eine Straße aufzuerlegen, sobald er darin nicht mehr verharrt, weil er schon willentlich ein Kriegsgefangener ist. Der Grund des zweiten Falles trifft hier ja nicht zu, weil er gewiss nicht ein

---

20 „Si dicas quod est etiam tertia causa servitutis, utpote si captus in bello servetur et sic servatus a morte, fiat servus deputatus ad serviendum, de hoc dubito, nisi dicatur „servus" ibi „servatus". Nec apparet hic manifese iustitia, quia etsi forte captor potuisset occidere captum, si habuit bellum iustum defendendo se, sed non invadendo, et hoc stante pertinacia ipsius contrabellantis, tamen ex quo desinit esse pertinax quia est in voluntate ispsius iam captus, inhumanum videtur sibi infligere poenan contra legem naturae. Non enim est haec ratio quia in isto secundo casu, quia forte non permanent iste rebellus, nec abuteretur sua libertate, sed forte fieret obediens, et de libertate sibi donata bene ea uteretur."

Rebell bleibt und dann auch nicht seine Freiheit missbrauchen würde, sondern gewiss gehorsam werden würde und aufgrund der geschenkten Freiheit diese Freiheit auf gute Weise benützen würde."[21]

Duns Scotus diskutiert im 1., im 2. und im 3. Punkt drei Gründe für Sklaverei:

1. die christliche Opferbereitschaft,
2. die Kriminalität, die begrenzt werden muss, und
3. die Kriegsgefangenschaft als Quelle für Sklaven.

Die Sicht des Duns Scotus ist in jedem Fall klar. Die christliche Opferbereitschaft ist eine übermenschliche Leistung, welche auch zuviel des Guten sein kann. Solche Opferbereitschaft ist nicht eine verständliche oder ordentliche Leistung. Wenn Sklaverei das Gefängnis ersetzt, ist es kein vernünftiges Mittel, vielmehr ist Kriegsgefangenschaft als Quelle der Sklaverei nicht zu akzeptieren. Auch Verbrecher dürfen nicht irrational oder unangemessen bestraft werden. Gerechtigkeit wird von göttlicher Gutheit getragen und unterstützt. „Wenn Missetäter durch ihre Freiheit sowohl sich selbst als auch der Öffentlichkeit Schaden zufügen, dann kann die Regierung sie mit Sklaverei bestrafen."

4. Schlussbetrachtung

Der christliche Glaube hat auch zu einer existentiellen Bewegung zur Verbesserung der Lage der Sklaven geführt, vor allem im Westen Europas, und die Erneuerungsbewegung des 11., 12. und 13. Jahrhunderts haben diese Tendenz noch verstärkt. Dennoch machten die Sicht des Aristoteles und des Juristen Ulpian (ca. 200 n. Chr.) weiterhin ihren Einfluss auf christliche Denker geltend, während sich auch Formen der Sklaverei und Hörigkeit behaupten konnten, wenngleich auch hierin die Unterschiede zwischen den verschieden Teilen Europas groß waren. Ein markantes Beispiel für eine solche Synthese ist Thomas von Aquin: Sklaverei gehört nicht zum Naturrecht (gegen Aristoteles), wohl aber zum „ius gentium" (Ulpian). Weil dieses „ius gentium" dennoch universal unter den Völkern

---

[21] WOLTER, *Will and Morality* (s. Anm. 13), 116 (114-120).

gilt, ist der ethische Gewinn sehr begrenzt. Bei Duns Scotus hingegen spielt dieses „ius gentium“ einfach keine Rolle.[22]

Wenn wir die Ethik des Scotus studieren, müssen wir feststellen, dass wir weit entfernt sind von den Auffassungen des Aristoteles und des Thomas von Aquin. Nach Duns Scotus kann etwas, das grundsätzlich ungerecht ist und fundamental gegen das Recht verstößt, niemals gerecht werden. Je älter ein Missverständnis ist, desto schlimmer. Sogar die Berufung auf den Apostel Paulus kann Duns Scotus nicht erweichen.

Johannes Duns Scotus vertritt eine klare Sicht, aber außer der klaren Stellungnahme beeindruckt uns hier das Pathos des Scotus, der sich in seinem argumentativen Stil selten schlagen lässt. Seine Gesinnung ist sehr treffend. Sklaverei ist unverantwortlich, unmenschlich, wertlos und etwas, das zu verdammen ist. Duns Scotus ist nur an guter Freiheit interessiert. Diese hat die Liebe seines Herzens.

---

[22] Bzgl. Aristoteles vgl. *Politics* I, chapter 4, und bzgl. Thomas von Aquin vgl. *Summa Theologiae* I II 94, *Summa Theologiae* II II 57 articulus 3, und *Summa Theologiae* III 51 articulus 1. Vgl. WOLTER: *Will and Morality* (s. Anm. 13), 114-123.

26. Die Todesstrafe ist höchst sinnvoll, aber nicht unbedingt notwendig

Johannes Schlageter OFM

I

In vielen Gemeinschaften gilt regulär das Gesetz der Vergeltung, nämlich dass jemand, der Menschen tötet, sterben soll, und das ist vernünftig; denn das entspricht nicht nur dem mosaischen Gesetz, sondern auch dem natürlichen Gesetz, und es wurde von Christus anerkannt und bestätigt im evangelischen Gesetz, Mt 26[,52]: *'Jeder, der mit dem Schwert tötet, wird durch das Schwert umkommen.'* Folglich, wo das Gesetz gilt, ein Leben für ein Leben zu geben, muss ein Mensch zu Recht geduldig diese Strafe hinnehmen. Aber wenn das anderswo nicht gilt, darf sie sich niemand selbst zufügen; denn kein Mensch darf sich selbst töten ohne besonderes Gebot Gottes. Aber es ist für ihn sinnvoll, sein Leben einzusetzen in einer gerechten Sache, etwa gegen die Feinde der Kirche, um jenem Wiedergutmachung zu verschaffen, dem er das Leben genommen hat. Sollte er keine solche Wiedergutmachung wollen, ist er nicht gänzlich von einer Wiedergutmachung ausgenommen. Nur einige Dumme sprechen die los, die Menschen töten, ohne ihnen die notwendig aufzuerlegende Wiedergutmachung zu zeigen, als ob einer, der Menschen tötet, leichter davonkommen könnte sozusagen als jemand, der einen Hund oder einen Ochsen tötet. Denn hätte jemand den Ochsen des Nächsten oder einen Hund getötet, spräche man ihn nicht los ohne Wiedergutmachung. Also ist man zu einer geistlichen Wiedergutmachung verpflichtet, die dem Leben entspricht, das genommen wurde, soweit es dabei etwas Gleichwertiges geben kann. Und nicht nur das! Hat der Getötete jemand unterstützt, Vater, Mutter oder Verwandte, dann muss der, der getötet hat, ihnen allen eine so große Wiedergutmachung leisten, wieviel er durch die Tötung jenes Menschen ihnen genommen hat. Und weil jemand kaum durch Taten ausgleichen könnte, was er als Menschenmörder nahm, wäre es für die Seele von so jemand sinnvoll, die Schuld zu lösen durch freiwillige oder geduldig angenommene Leiden, dass er nämlich getötet würde für eine Menschentötung. Daher ist sehr gut vorgesorgt für eine Gemeinschaft, wo in der Sache der Menschentötung das Gesetz der Vergeltung gilt. [...] Was hier gesagt wurde, gilt von dem, der zu Unrecht einen Menschen tötet. [...] Das göttliche Gesetz gilt absolut: *'Lasse nicht zu, dass ein Mensch getötet wird.'* [Ex 20,13]. Und kein Untergebener darf vom Gesetz eines Höheren dispensieren. Also ist kein positives Gesetz gerecht, das die Tötung von Menschen bestimmt in jenen Fällen, die Gott nicht ausnimmt. Er hat aber viele ausgenommen nach Exodus [vgl. Ex 21,12-17; vgl. auch Lev 20,1-20; 24,10-17], nämlich den Gotteslästerer, den Menschenmörder, den Ehebrecher und viele andere. [...] Solltest du aber einwenden, also ist ein Gesetz ungerecht, das gebietet, einen Dieb zu töten, [...] antworte ich: Gott hat im Gesetz des Mose oder des Evangeliums nicht ausdrücklich die Sünde des Diebstahls von jenem Gebot ausgenommen: *„Du sollst nicht töten“* [Ex 20,13], dass man nämlich wegen dieser Sünde einen Menschen töten darf. Hat er das also nicht widerrufen durch einen besonderen Widerruf, was sich nicht aus der Schrift ergibt und wir auch nicht von einer Bulle gehört haben, die dazu vom Himmel kam, sehe ich nicht, wie irgendein gerechtes Gesetz bestimmen kann, einen Menschen zu töten allein wegen eines Diebstahls. Ich sage aber ‘allein’. Denn wenn einer ein Dieb ist und dazu ein Eindringling, nimmt man ihn als jemand, der einen Menschen tötet. Denn er will töten und ist dazu bereit, wenn sich ihm jemand widersetzt. [...] Sollte aber irgendwie den Juden erlaubt gewesen sein, für einen [bloßen] Diebstahl zu töten, scheint eher durch die Barmherzigkeit des Evangeliums diese Strenge widerrufen als die Strenge gegen den Ehebruch. Denn die Sünde des Diebstahls ist viel geringer als ein Ehebruch. [...] Aber die [Todes-]Strafe gegen den Ehebruch ist widerrufen in jenem Wort Joh 8[,10f.]: *‘Niemand hat dich verurteilt, Frau; also will auch ich dich nicht verurteilen. Geh, und sündige nicht weiter!’* Viel eher ist also die Strenge gegen den Diebstahl widerrufen, sollte sie im Gesetz des Mose so angeordnet worden sein.

(Nach Johannes Duns Scotus, In IV. Sententiarum d. XV. q. 3, in: Opera omnia, Ed. L. VIVÈS, Tomus 18., Paris 1894, 367-75, übersetzt von Johannes Schlageter).

II

Johannes Duns Scotus ist hier völlig ein Kind seiner Zeit. Die vielerorts geltende Todesstrafe ist nach ihm für die Tötung eines Menschen durchaus gerechtfertigt. Denn das Gesetz der Vergeltung entspricht in diesem Fall nicht nur dem mosaischen Gesetz des Alten Bundes, sondern dem natürlichen Gesetz, wohl dem natürlichen Rechtsempfinden, wie es damals gesehen wurde. Duns Scotus meint für die Todesstrafe sogar eine Rechtfertigung im Neuen Testament, im evangelischen Gesetz Jesu Christi, zu finden. Das Wort Jesu, wie es im Vulgatatext von Mt 26,52 überliefert wird: *„Wer das Schwert ergreift, wird durch das Schwert umkommen“*

scheint damals eher vor der Eskalation der Gewalt zu warnen. Der Wortlaut, wie er sich nun bei Duns Scotus findet, ist entweder eine andere Variante des Vulgata-Textes oder wahrscheinlich von Scotus so umformuliert worden. So kann das Wort jedenfalls so gedeutet werden, dass es die Tötung eines Totschlägers geradezu zu fordern scheint. Ob das Vergeltungsdenken, das Duns Scotus hier aufgreift, der Eskalation der Gewalt, von Mord und Totschlag freilich sinnvoll wehren kann, ist nach allen geschichtlichen Erfahrungen sehr fragwürdig. Es widerspricht zudem deutlich der in der Bergpredigt verkündeten Gewaltlosigkeit (Mt 5,21-26. 38-42). Duns Scotus selbst kennt offenbar damals Gemeinschaften, die auf die Todesstrafe für die Tötung von Menschen verzichten. Doch in diesem Fall verlangt er entschieden eine entsprechende Wiedergutmachung, wie sie nach ihm etwa bei einem Kreuzzug gegen Feinde der Kirche mit dem Einsatz des eigenen Lebens erfolgen könnte. Sollte nun eine solche „geistliche Wiedergutmachung" schwer zu erreichen, ja eigentlich kaum jemals gleichwertig sein, so darf sie dennoch wegen des hohen Wertes des menschlichen Lebens niemals erlassen werden. Ja, dass eine hinreichende Wiedergutmachung weniger durch Taten als vielmehr durch freiwillig übernommene und geduldig ertragene Leiden geschieht, zeigt nach Duns Scotus erneut, wie sinnvoll der Tod als Strafe für eine ungerechte Tötung von Menschen erscheint. Duns Scotus möchte allerdings die Möglichkeit für eine gerechte Tötung von Menschen so weit wie möglich einschränken, weil nach ihm Gottes unbedingtes Tötungsverbot nur durch die von Gott selbst gegebenen Ausnahmen relativiert wird. Im Kontext seiner Überlegungen nennt Duns Scotus für das Alte Testament ausdrücklich Ausnahmen vom Tötungsverbot im Fall von Menschentötung, Gotteslästerung und Ehebruch. Dabei sieht er für den Fall des Ehebruchs die Todesstrafe im Neuen Testament durch das barmherzige Verhalten Jesu gegenüber der Ehebrecherin außer Kraft gesetzt (vgl. Joh 8,1-11). Vehement wendet Duns Scotus sich vor allem gegen die damals nicht seltene Todesstrafe im Fall von bloßem Diebstahl. Denn weder die Heilige Schrift, noch eine Bulle vom Himmel haben den Fall des Diebstahls vom göttlichen Tötungsverbot ausgenommen. So wäre die Todestrafe allenfalls angemessen, wenn ein Dieb bei einem aggressiven Eindringen die Tötung eines Menschen riskieren sollte. Andernfalls ist bei entsprechenden Bestrafungen eher dem Beispiel der Barmherzigkeit des Evangeliums zu folgen, das Jesus im Fall der Ehebrecherin gegeben hat. Die Überlegungen von Duns Scotus ingesamt laufen auf eine Einschränkung der Todesstrafe hinaus, wenden sich übrigens auch gegen die damals weithin üblichen Verstümmelungen von Straftätern. Doch im Fall der Tötung eines Menschen bleibt für Duns Scotus die „Strenge des Gesetzes" sinnvoll, weil das unbedingte göttliche Tötungsverbot durch die von Gott selbst gebotene Todesstrafe (vgl. etwa Gen 9,6) außer Kraft gesetzt ist, so dass in diesem Fall die Barmherzigkeit des Evangeliums dem Totschläger oder Mörder eher die geduldige Annahme dieser Strafe nahezulegen hat. Denn wenn jemand das Leben genommen wird, ist das nur noch schwer wieder gut zu machen. Bis heute ist ja die Diskussion über den Sinn der üblichen Strafen, besonders der da und dort immer noch exekutierten Todesstrafe, nicht zu Ende. Die Überlegungen von Duns Scotus dazu können dafür nur insofern wegweisend sein, als sie neben der notwendigen Wiedergutmachung schließlich die Barmherzigkeit des Evangeliums mit ins Spiel bringen. Die Kritik an Scotus hat sich jedenfalls zunächst weniger an seinem heute befremdlichen Ja zur Todesstrafe für die Tötung von Menschen entzündet. Sie hat vielmehr die positivistische Argumentation kritisiert, mit der Duns Scotus die Ausnahmen vom unbedingten Tötungsverbot Gottes bespricht und vor allem die damals weitgehend legale Hinrichtung von Dieben nicht gelten lässt. Mit diesem Versuch, für bloße Eigentumsdelikte die Todesstrafe und die körperlichen Verstümmelungen zurückzudrängen, der trotz mancher Problematik der Argumente zukunftsweisend war, hat Duns Scotus damals nicht die erwünschte und wünschenswerte Resonanz gefunden.

III

QQ: *Johannes Duns Scotus, In IV. Sententiarum* d. XV q. 3, in: *Opera omnia*, ed. L. VIVÈS, Tom. 18., Paris 1894, 366-375 (+ Scholion, Commentarius).

Lit.: J. SEWING: *Studien zur Todesstrafe im Naturrecht*, Bonn 1966; H. SCHULZ: *Das Todesrecht im AT*, Berlin 1969 (Beihefte zur Zeitschrift für Alttestamentliche Wissenschaft, 114); Ch. BOULANGER u. a. (Hg.): *Zur Aktualität der Todesstrafe*, Bonn 1997; L. PARISOLI: *La philosophie normative de Jean Duns Scot. Droit et politique du droit*, Roma 2001 (Bibliotheca Seraphico-Cappuccina, 63).

27. Die Zwangstaufe von Juden und Andersgläubigen

Johannes Schlageter OFM

I

Über die Kinder von Juden und Ungläubigen: Dürfen sie gegen den Willen der Eltern getauft werden? Man sagt: Nein. Denn entweder werden sie den Eltern zurückgegeben, und dann wäre ihre Taufe zum Hohn des christlichen Glaubens, weil sie nachher von den Eltern im Irrtum der Eltern aufgezogen würden. Oder sie werden nicht zurückgegeben, und dann geschähe ein Unrecht, da die Eltern auf sie ein Recht haben, solange sie Kinder sind. Aber diese Begründung mag schlüssig sein für irgendeine Privatperson, dass sie sie nicht von ihnen wegnehmen und rechtens taufen könnte. Doch sie ist anscheinend nicht schlüssig für den Fürsten, dem solche in der Leitung des Gemeinwesens untertan sind. Denn auf ein Kind hat Gott ein größeres Herrschaftsrecht als die Eltern [...] Also muss der Fürst vor allem eifern, das Herrschaftsrecht des höchsten Herrn, Gottes nämlich, zu wahren. Und folglich darf er nicht nur, sondern muss die Kinder dem Herrschaftsrecht der Eltern entziehen, die es gegen den Dienst Gottes, des höchsten und höchst ehrenhaften Herrn, erziehen wollen, und er muss sie dem Dienst Gottes zuführen. Ich sage also in Kürze: Ein Fürst sollte das tun, indem er gut vorsorgt, dass die Eltern nicht in der Erkenntnis, was auf sie zukommt, ihre Kinder töteten. Und er sollte die Getauften religiös erziehen lassen. Da geschähe Gutes. Ja, was mehr ist, ich möchte glauben, es geschähe der Religion gemäß, wenn man die Eltern selbst mit Drohungen und Schrecken zur Annahme der Taufe und zu ihrer späteren Einhaltung zwänge. Denn mögen sie nicht wahrhaft gläubig sein in ihrem Gemüt, es wäre weniger schlimm für sie, ihr unerlaubtes Gesetz nicht ungestraft halten als es frei halten zu können. Ebenso wären ihre Kinder, würden sie gut erzogen, in der dritten und vierten Generation wahrhaft gläubig. Und du magst sagen, gemäß der Prophetie des Jesaja [vgl. Jes 10,22], die Paulus Röm 9[,27] zitiert: *'der Rest von Israel wird sich am Ende bekehren'*. Daher braucht man die Juden nicht völlig zu Annahme der Taufe und zum Verlassen ihres Gesetzes zwingen. Ich antworte: Ich zweifle nicht an der Wahrheit der Prophetie Christi, Joh 5[,43]: *„Ich bin im Namen meines Vaters gekommen, und ihr habt mich nicht angenommen. Wenn ein anderer in seinem Namen kommt, werdet ihr ihn annehmen."* Zumindest also nach dem Wort Christi müssen sie in Verkehrtheit geraten, weil sie jenem übelsten Antichrist anhängen werden, von dem Christus hier redet. Und du magst sagen: sehen sie den Untergang des Antichrist, werden sich jene, die ihm anhingen, bekehren. Ich sage: für so wenige, die sich auch so spät bekehren sollen, müsste man nicht so viele Juden aushalten, dass sie in so vielen Teilen der Erde in so langen Zeiten auf ihrem Gesetz bestehen. Denn die schließliche Frucht von ihnen für die Kirche ist und wird nicht sonderlich groß. Es reichte daher aus, einige wenige auf irgendeiner Insel abgesondert ihr Gesetz halten zu lassen. Bei ihnen erfüllte sich schließlich die Prophetie Jesajas.

(*Nach Johannes Duns Scotus, In IV. Sententiarum d. 4 q. 9, in: Opera omnia, ed. L. VIVÈS, Tom. 17, Paris 1894, 487-489, übersetzt von Johannes Schlageter*).

II

Dieser Text des Johannes Duns Scotus gehört zu den theologisch fragwürdigsten in seinem Werk, und er wird in seiner antijudaistischen Konsequenz von kaum einem der damaligen Theologen übertroffen. Gerade die Argumente des Thomas von Aquin, der von der Zwangstaufe jüdischer Kinder abgeraten hatte, werden zunächst angeführt und zurückgewiesen. Aber Duns Scotus folgt dabei einem damals leider weit verbreiteten Vorurteil, in dem man Gewalt zur Verbreitung des wahren christlichen Glaubens und Gottesdienstes rechtfertigte. Die Mittel von Drohungen und Terror schienen durch den angeblich guten Zweck geheiligt und zeigten ja nicht selten den erwünschten Erfolg. Dass diese schrecklichen Mittel aber gerade beim Gottesvolk des Ersten Bundes oft nicht wirksam waren, zeigt ja bei Duns Scotus die nicht unbegründete Befürchtung, jüdische Eltern könnten ihre Kinder lieber töten, als sie gegen ihre Glaubensüberzeugung taufen zu lassen. Vergewaltigung der Gewissen sowie nicht selten mörderische Pogrome und organisierte Verfolgungen selbst derer, die sich nur zum Schein hatten taufen lassen, sind die furchtbare Konsequenz einer solchen angeblich theologisch gerechtfertigten Judenpolitik. Auch die Vertreibung der Juden aus den Ländern Europas, die Duns Scotus zuletzt als äußerste Konsequenz einer angeblich christlich angemessenen Intoleranz in den Blick nimmt, hatte ja damals leider ihren 'Sitz im Leben' der Christenheit. Die mittelalterliche und frühneuzeitliche Kirche und Christenheit haben so auf schlimmste Weise ihren eigenen Glauben und die mit Israel geteilte Hoffnung diskredidiert und verraten, mit unabsehbar schrecklichen Folgen bis in unsere Zeit. Duns Scotus hat leider dafür eine theologische Rechtfertigung geliefert. Eine angebliche Prophetie Christi von einem jüdisch-antichristlichen Glaubensabfall liest er aus einer johanneischen Warnung vor der Zurückweisung Jesu, des Sohnes des göttlichen Vaters, an die zeitgenössischen Juden heraus. Und sie muss nach Scotus die im Jesaja-Buch und bei Paulus deutlich artikulierte Heilshoffnung für Israel in Frage stellen. Während Duns Scotus dabei den ihm passenden johanneischen Text nach dem Wortlaut der Vulgata genau zitiert, wird der Text bei Paulus umformuliert. Denn während es im Römerbrief heißt: *„der Rest Israels wird gerettet werden“* (Röm 9,27; 11,5), formuliert Duns Scotus: *„Der Rest von Israel wird sich am Ende bekehren.“* Dabei kann er sich anscheinend auf die Vulgataversion von Jesaja berufen. Wenn aber bei Jes 10,22 ursprünglich von einer 'Umkehr des Restes' die Rede ist, versteht das Scotus mit einer langen christlichen Tradition als 'Bekehrung' im Sinne einer Konversion zum christlichen Glauben. Eine solche 'Bekehrung' der damaligen Juden auf friedliche Weise zu erreichen, hält Duns Scotus für so unwahrscheinlich, dass er für den Zwang zur Taufe mit gewaltsamen Mitteln plädiert, selbst wenn dann eine innere Anpassung an den erzwungenen Glauben erst in der dritten und vierten Generation zu erwarten ist. Terror und Gewissensvergewaltigung erscheinen ihm als durchaus brauchbares Instrument der Glaubensverbreitung, allein wegen ihrer erwarteten schließlichen Effizienz. Eine Heilshoffnung für Israel, die sich auf Gott selbst und sein Wirken richtet, ist damit aufgegeben, ja wird als Hoffnung für ganz Israel nicht einmal zur Sprache gebracht. So zitiert Duns Scotus auch nicht den dafür maßgebenden paulinischen Text nach Röm 11,25-26 mit seinem Kernsatz: *„und so wird ganz Israel gerettet werden.“* Dieser paulinische Text war vorher für Petrus Johannis Olivi so wichtig, dass er auf ihm seine Überzeugung einer gottgeschenkten endzeitlichen Rettung Israels aufbaute, für ihn Hoffnung auf Vollendung der Heilsgeschichte Gottes mit seinem Volk und der ganzen Menschheit überhaupt. Gegen eine solche Perspektive der Hoffnung und der Liebe für das ganze jüdische Volk wehrt sich Duns Scotus. Er versucht sogar die biblischen Verheißungen für Israel so einzuschränken, dass sie eine völlige Isolierung des jüdischen Volkes von der übrigen Welt zulassen. Aber die religiöse Intoleranz, die den Glauben der anderen nicht aushalten und ertragen kann, selbst wenn er bei Israel der biblisch-ursprünglich gemeinsame Glaube ist, hat solchem Verhalten zumindest den Weg geebnet. Duns Scotus steht hier in einer sehr verhängnisvollen Tradition des Christentums. Zu ihr gab es jedoch eine nicht so wirksame und leider lange Zeit nicht tradierte Alternative der Hoffnung für die Juden oder insgesamt für die *„Sarazenen und andere Ungläubige“*, wie sie bei Franziskus und bei manchen seiner Brüder zum Ausdruck kommt.

III

QQ: *Johannes Duns Scotus, In IV. Sententiarum* d. 4 q. 9, in: *Opera omnia*, ed. L. VIVÈS, Tom. 17, Paris 1894, 487-490 (+ Scholion, Commentarius); *Petrus Johannis Olivi, Expositio in Canticum Canticorum*, ed. J. SCHLAGETER, Grottaferrata 1999 (Editio Oliviana, 2) 51-55, 300-303; *Regula non Bullata*, in: K. ESSER: *Die Opuscula des heiligen Franziskus von Assisi*. Neue textkritische Edition. Zweite, erweiterte und verbesserte Auflage besorgt von E. GRAU, Grottaferrata 1989 (Spicilegium Bonaventurianum, 13) 390f.

Lit.: J. COHN: *The pursuit of Millenium. Europe's Inner Demons*, New York 1970; J. COHEN: *The Friars and the Jews. The Evolution of Medieval Antijudaism*, London 1970; H. VON DER BEY / J. B. FREYER: *Die Franziskanische Bewegung. Bd. 1: Geschichte und Spiritualität*, Mainz 1996 (Topos-Taschenbücher, 255) 145-180; L. PARISOLI: *La philosophie normative de Jean Duns Scot. Droit et politique du droit*, Roma 2001 (Bibliotheca Seraphico-Cappuccina, 63) 93-100; *Antijudaismus, Antisemitismus*, in: LThK³ 1, 748-755.

V

Scotus – Der Minderbruder und Beter

28. Scotus im Franziskanerorden seiner Zeit

Der Generalminister empfiehlt Johannes Duns Scotus für das Magisteramt in Paris

Niklaus Kuster OFMCap

I

Die ihm in Christus liebsten Patres, Wilhelm, Guardian in Paris, oder dessen Vikar und die Magister, [grüßen] Bruder Gonsalvus voller Freude im Herrn.

Da man im Gefolge der Promotion des in Christus geliebten Paters Gilles von Ligny, über den ich durch euren Brief in sichere Kenntnis gesetzt bin, dem Brauch entsprechend im gleichen Vorgang die Präsentation eines anderen zu besorgen hat, und da gemäß den Statuten des Ordens und den Statuten eures Konvents ein dergestalt zu präsentierender Bakkalaureus zur Zeit einer anderen Provinz als der Francia angehören muss, benenne ich Eurer Liebe den in Christus geliebten Pater Johannes Scotus, über dessen löbliche Lebensführung, herausragende Wissenschaft, scharfsinnigste Intelligenz und andere ausgezeichnete Veranlagungen ich teils aus langjährigem Umgang, teils auf Grund des guten Rufs, der ihm überall vorausgeht, umfassend in Kenntnis gesetzt bin, damit er nach dem erwähnten Pater Gilles an erster Stelle und im ordentlichen Verfahren präsentiert wird. Zum Verdienst des heilsamen Gehorsams gebe ich euch [darum] erst recht den Auftrag, dass ihr die dergestaltige Präsentation mit der gewohnten Feierlichkeit – ohne großen Kostenaufwand – durchführen müsst. Sollte es jedoch für euch [eindeutig] feststehen, dass der Herr Kanzler gleichzeitig Zweien von den Unsrigen die Lehrerlaubnis zu erteilen beabsichtigt, [so] will ich und beliebt es mir, dass Bruder Albert von Metz, falls er zum Konvent wird zurückkehren können, mit dem erwähnten Bruder Johannes promoviert werden soll. In diesem Fall befehle und ordne ich an, dass der genannte Bruder Albert auf Grund der Anciennität früher anfangen soll als der genannte Bruder Johannes, der dann nach ihm anfangen wird.

Gehabt euch wohl im Herrn, und betet für mich. Gegeben in der Niederlassung von Ascoli in der Provinz der Mark Ancona, am 14. vor den Kalenden des Dezembers [18. November], im Jahr 1304.

(Litterae Gundisalvi, ministri generalis Ord. Minorum, de praesentandis pro licentia quibusdam fratribus (Simoni) cancellario Paris[iensi], inter quos Johannes

Scotus, in: Chartularium Universitatis Parisiensis. 2/1, Parisiis 1891, 117-118 – Übersetzung von Niklaus Kuster und Thomas M. Huber)

II

Ein Spanier schreibt aus Mittelitalien nach Paris, um einem Schotten zu einem renommierten Lehrstuhl zu verhelfen. Die europäische Spannweite dieses Schreibens spiegelt die Realität des Ordens, in dem der künftige Magister denkt und handelt, betet und arbeitet, lebt und lehrt. Nach Frankreich zurückgekehrt, findet sich Johannes Duns im großen *Couvent des Cordeliers* mit Brüdern vereint, deren Stammprovinzen jenseits von Pyrenäen, Alpen und Rhein liegen. Er sieht unter den Studenten auch Brüder, die aus Skandinavien, Ungarn oder Sizilien stammen. Gonsalvus zeigt seine Bewunderung für den großen Hoffnungsträger, dem er einen Lehrstuhl an der Pariser Universität wünscht. Während Albert von Metz nur mit seinem Namen genannt ist, wird Scotus' Genialität mit markanter Feder beschrieben. Die Passage lautet im Original: *„Johannem Scotum, de cujus vita laudabili, scientia excellenti, ingenioque subtilissimo aliisque insignibus conditionibus suis partim experientia longa, partim fama quae ubique divulgata est, informatus sum ad plenum, dilectioni vestre assigno"*.

Der Schreiber, der aus Galicien stammt, weiß, worum es geht: Gonzalo de Balboa y Valcarcel ist selber Theologe, hat erst gerade 1302-03 als *Magister regens* das Franziskanerstudium in Paris geleitet und geht als „Gonsalvus Hispanus" in die Theologiegeschichte ein. Seit Alexander von Hales hat der Orden mit hoch begabten Brüdern das Pariser Generalstudium profiliert und seinen Einfluss an der Sorbonne zielstrebig ausgebaut. Scotus folgt auf namhafte Magister wie Jean de la Rochelle, Odo Rigaldi, William of Milton (Wilhelm von Melitona), Bonaventura, Gilbert de Tournai, Eustache d'Arras, Gautier de Bruges, Bartolomeo da Bologna, Guillaume de Falguières und Vital du Four.

Der Generalminister kennt das überragende Nachwuchstalent „aus längerer persönlicher Erfahrung". Moderne Biografen nehmen an, dass der große Schotte in Paris unter Gonsalvus studiert (1293-97) und Magisterreife erreicht (1302-03) hat. Beide werden dann in der Auseinandersetzung zwischen König und Papst 1303 aus Frankreich ausgewiesen. In diesem politisch-kirchlichen Konflikt eskalieren französisches Nationalgefühl und römischer Machtanspruch. Wie Philipp IV. der Schöne sich gegen Bonifaz VIII. stellt, stehen die Mendikanten – der universalen Kirche verpflichtet – zur päpstlichen Autorität, die ihr Wirken reich privilegiert. König und

Bischöfe Frankreichs, Universität, Weltgeistliche und nationale Interessen setzen sich erstmals unerbittlich gegen die gelähmte kirchliche Zentralgewalt und ihre verlässlichsten Kräfte durch. Der brillante schottische Theologe wird zunächst in Oxford lehren: neben Paris und Cambridge die einzige Universität, die damals den theologischen Magistergrad verleihen konnte. Gonsalvus Hispanus sucht nach einjährigem Intermezzo unter dem neuen Papst seinen besten Schüler definitiv in Paris zu positionieren.

Der Generalminister schreibt aus Ascoli Piceno in der südlichen Mark Ancona. Die Konventskirche mitten in der „Stadt der hundert Türme" imponiert noch heute. Ascoli liegt 80 km östlich von Assisi. Die Nachbarregion Umbriens ist damals ein Kerngebiet der Spiritualen: franziskanische Reformer, die zur ursprünglichen Armut und zur Verbindung von Einsiedelei und Wanderpredigt zurückkehren wollen. Gonsalvus verfolgt die „Eiferer", die das Leben in städtischen Konventen ablehnen und mit Jacopone da Todi überzeugt sind, dass die studierten Brüder von Paris die ursprüngliche Inspiration der Bruderschaft verdorben haben: *„Mal vedemo Parisi / che àne destrutt'Asisi"* (Ausspruch von Br. Ägidius: Paris habe den Geist von Assisi zerstört). Nach seiner Ausweisung aus Frankreich zum Generalminister des Ordens gewählt, den er bis zu seinem Tod leitet (1304-13), müht sich Gonsalvus um „die Reform des Ordens, den Kampf gegen die Spiritualen und die Förderung der Studien" (LMA 1, 1361). Er tut es in einem Weltorden, der damals gegen 40 Provinzen mit ca. 200 Kustodien und rund 1500 Niederlassungen zählt. Von Irland bis Syrien und von Nordafrika bis Zentralasien sind die Brüder anzutreffen. Die Frati Minori, Barfüßer, Greyfriars und Cordeliers haben sich als Prediger, Gelehrte und Politiker unverzichtbar gemacht. Sie erlangten ab 1250 eine solche Bedeutung, dass sich die Universität Paris, Bischöfe und Pfarrer gegen sie verbündeten. Scotus war noch ein Junge, als der Weltklerus im Konzil von Lyon 1274 die radikale Unterdrückung aller Bettelorden anstrebte. Es waren zwei gelehrte Brüder Magister, die – rechtzeitig zu Kardinälen ernannt – das Unheil von den Dominikanern und Minderbrüdern abwandten: Pierre de Tarantaise OP und Bonaventura da Bagnoregio OMin. „Nützlichkeit für die Kirche" war das schlagende Argument, das die beiden größten Bettelorden rettete, Karmeliten, Augustiner-Eremiten und Serviten im Ungewissen beließ und eine Reihe kleinerer Mendikantenorden zum Aussterben verdammte.

Utilitas pro Ecclesia zeigte sich in der spannungsvollen Zeit zwischen dem Lyoner Konzil und der endgültigen Anerkennung der fünf großen Bettelorden am Konzil von Vienne (1312) in ihrer qualifizierten Arbeit auf vielfältigen Feldern: Minderbrüder haben sich in den meisten bedeutenden Städten des Abendlandes niedergelassen, sind zum größten Bettelorden geworden und haben sich als pastorale Kraft ersten Ranges in der katholischen Kirche etabliert. Sie sorgen an den Universitäten zusammen mit den Dominikanern für die innovativste Theologie. Seit Jahrzehnten ist den beiden Orden die päpstliche Inquisition anvertraut. Qualifizierte Brüder werden Bischöfe, Nuntien oder Vikare für die Stadt Rom, übernehmen Friedensmissionen zwischen Städten und Königreichen oder delikate Sonderaufträge päpstlicher Diplomatie. So vermittelt ab 1307 der Minderbruder Gentile da Montefiore erfolgreich in Ungarns Thronfolgekrieg und bahnt den Weg zu einer neuen Königswahl. Bonifaz VIII. ernennt in seinem neunjährigen Pontifikat 42 Franziskaner zu Bischöfen. Zur Zeit von Scotus' Berufung nach Paris sind sieben Franziskanerbischöfe mit Missionaren ins Tatarenreich unterwegs. Die Überlebenden werden die Chinesische Kirche gründen. Zur gleichen Zeit missionieren Brüder Bulgarien, Georgien und Armenien. Mit Nikolaus IV. ist 1288 der erste Minorit auf den Stuhl Petri gelangt. Innerhalb weniger Jahrzehnte hat sich der Franziskanerorden eine pastorale, kirchenpolitische, theologische und kulturelle Führungsrolle in der abendländischen Kirche erarbeitet – von Rom gefördert in allen Ländern Europas und bis in ferne Missionsgebiete. Für all diese vielfältigen Aufgaben brauchten die Provinzen gut gebildete Brüder mit offenen Horizonten. Das Pariser Generalstudium bildete die Elite des Ordens aus und war zugleich Teil der abendländisch führenden Universität. Der erste spanische Generalminister setzt sein Vertrauen Ende 1304 in einen schottischen Bruder, der von „subtilster Intelligenz" tatsächlich Magister in Paris wird und als „doctor subtilis" Theologiegeschichte schreibt – gleichrangig zu Thomas von Aquin und erfolgreicher selbst als ein Bonaventura.

III

QQ: *Chartularium Universitatis Parisiensis*, sub auspiciis Consilii generalis facultatum parisiensium ex diversis bibliothecis tabulariisque collegit et cum authenticis chartis contulit notisque illustravit Henricus DENIFLE ... auxiliante Aemilio CHATELAIN. Tomus II, sectio prior: ab anno MCCLXXXVI ad annum MCCCL, Parisiis 1891, 117-118; oder als „impression anastatique", Bruxelles 1964, 117-118.

Lit: Niklaus KUSTER: *Zukunft dank Seelsorge und Gelehrsamkeit. Zur Bedeutung der „Fratres sapientes" im angefochtenen Franziskanerorden zwischen den Konzilien von Lyon und Vienne (1274-1312)*, in: Franz LACKNER (Hg.): *Zwischen Wissenschaft und Weisheit. Johannes Duns*

Scotus im Gespräch, Kevelaer 2003 (Franziskanische Forschungen, 45) 24-83.

Karte: Wilfried KOCH: *Baustilkunde – Europäische Baukunst von der Antike bis zur Gegenwart*, München 1994, 177.

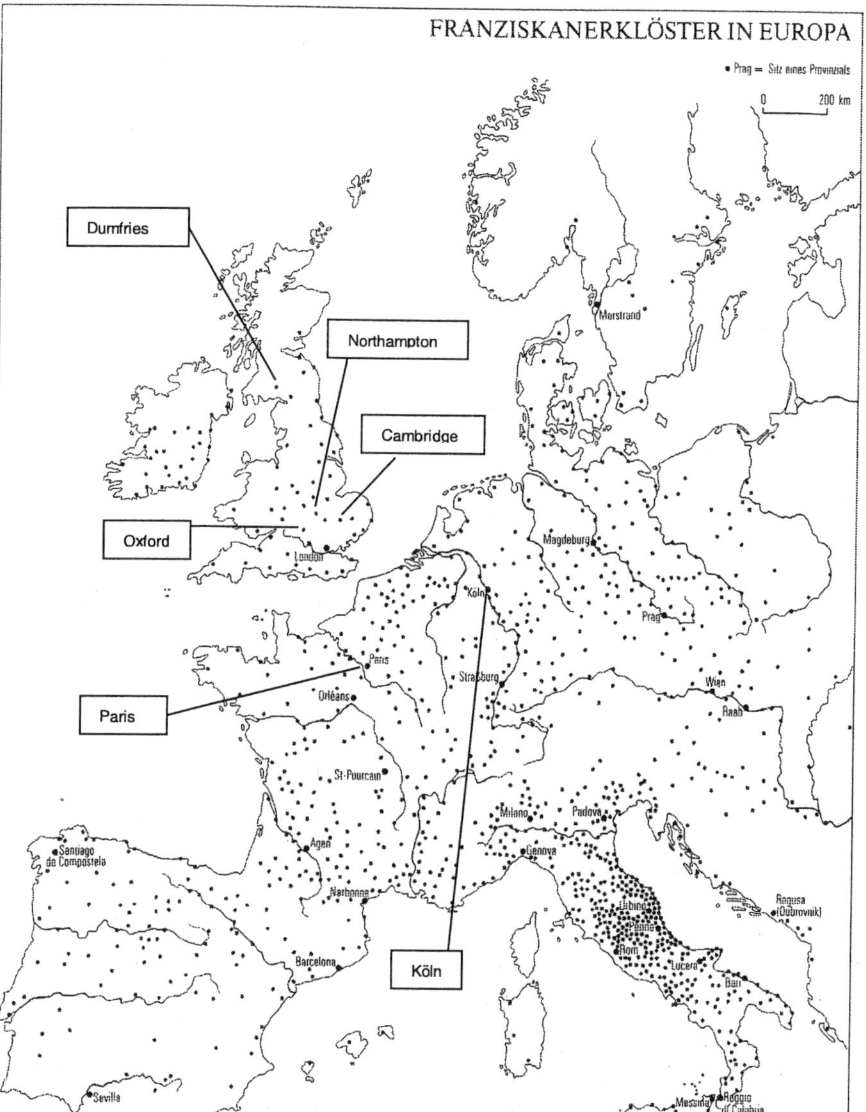

Scotia me genuit,	Schottland hat mich geboren
Anglia me suscepit,	England hat mich (in den Orden) aufgenommen,
Gallia me docuit,	Frankreich hat mich gelehrt
Colonia me tenet.	und Köln behält mich
Epitaph	*Grabinschrift zu Duns Scotus*

29. Mit-Liebe

Herbert Schneider OFM

I

(1) In der zweiundreißigsten Distinktion handelt der Meister (Petrus Lombardus) von der Liebe, mit der Gott die Schöpfung liebt. Er fragt sich: Liebt Gott in gleicher Weise mit Liebe jedes Geschöpf?

Gegenargumente:

Die Liebe ist ein Habitus und folglich vervollkommnet sie formell die Potenz (der Liebe). Daher ist sie unvollkommen. Der Wille Gottes ist dagegen am vollkommensten. Daher (kann er nicht jedes Geschöpf in gleicher Weise lieben).

2 Zudem sind nicht alle Geschöpfe liebenswert mit der Liebe (als caritas), wie die unbelebten und unvernünftigen Geschöpfe.

3 Auch liebt Gott nicht alle Dinge, da er mit einigen in Streit liegt. Mithin gibt es Erwählte und Verdammte, so dass er nicht alle gleich liebt.

4 Schließlich gibt Gott nicht allen gleiche Güter. In einem jeden Geschöpf verwirklicht sich sein Wille des Gefallens. Daher will Gott nicht allen in gleicher Weise dieselben Güter.

5 Positive Antwort: Wie Gott in gleicher Weise jedes Geschöpf versteht, da er es mit einem formalen Grund tut, so liebt er ähnlich mit Liebe jedes Geschöpf gleich.

(I – Antwort auf die Frage)

(2) 6 Drei Dinge sind hier zu unterscheiden:

Erstens, dass Gott jedes Geschöpf liebt.

Zweitens, dass der Akt der Liebe nicht nur einer Person (in Gott, sondern allen dreien) gehört.

Drittens, dass der Akt (der Liebe) auf alle hin einer ist und dabei gesagt wird, wie er in gleicher Weise und in ungleicher Weise hinsichtlich aller liebt.

7 Man begründet die erste Position (Gott liebt jedes Geschöpf) mit dem, was oben dargelegt wurde.[1] Gott denkt und will; folglich ist er der Seligkeit fähig. In ihm geht die Potenz nicht dem Akt voraus, andernfalls wäre er unvollkommen. Daher ist Gott selig, insofern er erkennt und sich will. Kein anderes Subjekt kann nämlich ein anderes rationales Geschöpf selig machen, wie oben dargelegt wurde.[2] Folglich versteht und will sich Gott mit dem einzigen und demselben Akt.

8 Man kann es auch anders erklären. Wie jeder Verstand jedes Verstehbare begreifen kann, so kann jeder Wille alles, was gewollt werden kann, wollen. Der göttliche Wille jedoch kann jedes Geschöpf, das als von ihm verschieden gewollt werden kann, lieben.

9 Einwand: Man würde dann gleichzeitig Gegenteiliges lieben, da ein jedes den Grund hergibt, liebenswürdig zu sein. Der Einwand gilt für sich bezüglich der Geschöpfe, die ihrer Natur nach gegensätzlich sind. Gott aber liebt nicht gleichzeitig mit derselben Liebe die Gegensätzlichen, denn dies ist nicht liebenswürdig. Jedoch liebt Gott mit der wirksamen Liebe, denke ich, was er einmal ins Sein gebracht hat, mit einem bestimmten Wollen des nicht effektiven Gefallens, das er niemals zum Sein bringt. Sie werden jedoch von seinem Verstand vorgestellt als mögliche, die so große Güte haben wie diejenigen, die er mit wirksamer Liebe liebt.

10 Zu dieser Schlussfolgerung, wie sie sich oben ergibt,[3] dass Gott formal wollend ist, fügt sich der Gedanke über den Wollenden als einer einfachen Vollkommenheit. In allen Unterteilungen des Seins ist das vollkommene Sein das vornehmste in der Unterteilung, d. h. es ist einfach. Wenn das Sein sich aufteilt in wollendes Sein und in nicht wollendes Sein, ist der einfach vollkommener Aufteilende der Wollende und daher ist er auch einfachhin die Vollkommenheit.

11 Zweitens.[4] Keine einfache Vollkommenheit ist nur einer (göttlichen) Person eigen, sondern allen drei Personen. Das wird so belegt: Wenn sie nur einer Person eigen wäre, wäre sie dem Heiligen Geist eigen, und so würde der Heilige Geist nicht notwendigerweise hervorgehen (vom Vater und vom Sohn) oder Gott würde notwendigerweise etwas von ihm Verschiedenes lieben. Das Gleiche gilt vom Vater, denn es würde keine

---

[1] Vgl. *Ord.* I, 2, 1.

[2] *Ord.* I, 1, 1.

[3] *Ord.* I, 2.

[4] Vgl. 2,6 9.

andere unterscheidende und eigene Hinsicht notwendigerweise beinhalten gegenüber etwas Verschiedenem, als wie gegenüber Gott.

12 In dem einen wie in dem anderen Falle gibt es einen gemeinsamen Grund: Die Hinsicht kann nicht mehr notwendig sein bei Extremen, denn ein jedes Extrem von beiden würde den anderen vorziehen. Aber kein wie auch immer von Gott Verschiedenes ist aus sich notwendig. Daher ist keine Hinsicht auf irgendein von Gott Verschiedenes einfach notwendig. Es kann nicht irgendeiner göttlichen Person innerlich sein, insofern (die Person) die bestimmte göttliche Natur in einer gewissen Weise haben würde.

(4) 13 Bezüglich des Wortes (in Gott als Person) kann man auch verschieden argumentieren. Wenn das Wort eine eigene Hinsicht auf die Kreatur aussagen würde, wie erklärt, hätte offensichtlich dieses Sein als Kreatur das Sein im väterlichen Gedächtnis und würde so das Wort selbst ausdrücken. Aber dies ist falsch aus verschiedenen Gründen: Zum Ersten hat keine Kreatur das Sein wirklich im Gedächtnis.[5] Das Sein verwirklicht sich in der Tat mit dem ersten denkenden Akt des göttlichen Verstandes, und darin ist er der Erste.

15 Was nicht formal unendlich ist weder im Gedächtnis noch im Verstand, ist nicht möglich; denn es würde entgegengesetzte Ursprungsrelationen begründen. Daraus würde auch folgen, dass, wie viele Worte es gibt, auch verstehbare Dinge im göttlichen Gedächtnis gibt, die auch gleicherweise verschieden sind. Denn, wenn dieselben verstehbaren Dinge im Gedächtnis wären und so auch ausgedrückt würden, sie würden nur als eine Sache und gleich verstehbar ausgedrückt.

16 Wenn es einen anderen Verstand vor dem göttlichen gäbe, d. h. dass das Wort Verschiedenes benennt, insofern Verschiedenes die Zielbestimmung hinsichtlich des Aktes der Erklärung im intelligiblen Sein hat, wie oben[6] dargelegt wurde, wird es nicht das Eigene des Wortes sein, da die ganze Trinität die anderen im erkennbaren Sein hervorbringt, soweit die eine Person sich der anderen erinnert.

17 Ebenso konzediert man, dass der Vater sich eigens im Wort aussagt, wie es oben dargelegt wurde,[7] da das Sagen dort eine doppelte

[5] *Ord.* II, 1.1.
[6] *Ord.* II, 1.
[7] *Ord.* II, 1.

Hinsicht bedeutet, nämlich eine reale des Ursprungs, d. h. des Aussagenden zum Ausgesagten, und eine zweite Hinsicht des Grundes, d. h. des Erklärenden zum Erklärten, so dass es durch jenes mitbezeichnet wird und dies als Ausgedrücktes vom Sprechenden selbst. Dieser Aspekt des Erklärens ist nur dem Wort eigentümlich, da es hervorgeht in der Weise der erzeugten Erkenntnis und so auch durch Aussagen. Dennoch ist es allen dreien gemeinsam, wenn Erklären formal genommen wird. Wird es aber im Sinne des Ursprungs genommen, kann es dem Vater eigen sein, da der Vater sich ursprungsgemäß mitteilt, soweit er die erzeugte Erkenntnis ausdrückt.

18 Die doppelte Weise, das Wort *erklären* (declarare) zu nehmen, d. h. formal und ursprunghaft, erscheint auch klar in anderen Begriffen, wie assimilieren und angleichen. In der Tat assimiliert die Form, durch die etwas ähnlich ist, dieses sich einem anderen. Aber wer diese Form gibt, assimiliert effektiv und ursprunghaft. Auf dieselbe Weise kann man einräumen, dass der Vater zusammen mit dem Heiligen Geist liebt, wie oben dargelegt.[8] Diese ist dem Heiligen Geist zugeeignet, aber nicht eigen. Hier stellt man eine doppelte reale Relation fest, d. h. die Hauchung und den Grund der Inspiration (Einhauchung) in den Geliebten. Diese Hinsicht auf den Grund (der Inspiration) ist dem Heiligen Geist zugeeignet, aber ist dennoch allen drei (göttlichen) Personen gemeinsam.

(5) 19 Prüfen wir die dritte Aussage.[9] Wie die Potenz eine ist, so gibt es auch nur ein Subjekt, und einer ist der unendliche und ihm adäquate Akt. Es ist nicht notwendig, dass er ein Akt aller (drei Personen) ist, als wenn jeder zur Vollkommenheit diesen Akt erfordert. Es folgt nur aus der Vollkommenheit dieses Aktes, denn wer vollkommen zum ersten Ziel strebt, richtet sich vollkommen auch auf andere, für die das erste Ziel der vollständige Grund des Handelns ist. Nur die göttliche Wesenheit kann der erste Grund des Handelns sein sowohl für den göttlichen Verstand als auch für den göttlichen Willen, denn wenn etwas Anderes der erste Grund des Handelns wäre, würde die göttliche Person erniedrigt.

(6) 20 Daraus folgt, in welcher Weise in Gott eine Gleichheit, alles zu lieben, besteht, wenn man das Getane mit dem Tuenden vergleicht. Wenn man es aber mit dem Konnotierten vergleicht oder mit dem, auf das sich

---

[8] *Ord.* I, d.32 1.1.

[9] Vgl. (2) 6.

(das Tun) richtet, gibt es eine Ungleichheit, nicht nur, weil die gewollten Dinge ungleich sind oder die von ihm gewollten Güter, sondern auch weil eine bestimmte Ordnung über sie ergeht.

Denn, wer rational will, will zuerst das Ziel,

und zweitens das, was unmittelbar das Ziel erreicht,

und drittens alles übrige, das entfernter ist in der Geordnetheit, das Ziel zu erreichen.

21 Gott will auf eine höchst begründete Weise, nicht mit verschiedenen Akten, sondern mit einem einzigen, mit dem er auf verschiedene Weise und geordnet bezüglich der Dinge handelt.

Zuerst will er das Ziel, und darauf bezogen ist seine Tat vollkommen und sein Wille glücklich.

Zweitens will er jenes, das unmittelbar auf das Ziel gerichtet ist, indem er Erwählte vorherbestimmt, die ihn unmittelbar erreichen, und hierzu in in einem **reflexiven Akt will er, dass andere dasselbe Objekt (Gott selbst, sein Wesen) mit ihm lieben**, wie es vorher über die Liebe gesagt worden ist.[10]

22 Wer nämlich erstens sich liebt, tut es geordnet, und folglich nicht ungeordnet eifersüchtig oder neidisch.

Zweitens will er andere Liebende haben, und das heißt wollen, dass andere seine Liebe in sich haben. Das bedeutet, sie vorherzubestimmen, wenn er für sie dieses Gut als Ziel will.

Drittens will er das, was zum Erreichen dieses Zieles notwendig ist, d. h. die Güter der Gnade.

Viertens will er für sie alle anderen Güter, die entfernter sind, d. h. diese sensible Welt, die ihnen dient, wie nach dem Sinnspruch des Aristoteles: „Der Mensch ist in einem gewissen Sinne das Ziel aller sinnlichen Güter“[11], d. h. wegen dieses von Gott gewollten Zieles sind alle sinnlichen Güter gleichsam in einem zweiten Hinweis der Natur gewollt, gleichsam als vierten Hinweis.

23 Auch das, was dem letzten Ziel näher ist, wird gewöhnlich Ziel der Dinge genannt, die entfernter sind, sei es, dass Gott die sensible Welt in Hinordnung auf den vorherbestimmten Menschen will, sei es, dass er

---

[10] *Ord.* III, d. 28.

[11] *Physik* II.

gewissermaßen will, dass der Mensch ihn unmittelbarer liebe als die sensible Welt, und so der Mensch das Ziel der sensiblen Welt wird.

24 Die Ungleichheit der wünschbaren Dinge hinsichtlich desselben Wollens ist nicht der Willensakt des Willens Gottes, sondern wie sich der Wille auf die Gegenstände in der vorgenannten Weise richtet. Auch hängt diese Ungleichheit von der vorausgesetzten Güte der Dinge ab, die von ihm (Gott) verschieden sind, welche (Güte) gleichsam in der einen oder anderen Weise der Grund des Wollens ist. Der Grund liegt im göttlichen Willen selbst, da, wie er die anderen der Ordnung gemäß akzeptiert, so die Güter in solcher Ordnung sich befinden und nicht im Gegenteil. Wenn dagegen es sich ergibt, dass in ihnen (den Gütern), wie es sich im Verstand zeigt, sich eine Ordnung der wesentlichen Güte erweist, nach der sie rationalerweise dem Willen gefallen, dann ist zumindest sicher, dass ihr Gefallen (complacentia) bezüglich ihrer aktuellen Existenz in einfacher Weise vom göttlichen Willen abhängt, ohne einen bestimmenden anderen Grund von ihrer Seite.

(II – Antwort auf die Anfangsargumente 1-5)

(7) 25 Zum ersten Argument (vgl. 1) antworte ich, dass der Habitus (der die Potenz der Liebe vervollkommnet) eine gewisse Vollkommenheit ist, gerade dann, wenn sie von Gott ausgesagt wird. Was die Unvollkommenheit im zu Vervollkommenden (perfectibilis) betrifft, ist er akzidenteller Natur und so nicht unser Fall. In Gott jedoch besteht der Habitus durch Identität mit der Potenz, da sie unendlich ist.

26 Zum zweiten Argument (vgl. 2) sage ich, dass zugegebenermaßen die unbelebte Natur nicht im eigentlichen Sinne aus Liebe (caritas), die in der Freundschaft besteht, liebenswürdig ist. Ihnen gegenüber gibt es keine Freundschaft im eigentlichen Sinne. Dennoch kann man ein Wollen aus Liebe haben für das, was für sie erforderlich ist. Ich kann aus Liebe wollen, dass der Baum sei und dass der Baum mir zu diesem Akt der Liebe diene, insofern dieser Akt mir am Ende hilft, Gott in sich selbst zu lieben. Man kann in dieser Weise verstehen, dass Gott aus Liebe jedes Geschöpf liebt, nicht mit der Liebe der Freundschaft, aber mit dem Respekt ihnen gegenüber.

27 Das dritte Argument (vgl. 3) beschließt die Ungleichheit bezüglich der gewollten Dinge von den Geliebten. Es werden für die nicht Prädestinierten nicht so viele Güter gewollt wie für die Prädestinierten. Auch denen, von denen man sagt, dass er ihnen zürnt, gibt er eine Ungleichheit der Liebe, d. h. die Wirkung der Liebe, nicht nur wegen der besonderen

Ordnung, sondern auch im Blick auf die Individuen derselben Art. Dabei gilt nicht die Natur in diesem oder jenem, sondern allein der göttliche Wille.

28 Zum Gegenargument (vgl. 5) sage ich, dass aus ihm nicht die Gleichheit folgt, sondern nur aus dem Akt des Handelnden, nicht aber aus dem Akt, wie er auf die Gegenstände wirkt.

II

Die Fragestellung „Liebt Gott jedes Geschöpf in gleicher Weise mit Liebe?“ führt zur grundsätzlichen Unterscheidung, dass die Liebe, sofern sie von Gott ausgeht und die Geschöpfe auf Gott rückbezieht, gleich ist; ungleich jedoch, sofern verschiedene Stufen des Geschöpflichen zu beachten sind.

Skotus beginnt mit dem Thema in grundsätzlicher Art, indem er die Liebe Gottes selbst bedenkt. Dabei zeigt er auf, dass Gott in sich als Dreifaltiger in gleicher Weise liebt und dass diese Liebe eine ist.[12] In seiner Trinitätslehre geht er von Hervorbringungen (productiones) in Gott aus, nämlich den zwei hervorbringenden Prinzipien: Verstand, der aktiv Wissen ist, und Wille, der aktiv Wollen ist. Während der Verstand durch Identität gekennzeichnet ist, da er erkennt, was er erkennt, ist der Wille durch Alternativität gekennzeichnet, aber als Selbstvollzug Gottes wie der Verstand notwendig da. Die Beziehungen der göttlichen Personen untereinander erfolgen als Eigentümlichkeiten (proprietates) der Personen. Da Gott als der Ursprung liebt (Wille), was er erkennt (Verstand), ist Lieben wie auch Erkennen in allen drei göttlichen Personen eine. Da der Heilige Geist (gemäß dem Willen) aus Gott hervorgeht, aus dem auch der Sohn (gemäß dem Erkennen) hervorgeht, ist es die eine Liebe von Vater, Sohn und Heiligem Geist.[13]

Sktotus denkt die Trinität also in Hervorbringungen und Eigentümlichkeiten, nicht wie heute leicht in immanenter Pluri-Personalität von selbständigen Relationen in sozial-personaler communio. Es gelingt ihm so, die Einheit der Liebe und die gleiche Weise der Liebe festzuhalten.

Nach Abhandlung gegenteiliger Meinungen, dass Gott nicht jedem Geschöpf in gleicher Weise mit Liebe zugewandt sei (Abschnitte 1-4), nimmt

---

12 *Ordinatio* III, d. 32, n. 2, Abschnitt 6, im folgenden nur 6 etc.

13 Henri VELDHUIS: *Gott ist die Liebe*, in: Herbert SCHNEIDER OFM (Hg.): *Fons Salutis Trinitas – Quell des Heils Dreifaltigkeit*, Kevelaer 2002 (Veröffentlichungen der Johannes Duns-Skotus-Akademie Mönchengladbach, 14) 106ff.

Scotus Stellung (Abschnitt 5), indem er darlegen wird: Wie Gott in gleicher Weise jedes Geschöpf versteht, da er es mit einem formalen Grund tut, so liebt er mit Liebe jedes Geschöpf gleich.

Abschnitt 6: Das Thema wird nun in drei Teilen behandelt:

Erstens, dass Gott jedes Geschöpf liebt.

Zweitens, dass der Akt der Liebe nicht nur einer Person (in Gott, sondern allen dreien) gehört.

Drittens, dass der Akt (der Liebe) auf alle hin einer ist, und dabei gesagt wird, wie er in gleicher Weise und in ungleicher Weise hinsichtlich aller liebt.

Erstens, dass Gott jedes Geschöpf liebt (7-10).

Abschnitt 7: Gott selbst ist erfüllte Seligkeit (beatitudo), da er nicht von der Potenz in den Akt übergeht, sondern voller Akt ist. Dieser reine und vollendete Akt besteht im Verstand mit Erkennen und im Willen mit Wollen, das letztlich Lieben ist. Im Akt selbst ist Gott volle Erkenntnis und volle Liebe seiner selbst. Der ontologische Grund der vollkommenen Liebe liegt in Gott selbst. Er denkt und liebt, und dabei ist er zur Seligkeit fähig. Da aber in Gott die Potenz nicht dem Akt vorausgeht, sondern vollkommener Akt von Denken und Wollen (Lieben) ist, ist in ihm das, was Denken und Wollen eigen ist, zur Seligkeit fähig zu sein, vollkommen da und daher ist er selig (beatus).[14] Gott ist glücklich, indem er sich erkennt und will, da kein anderes Objekt eine rationale Natur beseligen kann. Daher erkennt und will er sich im Akt selbst.[15] Aus dem Entstehen der Dinge in der Zeit und ihrem Wandel in der Zeit kann kein Wandel oder Wechsel in Gott abgeleitet werden. Gott ist schlechtinnige Aktualität und Aktivität.[16]

Scotus steht wie selbstverständlich in der franziskanischen Tradition, wonach zwischen der geistigen Wesenheit und ihren Vermögen (Potenzen) sowie zwischen diesen Vermögen andererseits kein realer Unterschied besteht, sondern nur ein formaler. So überrascht denn der Satz in keiner

---

[14] Leonardo SILEO OFM: *L'inquisto metaphysica per una scienza della storia*, in: *Etica ed Persona – Duns Scoto e suggestioni nel moderno. Convegno di studi Bologna*, 18-20 febbraio 1993, Bologna 1994, 227-259.

[15] Orlando TODISCO OFMConv: *Giovanni Duns Scoto – Filosofo della libertà*, Padua 1996, 177ff.

[16] Reinhold SEEBERG: *Die Theologie des Johannes Duns Scotus*, Leipzig 1900, 16ff.

Weise: „Einen Willen haben und Geistsein sind konvertibel“[17], so Norbert Hartmann.[18] Indem die menschliche Fähigkeit zu Gott erhoben wird, wird die Seele ihrem Wesen nach zu Gott erhoben, denn die Fähigkeiten von Verstand und Willen sind nur formell vom Wesen der Seele verschieden (distinctio formalis). Die Seele wird in ihrem Wesen selig, indem ihre Fähigkeiten zu Gott erhoben werden.[19]

Gott denkt und will. Denn Gott als erste Ursache handelt per se und damit gleichzeitig propter finem. Daraus folgt, dass Gott sowohl Vernunft als auch Willen besitzt. Gott erkennt sich selbst und liebt sich selbst. Damit ist er aber als Person gekennzeichnet. Wie wichtig diese Bestimmung ist, sieht man gerade daraus, dass Gottes Beziehung zur Welt als vernünftiger Wille und als Liebe zu verstehen ist.[20]

Im Geschöpflichen unterscheiden wir zwischen Potenz, d. h. der Anlage zur Liebe, und dem Akt, d. h. dem Vollzug der Liebe. In Gott sind Potenz und Akt eins. Darum kann Gott auch, wenn er diese oder jene liebt, in gleicher Weise lieben. Allerdings legt Gott, da er frei ist, mehr oder weniger Güte in bestimmte Geschöpfe. Den Menschen aber hat er mit dem Gut seiner Liebe beschenkt.[21]

An der Seligkeit Gottes teilhaben, bedeutet dann, am Erkennen und Lieben Gottes teilzuhaben. Verstand und Wille sind die Fähigkeiten der Seele in ihrem Wesen. Durch diese Fähigkeiten erhebt sich der Mensch zu Gott und wird von Gott zugleich, sie vollendend, erhoben. „Gott ist das natürliche Ziel des Menschen, aber dieses Ziel wird nur übernatürlich erreicht.“[22] Sowohl der Verstand als auch der Wille tendieren zu ihrer eigenen Vollkommenheit, d. h. zur unendlichen Kenntnis und zur unendlichen Liebe, die nur bei Gott erreicht werden kann. Dieses natürliche Streben erreicht sein Ziel übernatürlich, indem Gott sich als die unendliche Seligkeit zu erkennen gibt und sich schenkt. Die Seligkeit Gottes besteht in seiner vollkommenen Erkenntnis und unendlichen Liebe.[23] Wenn der Mensch von Gott ergriffen ist, nimmt er teil an Gott durch die Tätig-

---

[17] *Ord.* III, 33,9.

[18] Norbert HARTMANN OFM: *Die Freundschaftsliebe nach der Lehre des Johannes Duns Scotus*, in: Wissenschaft und Weisheit 52 (1989) 194-218 und 53 (1990) 50-56.

[19] Léon VEUTHEY OFMConv: *Jean Duns Scot – Pensée théologique*, Paris 1967, 97ff. und 130ff.

[20] Johannes BINKOWSKI: *Die Wertlehre des Duns Scotus*, Berlin / Bonn 1936, 84.

[21] BINKOWSKI: *Die Wertlehre* (s. Anm. 20), 37.

[22] *Johannes Duns Scotus, Ordinatio: Prolog*, p.1, q.un. n. 32.

[23] *Ord* I, d.13, 1.un. n. 65.

keit seines Verstandes und seines Willens, durch die Kenntnis und die Liebe.[24]

Wenn in der Liebe immer auch mitgegeben ist, dass der Liebende ein anderer wird und so in sich und beim anderen den Wert der Gutheit bejaht und steigert, so möchte er am Geliebten auch teilhaben und ihm zugehören. In Gott gibt es kein Werden. Wenn er uns liebt, steigert er seine eigene Liebe nicht, aber er hat Freude, uns an seiner Liebe teilhaben zu lassen, so dass sich unsere Liebe steigert. Der Mensch wird ein anderer, wenn er von der Liebe Gottes ergriffen wird; er wird ein Mit-Liebender, wie wir noch sehen werden.[25] Der Mensch ist mithin glücklich durch Teilnahme an der Liebe Gottes, während Gott glücklich ist kraft seiner Natur und seine Seligkeit besteht im vollkommenen Denken und Lieben.[26]

Abschnitt 8: In Abschnitt 8 wird gesagt, dass Gott in actu sich erkennt und sich liebt, d. h. dass das Wesen Gottes nicht statisch ist und auch nicht in Entwicklung, sondern vollständig im Vollzug selbst; es ist actus purus, reiner Akt.

Auch die Personen in Gott gehören zu diesem einen Akt und sind sich gegenseitig Gabe. Der Vater ist ständig er selbst und bringt ständig den Sohn hervor, und der Sohn ist ständig sich erkennend vom Vater her und auf ihn hin. Ebenso ist der Heilige Geist der actus purus Gottes, aus dem er hervorgeht und daher auch Gott selber in seiner Liebe ist. Diese eine Liebe Gottes, die allen drei Personen eigen ist, richtet sich auf die Geschöpfe.[27]

Weil Gott im Denken und Wollen vollkommen ist und daher selig, folgt daraus: Wie jeder Verstand die Macht hat über jedes Erkennbare und wie jeder Wille die Macht hat über jedes, was gewollt werden kann, so kann der göttliche Wille alles, was außerhalb seiner selbst liebenswert ist, lieben.[28] Von Gott geht alle Liebe aus. Nicht das Ich des Menschen ist der Ausgangspunkt der Liebe, sondern nur Gott allein. Daher geht hier Scotus von Gott selbst aus.[29]

Wichtig ist an dieser Stelle, dass die Geschöpfe und insbesondere der Mensch, kein notwendiges Produkt von Gott sind, sondern Gabe seiner

---

24 VEUTHEY: *Jean Duns Scot* (s. Anm. 19), 130.

25 BINKOWSKI, *Die Wertlehre* (s. Anm. 20), 64.

26 Giulio BASETTI-SANI OFM: ... *Essenzialmente Amore – Saggio di Cristologia francescana*, Padova 1993, 39f.

27 VEUTHEY: *Jean Duns Scot* (s. Anm. 19), 52.

28 SILEO: *L'Inquistio metaphyica* (s. Anm. 14), 237.

29 BINKOWSKI: *Die Wertlehre* (s. Anm. 20), 65.

Liebe. Dies ist die wesentlich franziskanische Darstellung der Wirklichkeit. Das Sein ist daher nicht die Quelle der Liebe, sondern die Liebe Gottes ist die Quelle des Seins.[30] Die Liebe ist daher nicht ein Nebenprodukt des Seins, sondern Quelle des Seins. Die Quelle des Seins ist eben Gottes freigebige, sich mitteilende und verschenkende Liebe.

Gott hat eine unendliche Liebe, der Mensch eine endliche. Wie kann diese endliche Liebe mit der unendlichen zusammenbestehen? Es gibt eine Theologie, die von der Selbstkontraktion Gottes ausgeht, indem Gott sich zurücknimmt und damit „Raum" für die Schöpfung schafft. Gottes Allmacht begrenzt sich selbst und gibt so die Schöpfung frei. Scotus denkt offenbar nicht so. Gott ist unendliche Liebe. Die Welt ist Ausdruck der Freude Gottes, denn Gott ist vollkommene Freude, der Mitliebende will. Hier haben wir nicht einen Ansatz der Beschränkung Gottes, sondern einen Ansatz der Fülle. Die Liebe ist stets in Freiheit mehr, und doch ist sie auch alles im weniger, in jedem noch so kleinen Geschöpf.

Abschnitt 9: Gottes Liebe bezieht sich nicht auf die Gleichzeitigkeit von Gegenteiligem wie bei den Geschöpfen. Die göttliche Liebe liebt nicht etwas, was nicht liebenswert ist. Wenn man bezüglich der Liebe Gottes von einem Unterschied sprechen sollte, dann nur hinsichtlich seines Willens, etwas wirksam ins Sein zu führen oder nicht. Aber auch die Geschöpfe, die Gott nur in seinem Verstand hat, ohne sie in die irdische Wirklichkeit überzuführen, haben ebenso die große Güte wie die wirklich irdisch existierenden Geschöpfe.[31] Gott liebt also alles aktuell: die Geschöpfe in seinem Verstand und die Geschöpfe in der Wirklichkeit von Raum und Zeit.

Gott ist in seinem Wirken nach außen völlig frei. Auch ohne dieses Wirken nach außen wäre er unendlich vollkommen. Aus seiner Gutheit (bonum) heraus liebt er die Menschen – und formal alle gleich.[32]

Wir können nicht beweisen, warum Gott etwas mit wirksamer Liebe (diligit dilectione efficaci) liebt. Mit anderen Worten, wir können nicht beweisen, warum etwas Kontingentes geschieht. Wir können nur sagen, dass es aus der wirksamen Liebe Gottes stammt. Daher ist der Wille Gottes, kraft dessen er jetzt etwas hervorbringt, die unmittelbare und erste Ursache desselben. „Nur weil Gott wollte, dass das Kontingente sei, war

---

30 Orlando TODISCO OFMConv: *Lo stupore della ragione – Il Pensare francescano e la filosofia moderna*, Padua 2003, 583.

31 SILEO: *L'Inquistio metaphyica* (s. Anm. 14), S. 237.

32 BINKOWSKI: *Die Wertlehre* (s. Anm. 20), 67.

es gut, dass dasselbe sei.“[33] Nach dem Grunde dieses Faktums fragen, hieße Gott hinterfragen. Das aber geht nicht. Das Kontingente setzt einen Willen voraus als letzter Ursache, welche nicht mehr weiter ableitbar ist. Gottes Denken ist der Grund der Gedanken über die Dinge, die er frei will. Welche Gedanken Gott aber verwirklichen will, steht in seinem freien Belieben. Gott verwirklicht diejenigen Gedanken, die er verwirklichen will. Aber Gott verwirklicht sie gemäß einer Ordnung, indem die Dinge je auf ihrer Stufe auf das Ziel, Gott, hingerichtet sind.[34]

Kontingenz hebt sich ab vom Notwendigen und meint, dass etwas sein kann als auch nicht sein kann und auch anders sein kann als es ist. Kontingenz ist keine rein privative Bestimmung, sonder positiv von Gott gewollt.[35] Ohne diese synchrone Kontingenz, d. h. „ohne das Wahrnehmen, dass die Wirklichkeit, die nur teilweise von uns verwirklicht ist, auch verschieden sein kann von dem, was sie ist, verlieren unsere zentralen Begriffe von Liebe, Sünde, Schuld, Verantwortung, Gnade und Vergebung ihre wesentliche Bedeutung.“[36]

Abschnitt 10: Gottes Wollen ist grundsätzlich ihm gehörig und sein eigenes Wollen. Scotus sagt es in seiner Weise: Gott ist formaliter wollend. Es gehört zu seinem Wesen zu wollen. Gottes Wesen impliziert einfach die Vollkommenheit im Willensakt, denn Gott ist formaliter wollend. Zum anderen ist dieses Wollen Gottes einfach und damit vollkommen.[37] Deutlich drückt dies Norbert Hartmann aus: „Ein wollendes Wesen sein – ein Vorzug, der sowohl Gott wie dem Engel und wie dem Menschen zukommt – ist eine ‘schlechthinnige Vollkommenheit’, eine perfectio simpliciter, wie der Fachausdruck lautet. Er wird deshalb von Gott, den Engeln und den Menschen völlig gleichsinnig, univok, ausgesagt.“[38]

Das „formaliter“ bezieht sich auf die Frage, ob die Wirklichkeit nur mit zwei Unterschieden erklärt werden kann: solche, die in der Sache selbst begründet sind, also real vorhanden sind, und solche, die lediglich im Denken bestehen bzw. vom Denken erzeugt werden, also rational existieren. Die Lehre von der Dreifaltigkeit, einem Wesen in drei Personen,

---

[33] Parthenius MINGERS OFM: *Ist Duns Scotus ein Indeterminist?* Münster 1905, 125.

[34] MINGERS: *Indeterminist* (s. Anm. 33), 127.

[35] Martha FREUNDLIEB: *Studie zur Entwicklung des Kontingenzbegriffs*, Würzburg 1933, 46.

[36] Antonie VOS JACZN u. a.: *Contingency and Freedom – Lectura I 39.* Introduction, Translation and Commentary, Dordrecht 1994, 27.

[37] SILEO: *L'Inquistio metaphyica* (s. Anm. 14), 238.

[38] HARTMANN: *Die Freundschaftsliebe* (s. Anm. 18), 195.

führte Bonaventura und dann speziell Duns Scotus zur Unterscheidung der distinctio formalis.[39]

Es geht um die Mehrschichtigkeit einer erkannten Wahrheit, die gerade in der rezeptiven Tätigkeit des Verstandes und nicht von seiner abstraktiven erkannt wird. Die „distinctio formalis“ bezieht sich auf einen vorgedanklichen Unterschied zwischen Aspekten der Sache, die zusammen eine real ungeschiedene Einheit bilden. Gäbe es eine solche Differenzierung in der Sache nicht, dann wäre es unmöglich, sinnvoll von einer indifferenten Natur zu sprechen. Denn dann gäbe es nur das individuell Wirkliche einerseits und das begrifflich Gedachte andererseits: Die gemeinsame Natur wäre aus dem Wirklichen ausgeschieden.[40]

Zweitens, dass der Akt der Liebe nicht nur einer Person (in Gott), sondern allen dreien gehört (11-18).

Abschnitt 11: Da der vornehmste Akt des Willens (der Liebe) einfach Vollkommenheit ist, stellt sich die Frage, ob der interne und externe Akt Gottes einer der drei göttlichen Personen eigen ist. Die Antwort erfolgt gemäß dem voraufgegangenen Ergebnis: Wenn es eine der Personen, d. h. der gezeugte Sohn oder der gehauchte Geist, wäre, dann würde sich die Absurdität ergeben, dass die Liebe intern nicht notwendig hervorgebracht wird, während der externe Akt des Willens notwendig erfolgt. Das Gegenteil aber ist wahr: Keine Hinsicht auf irgendetwas außerhalb Gottes, in welchem Seienden auch immer, ist simpliciter notwendig. Daher kann der Akt nicht einer einzigen göttlichen Person gehören, sofern diese Person die göttliche Natur in einer bestimmten Weise besäße. Gottes Handeln nach außen gehört zu allen drei Personen.[41]

In Gott sind die drei Personen nicht real verschieden, aber auch nicht nominell, ebenso nicht virtuell oder modal, sondern formal. Ihre Verschiedenheit ist eine formale Nicht-Identität einer jeden Person bezüglich des Wesens und der anderen Personen.[42]

Gott liebt von aller Ewigkeit her alles, was Gegenstand seiner Liebe sein kann. Dieser Akt der Liebe ist den drei göttlichen Personen gemeinsam.

---

39 Axel SCHMIDT: *Die Unvermeidbarkeit der distinctio formalis*, in: Wissenschaft und Weisheit 67 (2004) 96-118.

40 SCHMIDT: *Die Unvermeidbarkeit* (s. Anm. 39), 105, und Johannes KRAUS: *Die Lehre des Johannes Duns Scotus OFM von der Natura communis*, Paderborn 1927, 43ff.

41 Richard CROSS: *Duns Scotus*, New York / Oxford 1999, 70ff.

42 BASETTI-SANI: ... *Essenzialmente* (s. Anm. 26), 61ff.

Die Ungleichheit der göttlichen Liebe stammt nicht von dieser göttlichen Liebe in sich, sondern nur von seiten der Geschöpfe, auf die sich seine göttliche Liebe richtet, die in einer gewissen Ordnung gewollt sind. Gott liebt zuerst sich selbst, da er das Ziel aller Dinge ist. Dann will er, dass andere Wesen ihn lieben. Ihnen gibt er alles, was ihrer Ordnung gemäß erforderlich ist, ihn, Gott, zu lieben.[43]

Abschnitt 12: Nichts außerhalb Gottes ist seinem Bestand nach notwendig, sondern kontingent. Der Begriff der Kontingenz meint nicht lediglich Zufall oder Privation von Sein, vielmehr etwas Positives, das nicht durch eine geschöpfliche Ursache bestimmt ist, sondern von der Erstursache Gott selbst. „Es ist wohl kaum fehlgegriffen, wenn man an dieser Bestimmung den Fortschritt der scholastischen Spekulation in Bezug auf den Kontingenzbegriff misst. Vergleichen wir ihn mit seinem aristotelisch-boethianischen Ausgangspunkt, so wird uns die Weite des durchmessenen Weges klar."[44] Hier im Denken des Johannes Duns Scotus über die Kontingenz ist ein Höhepunkt erreicht bezüglich der Zeit vor ihm, aber auch der Zeit nach ihm.

Abschnitt 13: Im Sohn spricht sich der Vater in die Welt hin aus, aber die Welt ist nicht automatisch im Sohn und damit im Gedächtnis Gottes. Vielmehr ist die Schöpfung dem denkenden Akt Gottes gemäß dem Sohn entstanden. Die Welt ist wortgemäß, logosförmig geschaffen. Wer diese Logos-Gestalt zerstört, treibt die Welt und sich selbst ins Nichts. Die Anlage auf das Du Gottes, das sich im Wort ausspricht und die Welt gemäß dem Wort, d. h. dem Sohne Gottes, schafft, gibt der Welt eine Ausrichtung auf Gott und dem Menschen eine Anlage auf das Du Gottes. Die Leugnung des Menschen als Ebenbild Gottes, diese innere Gestalt des Menschen abzulehnen, bedeutet die Heraufbeschwörung des Chaos. Der ewige Logos ist der Sohn des Vaters und zugleich „Planung der Welt". Daher ist der Sohn, den der Vater durch ewige Zeugung ausspricht, auch die tiefste Sinndeutung der Schöpfung, d. h. der Sohn ist die „notitia declarativa creaturae"[45].

Abschnitt 14: Auch bezüglich der Natur wehrt sich Skotus in den Abschnitten 12 und 13 gegen die Auffassung, dass die Welt eine Emanation aus dem unendlichen, vollkommenen göttlichen Wort ist, wie es im Neuplatonischen vertreten wird. Auch wehrt Skotus daher den Gedanken als unzutreffend ab, dass der Mensch in seiner Endlichkeit Gott zum Handeln

---

[43] Ephrem LONGPRÉ OFM: *La Philosophie du B. Duns Scot*, Paris 1924, 144.
[44] FREUNDLIEB: *Studie* (s. Anm. 35), 47.
[45] Marianus MÜLLER OFM: *Die Verheißung des Herzens*, Freiburg 1953, 111f.

eben deswegen bewegt, weil der Mensch mit dem Göttlichen naturhaft eins wäre, vielmehr handelt Gott auf das Wort, das der Mensch an ihn, Gott, richtet, geschenkhaft frei. Das begrenzte Wort des menschlichen Verstandes kann das unbegrenzte nicht zum Handeln bewegen, vielmehr ist es umgekehrt. Auch schafft Gott in seinem Wort nicht in der Weise der naturhaften Emanation. Wenn Gott handelt, handelt er nicht nur durch sein Wort, sondern als Gott selbst in der Einheit der drei Personen.

Abschnitt 15: Gott hat in seinem unendlichen Gedächtnis nicht ein Arsenal der konkreten Dinge, die er in die irdische Wirklichkeit umsetzt, vielmehr schafft Gott durch sein Wort die Dinge frei. Die existierende Welt ist frei von Gott erschaffen und nicht von einer der drei unendlichen Personen, hier vom Sohn bzw. vom Wort. Der Grund des Handelns Gottes nach außen ist die Verherrlichung Gottes selbst. Gott hat daher das Universum geschaffen, auf dass es seine Größe und seine Herrlichkeit widerspiegele und dies am höchsten durch Liebe, die seiner Größe und Herrlichkeit am meisten entspricht.[46]

Abschnitt 16: Scotus gebraucht das Wort „terminus". Damit drückt er aus, dass ein Geschöpf darauf angelegt ist, seinen vollen Endzustand zu erreichen. Alle Wesen sind in einem Zielgefüge zugeordnet und streben zu einem Höchst- und End-Terminus. Dieser Terminus als Vollendungsgeschöpf ist die Einigung des WORTES mit dem Menschen Jesus, also der Gottmensch Jesus Christus.[47] Die Schöpfung „aussprechen" (declarare) ist aber allen drei Personen, d. h. Gott selbst, eigen. Ebenso gilt es für das „lieben". Alles lieben, ist nicht einer göttlichen Person eigen, denn keine einfache Vollkommenheit ist Eigenheit einer Person, denn dann wäre diese Person vollkommener als die beiden anderen.[48] Die Abschnitte 13-16 geben die Begründung dazu.

Abschnitt 17: Es gibt allerdings einen Unterschied zwischen dem Wirken, das allen Personen in Gott gemeinsam zukommt, und dem Wirken, das einer einzelnen Person, wenn auch stets in Beziehung zu den beiden anderen, eigen ist. Sprechen kann doppelt verstanden werden. Vom Ursprung her ist das Sprechen und Lieben Gott in drei Personen eigen, vom Kundtun (Erklären bzw. Ausdrücken) her einer Person. Dieses Kundtun (declarare) kommt dann dem Vater zu, durch den Sohn.

---

46 Giovanni LAURIOLA OFM: *Profilo di Duns Scoto*, Putignano 1990, 67ff.

47 Agathon KANDLER OFMConv: *Die Heilsdynamik im Christusbild des Johannes Duns Scotus*, in: Wissenschaft und Weisheit 27 (1964) 194.

48 Vgl. Herbert SCHNEIDER OFM: *Mitzulieben bin ich da*, Trier 1996, 29ff.

Abschnitt 18: Die doppelte Weise des Kundtuns (declarare) in formaler und in prinzipativer (ursprunghafter) Hinsicht ermöglicht die Unterscheidung, dass einerseits Gott als der Eine in drei Personen spricht und liebt, dass aber andererseits Gott als eben dieser Eine doch durch eine der drei Personen das Herbringen (Vater), das Sprechen (Sohn) und das Lieben (Heiliger Geist) zugeeignet wird, wenn es um die Umsetzung geht.

Drittens, dass der Akt (der Liebe) auf alle hin einer ist und dabei gesagt wird, wie er in gleicher Weise und in ungleicher Weise hinsichtlich aller liebt.

Abschnitt 19: Es ist also klar, dass der Akt Gottes nach innen wie nach außen einem einzigen Subjekt gehört, dessen Wesen formal unendlich ist. Daraus folgt, dass der Akt selbst einer ist und alles umfasst.

Nun geht es um die Beziehung zwischen dem Akt und dem Agierenden, der den Akt vollzieht. Der Akt, der dem unendlich Agierenden adäquat ist, ist ein unendlicher Akt. Alles läuft hier aber nicht auf die Vervollkommnung des Aktes und des Agierenden hinaus. Der Akt ist nämlich in seiner Vollkommenheit im vollkommen Agierenden enthalten. Der erste Grund des Handelns, sei es des Verstandes, sei es des Willens, ist nur die göttliche Wesenheit. Grund des göttlichen Handelns ist sein eigenes Wesen, für Verstehen und Wollen.[49]

Abschnitt 20: Johannes Duns Scotus ist nun an dem Punkt angekommen, worum es im Anfang (Abschnitt 1 und 6) ging: die aequalitas, die Gleichheit, nämlich „Ob Gott aus Liebe alles in gleicher Weise liebt" (Utrum Deus diligat ex caritate omnia aequaliter).

Wie steht es nun mit der Ungleichheit, der inaequalitas? Sie entsteht wegen dem Konnotierten (connotata), d. h. dem Mitgemeinten, d. h. das jeweils Konkrete, die bestimmte Zuordnung des Aktes zum dem zu Verwirklichenden. „Der verschiedene Grad der Liebe ergibt sich nicht von seiten der Liebe selbst [...], sondern nur unter dem Gesichtspunkt ihrer Zuordnung zu den gewollten Dingen, durch die sie hindurchgeht (super quae transit), nicht nur weil sie gewollt sind, sondern auch weil sie diese nach einer bestimmten Ordnung durchdringt."[50]

Die Dinge haben ihre Ungleichheit nicht aus sich, sondern weil Gott sie der Art des Wollens Gottes entsprechen lässt, das eine dreifache Ordnung

---

49 TODISCO: *Lo stupore* (s. Anm. 30), 349f.

50 KANDLER: *Die Heilsdynamik* (s. Anm. 47), 186.

hat: Das rational handelnde Wesen (Gott) will das Ziel, d. h. Gott selbst; zweitens will es die Dinge, die dem Ziel am nächsten sind; drittens will er die dem Ziel fernern Dinge. Die Einzigkeit des Handelnden und die Einzigkeit des Zieles haben nur einen Grund: in der Natur des göttlichen Willens. Die Ungleichheit, inaequalitas, der genannten drei göttlichen Willensakte widersteht nicht der Gleichheit, aequalitas, des inneren Wollens Gottes. Gott selbst bestimmt nach außen den Grad der Güte.[51]

Abschnitt 21: Scotus betont eindeutig seine Schlüsselaussage: „Deus rationabilissime vult", d. h. Gott will begründet gemäß der soeben genannten dreifachen Ordnung, die auch in diesem Abschnitt wiederholt wird. Diese Aussage muss jeder berücksichtigen, der das Handeln Gottes im natürlichen wie übernatürlichen Bereich verstehen will. Mit dieser Aussage rechtfertigt sich Scotus ein für allemal vor der Anklage der Willkür und des moralischen Positivismus. Scotus ist sich der Konsequenz seiner Aussage voll bewusst. Das Prinzip „Handeln folgt dem Sein" (agere sequitur esse) hat seine volle Geltung, auch in Gott.

Erkennen und Wollen gründen im Sein. Das Sein hat seine logische Priorität vor dem Erkennen und Wollen. Das Wesen Gottes ist es, aus sich zu erkennen und zu wollen. Nicht nur das Sein, sondern darauf gründend das Erkennen gehen dem Wollen voraus, in Gott wie im Menschen. Allerdings ist das Verhältnis von Erkennen und Wollen nicht das von Ursache und Wirkung (causa et effectus). Denn der Wille ist nicht durch den Gegenstand, den der Verstand präsentiert, notwendigerweise determiniert, vielmehr entstammt das Wollen der Willenskraft und ihrer inneren Freiheit selbst. Aber es besteht eine Verbindung von Verstand und Wille, von Erkennen und Wollen. In der Tat der Zustimmung zum Erkannten ist der Wille frei. So ist es im Menschen. In Gott selbst will sein Wille notwendig sich selbst als das Gute. Aber Gott ist absolut frei, irgendetwas zu schaffen oder nicht. Gott aber schafft nicht zufällig, sondern geordnet auf ein Ziel hin, d. h. geordnet auf ihn, Gott, selbst hin.[52]

Nun kommt der wichtige Satz: Gott will Wesen, die unmittelbar auf ihn, Gott, gerichtet sind, und er will andere, die **mit ihm dasselbe (Gott) lieben**: „volendo alios diligere idem obiectum secum". Und dies geschieht, indem er sie auf sich in einem reflexiven Akt bezieht: reflectendo. Longpré übersetzt demnach: „Il veut toutes les choses qui sont ordonnées immédiatement vers Lui et prédestinés ainsi les élus, et cela, par un

---

[51] SILEO: *L'Inquistio metaphyica* (s. Anm 14), 243.

[52] Efrem BETTONI OFM: *Duns Scoto – Filosofo*, Milano 1966, 242-248. Vgl. Theo KOBUSCH: *Philosophen des Mittelalters*, Darmstadt 2000, 231.

mouvement de retour sur Lui-même, en voulant que d`autres aiment avec Lui l'objet (de ses complaisances, qui est l'Essence divine)."[53] **Gott will den Menschen als Mitliebenden.** Scotus selbst hilft uns, den Satz zu verstehen, indem er auf das voraufgehende Kapitel 28 verweist (dort Abschnitt 8). Hier ist auch Gott das Subjekt der Liebe, mit der der Mensch mitliebt.

Im Text der Scotus-Kommission für die kritische Edition der Werke des Johannes Duns Scotus, der noch nicht kritisch ediert ist, heißt es folgerichtig gemäß dem Kodex von Assisi als der Basis dieser kritischen Edition: „volendo alios condiligere idem obiectum secum".[54]

Damit ist Scotus zu einem Kernstück seiner Theologie der Liebe gelangt, ja der Theologie überhaupt. Von dieser Aussage her entwickelt sich auch ein neues Verständnis des Menschen, der nicht nur Gott liebt, sondern mit Gott liebt.

Abschnitt 22: Scotus vertieft nun diese Aussage über die Mitliebe. Im vorherigen Abschnitt zeigt er, wie die Liebe eine Mitliebe ist. Nun zeigt er jetzt, dass diese Mitliebe (**secum**) eine Liebe ist, von der er will, dass die Menschen sie in sich (**in**) haben. Dadurch befindet sich der Mensch so verfasst, dass er mit der Liebe Gottes in ihm mitlieben kann. In sich selbst nimmt der Mensch teil an der Liebe Gottes, die Gott in ihn hinein geschenkt hat. Der Mensch darf die Liebe Gottes in seinem eigenen Innern annehmen und erfahren, so dass er aus der Liebe Gottes selbst heraus mitliebt. Diese tiefe Einheit des Menschen mit Gott in seiner Liebe erhebt den Menschen zu seiner Einmaligkeit.

Daran darf dann auch die übrige Schöpfung teilhaben, je nach ihrer Seinsordnung. Die gesamte Schöpfung ist darauf angelegt, an diesem Höhepunkt der Mitliebe durch die Anwesenheit der Liebe Gottes im Menschen sich hinzuentfalten. Sie sind ein Hinweis (signum) auf diese Liebe. Die Zeichen bringen eine „Wahrheit" zum Ausdruck, aber in unterschiedlicher Weise.[55] Der hier genannte zweite Hinweis bzw. das zweite Zeichen, d. h. der Mensch, führt das Bezeichnete, die Mitliebe mit Gott, mit sich, das

---

[53] LONGPRÉ: *La Philosophie* (s. Anm. 43), 143. Vgl. Hannes MÖHLE: *Ethik als scientia practica nach Johannes Duns Scotus – Eine philosophische Grundlegung*, Münster 1995, 445: „Jedes Ziel muß als Ziel erst durch einen vorhergehenden Akt des Erkennens und Wollens bestimmt werden. Jedes auf einen bestimmten Gegenstand gerichtete Wollen setzt einen reflexiven Akt, in dem sich der Wille zu seinem eigenen Wollen (velle, nolle) bzw. nicht Wollen (non velle) verhält, voraus."

[54] Barnabas Hechich OFM, Brief vom 17.7.2004 an den Verfasser.

[55] Martin HEIDEGGER: *Die Kategorien-und Bedeutungslehre des Duns Scotus*, Tübingen 1916, 116ff.

vierte Zeichen, die sinnenhafte Welt, ist nur ein Verweis auf dieses Bezeichnete.

Abschnitt 23: Der Mensch kann sogar, weil er unmittelbar Gott liebt, als Ziel der übrigen Schöpfung bezeichnet werden. Dies gibt dem Menschen einen doppelten Auftrag: die Schöpfung in die Mitliebe hereinzunehmen und die Schöpfung in ihrer nicht nur dinghaften Realität zu sehen, sondern in ihrer Bezogenheit über den Menschen auf Gott. Über den Menschen nimmt die Schöpfung teil an der Mitliebe, zu der der Mensch erwählt ist. Die Schöpfung ist von der Mitliebe nicht ausgeschlossen, sondern auf diese Mitliebe bezogen und kommt dadurch erst zu ihrem wahren Sinn.

Für Scotus muss sich die Liebe auch auf die Dinge richten, da sie ausdrücklich im Blick auf den Menschen und sein Glück auf Erden gewollt sind. Alles gehört zur Pyramide des Seins, von welcher der Mensch die zusammenfassende Spitze einnimmt. Die Dinge können nicht mit einer Freundschaftsliebe geliebt werden, da es an der Entsprechung zwischen Liebende und Geliebten fehlt. Doch können sie geliebt werden mit einem „desiderio di carità“, insofern sie helfen, dass der Mensch Gott liebt. Sie werden dem Menschen so zu einer gewissen Leiter zu Gott.[56]

Wir können auch sagen, dass die Welt nicht lediglich ex nihilo, aus dem Nichts, erschaffen ist, sondern ex amore bzw. ex caritate, aus der Liebe.

Wir können die drei Aussagen machen:

Weil Gott sich selbst liebt, will er andere Mitliebende seiner selbst, d. h. die Menschen (Abschnitt 21).

Indem der Mensch sich selbst liebt und darin die Liebe Gottes in sich, d. h. in seinem eigenen menschlichen Innern (Abschnitt 22), will er die Schöpfung als an des Menschen Liebe und dabei an dessen Liebe mit Gott beteiligte Schöpfung (Abschnitt 23).

Abschnitt 24: Scotus fasst seine Erkenntnis zusammen. Das Handeln Gottes in sich und nach außen entspricht einem ordo amoris, einer Ordnung der Liebe, welche Ordnung eine personale ist. Das Ziel aller Schöpfung und mit ihr des Menschen und durch den Menschen ist die personale Leibesgemeinschaft mit Gott.

---

[56] Bernardino BONANSEA OFM: *L'Uomo e Dio nel pensiero di Duns Scoto*, Mailand 1991, 235f. Vgl. auch Olivier BOULNOIS: *Duns Scoto – Il rigore della carità*, Mailand 1999, 80ff.

In den **Abschnitten 25-28** gibt Scotus nun die Antwort auf die **Abschnitte 1-5**.

Abschnitt 25: Aus der Wiederholung gleicher Handlungen entsteht ein Habitus, mit dem Handlungen leichter wiederholt werden können. Der Habitus, das Gehabe, verstärkt die Willenskraft, so dass die Handlung einfacher und direkter zustande kommt. So ist der Habitus eine Qualität der Person und dabei zugleich eine Vervollkommnung der Person. Der Habitus geht im Akt der Liebe nicht auf, vielmehr ist er etwas Bleibendes, eine andauernde Anlage, die durch das Lieben vollendet wird.[57]

Abschnitt 26: Eine vollkommene Form der Tugend der Gerechtigkeit ist gewiss die Freundschaft, da sie nach Scotus derart ist, dass sich jemand dem Nächsten selbst gibt, im Maße, was er geben und was der andere nehmen kann. Diese Verbindung wird von der Tugend der Liebe vervollkommnet. Lieben und Geliebtwerden ergänzen sich gegenseitig. Freundschaft im eigentlichen Sinne, so lehrt Scotus, besteht nur unter Gleichen oder Gleichgestellten oder Gleichrangigen, ist also eine zwischen-personale Beziehung.[58]

Gott um seiner selbst willen lieben, macht den Menschen glücklich, d. h. der amor amicitiae (oder complacentiae), d. h. der uneigennützigen Liebe der Freundschaft, und nicht lediglich der amor commodi, mit welcher Liebe ich Gott lediglich wegen des persönlichen Wohlergehens liebe.

Scotus weist damit erneut auf die göttliche Qualität hin, die sich in jeder Freundschaftsliebe zeigt.

Abschnitt 27: Der kurze Schlusssatz fast das ganze Kapitel zusammen: der Unterschied des Handeln Gottes nach innen und nach außen mit seinen weitreichenden Einsichten und Konsequenzen für das Leben des Menschen: mit Gott zu lieben, indem er in sich Gottes Liebe annimmt und erfährt.

Auf die Frage in dieser Distinktion (Kapitel) 32 der Ordinatio III, ob Gott mit Liebe alles gleich liebt, ist Duns Skotus zu dem wichtigen Ergebnis gekommen, die Gesamtheit der Beziehungen Gottes zur Welt unter dem Gesichtspunkt der Liebe zu betrachten und zu verstehen. Reinhold Seeberg schreibt dazu: „Diese Liebe darf aber nicht auf eine der trinitarischen Personen beschränkt werden. Dächte man etwa, sie wäre ein Proprium des Heiligen Geistes, so müßte entweder gefolgert werden, daß der Heilige Geist nicht notwendig aus dem Vater hervorgeht, was falsch wäre, oder

---

57 BINKOWSKI: *Die Wertlehre* (s. Anm. 20), 72-74.
58 HARTMANN: *Die Freundschaftsliebe* (s. Anm. 18), 58.

man müßte von einer nicht freien, sondern notwendigen Liebe Gottes zur Kreatur reden, was ebenfalls irrig wäre, denn keine Beziehung auf ein außerhalb seiner selbst gelegenes Sein kann für Gott als notwendig bezeichnet werden. Es ist sonach Gott, welcher liebt, wobei dann freilich gesagt werden kann, daß, wie der Vater alles im Wort sagt, er alle im Geist liebt, doch so, daß diese Liebe den drei Personen gemeinsam ist. Diese Liebe ist nun, nach dem oben Entwickelten, als ein auf alles gerichteter göttlicher Akt zu denken. Von hier aus beantwortet sich die zum Eingang aufgeworfene Frage."[59]

[59] SEEBERG: Die Theologie (s. Anm. 16), 170.

30. Betende Erhebung zu Gott

mit dem seligen Johannes Duns Scotus

Herbert Schneider OFM

Betende Erhebung zu Gott soll uns mit dem seligen Johannes Duns Scotus anlässlich seines 700. Todestages, den wir am 8. November 2008 begehen, leiten.

Scotus hat seine philosophische Abhandlung „Über das Erste Prinzip" (De Primo Principio) mit einem Gebet begonnen, sein philosophisches Werk betend fortgeführt und mit Gebet beendet. Seine philosophischen Abhandlungen wiederholen wir hier nicht, denn sie können wir in vielen Werken über ihn nachlesen. Es ist aber gewiss gestattet und sinnvoll, sein Gebet mitzuvollziehen und dies mit Gedanken aus seinem Gesamtwerk. Wir gehen daher seinen Gedanken nicht kommentierend nach, sondern gehen vom jeweiligen Ergebnis aus und stellen es in den Zusammenhang des Gebetes.

Die hier vorliegenden Gebete des seligen Johannes Duns Scotus verweisen unser Denken und Wollen, zudem auch unser Gefühl, auf die Größe Gottes. Dabei bewirken sie eine Erhebung des inneren Menschen. Die Gebete sind getragen von Dankbarkeit gegenüber Gott und würdevoller Selbstachtung von innen her. Mitbetend wird der Mensch in seinem Innern erhoben und mit sich selbst versöhnt. Die Erstarkung des inneren Menschen erfährt, indem er sich in das unbezweifelbare Geheimnis Gottes erhoben weiß, eine Erhebung zum Leben im Wechsel der Zeit und Ereignisse.

Der Mensch kommt mit seinen hervorragendsten Geisteskräften von Denken und Wollen an eine Grenze, die ihn nicht hindert, sondern in den Überstieg zu Gott einlädt. Was der Mensch in seiner Begrenzung und Sterblichkeit erreichen kann, ist genau das Gegenteil von Verdruss, Resignation und Nihilismus, vielmehr Öffnung für Gottes Fülle, die ihn, den Menschen, erhebt.

1. Das Sein und das Du

Gebet:

Das erste Prinzip der Dinge gewähre mir,
das zu glauben, zu verstehen und vorzutragen,
was seiner Majestät gefällt

und unseren Geist zu seiner Beschauung erhebt.
Herr unser Gott,
als dein Knecht Moses von Dir, dem wahrsten Lehrer, zu wissen begehrte,
welcher Dein Name sei, den er den Kindern Israels nennen sollte,
wusstest du wohl, was der Verstand der Sterblichen von Dir begreifen könne;
Deinen geheiligten Namen eröffnetest Du in der Antwort:
Ich bin der ich bin.
Du bist das wahre Sein, Du bist das ganze Sein.
Dies (glaube ich), wenn es mir möglich wäre, möchte ich wissen.
Hilf mir Herr, bei meinem Forschen danach,
zu welchem Maß an Erkenntnis vom wahren Sein, welches Du bist,
unsere natürliche Vernunft gelangen könne,
anfangend von dem Seiend, welches Du von Dir ausgesagt hast.
(De Primo Principio, Nr. 1)

Der von Scotus gewählte Begriff „Prinzip" bedeutet im Mittelalter „Ursprung".[1] Das Denken des Johannes Duns Scotus behandelt den Ursprung, der Gott ist, in sich und in seinem Verhältnis zu Welt. Es geht also nicht um ein abstraktes Seinsprinzip, sondern um einen handelnden Ursprung, der „gewähren" kann, nämlich Gott als Person. Wichtig ist es, dass sich der denkende Mensch betend auftut auf Gott. Derjenige, der denkend objektiv zu verstehen bestrebt ist, nimmt das Verstandene betend subjektiv an. Dies ist die eine Möglichkeit. Für Scotus ist dennoch zentral der Ausgang von Gott, denn „das Geoffenbarte, das Glaubwürdige, wird als Gegenstand des Intellekts bezeichnet".[2] Daher muss unterschieden werden zwischen dem, was der Mensch als Pilger durch den Glauben erkennt, und dem, was er aus sich erkennt. Was Scotus im Glauben angenommen hat, das will er verstehen und mitteilen.

---

1 Wolfgang KLUXEN: *Johannes Duns Scotus: Abhandlung über das Erste Prinzip*, Darmstadt 1987, 135; Allan B. WOLTER OFM: *John Duns Scotus, A Treatise on God als first Principle*, translated and edited with Commentary, Chicago 1982, 157: „The Latin principium has the meaning of a source, a beginning, a cause or principle"; Ludger HONNEFELDER: *Johannes Duns Scotus*, München 2005, 96ff. – Im Folgenden zitieren wir aus der Ausgabe „Über das Erste Prinzip" bzw. „De Primo Principio" von Kluxen, z. B. Nr. 91. Ebenso zitieren wir einige Texte von Scotus aus der Ordinatio und kürzen ab z. B. *Ord.* II, d.1.n.2 oder aus den Reportata Parisiensia z. B. *Rep. Parisiensia* III, d.7. a.4. q. 1.

2 Ludwig WALTER: *Das Glaubensverständnis bei Johannes Duns Scotus*, Paderborn 1968, 127.

Die Erkenntnis geht auf das Wahre; das Wollen tendiert auf das Gute, das in den Dingen enthalten ist.[3] Beide Potenzen der Seele richten sich auf das Sein und den, der das Sein selbst ist, Gott in seiner Majestät, der sich selbst kundtut: „Ich bin, der ich bin" (Ex 3.14). Die Bezeichnung Gottes als Majestät, der es gefällt, was der Mensch in glaubender Annahme versteht und mitteilt, führt über die philosophischen Möglichkeiten hinaus. Majestät im positiven Sinne bedeutet, dass das eigene Denken und Handeln seinem Gefallen entspricht.

Bemerkenswert ist es nun, dass Gott als personale Majestät über dem „Ich bin, der ich bin" steht, denn diese Selbstaussage kommt von ihm. Diese Mitteilung des „Ich bin, der ich bin" zeigt auf das Sein, ja das unendliche Sein Gottes. Diese Bestimmung Gottes als des dauernden Seins wird übertroffen und ist nicht mehr beweisbar: das Wahre und Gute.

Scotus ist bekannt für sein Denken des „ens in quantum ens", d. h. des Seins als Sein oder des Seins als solchem. „Das Ens bedeutet somit den Gesamtsinn der Gegenstandssphäre überhaupt, das sich durchhaltende Moment im Gegenständlichen, es ist die Kategorie der Kategorien. Das Ens bleibt in jedem Gegenstand, mag er in seiner inhaltlichen Fülle wie immer differenziert sein, erhalten."[4] Man sagt, diese Bestimmung des Seins als solchem sei der Beziehung von Gott und Mensch übergeordnet. Nicht mehr Gott, der das Sein schafft, sondern der Mensch, der das Sein denkt als ens in quantum ens, sei das Erste.[5] Genau dem ist **nicht** so! Gewiss legt das Werk De primo principio das Sein aus, aber untergeordnet zu Gott, dem Allmächtigen, zu dem sich der denkende Geist anbetend erhebt. „Die Theologie vom Menschen her bleibt kontingent und kann nur bis zum ens infinitum, dem unendlichen Sein, reichen. Was aber dieses ens infinitum seinem Wesen nach ist, muss Gott selbst eröffnen"[6].

So schreibt auch Franz Lackner: „In dem von Scotus entwickelten Gottesbegriff *ens infinitum* treffen sich die verschiedenen Erkenntnisordnungen. *Seiend* ist eine nicht kategoriale *Ausgedehntheit* (quantitas virtutis) und

---

3 Giovanni PIZZO: *Intellectus und memoria nach der Lehre des Johannes Duns Scotus*, Kevelaer 1998 (Veröffentlichungen der Johannes-Duns-Skotus-Akademie Mönchengladbach, 7), 231ff.

4 Martin HEIDEGGER: *Die Kategorien- und Bedeutungslehre des Duns Scotus*, Tübingen 1916, 24.

5 Ludger HONNEFELDER: *Ens in quantum ens*, Münster 1979, auch Orlando TODISCO: *Lo stupore della ragione, Il pensiero francescano e la filosofia moderna*, Padua 2003, 212ff.

6 HONNEFELDER: *Ens* (s. Anm. 5), 11-19; Gonsalvus SCHELTENS OFM: *Der Gottesbeweis des J. Duns Scotus*, in: Wissenschaft und Weisheit 27 (1964). 229-245.

unendlich dessen innerer Modus. Die beiden Begriffe zusammengesetzt ergeben nach Scotus einen Denkinhalt, der widerspruchsfrei gedacht werden kann. Der forschende Geist kommt bei Erreichung des Gottesbegriffs in höchstem Sinn zur Ruhe."[7]

Darum beginnt Scotus sein Werk mit dem „brennenden Dornbusch", wo Gott selbst seinen Namen und damit sein Wesen mitteilt. Gott spricht hier den Menschen persönlich an und teilt ihm sein Wesen mit: Ich bin, der ich bin! „Der übernatürlich Tätige (Gott) vermag im Intellekt eine Hinneigung zu dieser Wahrheit hervorzurufen, indem er in der Zustimmung selbst das versucht, wodurch er in Entsprechung zu dieser Wahrheit gemacht wird."[8] Damit erweist sich das endliche Sein als herkommend aus der freien Tat Gottes, der sie im selben Moment vollziehen konnte oder auch nicht. Auf diesem Hintergrund versteht sich der Mensch in seinem endlichen Sein als Gabe des frei in Liebe handelnden Gottes. Der Mensch ist ein Liebegeschöpf Gottes, denn im Kern des frei schaffenden Willens ist die Liebe.[9]

So können wir den Weg von der **Erkenntnis** zum **Bekenntnis** des Scotus mitgehen. Der Mensch erhebt sich als Geschöpf in dieser seiner positiven Bestimmung zum Lobe des Schöpfers und bekennt in immer wieder neuen Ansätzen dessen alles übersteigende Fülle. Zugleich bejaht und vollzieht der Mensch seine eigene Kontingenz. Bei Scotus gibt es keine Spiritualität der Abwertung des Menschen, sondern der Erhebung des Menschen zum **Du** Gottes.

Das Denken über Gott ist nicht eine Bemächtigung Gottes, sondern ein Dank für Gottes Größe. Im Du-Sagen zu Gott spricht der Mensch Gott persönlich an und zugleich bekennt er Gottes unsichtbare Größe. Der Gott, den er betend anruft, ist ursprünglicher als der Gott, den ich denkend zu verstehen bestrebt bin. Gott ist nicht einzubinden in den Horizont der Immanenz des Denkens, vielmehr ist er – wie im Gebet ausgesagt – stets mehr, aber so, dass er sich mir nicht entzieht, sondern als Mysterium nahe bleibt, wie eben im Du-Sagen erschlossen. Im Du-Sagen zu Gott akzeptieren wir, dass er uns zugleich nahe ist und doch stets mehr ist, auch fern als Ziel, das uns aber trägt und hält.

Scotus sagt, dass die Erhebung sich nicht lediglich aus dem Menschen heraus vollzieht, sondern ihn erhebt zur Beschauung / Kontemplation der

---

[7] Franz LACKNER OFM (Hg.): *Zwischen Weisheit und Wissenschaft – Johannes Duns Scotus im Gespräch*, Kevelaer 2003 (Franziskanische Forchungen, 45), 144.

[8] *Ordinatio, Prolog*, Quaestio Nr. 13.

[9] TODISCO: *Lo stupore* (s. Anm. 5), 252ff.

Majestät Gottes. Kontemplation ist das liebevolle Verweilen vor Gott in einem Gefallen an Gott, so dass das Gefallen Gottes auf mich übergeht.

2. Lob der Vollkommenheiten

Am Ende seiner Abhandlung über das Erste Prinzip fasst Scotus seine Gedanken in Gebeten zusammen. Was er im Glauben als Offenbarung angenommen hat, nämlich „Ich bin, der ich bin“, hat er durch sein Nachdenken tiefer verstanden.

Nun bringt er seine Gedanken ins lobende Gebet zu Gott.

Gebet:

Herr unser Gott, gar viele Vollkommenheiten,
welche den Philosophen von Dir bekannt waren,
können nach dem Gesagten die Katholiken von Dir vielfältig erschließen.
Du bist das erste Bewirkende.
Du bist das letzte Ziel.
Du bist der Höchste an Vollkommenheit.
Alles überschreitest Du.
Du bist völlig unverursacht, daher unzeugbar und unvergänglich.
Du kannst unmöglich nicht sein; denn Du bist aus Dir selbst Notwendigsein.
Du bist ewig, denn zugleich besitzt Du die Unbeendbarkeit der Dauer,
ohne das Vermögen zu einem Nacheinander;
denn ein Nacheinander kann nur sein in einem ständig Verursachten
oder wenigstens im Sein von einem anderen Abhängigen,
und diese Abhängigkeit ist weit entfernt vom im Sein aus sich Notwendigen.
(De Primo Principio, Nr. 91,1)

Indem Scotus Gott als den Ersten Bewirkenden, das letzte Ziel und den Höchsten an Vollkommenheit versteht, anerkennt der Mensch im Gebet, dass Gott alles überschreitet. Gebet als Lob der Vollkommenheiten Gottes, wobei dieses Gebet den Menschen ständig ins Überschreiten führt, da Gott alles überschreitet. „Alles überschreitest Du!“ Dieser Satz weist darauf hin, dass Scotus offenbar mit Gott redet, und zwar als Christ auf der Linie Jesu Christi, worauf der Anfang des Gebetes hinweist, dass es die Katholiken sind, die Christen, die in dieses Überschreiten eintreten, und dies tun sie nur in Jesus Christus.

Schon die Griechen sprachen über Gott, der mehr Gegenstand akademischer Gedanken und Dispute war. Israel (Moses) sprach dann nicht nur über Gott, sondern zu Gott, der sein Volk rettet und führt. Scotus greift gewiss beide Weisen der Griechen und Juden auf, wenn er von Gott als dem ersten Prinzip (Urgrund) redet und wie Moses zu Gott. Aber im Verlauf der Erörterung geht er über in ein Sprechen vor Gott und vor allem mit Gott.

Scotus philosophiert mithin nicht losgelöst von einer existentiellen Rückbindung an Gott, so dass er nicht lediglich über Gott redet, sondern zu Gott und vor allem mit Gott. Wer selbst erfahren hat, was alles Endliche überschreitet und GOTT genannt werden darf, kann davon reden. Wir können daher bei Scotus annehmen, dass sein Reden von Gott auch aus Erfahrung stammt. Die Erfahrung ist ein Erlebnis, das reflektiert wird. Daher kann Scotus die Erfahrung der Offenbarung des Alten Testamentes (Moses) und des Neuen Testamentes (Jesus Christus) vom daseienden und ewig geltenden Gott mit seinem Verstand zu verstehen sich bemühen.

Scotus ist sich der letztlichen Unbegreiflichkeit Gottes bewusst. Daher leistet er sein Denken in der Gegenwart Gottes. Die höchste Gotteserkenntnis, die wir in diesem Leben haben, ist, dass bei allem Erkennen von Gott dieser immer größer ist und alles übersteigt, was wir von ihm denken. Darum geht Denken in Gebet über oder geschieht angesichts des Gebetes. Scotus beachtet, was das Vierte Laterankonzil im Jahre 1215 in beachtenswerter Erklärung sagte: Vom Schöpfer und vom Geschöpf kann keine Ähnlichkeit ausgesagt werden, ohne dass gleichzeitig eine größere Unähnlichkeit ausgesagt wurde.[10]

Du bist der erste Bewirkende

Gebet:

Wahrhaft, o Herr,
hast Du alles in Weisheit geordnet geschaffen,
auf dass jeglichem Verstande gegründet erscheine,
dass jedes Seiende ein geordnetes ist.

---

10 Herbert VORGRIMLER: *Gott – Vater, Sohn und Heiliger Geist*, Münster 2003, 19.

Daher galt es bei den Philosophen als absurd,
die Ordnung einem Seienden abzusprechen.
Aus diesem allgemeinen Satz: „Jedes Seiende ist geordnet“ folgt,
dass nicht jedes Seiende ein späteres und nicht jedes ein früheres ist;
denn in beiden Fällen würde ein und dasselbe auf sich hingeordnet sein
oder ein Zirkel in der Ordnung angenommen werden müssen.

Es ist also ein Seiendes, welches früher, nicht später ist, und so das erste.
Es ist eins, das später und nicht früher ist.
Keines aber ist, das nicht entweder früher oder später ist.

Du bist das einzig Erste,
und jedes andere als Du ist später als Du,
wie ich das für die dreifache Ordnung nach meinem Vermögen erläutert habe.
(De Primo Principio, Nr. 48)

Gott liebt zuerst. Gott ist Erster in der Liebe. Den Menschen hat er liebesfähig geschaffen, damit der Mensch Gott lieben kann. Weil Gott Erster ist, darf sich der Mensch im Gebet von Gott lieben lassen.

Nicht der Mensch richtet sich zuerst liebend auf Gott, damit er Gottes Liebe erhalte, vielmehr hat der Mensch die Ausrichtung seiner Liebe auf Gott zuerst von Gott empfangen, womit er Gott liebt. Dem entspricht, was die Schrift sagt: „Nicht darin besteht die Liebe, dass wir Gott geliebt haben, sondern dass er uns geliebt hat [...]“ (1 Joh 4,10). Dies bringt den Menschen zur Erfüllung als Bild und Kind Gottes.

Weil Gott erster ist, bleibt ihm auch die Erstinitiative. Gott hat dem Menschen das natürliche Verlangen gegeben, ihn, Gott, zu lieben, aber die Erfüllung dieses Verlangens geschieht durch Gott selbst. Gott ist der Erste und der Mensch ist nach Gott. Auch in der Erfüllung des Verlangens bleibt Gott der Erste. Daher bezeichnen wir die Erfüllung des Verlangens und Strebens nach Gott als übernatürlich. Gott erfüllt nicht nur unsere auf ihn gerichtete Liebe, er ist auch der Inhalt dieser Liebe. Mit den Worten des Scotus: „Gott ist zwar das natürliche Ziel des Menschen, er ist aber nicht auf natürliche, sondern auf übernatürliche Weise zu erreichen.“[11]

„Gott ist die Liebe“ (1 Joh 4.16); daher kann man mit Recht über Gott sagen: „Ich liebe, ich will, dass du bist!“[12] Die Geschöpfe sind nicht nur eine Wirkung Gottes, sondern gewollt von einem höchsten freien Willen, dem es um das Geschöpf als solchem geht.[13]

Gott als Erster gegenüber der Schöpfung und der Liebe als dem Kern der Schöpfung bringt unser natürliches Liebesstreben zur Erfüllung. Dabei werden wir mehr und mehr zur Person. Im betenden Erheben von Geist und Herz erstrebt der Mensch ausdrücklich diese Erfüllung, indem er Gott um seiner selbst willen liebt und darin sein eigenes Glück findet. In der liebenden Begegnung mit Gott lernt der Mensch, sich immer besser zu verstehen, anzunehmen und liebend zu gestalten. Indem er von Gottes Liebe beschenkt wird, kommt er mit seinem natürlichen Liebesstreben zu Erfüllung.

Als Erster ist Gott stets dem Menschen voraus und bleibt so ein absolutes Geheimnis, auch im betenden Sich-Übereignen des Menschen an ihn, da der Mensch weder denkend noch betend Gott einholen kann.

Indem der Mensch Du sagt zu einem Mitmenschen und erst recht zu Gott, spricht er seinem Gegenüber Einzigkeit und Einmaligkeit zu. Zugleich jedoch achtet er in ihm mehr: das Geheimnis, das nur diesem Du gehört. Gott als Du ist der einzige Gott und das unergründliche Geheimnis für Mensch und Welt.

Du bist das letzte Ziel

Gebet:

Du bist ohne Grenzen gut.
Die Strahlen Deiner Güte teilst du aufs freigebigste mit.
Zu Dir dem Liebenswürdigsten eilt jedes Einzelne zurück,
auf seine Weise,
als zu seinem letzten Ziel.
(De Primo Principio, Nr. 92,1)

---

[11] *Scotus: Ordinatio, Prolog* 32; vgl. Henri VELDHUIS: *Person zwischen Natur und Gnade*, in: Herbert SCHNEIDER OFM (Hg.): *Wie beeinflusst die Christusoffenbarung das franziskanische Verständnis der Person?* Kevelaer 2004, (Veröffentlichungen der Johannes-Duns-Skotus-Akademie Mönchengladbach, 16), 90.

[12] Etienne GILSON: *Jean Duns Scot*, Paris 1952, 339.

[13] TODISCO: *Lo stupore* (s. Anm. 5), 477.

Gott als Ziel, auf den sich das Verlangen der Liebe richtet, und der die Liebe zur Erfüllung bringt, macht es sinnvoll, dass unsere Welt und das Universum sinnvoll sind, weil in diesem letzten Sinngrund, dem persönlichen Gott, dem Du, das mich liebt, ein letztes Ziel dem Menschen gegeben ist (Nr. 44).

Weil es Gott als erstes und letztes Ziel gibt, enthält Gott als oberstes Ziel virtuell, d. h. der Kraft nach, die Vollkommenheit des Menschen. Daraus folgt, dass die Kraft des Menschen, mit der er sich im Gebet zu Gott erhebt, eine Kraft ist, die das Erreichen dieses Zieles enthält.[14]

Die Liebe ist die weiseste und richtigste, die Erfüllung der ganzen Gerechtigkeit und mehr als Gerechtigkeit. Gott in seiner Liebe hat für alles die besten Gründe, und seine Liebe ist daher weise. Seine Liebe ist im Wesen seiner Liebe selbst begründet.

In seinem Wollen ist Gott Vollzug seiner Liebe. Daher ist Gott in seiner Liebe zugleich weise und wollend. So sehr Gott in die Welt hinein wirkt, ist er doch in allem unsichtbar, wie auch die Liebe unsichtbar ist, aber wirkt. Daher ist die Liebe des Menschen zugleich eine Liebe zum Unsichtbaren.

Die Liebe zu Gott ist der höchste menschliche Akt, in welchem der Mensch in die Begegnung mit Gott tritt. So kann in jedem menschlichen Lieben, das letztlich auf die Begegnung mit Gott ausgerichtet ist, Gottes Liebe sich manifestieren und in Erscheinung treten. Dadurch wird der Mensch als Bild (imago) Gottes so zu Gott erhoben, dass er eine Ähnlichkeit (similitudo) mit Gott erhält.

Im Gebet findet die liebende Umgestaltung (transformatio) des Menschen nach der Art Gottes, nämlich der Liebe Gottes, statt. Im liebenden Du-Sagen kann der Mensch seine ganze Natur mit höchster Denkleistung und höchstem Liebeswollen zu Gott erheben, so dass dieses sein Denken und Wollen umgriffen wird von der Weisheit (des Verstandes) und der Liebe (des Wollens) Gottes.

Klar wird hier die franziskanische Auffassung vom Primat des Guten vorgetragen. Das Wahre ist ein wesentlicher Gehalt des Guten. Dem Guten ist die Freigebigkeit (Freiheit) des Wollens eigen, während dem Wahren die Folgerichtigkeit des Erkennens zu eigen ist. Scotus vertritt hier die franziskanische Sicht des Primates des Guten. Aus dem Guten folgt, dass es sich mitteilen kann und dass der Mensch ein Geschenk ist. Geschenk zu sein, ist geschaffen der Mensch, herkommend aus der Güte Gottes.

---

[14] Vgl. KLUXEN, *Johannes Duns Scotus* (s. Anm. 1), Anmerkung zu Nr. 44, 4f.

Daher liebt der Mensch mit seinem Wollen Gott, der das Gute ist. Er liebt auch andere, weil in ihnen das Gute von Gott herkommt. Dabei hilft das Erkennen, das Gute wahrzunehmen.[15] Als das höchste Gut ist Gott das Ziel aller Dinge und aller Menschen. Auf Gott als dem Ziel richtet sich die Welt aus und die menschliche Zielkraft der Liebe.

Scotus spricht deshalb von der Ordnung der Liebe. Die Liebe, in ihrem Bezogensein auf die Vernunft, ist es, welche in sich eine Ordnung hat. Scotus geht aber nicht nur von der Schöpfung zu Gott, sondern vor allem von Gott zur Schöpfung. Gott hat für die Schöpfung ein Ziel, nämlich sich selbst in seiner Liebe. Diese bedingt die Ordnung der Liebe. Die Dinge sind hingeordnet auf den Menschen, der Mensch auf den Gottmenschen Jesus Christus und mit ihm hingeordnet auf Gott in seiner Liebe.

Wir können sagen, dass Johannes Duns Scotus ein Denker der Ordnung, und zwar vor allem der Ordnung der Liebe ist. Er sagt:

An erster Stelle liebt Gott sich selbst,

dann liebt er sich im anderen,

darauf liebt er sich in jemandem, der ihm im höchsten Maße Liebe erweist, d. h. im Gott-Menschen Jesus Christus.[16] Im Gebet kann der Mensch diese Ordnung der Liebe bejahen und in sie eintreten. Er stellt sich dann in die Ordnung der Liebe zu Gott hin.

Jede Liebe aber gehört einer Person und ist personal auf ein Du bezogen. Daher bezieht sich der Mensch im Liebesgebet auf die Person Gottes, auf das letzte Liebes-Du, Gott. Dieses Du, Gott, ist nicht ein Du nur für den einzelnen Betenden, sondern ein Du, das sich allen Menschen zuwendet. Niemand kann Gott für sich selbst privat haben, da Gott ein Du für alle Menschen ist. Auch dies gehört zur Ordnung, die der einzelne Mensch anerkennen muss.

Wichtig ist es nun, gerade für das Liebesgebet, von welcher Art denn diese Liebe ist. Scotus spricht es deutlich aus: „Gott wird aus Erwägung von Nützlichkeit geliebt, weil er ein Gut für uns ist, nicht ein Gut für sich selbst. Doch lehrt uns unsere Vernunft, dass er der am höchsten zu Liebende ist, aus Erwägung der Gerechtigkeit, weil er das höchste Gut ist"[17]. Es gehört zur Ordnung der Liebe, dass Gott nicht aus Erwägung von Nützlichkeit, sondern weil er ein Gut in sich selbst ist, geliebt wird.

---

15 TODISCO: *Lo stupore* (s. Anm. 5), 157-167.

16 *Scotus: Reportata Parisiensia* III, d.7, a.4, in: Herbert SCHNEIDER OFM: *Mitzulieben bin ich da*, Trier 1996, 30.

17 *Scotus: Reportata Parisiensia* III, d.27, n.4, in: SCHNEIDER: *Mitzulieben* (s. Anm. 16), 44.

Die am schönsten und kreativsten sich zeigende Ordnung haben wir in der Mit-Liebe. Gott liebt sich selbst, aber er will andere Mitliebende seiner selbst, und dies eben aus reiner wohlwollender Liebe. Der Mensch ist zur Mit-Liebe berufen, zur Liebe mit Gott. Jeder Mitliebende aber stellt fest, dass auch die anderen Menschen Mitliebende sind. Indem der Mensch dies bejaht, lebt er seine Mitliebe. Der Mensch ist Mitliebender in Gemeinschaft mit anderen Mitliebenden, deren Mitliebe er liebt. Wo ein Mensch diese Liebe im Zusammenhang mit anderen Menschen nicht will, vielmehr Gott für sich allein lieben will, dessen Liebe ist ungeordnet.[18]

So ordnet sich der Mensch dahin aus, in sich Gott geordnet und vollkommen zu lieben. Scotus wird nicht müde, in vielfältigen Variationen auf diese Ordnung der Liebe hinzuweisen. Hierin gründet die Ordnung der Liebe als Gottesliebe, welche die Selbstliebe einschließt und damit auch die Liebe zu anderen Menschen.

Du bist der Höchste an Vollkommenheit

Gebet:

Du lebst das Leben höchsten Ranges, denn Du bist verstehend und wollend.
Du bist selig, ja wesentlich Seligkeit, denn Du bist Begreifen Deiner selbst.
Du bist klare Schau Deiner selbst.
Du bist freudvollste Liebe.

Wenngleich Du, allein in Dir selig, Dir selbst in höchstem Maße genügst,
verstehst Du doch zugleich alles Verstehbare aktuell.

Du kannst zugleich alles Verursachte kontingent und frei wollen
und wollend verursachen.
Im wahrsten Sinne bist Du also von unendlichem Vermögen.
Du bist unbegreifbar, unendlich;
denn nichts Allwissendes ist endlich,
nichts von unendlichem Vermögen ist endlich,
und weder das Höchste im Seienden noch das letzte Endziel ist endlich,
noch ist vollends das durch sich existierende endlich.
(De Primo Principio, Nr. 91,2)

---

18 *Scotus: Ordinatio* III, d.28, n.2, in: SCHNEIDER: *Mitzulieben* (s. Anm. 16), 46.

Wir heben die Ordnung des Vorranges hervor. Wenn es eine wesentliche Ordnung gibt von Früherem und Späterem, dann hat kein Ding diese Ordnung auf sich selbst, sondern nur auf Gott.[19] Gott hat den Vorrang des Seins und der Liebe. Alles stammt aus seiner Liebe. Aus Gottes freigebiger Liebe sind wir geworden. „Das erste Ziel ist das Beste, denn es enthält virtuell alles mögliche Gutsein". Die Wesensbestimmungen des höchsten Gutseins sind: die höchste Mitteilbarkeit, die höchste Liebenswürdigkeit und die höchste Fülle oder Ganzheit (Nr. 45, 2).

Auch die Ordnung der Abhängigkeit weist darauf hin, dass das Ziel, Gott, uns bewegt als geliebtes Ziel (Nr. 11). Gott als geliebtes Ziel bewegt den Menschen. Der Mensch ist von der Liebe Gottes zuerst bewegt, da er in seiner Liebe der Höchste an Vollkommenheit ist.

Das Gebet der Liebe hat seine Wirkung. „Weil er das Ziel liebt, deshalb bewirkt er die Wirkung" (Nr. 17). Aus der Liebe zum Ziel, d. h. zu Gott, wird die Liebe wirksam. „Das Ziel bewegt als ein Geliebtes das Bewirkende zum Verursachen" (Nr. 23, 2). Gott als Ziel des Menschen lässt den liebenden Menschen erkennen, dass er von Gott geliebt wird, was ihn zur Liebestat fähig macht. Wer sich im Gebet der Liebe Gottes anvertraut, wird seiner Liebe bewusst, so dass er, der Mensch, nun erst wirklich lieben kann.

Gott gefällt das Beten des Menschen und er belohnt dieses von der Liebe getragene Beten seinerseits mit Liebe. Wenn Gott das menschliche Beten beantwortet, dann ersetzt er das Tun des Menschen nicht, vielmehr vollendet er es.[20] Wenn das Wort Du nicht lediglich eine funktionelle Floskel ist, sondern ein Ort der Existenzauslegung, dann besagt das Du letztlich Liebe. Diese Liebe, im Gebet vollzogen, ist der höchste menschliche Akt, in welchem Gott in Freundschaftsliebe mein höchstes Gut ist. In diesem liebenden Du-Sagen entfaltet sich der Mensch personal und liebt mit Gott. Als Mitliebender nimmt der Mensch gerade im Gebet teil am Liebesgeheimnis des Du Gottes selbst.

Gott ist in seinem Liebeswollen der Höchste. Zum Wollen gehört die Freiheit. Gott will notwendig sich selbst, aber die Geschöpfe will er kontingent, indem sie zugleich sein oder auch nicht sein und auch anders sein können als sie sind. Für Scotus ist der Begriff der Kontingenz bedeutsam.

---

19 *De Primo Principio*, Nr. 9.

20 M. B. Ingham: *The Harmony of Goodness. Mutuality and Moral Living according to John Duns Scotus*, Quincy, Ill. 1996. 22.

Die Kontingenz macht nicht nur die Wahlfreiheit, dieser oder jenes zu wollen, deutlich, sondern dass der Akt der freien Tat zugleich auch nicht vollzogen werden kann. Der Handelnde ist der Urheber seiner Tat in synchronischer Freiheit, d. h. nicht, dass ich beides zugleich machen kann, ja oder nein. Es bedeutet vielmehr, dass ich, während ich beim Wollen bin, in demselben Moment die Macht behalte, nein zu sagen. Mit den Worten des Scotus; „'Kontingent' nenne ich hier nicht jegliches, was nicht notwendig und nicht von überzeitlicher Dauer ist, sondern jenes, dessen Gegenteil geschehen könnte eben dann, wenn es geschieht."[21] (19) Das Kontingente ist kein Zufall und kein Abfall von Sein, sondern positiv frei von Gott gewollt. Darin ist Gott der Höchste.

3. Gott ist einer

Gebet:

Eines jedoch ist, was ich hier vorlegen will
und womit ich diese Schrift zum Abschluss bringe:
Dass nämlich Du der **eine** Gott bist,
außer dem kein anderer ist,
wie Du durch den Propheten gesagt hast,
und ich glaube, dass die Vernunft nicht unfähig
zum Erweis dieses Satzes ist.
(De Primo Principio, Nr. 94)

Es geht um den einen Gott, wie er sich in der Offenbarung selbst bekundet hat und sich dem einzelnen Menschen zuwendet. Dies soll genauer in

---

[21] Scotus: „Non dico contingens quodcumque non es necessarium nec sempiternum, sed cuius oppositum posset fieri quando istud fit." (*De Primo Principio* Kap.IV, 4. Satz, Nr. 56). Zur synchronen und nicht nur diacronen Kontingenz vgl. Guzmán Isidoro MANZANO OFM: *Das An-sich-Sein der Freiheit nach J.D. Scotus*, in: Herbert SCHNEIDER OFM (Hg.): *Fons Salutis Trinitas – Quell des Heils Dreifaltigkeit*, Kevelaer 2002 (Veröffentlichungen der Johannes-Duns-Skotus-Akademie Mönchengladbach, 14), 94; vgl. auch Martha FREUNDLIEB: *Studie zur Entwicklung des Kontingenzbegriffs*, Würzburg 1933, 46; Axel SCHMIDT: *Die Unvermeidlichkeit der distinctio formalis*, in: Wissenschaft und Weisheit 67 (2004) 109; Antonie VOS JACZN u. a.: *John Duns Scotus: Contingency and Freedom*, Dordrecht 1994; Joahim Roland SÖDER: *Kontingenz und Wissen*, Münster 1999 (Beiträge zur Geschichte der Philosophie und Theologie des Mittelalters, NF 49).

einem zweiten Teil dargestellt werden. Scotus konnte ihn wegen seines frühen Todes nicht mehr schreiben.

Uns ist dieses kurze Gebet wichtig, da nun alles Nachdenken direkt in das Sprechen Gottes über sich selbst gegenüber den Propheten, und dabei vor allem Moses, genommen wird. Insofern kehrt Scotus mit diesem Schlussgebet zum Anfangsgebet zurück.

Im voraufgegangenen Kapitel stellten wir fest, dass Scotus Gott als den Einen und Unendlichen dreifach darlegte: als das erste Bewirkende, das letzte Ziel und die höchste Vollkommenheit. Diesen drei Bestimmungen zufolge muss Gott unendlich sein.[22] Scotus sagt: „Ein unendlich Seiendes ist vollkommen in der Weise, dass es ihm selbst, noch Teile von ihm, an irgendetwas mangelt."[23]

Aber eines hat Scotus noch festgehalten: „Dass nämlich Du der **eine** Gott bist, außer dem kein anderer ist, wie Du durch den Propheten gesagt hast" (Nr. 94). Dann legt er dar, dass einzig der Zahl nach der unendliche Verstand Gottes ist, ein der Zahl nach unendlicher Wille, unendliches Vermögen, unendlich Notwendiges, unendliche Güte ist (Nr. 94). Scotus: „Alles, was ist, ist solange, als es eines ist" (Omne quod est, tamdiu est, quamdiu unum est)[24]. Das Ens (Seiende), von dem wir am Anfang sprachen, und das Unum sind konvertierbar und doch auch verschieden, aber nicht in dem Sinne, dass das Unum einen neuen Gegenstand zum Ens hinzufügt, sondern es ist eine Bestimmtheit (Determination) des Ens, wie Heidegger ausführt.[25]

Das Unum, Eine, tritt auf zweifache Weise hervor: Als das Eine, das kein Anderes neben sich hat, wie soeben gezeigt, und als das Eine der Zahl nach. Das Unum der Zahl nach „ist selbst Gegenstand, ein ganz spezifischer Fall von Gegenständlichkeit."[26] Die Zahl ist nicht schon mit dem Gegenstand überhaupt gegeben und besteht nicht schon am ersten Anfang. Der Unterschied zwischen dem Unum als Einem und dem Unum als Zahl (Eins) ist ein Soviel des Maßes der Quantität.[27]

Das Beispiel des unendlichen Willens, der einer ist, mag es uns verdeutlichen, dass Gott einer ist. Der Akt des unendlichen Willens ist Lieben. Diesem höchsten Akt des Liebens entspricht das höchste Liebenswerte,

---

22 Richard CROSS: *Duns Scotus*, New York / Oxford 1999, 26.

23 Cross: *Duns Scotus* (s. Anm. 22), 41.

24 *Ord.* II, d.3, q.4, n.20.

25 HEIDEGGER: *Bedeutungslehre* (s. Anm. 4), 48.

26 HEIDEGGER: *Bedeutungslehre* (s. Anm. 4), 33.

27 HEIDEGGER: *Bedeutungslehre* (s. Anm. 4), 48.

welches das Unendliche selbst ist. Nur von einem einzigen höchsten Willen kann von unendlicher Liebe die Rede sein. Diese unendliche Liebe ist eine und so ist nur ein Gott. Dies bedeutet auch, dass nicht das Sein die Quelle der Liebe ist, sondern die Liebe die Quelle des Seins ist. Diese Aussage ist nur möglich, wenn wir festhalten, dass das Sein ein Geschenk Gottes ist. Die Geschöpfe sind nicht das Ergebnis einer Ursache, sondern von Gott gewollt.[28]

Der Betende, der von Gott vernommen hat, dass Gott einer ist und einzig (vgl. *Dekalog*), bejaht auch mit seinem Denken und Wollen diesen einen und einzigen Gott. Im betenden Umgang mit Gott erweist der Mensch Gott die Anerkennung, indem er ihn auch durch die Fähigkeiten seines Verstandes und Willens als den einen und einzigen Gott begreift und anerkennt.

Auf Gott hin müssen die vielen Seienden überstiegen werden in den einen persönlichen Gott. Die göttliche Natur hat die höchstmögliche Einheit und diese ist eine. Der Mensch ist in seinem Beten Abglanz des einen Gottes. Gerade am Gebet als Liebesvollzug erweist es sich, dass die Liebe ein Ur-Vollzug ist. Die grundlose Liebe ist höchster Seinsakt.[29] Das menschliche Gebet ist Ur-Vollzug des Menschen ohne Absicht und Zweck, weil Beten lieben ist. Ich liebe, weil ich liebe und ich bete liebend, weil mein Beten Vollzug der Liebe ist. Das Gebet der Liebe gründet in mehr, bezeugt seine Herkunft aus dem einen Gott, der Liebe ist. Darum tritt im Liebesgebet am meisten Gott im Menschen hervor.

Gott ist in seiner Liebeshingabe er selbst. So kommt gerade der Mensch in seinem liebenden Beten zu Gott zugleich zu sich selbst. Darin ist die Liebe eine. Indem der Mensch im Gebet zu Gott Du sagt, spricht er ihn als den einen Gott an, der in seiner Liebe in der Hinwendung zum anderen zugleich der eine und einzige Gott ist. Gott Vater als der Ursprung der Liebe ist zugleich in seiner Inkarnation des Sohnes Hinwendung zum anderen und in der Inhabitation (Einwohnung) im Heiligen Geist derselbe und der eine Gott.

Wie Gott einer ist, gibt es auch nur eine Liebe. Die Liebe ist ihrem Wesen nach Liebe zum höchsten Gut, Gott. Mit Gott zusammen darf der Mensch lieben und diese Liebe im anderen lieben. Im letzten gründet jede Liebe als Mitliebe in der Liebe Gottes; so ist die Liebe auch darin eine.[30] Der Mitliebende ist in derselben Verfassung wie ich, d. h. er ist ebenso ein

---

28 TODISCO: *Lo stupore* (s. Anm. 5), 583.

29 Herbert SCHNEIDER OFM: *Johannes Duns Scotus zur Frage: Kann ich Gott über alles lieben?* Kevelaer 1999 [^{2}2003] (Veröffentlichungen der Johannes-Duns-Skotus-Akademie Mönchengladbach, 9), 70ff.

30 SCHNEIDER: *Kann ich Gott über alles lieben?* (s. Anm. 29), 145.

Mitliebender Gottes. Im Gebet liebe ich mit Gott und freue mich über die Mitliebe meines Mitmenschen. Daher bete ich mit ihm zusammen, auch wenn ich allein bin. Das Gebet schließt den Mitmenschen nicht aus, sondern ein. Ich anerkenne, dass der Mitmensch wie ich ein Mitliebender ist. Es ist somit eine Mitliebe in zweifacher Weise: mit Gott und mit den Menschen, insofern sie mit Gott lieben. Der andere und ich, wir sind Mitliebende, indem wir Mitbetende sind.

Aber die Liebe zu Gott ist auch das höchste moralische Gesetz: „Gott ist zu lieben", „Deus diligendus est."[31] Dieser Kernsatz des Johannes Duns Scotus beruht darauf, dass Gott **einer** ist.[32] Nach Scotus ist es notwendigerweise wahr, dass, da Gott existiert, er „zu lieben ist". Gott als das höchste Gut ist das Ziel des Menschen, das der Mensch durch die Liebe erreicht. Daher gilt der Scotische Naturrechtsgrundsatz, dass Gott zu lieben ist.[33] Daraus folgt auch, dass Gott gegenüber keine Ehrfurchtslosigkeit gezeigt werden kann, sondern jede Ehrfurcht, zentral im Gebet.[34] Wenn Scotus ausführt: „Die Einheit der Einfachheit ist eine wahre Identität. Was nämlich zu einem Subjekt gehört, ist wirklich dasselbe mit ihm, und es ist nicht nur eins mit ihm in der Einheit der Vereinigung wie in anderen Weisen."[35] Dann hat der Mensch gerade in der Gottesliebe seine höchste Identität, die in der inneren Einheit der Person besteht. Wenn ich zu Gott Du sage, dann meine ich ihn, den einen und persönlichen Urgrund, der meinem Ich entgegenkommt.

Schon beim Menschen stellen wir fest, dass er mit seinem Ich-Sagen behauptet: meine Existenz und keine andere. Dabei drückt er zugleich die Tiefe seiner Existenz aus, die er faktisch nicht einholt, da sie von weit her kommt und stets mehr ist als er verstehend von ihr begreifen kann. Dasselbe begreift er beim Du des Mitmenschen.

Wenn der Mensch nun von seinem Ich auf Gott, den Ur-Grund, hinschaut und Du sagt, dann sagt er strukturell bei sich und dem Mitmenschen das Erste und das Letzte von Gott aus: Dieser Ur-Grund ist er selbst als ein einziger und zugleich ohne Begrenzung und Endlichkeit, er ist unendlich. Der philosophisch gefundene Begriff der Unendlichkeit Gottes erweist sich also solcher im Du-Sagen zu Gott. Wenn ich wirklich Gott als

---

[31] *Scotus: Ordinatio* III, d.37, q.un.; vgl. Allan WOLTER: *Will and Morality*, Washington D.C. 1986, 268ff.

[32] *Ordinatio* III, d.27, q.1, n.13.

[33] Maria BURGER: *Geschaffen zur Seligkeit – Prädestination und Erbsünde bei Johannes Duns Scotus*, in: LACKNER: *Zwischen Weisheit und Wissenschaft* (s. Anm. 7), 183.

[34] Cross: *Duns Scotus* (s. Anm. 22), 91.

[35] *Scotus: Ordinatio* I, d.2, p. 2, qq. 1-2, in: SCHNEIDER: *Mitzulieben* (s. Anm. 16), 26.

unendlich anspreche, sage ich Du. Gott ist in jeder Beziehung unendlich. Gerade Unendlichkeit eignet Gott, gerade an Sein und Vollendung. Der Begriff der Unendlichkeit schließt alle anderen Begriffe virtuell ein.[36]

Indem der Mensch betend zu Gott Du sagt, ehrt er dessen Unendlichkeit, in welcher er als Mensch auch geborgen ist. Er weiß ja, dass Gott in seinem unendlichen Verstand und Willen von keinem abhängt (Nr. 95,1), aber alle einbezieht. Ein Akt, also im höchsten Maße das Gebet, vollendet nach Scotus nur dann die menschliche Natur, wenn dieser Akt virtuell und wirklich auf Gott bezogen ist und aus Liebe zu Gott gewollt ist.[37]

Das wahre Gebet, das sich allein der Gnade Gottes anvertraut, führt den Menschen dorthin, wo er ursprünglich hingehört: in die Freundschaft mit Gott, die auch ursprüngliche Gerechtigkeit genannt wird. Scotus glaubt, dass der verdienstvolle Akt wie das Gebet dazu gehört, zur geschenkten Freundschaft mit Gott zu gelangen, dass Gott aber gleichzeitig frei ist, diese Freundschaft zu schenken; aber er schenkt sie uns, weil er das verdienstvolle Beten Jesu Christi angenommen hat.[38]

In dieser betenden Erhebung ist der Mensch von Gott erhoben. Scotus zeigt, dass der Mensch letztlich nicht lediglich monologisch zu Gott und über Gott reden kann, wie es häufig in einer monologischen Philosophie und auch Theologie der Fall ist, in welcher über Gott verhandelt wird, sondern dialogisch mit Gott. Daher gibt er uns eine dialogische Philosophie und erst recht dialogische Theologie, in der Gott vernommen und ihm zugehört wird.[39] Der Mensch kann in der dialogischen Einstellung Gott sprechen lassen und sich selbst erst voll zur Sprache bringen, am tiefsten in der Antwort der Liebe. So ist Gebet Antwort der Liebe als Mitliebe.

---

36 Johannes BINKOWSKI: *Die Weltlehre des Duns Scotus*, Berlin / Bonn 1936, 8.

37 Efrem BETTONI: *Duns Scoto – Filosofo*, Mailand 1966, 255; vgl. auch Cross: *Duns Scotus* (s. Anm. 22), 94.

38 Cross: *Duns Scotus* (s. Anm. 22), 106.

39 Vgl. Jolana POLÁKOVÁ: *Betroffen von Dir – Reflexionen über die dialogische Gotteserfahrung*, München 2004, 54ff.

Nachwort

Nach der Vielzahl der nun ausgewählten und vorgestellten Denkelemente des Johannes Duns Scotus möchte ich nun doch die Frage stellen, wer Scotus für uns ist. Zweifellos war er einer der großen Philosophen seiner Zeit, die in Auseinandersetzung mit dem erst Jahrzehnte bekannten Aristotelismus und der sich weiter entfaltenden christlichen Philosophie neue Wege philosophischen Denkens einschlug, die bis in die Moderne hinein einen großen Einfluss bekamen. Sicherlich war er einer der großen Theologen, der insbesondere in der Christologie versuchte, das Geheimnis der Menschwerdung Gottes in seiner ganzen Tiefe zu verstehen und der in der Menschwerdung das unfassbare Geheimnis des Christentums schlechthin verstand. Dabei gewann Scotus mit seiner von Christus herkommenden Mariologie und seinen wichtigen Argumenten für die unbefleckte Empfängnis Mariens einen wichtigen kirchengeschichtlichen Einfluss auf die Dogmatisierung des Glaubens an die Immakulata-Natur Mariens im 19. Jahrhundert. Auch die Hervorhebung der Personalität des Menschen, die die letzte Grundlegung in ihrer Abbildhaftigkeit Gott gegenüber findet, hat in den Diskussionen der modernen Zeit, die sehr oft um die Personalität des Menschen in den verschiedensten Bereichen ringt, bis heute eine zentrale und wohl noch wachsende Bedeutung. Schließlich fand – neben der Achtung und dem Studium seines Denkens – die lange Tradition der Achtung gegenüber der Person von Johannes Duns Scotus in der katholischen Kirche durch die Anerkennung seiner Seligkeit durch Papst Johannes Paul II. im Jahre 1991 eine noch tiefere Rechtfertigung. So stehen wir heute in Johannes Duns Scotus einem Mann gegenüber, der die glaubende franziskanische Auseinandersetzung mit dem Denken seiner Zeit fruchtbringend vollzogen hat und so selber zu einer intellektuellen Kraft für das Denken seiner Zeit und auch für das Denken späterer Zeiten geworden ist. Das hinderte ihn jedoch nicht daran, denkend und franziskanisch betend zu reifen und so selber zu einer eindrücklichen Persönlichkeit zu werden, die den Ehrennamen „doctor subtilis“ tragen darf und tragen soll. Möge er auch uns nach siebenhundert Jahren seines Todestages geistige Kraft weitergeben und innere Tiefe vermitteln.

Paul Zahner OFM

Veröffentlichungen der Johannes-Duns-Skotus-Akademie für franziskanische Geistesgeschichte und Gegenwart Mönchengladbach

Johannes-Duns-Skotus-Akademie, Franziskanerstr. 20, D-41063 Mönchengladbach

Band 1: Johanns B. Freyer OFM, Der demütige und geduldige Gott. Franziskus und sein Gottesbild – Ein Vergleich mit der Tradition. Mönchengladbach, 1991.

Band 2: Giovanni Papa / Roberto Zavalloni OFM (Hrsg.), Dokumente zur Seligsprechung von Johannes Duns Scotus – Informatio und Summarium. Verlag Butzon & Bercker, Kevelaer, 1992.

Band 3: Johannes B. Freyer OFM (Hrsg.), Mystik in den franziskanischen Orden. Verlag Butzon & Bercker, Kevelaer, 1993.

Band 4: Norbert Hartmann OFM, Person und Sittlichkeit. Grundlegung einer Ethik verantworteter Selbstbejahung, hrsg. von Gerhard Höver. Verlag Butzon & Bercker, Kevelaer, 1994.

Band 5: Robert Jauch OFM (Hrsg.), Franziskanische Frauengestalten. Verlag Butzon & Bercker, Kevelaer, 1995.

Band 6: Frank Peters OFM, Aus Liebe zur Liebe. Der Glaubensweg des Menschen als Nachfolge Christi in der Spiritualität des hl. Franziskus von Assisi. Verlag Butzon & Bercker, Kevelaer, 1995.

Band 7: Giovanni Pizzo, Intellectus und memoria nach der Lehre des Johannes Duns Scotus. Verlag Butzon & Bercker, Kevelaer, 1998.

Band 8: Robert Jauch OFM (Hrsg.), Kirchenrecht und Spiritualität. Verlag Butzon & Bercker, Kevelaer, 2002.

Band 9: Herbert Schneider OFM, Johannes Duns Scotus zur Frage: Kann ich Gott über alles lieben? (Mit dem Text des Johannes Duns Scotus in vier Sprachen). Verlag Butzon & Bercker, Kevelaer, 1999.

Band 10: Herbert Schneider OFM (Hrsg.), Johannes Duns Scotus – Seine Spiritualität und Ethik. Verlag Butzon & Bercker, Kevelaer, 2000.

Band 11: Reinhold Beil, Der kosmologische Gottesbeweis und die Einheit der Natur. Verlag Butzon & Bercker, Kevelaer, 2000.

Band 12: Herbert Schneider OFM (Hrsg.), Menschwerdung Gottes – Hoffnung des Menschen. Verlag Butzon & Bercker, Kevelaer, 2000.

Band 13: Johannes B Freyer OFM, Homo Viator – Der Mensch im Lichte der Heilsgeschichte. Eine theologische Anthropologie aus franziskanischer Perspektive. Verlag Buzon & Bercker, Kevelaer, 2001.

Band 14: Herbert Schneider OFM (Hrsg.), Fons Salutis Trinitas – Quell des Heils Dreifaltigkeit. Verlag Butzon & Bercker, Kevelaer, 2002.

Band 15: Cesar Ribas Cezar: Das natürliche Gesetz und das konkrete praktische Urteil nach der Lehre des Johannes Duns Scotus. Verlag Butzon & Bercker, Kevelaer, 2004.

Band 16: Herbert Schneider OFM (Hrsg.), Wie beeinflusst die Christusoffenbarung das franziskanische Verständnis der Person? Verlag Butzon & Bercker, Kevelaer, 2004.

Band 17: Franz Förschner, Plato Metaphysicus – Aristoteles und die Folgen. Verlag Butzon & Bercker, Kevelaer, 2004.

Band 18: Michal Chabada, Cognitio intuitiva et abstractiva. B. Kühlen Verlag. Mönchengladbach, 2005.

Band 19: Franz Förschner, Prolegomena zu einer zeitgemäßen Metaphysik, B. Kühlen Verlag, Mönchengladbach. 2005.

Band 20: Volker Stadler OFM, „Ich kenne Christus, den Armen, den Gekreuzigten“. B. Kühlen Verlag, Mönchengladbach, 2005.

Band 21: Herbert Schneider OFM (Hrsg.), Das franziskanische Verständnis des Wirkens des Heiligen Geistes in Kirche und Welt. B. Kühlen Verlag, Mönchengladbach, 2005.

Band 22: Siegfried Staudinger OFM, Das Problem der Analyse des Glaubensaktes bei Johannes Duns Scotus. B. Kühlen Verlag, Mönchenglabach, 2006.

Band 23: Herbert Schneider OFM, Primat der Liebe nach Johannes Duns Scotus. B. Kühlen Verlag, Mönchengladbach, 2006.

Band 24: Frank Finkenberg OFMCap, Ancilla theologiae? Theologie und Wissenschaften bei Roger Bacon. B. Kühlen Verlag, Mönchengladbach 2007.

Band 25: Johannes Schneider OFM, „Candor Lucis Eterne-Glanz des ewigen Lichtes“ Die Legende der heiligen Agnes von Böhmen. B. Kühlen Verlag, Mönchengladbach 2007.